丝路百城传

特立,不独行

"丝路百城传"丛书
刘传铭　主编

THE
BIOGRAPHY
Of
HUZHOU

湖光山韵丝书远

张加强 ———— 著

湖州传
HUZHOU

IPG 中国国际出版集团　新星出版社　NEW STAR PRESS

总　序

刘传铭

如果说丝绸之路研究让我们洞见了一部全新的世界史，一定会有人表示惊讶与质疑；

如果说城市的创造是迄今为止人类文明进程中最伟大的事情，则一定会得到人们普遍的支持与认同。

"丝路百城传"丛书的策划正是发轫于这样一个历史观的文化叙述：

丝绸之路是一条无路之路；

丝绸之路是一条既古老又年轻，"不知其始为始，不知其终为终"的漫漫长路；

丝绸之路是一条历史时空里时隐时现，变动不居，连点成线，连线成网的超级公路；

丝绸之路是点实线虚、点变线变、点之兴衰即线之存亡的交通形态，那些关山阻隔、望洋兴叹的城市，便如一颗颗璀璨的明珠镶嵌在路；

丝绸之路是一个文化概念，叠加其上的影像曾被不同国家不同民族的人们呼作：铜铁之路、纸张之路、皮毛之路、奴隶之路、铁蹄之路、黄金之路、朝贡之路、宗教之路；

丝绸之路是中西文明交流与传播、邦国拓展、民族融合之路，也是西方探秘中国、解码东方之路，更是我们反躬自问"我是谁？我从哪里来？我向何处去？"的寻根之路、回家之路；

丝绸之路是今日中国走向世界的新起点、新思路，是"一带一路"中国倡议走向人类命运共同体的未来之路……

无可否认，一个世纪以来，丝路研究之话语为李希霍芬、斯文·赫定、斯坦因、伯希和、大谷光瑞、于格、橘瑞超、芮乐伟·韩森、彼得·弗兰科潘等东西方人所主导。然而半个世纪以来的大国崛起，正在使"夫唯不争"之中国快速走向文化振兴。我们要将《大唐西域记》《真腊风土记》的传统正经补史、继绝往圣、启迪民智、传播正信，同时也将丝绸之路城市传文学以实为说、以城为据、芳菲想象、拒绝平庸的创作视为新使命、新挑战。让"城市传"这样一个文学体裁开出新时代的鲜花。

凭谁问：昆仑巍峨、河源滔滔、玉山储秀、戍堡寂寞；

凭谁问：旌节刻恨、驼铃悠远、琵琶起舞、古调胡旋；

凭谁问：秦汉何在、唐宋可甄、东西接引、前路正新；

凭谁问：八剌沙衮今何在？罗马的钟声谁敲响；

凭谁问：撒马尔罕的金桃今何在？帕米尔上的通天塔何时建成、何时倾倒？

凭谁问：伊斯兰世界的科学造诣何时传到了巴黎和伦敦；

凭谁问：鉴真大师眼中奈良和京都的樱花几谢几开；

凭谁问：乌拉尔河上何时传来了伏尔加河的纤夫号子；

凭谁问：杭州湾的帆樯何时穿越马六甲风云……

诗人说：这条路是唐诗和宋词的吟唱，是太阳和月亮的战争；

军人说：这条路是旌旗卷翻的沙漠，是铁骑踏破的血原；

商人说：这条路是关涉洞开的集市，是金盏银樽的盛宴；

僧侣说：这条路是信仰鲜花盛开的祭坛，是生命涅槃的乡路……

一个个城市的前世今生，一个个城市的天际线风景，一个个城市的盛衰之变，一个个城市的躁动与激情，一个个城市的风物淳美与人文精彩，一个个城市的悲欢离合，一个个城市的内动力发掘与外开拓展望，一个个城市的往事与沉思，一个个城市的魅惑和绝世风华……

从长安到罗马和从杭州湾到地中海是卷帙浩繁的"丝路百城传"丛书的框架结构。也是所有参与写作的中外作家和编辑们共同绘制的新丝路蓝图。《尚书·舜典》有"浚咨文明"之句，孔疏曰："经纬天地曰文，照临四方曰明。"《论语·雍也》曰："质胜文则野，文胜质则史，文质彬彬，然后君子。"又《易经·贲卦·彖辞》曰："刚柔交错，天文也；文明以止，人文也。观乎天文，以察时变；观乎人文，以化成天下。"故文化乃"人文化成"而以文教化"圣人之教也"。"周虽旧邦，其命维新"，丛书编纂与出版岂非正当其事，正当其时也！

读者朋友们，没有踏上丝路，你的家就是世界；踏上丝路，世界才是你的世界、你的家园……唯祈丛书阅读能助君踏上这样一个个奇妙无比的旅程。

丝绸之路从远古走向未来，我们的努力也将永无休止。

戊戌谷雨前五日于松江放思楼

引　以一座城市的内核映照江南格局 / 1

第一章　丝路之源，用一根丝连接世界
　　国丝，一个亘古的岁月品牌 / 15
　　尊者，源头意境中的文化密码 / 29
　　吴风，神秘的东方气质 / 43

第二章　旧时明月，源自遗址上的陈述
　　且听地层的娓娓道来 / 55
　　耸立天边的豪杰 / 68
　　藏于地气的卫道梦想 / 76

第三章　上苍妙造，宗教情怀般的天地艺术
　　峰峦之巅，势道的脊梁 / 87
　　净梵之境，灵魂的厮磨 / 98
　　逶迤之水，文明的来路 / 109

第四章 追风逐日，江南人物的天下意志

豪门望族，惊世骇俗的远古轻愁 / 119

文章太守，不动声色地书写仕场风景 / 131

性情县令，暮春三月的睿智 / 144

第五章 笔中乾坤，文化了的民族乡愁

贵族味，无声的历史回响 / 157

书卷气，宏阔的人文意志 / 171

盛世曲，神秘的东方贵族 / 181

第六章 江左风流，半部中国书画史

六朝韵，开宗立派当吴风 / 195

晋唐风，旧时代街边的咖啡吧 / 203

宋元阙，岁月模糊，时光浓烈 / 211

明清格，海风意志下的乐观期待 / 217

民国范，抬高了的历史门槛 / 222

第七章 海派湖商，襟怀天下的群落

浅水出大虾的奥秘 / 231

小镇巨构，大雅豪庭 / 241
民谣一曲扬天下 / 252

第八章　历史尘封，沁着岁月的包浆
诗船，那条优雅的远航之舫 / 265
崇书，隐在人间的低调歌者 / 278
风雨长亭，晦暗时代人和笔的传奇 / 290

第九章　市井馨香，城市的精神庭园
名胜，一座城市的文化暗示 / 307
街口，日复一日的奇迹 / 320
镇落，尽带水汽的经典华表 / 330

第十章　山清水远，传之后世启迪
山水做证，人文与岁月的无限延伸 / 343
留住乡愁，时代之交的家园 / 361
欣赏嬗递，另一种宗教形态 / 372

尾声：藏在湖州的江南 / 380

The
biography
of
Huzhou

湖州传

以一座城市的内核映照江南格局

引

一个传世经典的文明由来

湖州，依太湖得名。这座丝路源头、有两千多年建城史的古邑，是我国丝、瓷、笔、茶文化的重要发祥地，是"太湖溇港圩田系统"生态成型最早的地区。

2014年7月，国务院发文，将湖州市列为国家历史文化名城。

湖州用坚定的自然主义净化各种思潮，为城市的文明前途，提供了多种解读方式，湖州的环境先锋性单纯而优雅。以历史的美感表达现代文明，湖州的生态坚守，是一直拿千年文明作底座。

湖州的本色，是藏文化于绿水青山。一市两区三县是湖州的构成，是浙江省唯一依傍太湖的区域。境内天目苍峰北峙，东西苕溪水纵横。

大地美景的本质是让人弃恶从善，是山水对人的教化意义。依偎山水的人们，从未因哪一个事件而改变自己的风尚，倘若有某个伟人的顺势点拨，便可行云流水般走完使命，成大景观。

2005年8月，安吉县的一个小山村，为了百姓饮水安全，关闭了小水库上游一个小石矿，村里的钱袋子却空了。这事让来村里视察的时任省委书记习近平得知，看到了小中见大的真理意义，对村干部说：绿水青山就是金山银山。在场的官员似乎明白，似乎不明白。

于是，习近平来到太湖边的弁山脚下，再述"两山论"，加重语调"金山银山买不来绿水青山"，话很绝，这一递进很传神，内涵深刻，深深地接了地气。这才点醒了快车道上仓促行走着的苍茫沉醉的人们。

一个政府，对发展行为保持警惕的最好方式是呵护赖以生存的环境，抵御执政孤独的秘籍是大地不必遍地黄金，而要遍地美景。

于是，湖州的县区政府，带着各自的造化发力去了。发展状态下没有隐私，GDP法则在暗示中行走。长兴县的官员同样选择石矿，率先解梦。他们找准一处被称之"破碎的山水"的百年石矿下手，启动一项宏伟的山水改造运动。与安吉县余村的小石矿构成呼应。

这座叫作陈湾石矿里的矿石连年运往上海，建设上海的高塔大桥、高架大道、高楼大厦，自己却满目疮痍。长兴县政府联手一位沪上企业家，投资250多亿元，启动山水的修复与重振，冠名"龙之梦"。仅仅千日，这张弁山依偎下的蓝图，在黄金湖岸，构成新写实主义典范。大道芳草依依，河面小舟徐徐，酒店、乐园、湿地、花海、湖泊、古镇、农庄、飞禽，一幅现代市井风情的清明上河图。

站在当年习近平视察的现场，远处太湖烟波浩渺，渔帆点点，清风徐来，水波不兴。三山岛若隐若现，东西七十二溇港，隐约可见。近处3000亩图影湿地，看河港纵横，白鹭翔集，鸟鸣啁啾，苇草丛丛，野趣横生。江南水乡的独特韵情，连大自然也饱受教养，诱惑到家。

湖州的生态运动，由桑基鱼塘开启，又由丝绸开明，动摇了历史其他部分的基础，中国历史几千年文明的麻木不仁，一串经济发展的资料将其催醒，经济指标衡量出了环境的昂贵。

中国历史上，没有一个区域在有意无意间仔细地规划自己的物质财富集聚进程，创造了传之后世的经商法则。湖州用独特的话语系统毫不羞涩地向外部世界叙述自己的福音，属于人和自然相互报恩。

湖州凭文化坚定护持民间地气，这路途上难见气喘吁吁的超重相，一副慢条斯理的清爽。比起北地旷漠苍烟，湖州堆砌文化高地的过程显得悠闲得多。湖州的古镇街巷，偶见那些个衣袂飘飘者，往往是某个大隐于市的真性情者。

在湖州，水对于泥土，总持颂歌之态。东西苕溪每一处拐弯，都是慢慢巡游而来，怕水伤了岸堤的元气。湖州的每一处岸，都是文明的渊泽。

用时代解读地域

地理学家多依据地貌，划分中国的地理单元，古人喜欢从文化同质性着手，辅以山川形便，构建出带点文化韵味的地理区划，如江南、塞北、中原、关中、河西、西域。这些古代区域之名，有的已被历史遗忘，如西域、塞北；有的则被遗失，如中原、关中。唯有江南，成为一种人文遗产，仍能让中国人心生向往。

这样一个不甚气象的区域，却集中了中国人对美好事物的全部想象。早在1400多年前的南北朝时期，"塞上江南"的名号就给了宁夏平原，遥远的西藏林芝、新疆伊犁，这两个文化、地理与江南差异极大的地方，分别有"西藏江南""塞外江南"之称，中国人偏爱江南。

江南是中国的财富中庭、文化后院，是中华文明的最后堡垒，华夏文明几经磨难，全仗有个江南。在1000余年间，五大城市轮番发力，力保经济千年繁荣。

六朝南京。晋室南渡，士族南迁，南京拥有长江天堑之利地成为重建晋廷的最佳选择，张勃《吴录》用"钟山龙蟠，石头虎踞，此乃帝王之宅也"开启长江时代。古都南京成了江南的财富码头，经常停泊数以万计的中外商船，六朝江南，"金陵百万户，六代帝王都"，吴敬梓说"菜佣酒保都有六朝烟水气"。

隋时扬州。六朝之后，江南迎来运河时代。雄才大略的隋炀帝杨广看到了经济重心南移的大趋势，开凿大运河这一超级工程，将海河、黄河、淮河、长江、钱塘江五大水系连为一体，将江南地区河湖密集、水网交错的天然河道编织成一个完整的网络系统，连接村落串起城镇，舟楫往来，穿行如梭，钱粮、物产令江南运河极度丰繁。扬州商贾云集、店铺林立，经济、文化繁盛，"烟花三月下扬州"在当时广为流行，中晚唐诗人尤爱扬州。

南宋杭州。江南进入钱塘江时代后，杭州人烟辐辏、车马喧嚣，钱塘江两岸的货物集散地，陶岳《五代史补》"舟楫辐辏，望之不见首尾"。皇帝也亲自躬耕以劝农桑，历经数代人的营建，江南在经济、文化上超越北方，打造出中国知名度最高的城市湖泊景观。南宋诗人范成大一句"上有天堂、下有苏杭"。杭州成为中国文士心目中的理想国。

明清苏州。宋元之后，江南丝绸、棉布生产居全国之首的苏州，各地的商贾竞相云集。江河湖泊与浩瀚的太湖沟通相连，将江南小桥流水的秀气一扫而空，变得辽阔。私家园林成为"诗意栖居"的理想模板，江南多才女的"温婉"文化，在全国难找类似之地。富庶、精致、才女就像三个标签，让江南成为国人心中的"堆金积玉地，温柔富贵乡"。一句"大苏州，小上海"引出太湖时代。

近代湖州。江河湖海的最终归宿是大海，海洋时代的代表性城市是上海，给上海输送无数精彩的却是湖州。

1842年上海开埠，湖州人登场，为上海滩撑足国人面子。

1851年湖州丝绸在伦敦世博会获金奖，湖州的丝商们纷纷杀入上海滩。1862年上海的租界加在一起，有一半的地产是湖商陈煦元的，陈煦元控制了沪上一半的租界，巡捕房的服务多半围着他转。

在遥远的英国伦敦，有一个湖丝交易所，与湖商呼应，湖州人在沪上风生水起，成为时代的主角。1870年前后，《上海新报》每天都有关于湖丝的报价，丝价与今天的股票一样，行情日变。湖丝连接地球的两端，将东西方文明串了起来。

1876年，上海70家做丝的公司，60家是湖州人开的，湖商成为上海滩的风云群体。刘家第四房姨太在上海出租房屋700栋，房租月收入50000银圆以上。今天高楼林立的上海，一些精致幽雅的花园洋房，大都是湖商的家业。

湖州人主导了辛亥革命在沪的成功和上海证券物资交易所的开办。湖商早早地与国际政治、经济搅在一起，不失为一种极具底蕴的近代文明。湖州给开埠的上海出了难题，商业神话成为撬动历史的主角，湖州人的商业伦理与理财法门是19世纪的世界性事件。

海派大背景下的湖州时代连同湖商逝去的背影，成为繁华岁月的城市记忆。

湖州城内潮音桥的涛声是听得见心跳的那种鼓涛，回乡的豪门弟子站在桥上西眺，太阳掉进山谷，渗出漫天的血红，看落日在苕溪河面的倒影，惆怅也会是很美丽的。

启蒙时代的商业寓言

19世纪湖州一个小镇上的商人们的家产超过清政府一年的财政收入。

丝绸加上一群魔鬼商人，是一段关于这座城市的寓言。

城市诞生之前，人类生活在相互隔绝而又各自独立的几块陆地上，几乎每一块陆地上的人都认为自己生活在世界的中心，湖州的地面意义，是钱山漾遗址出土了4000多年前的丝织品，成为世界丝路源头的古老诗篇。用丝绸与世界做缠绵，只有湖州人来做。

中国古代和欧洲中世纪，有一条以丝绸贸易为媒介的文化交流之路，它原先的起点在黄河流域的中国长安，后来上溯至长江流域的中国湖州。再后来，广袤的太湖平原，条条河流通大海，商品经济厚载着丰富的物产顺着这水面，晃悠悠地进出于无数的江南小镇。

从心灵进入湖州不难，湖州人的味道来自丝绸，所有商业都市背后是一个个互相隐蔽的财富空间。湖商不在意艳羡的目光，他们带着商业社会的道德标尺，用绝妙的早期商人样子出没，是城市动人的命运。古镇商业文化的姿态是中华文化的一大悖论。

纤秀的柳梢绵绵百代轻拂城市的营生者，自我调节出来的小气候连空气都会附庸风雅，处处照应得体。旺盛资本的簇拥中，湖州人的能力在于主宰自己生活，家门口河埠踏级入水，他的商船沿大运河上北京、出长江、入东海，直奔东南亚各国。这个古老城市复原了当年美丽华贵之城的辉煌。城市灵魂便招了回来，用丝搭配出来的情调，也会有归宿感。

湖州不喜欢自己的气韵过大，这里的文化用来自我消遣，不在意自己的贫寒落魄，整日忙碌精神活动。太湖赋予了江南繁荣而不张扬、奢华却低

晨曦：湖州全景（陈颖立 摄）

调、富贵加内敛的气质，浩荡的水域涤尽了江南水乡的小家子气。

湖州商人长于思索，讲话比不上文章清爽，肢体表达不如静悟有魅力，崇尚政治与官场不及探究商道精到，打探商业门径没有制度创新来得有味道。

湖州人的振兴尊严，是永不过时的个人财富净化的动力。从小处里往大处渗，由小气候掌控大局面，湖州人经济是袖里乾坤，于江南经济如隔世温情，没有纠缠。

湖商早早地深谙，在一个刚刚被重新发现的世界面前，谁能抢到先机，接受新的思想，谁更快地打破旧有的价值观念，谁就会更快地变得富有和强大。在新世界的游戏规则里，赢得海洋比赢得陆地更为重要。

制度创新让湖州再得玄机，智力成为这座城市的重要资源，凭借这一资源，湖商引领了新的具有创造意义的市场革新，站在了生态经济蓄势待发的前沿。

湖州的豪门大多落落有致，脚踩清风明月，官样文章没了踪影，实学反倒是目染日旧，故不看重命运兆头，只瞄准阶前花影背后的理财法门。

有江南的人文气息在这片湖水中荡漾，一座城市，建立在了人的精神花朵之中，江南的文化路途一直透着坦荡的光泽，不时讲个内涵。

世相的愿景，是在还乡旅程中重新实践栖居，湖商的华贵是时光的挂历，是士绅文化背后一种地气特色的文明，走了力量型路数，雄浑的内力不显山露水，经商手笔与散金的做派意味深长，俯瞰湖州大宅的屋脊，剩下寥寥几笔，传世。

沿着太湖行走，商业与商人最先从社会边缘走向时代中心，被视作一种换了身段的革命力量，那是靠新岁月熏出的造化，能把最珍贵的精神碎片一一缝合到大的文明气场中。

不动声色的城市之魂

湖州在文明史上的精彩亮相，水的觉醒几乎横贯了整个历史长空，大海气度是太湖的容颜。山水倔强，是湖州文明的基调，建立在民本意志上，靠地气做支撑。

菰城，是湖州原先的名字，始建于公元前248年，系楚春申君黄歇封邑，置菰城，以泽多菰草而名，至今已有2000多年历史了。湖州山川精英长新，文人故迹未泯。镆铘、干将铸剑处；下菰城，西楚霸王演武场；何楷读书堂，孟郊苦吟地；张志和垂钓之湖，陆羽研茶之山；颜真卿聚客著书的韵海楼，苏东坡理政吟诗的爱山堂；赵孟頫别业莲花庄；陆心源藏古之千甓亭；陈武帝故居，吴昌硕旧宅等无不展现着历代名家修学立志的足迹。

湖州乃吴越古邑，东南望郡。公元266年置郡以来，吴兴为江表大郡，朝廷素委信臣主之。入晋，吴兴更是京畿建康的拱卫，遴选重臣良将任太守。

这里出丘迟、柳恽、杜牧之类的文章太守；也出张僧繇、王羲之、颜真卿、苏东坡那样的翰墨知州；随意间，孟郊、凌濛初、臧懋循、吴承恩、归有光曾经的文人县太爷，适时给官场调节一点风雅。江南仕场的精灵，纳水之膏泽，借湖面来风，情节不乏生动。

钱山漾遗址中发现的木桨距今已有5000年了，说明在新石器时代湖州应该是一派河流纵横、木舟荡漾的景象。湖州就这么泊在水里，被水雾笼罩着，被波光维系着，缥缥缈缈地晃过几千年。

品位脱俗的湖州人作兴复古，打点出来的仙鹤之姿，照应得体，庭院的角落小垣丛竹，即便如天竹，亦素节凛凛，闲来听竹叶壳坠落，一般老人都存此雅致之兴，说是有年轻人的惆怅，属名士派头。

湖州的官员，好像多少藏点贯通雅俗的灵犀，露点儒枷坛锁下的叛逆，帝王豪杰石破天惊的伟业，令世俗一线官吏们不屑一顾。

湖州有中国藏书第一城之说，王国维誉为"藏书之乡"，在其1500年的藏书史上，有上百个大大小小的"藏书之家"。湖州人做学问，不走捷径，清代300年中，仅南浔出学者450人，著作1200种，却没大作家，出不了大盗、圣人。

17世纪的太湖从贸易中获得的巨额财富，没有体现在王公贵族的豪奢宫殿中，它们被中产商人们用来建造和装饰自己的宅第，江南园林在这方黄金水岸诞生了。问题是，在这些作品中几乎看不到王族，成为艺术殿堂的主角的是那些普通人的平凡生活。腰缠万贯和门庭若市不是他们的本意，而是用闲情逸致打理自己的庭院，文化出现了。

江南园林，是中国文化的精神后院，是独特的墙外政治。江南的大师们躲进中国式城堡，构筑烟水风骨下的文化雕像，独自安排归宿。

南宋时，湖城内外的私家园林有30余处，名宅名楼名亭名庄名塾。对湖州的精神发现，从审视湖水气质、解析湖的基因开始，她与黄河、荆楚、巴蜀文化判然有别。太湖文明构筑了中华文明的另一个源头。

水是柔情的水，宅是幽深的宅，园是生气的园。这山、水、宅、园于灵性中见傲然，柔情中带刚峻，幽深中显气象，生气中孕苍茫。

一座古镇底气的充胀，闪亮在街边石路的亮度上，古镇的石板光亮得似玉之质地，如水珠凝成，软步踏过，人生的滋味已然不同。望气一辨湖州小西街长长的石板路，顿时看遍了世情，江南人大多沉得住气，可为一事琢磨到底。

湖州的静态很独特，城市也有聪明和智慧之分，湖州丰富的精神底蕴使得在平凡中觉悟出非凡。这是制造不朽的一种方法，众多的文化智者和安逸书斋已经定位，无须在漫漫艳情和浩浩狼烟间作选择，过于冷静，偶尔露峥嵘，偶尔为之，适可而止，点到为止。因为他们的努力最终淹没在浩瀚的文化里。有些城市终归是永恒的，因为那种古城的气味是从历史深处散发出来的。

江南园林是在有限的空间里，把文化做到极致。这些作品中几乎看不到王气，成为艺术殿堂的主角的是那些普通人的平凡生活。这种平和的表情，只会出现在那些没有对饥饿的恐惧，不用时刻担心流离失所的人们的脸上。

湖州的商人兼做了文化人，总散发出贵族的泱泱清气。即便在乱世、转世之际，太湖金石朗健之音不会隐没，萎靡浮华之声不会弥漫。

怕灼伤某种约定，湖州小镇一些老字号家族的兴衰史总有些华丽的沧桑，绵长中尽见腐朽的汉唐味，墙面干净却是久违的民国道，高墙绣窗，附着柳梢、月色，破落大户的红木气息，不时从门缝里沁出。

湖州城市语言中的情感分量比厌世要重得多，湖州话的"哇"，与上海话的"侬"，都属江南的童话，有始没个结尾，如幻如真，缥缈却踏到实处，将内心的腔调全拿出来给对方以贴切。令这座城市难见唉声叹气的人，激情溅扬者亦少见，念叨着前尘好事过日子，构成深扎于心的老根，忘了浇水亦不致干枯。弄堂里偶遇趿着平底拖鞋的纯情女孩的笑靥与湖州乡间小河边的黄水仙一样柔美。

在湖州做官终不会有大的作为，但有大出息。任何朝代总有几个湖州人做高官，但不成群，故湖州常显出自己的老迈。

即使是在居住空间很小的年代，精神空间也很大。激荡的人生心路化在余音，淡雅而内倾心绪掺入世情，渗出豁达，尝世味、图自得。小范围排场，不与人过招，眼前亏不吃，事后的亏也不吃。偶尔解些旧年残梦，胸藏高贵。

秋入太湖，凋残里蕴藏清贵的沧桑，冷看之，近显俊气，远含深邃，之间却是浓烈。湖州的文化人说在水边读书，一辈子活得极宁贴。

The
biography
of
Huzhou

湖州传

丝路之源,用一根丝连接世界

第一章

古代希腊人称中国为赛里斯（Seres），意即"丝国"，美极。湖州钱山漾遗址的一次偶然泄密，世界丝路源头显现的吉兆，让今人放语未休。

国丝，一个亘古的岁月品牌

古希腊以后，丝绸风靡意大利，罗马人称此为"赛里斯的纱"，雅极。于是，西方人在19世纪争相来到中国，探访这神秘而优雅的国度。

中国古代和欧洲中世纪，有一条以丝绸贸易为媒介的文化交流之路，其线路从黄河流域，经印度、中亚、西亚连接北非和欧洲。它原先的起点在黄河流域的中国长安，后来上溯至长江流域的中国湖州。

再后来，湖州钱山漾遗址出土了4000多年前的丝片，成为世界丝路源头的古老诗篇。

1872年，一个叫费迪南·冯·李希霍芬的德国地理学家，完成第七次中国西部的远征，这位德国男爵用欧洲贵族的眼光，审视了中国西部往欧洲的贸易路线。五年后，他在德国出版《中国》一书，第一次用了一个非常唯美的词取代了曾经频频使用的"瓷器之路""佛教之路""玉石之路"，这个影响百年的伟大名词叫"丝绸之路"。

罗马道上，醒世的东方物语

时光定格在公元创世纪前后，汉帝国不经意间用一绵掌，向两个王朝放招。一个是野蛮游民匈奴，一个是文明部落罗马。去历史的空间目睹一场异乡传奇，历经几千年，在哀矜的苏醒中似乎看出明白。

第一招出于无奈。中国面朝大海，背靠沙漠、戈壁、高原。公元前2世纪，帕米尔高原山地的边缘地区，生活着一个著名而珍贵的马种，它们的耐力令人赞叹，草原有"龙族也敬它们三分"之说。因其会排出红色的汗水，人们便将其称作汗血马。这些品种精良的马匹成为诗歌的题材，雕塑和绘画的对象，被誉为天马。

问题是，骑马人是一个叫匈奴的强悍西北游牧民族，匈奴人驰骋在整片蒙古草原，有学者将这些部落描述为茹毛饮血的野人，是"被上天遗弃的民族"。他们屡次进犯汉境，每一次入侵总占上风，汉高祖刘邦亲率32万大军征讨，在山西白登被匈奴冒顿单于40余万骑兵围困七昼夜，差点断了西汉政权那一丝营生命运。

匈奴人控制了西域，从敦煌开始的南北两条通道都有了风险，大漠世味令汉帝国有大限来临之忧。于是汉武帝决定寻求盟友，共同对付凶悍的匈奴人，派张骞带着汉朝的丝织品出使西域。

十三年后，张骞历尽艰辛回到长安，向汉武帝详细报告了葱岭东西、中亚、西亚，以至安息、印度诸国的位置、特产、人口、城市、兵力等。这些内容为司马迁在《史记·大宛列传》中保存下来。这是他留给世界的最初笔痕。

汉朝向西开拓的这条道路后来被称作"丝绸之路"，原本是西汉政府为解决纠缠而联合大月氏夹击匈奴，却使汉朝和西域的经济文化交流日益增多，东方宝物大量运到西域后再转运到西亚和欧洲。

匈奴80多年全盛期，西汉70年的休养生息，汉政府常派大使造访与安抚这些游牧民，给游牧部落送去大米美酒和纺织品，最重要的礼品是丝绸，部落极为看重这种丝织品，它质地好、分量轻，是权力和地位的象征，高级绸是单于尊贵身份的体现，并将之赏给手下侍从，汉政府为换取和平付出的物资总量巨大。

匈奴人喜欢奢侈品，如今已离不开汉货。公元前1年，匈奴收到3万匹丝绸和大约相等的原材料，另加370套衣物。一位特使毫不客气地对部落首领说，匈奴的习俗正在发生变化，汉朝将征服整个匈奴。

汉朝使出的绵掌见效，匈奴分化，接着出现了卫青、霍去病、李广等优秀将领，对匈奴发动漠南、河西、漠北三次大战，收复河套并将河西纳入版图。汉武帝时期大幅提高军人的待遇，在一次巡视时，犒赏边防军100万匹丝绸。

河西走廊向西是帕米尔高原，再向西就是一个崭新的世界。张骞出使西域使沿途的商业贸易一度繁荣，开启了一条横跨大陆的交流通道，被称作"凿空之旅"，张骞成"丝绸之路的开拓者""东方的哥伦布""世界史开幕第一人"。

疆土的扩张激起了中国人对外部世界的兴趣，官员们奉旨考察帕米尔高原并将记录呈报朝廷，留存下来的史料之一就是《史记》。司马迁以谨慎的态度审视印度、波斯和中亚地区的历史、经济和军事状况。他认为，中亚王国不通军事，却善经商，中国和外界的贸易开始。

商队西行的必经之路是玉门关以西的戈壁滩边缘，开拓并不顺利。过塔克拉玛干沙漠，跨越天山山脉或帕米尔高原，都须穿涉险要地带，从一个绿洲到下一个绿洲，路途异常艰辛。极端的高温是巨大考验，必须有丰厚的回报才值得人们去冒险。

在汉朝，铸造足够数量的钱币是个难题，支付军饷更成问题，饱受战火的边疆，铜钱一文不值，粮食也会随之腐烂。丝绸便扮演着最值得信赖的货币的角色，丝绸与钱币、粮食一样用作支付军饷，成匹的丝绸维持着边境安宁。同时，丝绸还成了一种国际货币。

汉帝国的第二招出于无意，是用奢侈的丝绸无意间降服了高贵的罗马人。

汉武帝招募了大量商人，朝廷配给货物，到西域各国经商。其中不乏冒险精神的商人成为富商，吸引了更多人走上丝绸之路，中国丝绸出现在几千英里以外的中东巴克特里亚市场，推动了中原与中西亚的经济文化交流。

罗马人很快加入到这条商道中，从公元一世纪起，罗马人开始迷恋从阿萨息斯王朝和阿克苏姆帝国手中转手取得的中国丝绸。罗马人相信丝绸是从树上摘下来的，丝绸成为罗马城狂热的追求。古罗马市场上丝绸的价格曾上扬至每磅约12两黄金的天价,造成罗马帝国黄金大量外流,迫使元老院断然制定法令禁止人们穿着丝衣。埃及历史上著名的艳后克利奥帕特拉七世酷爱丝绸制品,穿着丝绸外衣接见使节。

英国著名历史学家、牛津大学教授彼得·弗兰科潘在他的《丝绸之路》中说:

> 丝绸出现在罗马,令保守人士塞内加担忧,他说,丝绸做的衣服根本就不叫衣服,既不能显示罗马女性的曲线,又不能表现她们的高雅。他说,婚姻关系的根基正在动摇,因为男人可以透过裹在女人身上的薄丝看到裸体,任何神秘感和想象都没有了。在塞内加看来,丝绸只不过代表着异国情调和色情诱惑,除此之外一文不值,女人不会老实地告诉你她穿丝绸的时候里边是不是全裸。保守派已做过多次努力,包括颁布法令禁止男人穿着丝绸衣物。

东方价值观冲垮了罗马崇尚严格军事化的理念城堡。
当时有些人的说法更为直白:

> 罗马的男人们应该好好想想,身着来自东方的绸缎衣服是否得体,是否觉得丢人!老普林尼于公元1世纪后半叶写道,他反对这种高成本的奢侈品仅仅"能让罗马女性在众人面前显得光鲜"。他最大的不满在于布料的成本,他悲叹道,"这比实际成本竟高出100倍!"他继续写道,我们每年在东方奢侈品上为我们和我们的女人花费掉大笔资金,一年有多达1亿塞斯特斯(古罗马货币单位)从罗马帝国流出,进入到边疆以外的东方贸易市场。这一惊人的数字相当于帝国年造币总数的近一半,并占去年度预算的10%以上。

彼得·弗兰科潘得出结论:

罗马商人以精致的玻璃、银器和黄金，还有来自红海的珊瑚和黄玉、阿拉伯出产的乳香精油换取中国纺织品、香料以及靛蓝这样的染料。资金外流带动了商道沿线的地方经济。村庄变成了小镇，小镇变成了大城，越来越多令人惊叹的纪念性建筑拔地而起。譬如坐落在叙利亚沙漠边缘的帕尔米拉，作为贸易中心的它成绩斐然，将东方和西方联系在一起。

巴特内，坐落在阿拉伯半岛和地中海商道，古代城市发展史上的奇迹。它被誉为"沙漠威尼斯"，那里曾举办产品交易会，来自上百英里甚至上千英里以外的卖家和买家汇聚到这个交通便捷的交口上。每年的9月，幼发拉底河畔的巴特内的交易会，贸易商们可以找到胡椒、调料、象牙和纺织品，成品丝绸和丝绸纱线。这是一个汇集了来自印度、中亚和中国各类货物的大型商业中心。大批的财富从这里被商队从地中海运往中国。

东汉大将军班超统领军队于1世纪末抵达里海后，建立起汉朝在中亚的支配地位，派甘英携带大量丝织品到达波斯湾和罗马的叙利亚行省，大概是今天土耳其的安条克，当时安条克以南正是罗马的埃及行省，中国与埃及最早的官方沟通大概在这个时期。

中国和波斯的交往也变得密切频繁，每年都会派出使团前往波斯，每个使团至少由十位大使组成，外交使节一般跟随大型商队出发，这些商队携带着准备交易的货物，返回时又满载着国内渴望的物品。

这条丝绸之路绕过绝地长夜，打通蛮荒古道，缠缠绵绵地铺到了天外，使世界认识了盛产诗和丝的中国。于是丝绸化为一种抒情的布，裹着前朝风华，裹着后世琳琅，用中国色彩打扮了世界开篇的美。

湖边，那尊孤寂的雕像

湖州，这世界还真有原先，有旧时月色，有逝去的时光，有诗（丝）和远方。

湖州城东有片漾荡，贴近水边的村落叫潞村，一位读书人从家门口捡拾到的奇石中，琢磨到曾经沧海为桑田的神秘，复原"梦忆"中的"荒蛮之境"，串起远古的散珠落玉。

清光绪年间《归安县志》记载一个故事：900多年前，一位姓慎的京官外放湖州，当所坐的官船过一片大漾，进得一个叫潞村的村落时，眼前的小桥流水、村外的碧水青山无不拨动着他的心弦，产生了在此颐养天年的念头。时隔多年，致仕后的慎氏果真携家眷来潞村定居，过上了世外桃源般的生活，且"后人播衍多业儒"。村外的那个大漾，叫钱山漾，如今已名播世界。

今天湖州八里店镇潞村确实住着许多慎姓人家。

20世纪20年代，波光粼粼的钱山漾湖面，涟漪荡漾，三五成群的白鹭在水边悠闲散步，新绿的芦苇随风摇曳。一个在湖边摸点螺蛳河蚌的少年，拾到磨得光光亮亮、奇形怪状的石头，特别好奇，带回家藏起，这些布满人工打磨痕迹的石头，隐隐约约传递着某种来自时光深处的信息。

这个少年叫慎微之，家学渊源，后来留学美国，拥有哈佛大学和宾夕法尼亚大学双博士学位。慎微之回国后出任沪江大学商学院教务长，后又任之江大学教育系主任、教授等职。但他不能割舍对家乡钱山漾的感情以及那些奇诡的石头。

1934年夏，湖州适值百年大旱，钱山漾湖干涸得几乎见底，夕阳下一位穿西服的长者赤着双脚蹒跚在河滩上，发现很多破碎的瓦片。经验告诉他，少年时的呼唤获得应答。这些石簇、石镰、石刀、石斧、石锛、石犁等，竟是远古时代的生产、生活用具。

慎微之动用信仰翻出一座城风华绝代的光阴。至今潞村仍有不少老人清晰记得他西装革履，暑假回钱山漾采集石器的模样。赤着双脚，手上拎着个装石器的竹篮，人们戏称他为拎竹篮的"石头博士"。他拾集了大量石器，把钱山漾遗址从石器时代的枯竭水面捞了上来，将遥远时光打捞回来，成了"钱山漾遗址"的发现者。

慎微之不把钱山漾看成一时一地的文化现象，而是从文化人类学角度审视遗址的演变。两年后，1936年5月发表《湖州钱山漾石器之发现与中国文化之起源》论文。他推断，钱山漾在古代本系普通河流，大部分为古城市旧址，是一处大面积的古人类遗址，在其四周必有大量古物蕴藏。其观点与

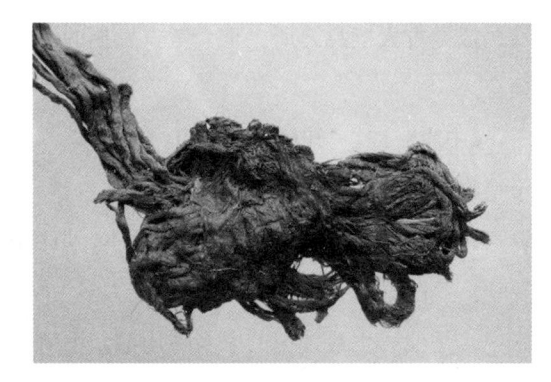

1958年钱山漾遗址出土丝绸线

江南史学界吴越古文化"几与中原并驾齐驱"之说形成共鸣。慎微之的论文令沉睡了数千年的钱山漾遗址进入人们的视野。

1956年和1958年，浙江文物专家顺着慎微之的路数，对钱山漾做了两次发掘，出土了大量以石、陶器为主的史前生产、生活用具，其中200多件有机质文物以其丰富的种类、精湛的加工技术震撼了现场的考古人员。人类首次发现了绢片、丝带、丝线等一批尚未碳化的织物。

专家们无法精确测定此类织物的时间，送经当时的浙江丝绸工学院、上海纺织科学研究院切片检测，奇迹发生：丝片和丝带属人工饲养的家蚕丝织物。这些绢片再经碳十四测定，距今已有4400年至4200年，是世界上迄今发现的最早的家蚕丝织品。

几千年岁月磨蚀了丝织物曾经的美丽光泽，织物色泽淡褐、经纬细密，平整而有韧性，但它们却是钱山漾遗址作为"世界丝绸之源"最有力的佐证。

两次的考古发掘解决了长期困扰江南考古界的"第一次划分出包含硬纹陶和不包含硬纹陶的上、下两个地层"难题，也使良渚黑陶从龙山文化中划分出来，为浙江良渚文化的命名铺平了道路。

钱山漾遗址实证了古代湖州的前世今生。这里依山傍水，出土的新石器时代的石斧、石箭和陶片，属多层文化遗址，八室多开间房基遗迹的发现在国内新石器时代史前建筑尚属首次。所反映的强烈时代特征和鲜明文化个

性，拟是古人栖息之所。重大考古发掘的诸多成果，无不印证着慎微之的预言。

《中庸》曰："知微之显，可与入德矣。"是这位留洋博士的境界。湖州市博物馆收藏着14本笔记本，是慎微之1955年至1966年在湖州野外考古调查时的记录，这数万字简陋的笔记本，慎微之一一冠名为考古拾零、考古要领、考古随记、考古勉思等，本子大多为学生的练习本，一页页泛黄的纸张中，是他一生最钟情的家乡钱山漾。不少笔记内层层叠叠贴满了车船票或旅店客栈票据，一行褪色的字迹："内附发票，因为我是业余考古，不作报销。"

潞村，一条小河流经整个村子，古村的人们临水而居，慎氏为潞村望族，慎镛是潞村慎氏的始祖。慎镛在历史上也颇有名，他和好友范仲淹、欧阳修三人同为进士又同朝为官，三人不仅兴致爱好相同且志向抱负一致，交往甚密。当范仲淹和欧阳修遭贬谪时，慎镛即联名奏本朝廷为他们鸣不平，反遭牵连而罢官，卸任后便定居潞村乡间。这件事在湖州的官方或者民间都引为美谈。

潞村从东往西分别有四座古桥，这四座单孔石桥均始建于宋代，由北宋金步度支员外郎慎镛及其后人出资建造，清朝道光年间重修。历经900多年的风雨依然古朴典雅，坚如磐石。

这四座桥，连接人类文明的两端，过了桥，与古人对话，审视湖州丝绸文化的发祥地上生产生活的人们。"钱山漾文化"文物中有陶鼎、罐、壶、盆、钵等器皿以及纺轮、网坠等纺织工具残件，说明湖州当时的农业文明已有相当水准。

潞村边上的钱山漾，在很久以前是个大湖，如今沧海变成了桑田，这里曾淹没了一个很古老的村落。这场景让那位从潞村走出，又留洋归来的慎微之捡拾了回来，化作了古代文明碎片。

遗址中出土的残丝片和丝、麻织品是我国迄今发现最早的丝、麻织品，一片陶瓷，一个瓦片，它们无声地诉说着人类社会的兴衰交替。时光的洪流掩埋了历史的痕迹。

湖州水巷

  从湖州出发，踏上一条洪荒中荒凉、无常中无畏的道路。无数先人用智慧作祭奠，树叶蔽体改由蚕吃叶吐丝后织布作衣，成为文明的人。数千年的嬗递，对于今天的人们，像是一个虚幻的概念。史前文明，那时的湖州古人除已懂得用火和渔猎，懂得生存、生活和创造，繁衍生息。

  至于丝绸路上"驼铃古道丝绸路，胡马犹闻唐汉风"属于眼前故事。

  2015年"世界丝绸之源"命名暨闪耀米兰世博会仪式在北京举行。经专家评审，发现世界上最早绸片的中国湖州钱山漾文化遗址被正式命名为"世界丝绸之源"。钱山漾遗存与年代稍晚的"广富林文化"一起，填补了长江下游良渚文化到马桥文化之间存在的缺环，恢复了这段被遗失的历史记忆。

  这一时刻的到来，距慎微之的1934年，过去了整整80年。

  烛光下细细端详在钱山漾湖底捡来的碎陶片的微之老者，以微见著，厚厚的野外工作记录与这一叠叠个人支付的"盘缠"珠联璧合，串联起一个考古人经年累月的风雨历程。他一生没有留下丰厚钱财，没有留下等身著作，也没有留下骨肉至亲，甚至连一张供后人缅怀的照片都没留下。然而这一摞野外工作笔记，正是这位执着又节俭的老人留给我们最丰厚的遗产。敬怀一位老人，以诗以待较为合适：

> 千万年的风尘把你装饰得德高望重，
> 我望着你，像瞻仰一尊慈悲的图腾。

钱山漾在千年万年以后的今天，它依旧展露其默默无闻亘古如初的德行。

人类对于大自然的苦苦求索与追问，无外乎山川大地，日月星光，透过一沙一世界，发现原来这大地未曾虚空。钱山漾绸片上的纹路，记录着一天天流水的日子，记录着时间任着性子的包容。古人用丝的经验，给了今人以柔克刚的坚韧个性。砍砸器、刮削器、石镐、石斧，诸多石器标本，是深藏不露经历岁月磨砺依然饱含信仰之物。面对无情岁月有情天地，它固守着自己的质地，随遇而安，时光让所有的生命破绽百出，却不能粉碎生命留下的印记以及印记背后神圣的东西。

由潞村延伸开来的江南原始文化，闪烁出东方智慧。水巷拱桥建立在历史厚积上，水巷全无母亲河的意象，滥觞之始一足踩在水底，一足跨到河沿的渔夫耕者依旧可见，使人不出潞村亦可见江南流韵。

辑里村，世俗而唯美的真丝部落

唐代有位宰相叫于頔，792 年任湖州刺史，在湖州任上办了两件水利盛事。一是在长兴环桥至白阜一片人称"西湖"的低洼区，修堤筑岸，改造成三千顷良田。二是声势浩大地组织拓展荻塘，令河面一展浩荡，正巧第二年来了大水，排除了水患。湖州百姓敬其功德，改为"頔塘"，就是今天湖州至南浔那一路的大气派。

这项恩泽后世的水利工程，惠及了太湖南岸水乡人家，更呈现出了吴兴水网中镜面般的清亮。

苕霅两溪，水至厚，水至柔，令漾、荡、河、港，水清如镜。荻塘深处，有个水边村落叫辑里村，村东流淌着一条清澈透明的河，河水自净能力很强，时至今日，它依然清澈无比，人们称之"雪荡河"，穿过的河湾叫穿珠湾。这里土质黏韧，育桑、养蚕、缫丝自然条件优越，清澄如镜穿珠湾两岸产一种以村命名的优质丝，名播天下。1840年编印的《南浔镇志》有这样的记载："雪荡、穿珠湾，水甚清，取以缫丝，光泽可爱。"

缫丝不神秘，用辑里村民的话说"用清水、勤换水"。明万历年间，村民培育出了蚕茧小如莲的良蚕种，特别适于缫制优质桑蚕丝，辑里丝成市场魁首，大贾皆贩于此地，贸于江南及川广地区。南浔朱国桢、温体仁两位明朝相国都将自己家乡的辑里丝推荐给当朝皇上。朱国桢的《涌幢小品》中说到辑里丝："较常价每两必多一分。苏人入手即识，用织缎，紫光可鉴。"在他们的推荐下，"辑里丝"被指定为皇帝龙袍的用料，从此声名鹊起。

明清之际，有600多年制丝历史的辑里村，跟随南浔、双林等江南名镇的崛起，湖丝名扬寰宇。湖丝不仅广销国内官私织造，还深受欧亚贵胄青睐。

辑里村人在缫丝工艺上注重"细"和"匀"，缫丝工具应用当时最先进的三绪脚踏丝车，所缫的丝富于拉力、丝身柔润、色泽洁白，比土丝多挂两枚铜钿而不断。辑里丝独特的缫丝工艺，被布局到了杭嘉湖苏各地，土丝的质量顿有"细、圆、匀、坚、白、净、柔、韧"八大特点。湖茧、湖丝，双甲天下。

只要迷恋，不必为丝的来源发愁。湖丝风靡天下的最早记录是在明隆庆元年（1567年），郭子章描述说："今天下蚕事疏阔矣，东南之机，三吴、闽、越最伙，取给于湖茧。"康熙二十三年（1684年），地方官报告：外商将头等湖丝带至欧洲试用。这是湖丝第一次外贸出口交易的文献记录。

中国的重商主义在南宋有过一个高峰。"南浔辑里丝"之称，起于那个时代。南宋《嘉泰吴兴志》中就已经有"湖丝遍天下"的记载。"辑"有缫织之意，木制丝车缫制的土丝和辑里湖丝，后泛称江南上等土丝，后来一些连广东土丝也冠辑里丝。

明朝洪武年间，黄省曾的《蚕经》里也有"看缫丝之人，南浔为善"

的记载。据周庆云《南浔志》载："辑里村居民数百家，市廛栉比，农人栽桑育蚕，产丝最著，名甲天下，海禁既开，遂行销欧美各国，曰辑里湖丝。"

在欧洲人的眼里，湖丝是他们需要的最好原料。但闭关锁国对蚕丝的出口有严厉限制。乾隆有旨："辑里湖丝出口限量 5000 斤，必须现银交易，不得以货易货且春丝不得出口。"两广总督在奏本中提到西洋商人用本国的商品交换湖丝，对此嘉庆皇帝生气地批复说："西洋玻璃是土中提取的液体，钟表可有可无，而自鸣钟更是粪土，断不可用本国的珍贵特产交换这些废物！"

严格的限制没能阻断蚕丝的海外贸易，欧洲的社交场合，贵族还是穿着华美的绸衣享受咖啡与华尔兹。

入清以后，政府突然觉悟，在南方实行开放。1757 年，清政府实行公行制度，外贸被限制在广州一个口岸，广州十三行靠政策取胜，全国的商机给了广州。湖丝外销要辗转运到广州出口，每年惠及地方经济未满 100 万两白银。被称为"天子南库"的广州十三行，记录了早期中国商人对外贸易的足迹。精明的商人看到"辑里湖丝"的巨大市场，千里迢迢从湖州丝商手里收丝，然后沿着海岸线用"漂洋船"走私出口。这一路大约需要一个多月的时间，为躲避不测，一些湖州商人把咸菜装上船，遮盖住光洁如玉的蚕丝。

80 年后，上海成为中国第一批通商口岸，上海开埠，机会来到了湖商家门口，湖丝运沪直奔洋行，外销成本骤降，小本生意者花五六元可雇一小船运一百包生丝售上海，价格较广州下降近四成。开埠后的上海，外贸的交易量猛增，直至占到全国外贸的 90%。大运河的支流荻塘到上海，坐船只需两天，蚕丝贸易的利润大增。从上海出口的湖丝，运费只占 0.2%，售价比广州时期下降 35%。价廉质优湖丝成了中国当时出口的主要商品。天时地利，安逸的湖州丝商开始在内心泛起波澜。1850 年前后，随着上海开埠，湖州商人顾福昌、刘镛等人登陆上海滩，结识买办，与英美商人贸易。

上海开埠后，出口商品 90% 是蚕丝，而蚕丝 90% 是辑里湖丝。

最初出口的辑里湖丝用的是传统的缫丝方法，这些丝绸到了国外，被洋人称为"土丝"。清道光初年，辑里村的工匠为辑里湖丝作了第一次改良，他们将缫丝"合二丝为一，以经车纺之"，因为是干丝干纺，需要加菜油润滑，这种办法缫出来的丝断头多，且色泽发黄。第二次改良是在同治十二年，南浔"八牛"之一的周申昌仿效日本的制丝工艺，改做辑里干经。一次对祖辈生产方式近乎宿命般的改变。

《清续文献通考》说，这些蚕丝"优者称细丝，光彩鲜艳，韧力富足，为外人所喜"，每年有11万担的销量。从1851年，辑里湖丝参加了在伦敦举办的首届世博会，到1915年的首届巴拿马太平洋万国博览会上，辑里湖丝一直是展会最高奖项得主。

老南浔人说，南浔地旺，肥土生绿桑，清水缫上丝，丝生钱，钱生镇。南浔的发达，从丝开始。

咸丰末到光绪初，欧洲生丝产地意大利、法国等地连续发生蚕瘟，产量大幅下降，而英国的大机器生产和炽热的全球市场都急迫地等待着生丝原料，所以湖丝一度卖得极为火热，价格高得吓人。

清王朝内府规定，凡皇帝和后妃所穿的龙袍凤衣，须用辑里湖丝作为织造原料，故成贡品。康熙时织造的九件皇袍，就是指名选用辑里湖丝作经线织成。道光二十四年，辑里丝从上海出口以后，据《徐愚斋日记》中说：英国女皇维多利亚做生日，有人把辑里丝为礼品献上而获得奖励。

清代末年至民国初期，辑里湖丝在国内、国际多次获奖，取得殊荣。1910年，辑里湖丝有13个经牌，在南洋劝业会评比中分别获得头、二等商勋和超等、优等奖。辑里丝梅恒裕丝经行所制各种牌号丝经，在意大利展览会上获一等奖。南浔丝业代表张鹤卿等随中国赴美考察团，参加在纽约举行的第一次万国丝绸博览会，参展湖丝获美商好评。

1911年，在意大利都灵举行的工业和劳动国际博览会上，南浔梅氏各种牌号丝经获得一等奖，南浔籍刺绣艺术大师沈寿制作的刺绣获得卓绝大奖。1915年的巴拿马万国博览会上，南浔梅恒裕辑里湖丝再获大奖。1926年费城世博会上，顾敬斋的源康丝厂和周庆云的吴兴第一模范缫丝厂的生丝获得甲等大奖。1910年，在清廷举办的南洋劝业会上，梅恒裕的"绣麟""金鹰钟"等经牌获头等商勋,"银鹰"太平洋万国博览会上"梅月"等6个品牌获超等奖。

中国国家级非物质文化遗产名录中,宋锦、缂丝、蜀锦、双林绫绢和杭罗为代表的各种织造技术在列,杭嘉湖地区的清水丝绵蚕丝被制作技艺,更是世界非物质文化遗产。

地理上,从辑里村到钱山漾,近在咫尺,从湖州到伦敦,远在天边。辑里村诞生中国首个世博会金奖,村丝成为"国丝",这4000多年的时空,只需几句话予以诠释:湖州气候温和,土质肥沃,几千年种桑养蚕,由蚕茧而缫丝,才有湖州蚕丝,这丝够长、够韧、够远,远得地久天长,远得沧海桑田。

翻开《诗经》,"春日载阳、有鸣仓庚。女执懿筐,遵彼微行,爰求柔桑"正是湖州妇人农桑的写照。以钱山漾为代表的长江三角洲一带作为丝绸源点,有上天赋予的内核,家蚕驯化、桑树栽培、蚕丝利用的背后,有适宜的自然环境和天地沟通的文化背景。湖州自古桑叶连天、田塘密布,百姓世代以养蚕种田为业。

钱山漾遗址上,建起了中国蚕桑丝织技艺非遗传承中心,丝绸历史墙上,是华夏丝绸史:夏代六州贡丝;春秋战国吴楚争桑;汉通西域;湖州丝绸入贡、西传;大唐吴绫蜀锦齐名;明清湖桑改良,桑基鱼塘兴盛,丝绸市镇兴起;晚清民国,世界殊荣里的湖丝。

作为因一丝而全盛的湖州,领先自己的时代如此之远,让目不识丁的农人激活道貌岸然的庞大机构,用自己的富庶和超负荷付出维持了历代政府的运转,浓妆下的各朝各代因丝尽显吉祥。

尊者，源头意境中的文化密码

蒙昧时光里的风华绝代

1849年6月30日，英国白金汉宫开了一次历史性的会议，讨论30岁的维多利亚女王提出的一个创意：在伦敦举办万国博览会，这就是第一届世博会。1850年1月3日，世博会皇家委员会成立，维多利亚女王向世界各国发出世博会参展邀请。这届世博会主题："展示、竞争和鼓励"，展示各国的艺术和工艺产品，"使不同的国家和大陆隔绝的距离在现代科技面前快速消失"。

木讷的清政府接到邀请，没接招。这个消息传到上海，道署也无动于衷。宝顺洋行买办徐荣村得此音讯，立马把自己经营的12包"荣记湖丝"寄至英国伦敦展览，参与角逐。殊不知，他用麻布包裹的"荣记湖丝"与雍容华贵的伦敦氛围很不协调。

1851年5月1日，微雨的伦敦，在璀璨的水晶宫中，各国展品粉墨登场。博览会共有18000个参展商，提供了10万多件展品。世博会开了5个月，评委们还没有打开过这来自封闭的东方古国的商品。当其他展品被评委们反复品评之后，他们才想起这12包中国展品，打开一看，都大吃一惊：洁白的"荣记湖丝"柔软而富有弹性。西方人钟爱的中国蚕丝被紧裹半年之久，仍然簇新质佳。

养蚕，卖茧

在最后的工艺评奖中，确认产自中国湖州南浔辑里村的"荣记湖丝"在所有参展的丝绸中质量最佳，独获金、银大奖，维多利亚女王亲自颁发奖牌、奖状，并赠"小飞人"画幅以示赞誉。辑里湖丝以其"白、净、柔、韧"的特点荣获原材料类金奖，这是湖州丝绸、更是中国商品在世博会上的首次亮相。

1851年伦敦世博会后，湖丝登顶伦敦世博会，获免检进入英国市场，其他欧洲市场一并免检，并被女王钦点运用。湖丝缠上了维多利亚女王凤体，成为宫廷中最雍容华贵的标志，风光占尽欧洲大陆。

此后湖州丝绸在世博会的每一次亮相，都会令人驻足，南浔丝商很快学会用外语和洋商打交道。湖丝也不仅仅是中国古代帝王的御用品，更成为外国宫廷的奢侈品。

1857年，一个英国丝商代表团来到湖州南浔。他们的考察报告极具诗意：南浔"几乎家家养蚕，户户缫丝。每个人的生活中都有湖丝"的味道。商业和市场的巨大能量源自湖丝的品质与这里的地气，湖州蚕桑业在中国近代民族工业兴起历程中的伟大角色以致有"一丝"显现。

缫丝

  南浔的泰安桥畔坐落着一家刘记小丝行,叫"刘恒顺"。上海开埠,丝行小老板刘镛坐了两天船去了大上海,见见那些从未谋面的买家。刘镛猛然惊醒,他发现"辑里湖丝"在这里的收购价几乎是南浔广庄的三倍,从那一刻起,刘老板知道自己该怎么做了。若干年后,刘镛积累了两千多万两银子,成了当时中国最富有的人。明睿的湖州丝商们纷纷抛开束缚,挤进上海,闯自己的天下。

  1860年,南浔"八牛"之一的陈煦元在上海成立了"丝业会馆",所有场面上的湖州丝商都加入其中。上海滩市场发言权只有一个南浔话筒,湖商主宰市场的沉浮。

  湖商登台之前做了一档功课,须脱去一层外衣。他们之前大多是洋行的买办或通事,顾福昌就是著名的"旗昌"洋行和"琼记"洋行的买办,"八牛"之一的陈煦元更是"旗昌"洋行的总买办。借了外商企业的壳又掌握着"辑里湖丝"的货源,才成了当时上海滩的风云人物。他们需要脱壳,要更换一种搏击样式,就是先要主宰自己。

  上海延安路的东段在一百多年前还是一条小河,它是黄浦江的支流,也是英、法租界的界河。它有个奇怪的名字，叫洋泾浜。当年洋泾浜周围洋行林立、华洋杂处，往来周旋的外商华人免不了语言上的交流，于是出现了一种上海话里夹杂着英文的奇形怪状的语言，人们戏称为"洋泾浜英语"。这也许就是贸易的魅力。"辑里湖丝"活跃在洋泾浜上，曾经的买办或通事一夜间变了脸，成了谈判桌上的老板。风云变幻以后，买卖达到了一个前所未有的高度。

出版于19世纪60年代的《上海新报》上，每天都有"辑里湖丝"的报价，丝价如今天的股票随着市场的行情不断变化。就连在遥远的伦敦，都有一个湖丝交易所。在电报没有开通前，欧洲对湖丝的需求信息都要通过邮轮送到上海。为了快速传达信息，邮轮在大洋上就开始争分夺秒。在南浔镇通往上海的主航道上，有三座又高又大的石桥，这是丝商们为了方便洋行前来收丝的货船通过而建造的。

南浔文人温丰曾经在一首诗中描述湖丝交易的火爆场面，说"番蚨三枚丝十两""一日贸易数万金。"番蚨即银圆，三枚银圆，相当于二两多银子才可以买到一斤好丝。湖丝成为一流商品，湖商成了上海滩上的风云人物。

近代国货运动历史上，有一个绕不过去的人物，他是双林儒商蔡声白，凭着留洋的学识背景，不断地诉说着"湖丝遍天下"的盛景，不停重新勾起了人们对这一华夏远古文明的敬仰。

1907年，蔡声白入湖州中学堂，和一代文豪茅盾为前后同学。蔡声白作为清华学堂的幼年生，于1914年赴美留学，在理海大学专攻矿冶工程，回国后入了有"丝业大王"之称的湖商莫觞清的美亚织绸厂任经理，莫觞清就是后来茅盾的名著《子夜》中一号人物吴荪甫的原型。

清华学堂留美归来的蔡声白带着他时髦的创意，为湖丝做了两件公益事。第一件事：邀请电影摄影师陈惟中到湖州农村拍摄电影，深入乡间桑林、村户蚕房和市镇的丝绸企业，把种桑、养蚕、缫丝、织绸等中国传统的丝业分工顺序逐一拍摄下来，又和时装表演的场景合成中国近代工业发展史上第一部大型广告电影《中华之丝绸》。

后来，当红大明星胡蝶、阮玲玉、周璇等以及有"美人鱼"之称的游泳健将杨秀琼都参演了这部电影。影片把"丝绸之府"湖州的风土人情、蚕桑人家以及影星们的优雅风姿,丝绸时装的富丽轻柔介绍给了观众。那些无声的经典场景最终留在了最初的胶片上。

第二件事:1927年12月的一天,蔡声白在上海先施公司时装厅,策划了丝绸模特时装表演,著名演员黎莉莉、陈燕燕等穿着华美的丝绸服装,淡妆浓抹,摆出那个年代女性最具代表性的或娇羞或妩媚的造型。

1928年5月,蔡声白率领美亚国货丝绸南洋展览团,带着《中华之丝绸》电影,在泰国、越南、马来西亚和新加坡等巡展,把中国丝绸、湖州风情推出国门。南洋之行,使中国丝绸的魅力引发了海外游子的思乡之情。美亚丝绸60%销往原本被日本丝绸占领的南洋市场。

湖商自从登上上海这个摩登世界开始,便长袖善舞,"扬丝绸之优势,抢开埠之先机",在实业上取得了举世瞩目的成绩。

美亚自建一条种桑、养蚕、缫丝、织绸产业链,独创的"美亚葛""文华葛""爱华葛""华绒葛"等花织丝绸以及单绉、双绉、乔其纱等素织丝绸的畅销产品,通过时装表演这独树一帜的品牌,声名鹊起。

1933年,蔡声白将美亚改组为股份公司,旗下有美亚、美艺、美章、美兴、美隆等20余家分支企业,包括绸厂、绢厂、绸庄、绸缎局等。改制后的美亚股票上市后迅速上涨,成为明星股票。

1934年8月至11月,由上海乘船溯江而上,经芜湖、九江,经陆路转南昌、汉口、长沙,再折返沿江的沙市,又由水路往宜昌、万县而直抵重庆,所到城市都组织国货丝绸宣传大游行,万人空巷,场面蔚为壮观。三次展览都边展边销,收益丰厚。

蔡声白是湖州丝绸传奇的一个典型个案,也是湖州丝绸文化的代表,《中华之丝绸》已成为创意文化先声。借助电影媒体、时装表演,展示由湖丝编织的中国丝绸高贵雍容、富丽典雅的风貌,蔡声白因此被誉为"中国丝绸大王"。美亚在今天变脸为香港的溢达。

这个具有现代眼光的湖州民国丝商,借了文化的力,他的美亚国货丝绸展览团,足迹远至南洋的3次电影和时装表演大巡展,在20世纪30年代引

丝绸之路（张绍庆 摄）

起轰动，铺起一条沟通东西方多彩的丝绸之路。

何止一个蔡声白，所有的湖州"丝人"都在为铺就世界丝路"咏诗"。

1934年，湖州上海同乡会曾对民初湖州丝绸外贸做统计，1860年至1934年的75年间湖丝总出口324万包，每包80斤，总价值约13亿元。咸丰末到光绪初20多年里，湖州人凭借湖丝贸易一夜暴富者比比皆是。在80年的湖丝全盛时期，每年约3000万银圆汇入湖州各大钱庄票号，用于收买蚕茧、丝绸，这些财富大多转化为湖州的地方财富。

风靡海内外的南浔富可敌国的"四象八牛"丝商群体就此成形，开创了中国早期蚕丝贸易市场的广州商人，顿觉不是湖商的对手，渐渐退出了曾经属于自己的舞台。至此，湖州已无闲地植桑，陈煦元只好到浦东买了几十里的土地辟桑园。

一条蚕，一根丝，中国这一古老而绵延至今的产业奠定了丝绸之路的历史辉煌。"但见巨龙呼啸过，丝霞万匹映天红。"钱山漾牵出的这根纤纤蚕丝，世界上迄今发现最早的家蚕丝织品，可以想象当时的精美细腻和柔韧平整，如此有生命力的人类劳动成果，没有成熟高超的制丝技术是不可想象的。

古丝缠绕的江南小镇

苕溪由天目山向东,迤迤逦逦流出一个叫作南浔的镇落。南朝以后,这个江南小镇缓缓走进中国丰富的内涵。傍水筑宇,沿河成街,"小镇千家抱水园,南浔贾客舟中市",明人称:"烟火万家,舟航辐辏,乃江浙雄镇。"小桥流水,桂楫晚钟,风情绰约。南浔带着自己特有的神秘,于世默默,天下不闻,"追风逐日"人物辈出,独领江南风骚。

南浔在南宋以前,只是个村落。镇内可以随意修坟筑墓,景象荒芜。明中后期,南浔才像模像样起来,以她的默默聚气,扮演了太湖旗帜性角色,直至跃为江南雄镇,烟火万家。南浔的崛起,是蚕桑之利,这里湖河港汊密布,水清土沃,宜桑耕。这种精神脉络来自一个强大气场。这个气场无法从宫廷和文苑产生,只能来自这方大海般的水域和口袋鼓囊的太湖人家。

戴表元离开湖州东去,泊南浔,留诗,其中用"画屋芦花净,红桥柳树深。鱼艘寒满港,橘市书成林"之句描绘这座江南雄镇。

戴诗质朴,不用典,不斧凿,明白如话,清淡如孟浩然诗。诗中的南浔呈现的江南美景及商业集市兴旺之态,而非学究乡儒书卷气。

上海开埠,浔商利用地缘业缘优势,贩丝沪上,崛起于上海洋场。坐着小船,从上海滩上捧回白花花的银两,回到自家的河埠。这是一幅极富软性美的水乡归舟图,小桥、流水、桂楫、晚钟,沿途是风情绰约的镇情民风。天际归舟是悠闲中的浔商,南浔的商人任取一家,门前都有踏级入水的河埠,这水便是柔姿绰绰的浔溪。

南浔因辑里村而发达,湖州带着这一华美绝伦的织物,沿着神秘的丝绸之路,装点了世界名流仕女的梦。南浔古镇的商业奇才们作为高于大众的一群,他们不需要承担构筑社会基石的责任,所以,南浔的商人贵族大多与世无争,不到万不得已决不会和别人发生争执。

清代末期到民国初年,湖州南浔出现了许多大的商业家族,这些丝商

朱家坝：人家门户各临水

的财富究竟各有多少，谁也说不清。当时有人以三种动物形体为标，有"四象八牛七十二金狗"的说法，财产百万两黄金以上称"象"，50万两以上称"牛"，30万两以上称"狗"。其实入象的刘、张、庞、顾四家，刘家财产2000万两，张家1200万两，因而也有称狮的。归入牛类的邢、周、邱、陈、金、张、梅、邵八家的财产总额亦在6000万至8000万两，这个数字令朝廷吃惊，清政府每年财政收入6000万两左右。足可看出江南丝业的繁荣。

南浔除了碧水环绕，小桥石驳，古风古韵之外，名园巨宅，富甲天下，自宋至清镇上大小园林达27处，且有五园被行家称为"巨构"。今日看去，依旧折射出古镇昔日的富庶和文明，使人领略"不出城郭，而享山林之美"的幽趣。如此制作精良的古镇，在整个江南不易见到。

南宋嘉泰年间的湖州，是杭州行都的辅郡，境内城邑墟市，精庐相望，商铺林立，丝绸、绫绢、桑叶、蚕种、果茶、蛋鱼交易，不绝晨暮。城内又通舟楫，市虾菱藕常在船上交易。南浔以耕桑之富，为行商坐贾荟萃之所，成为富商云集的江南雄镇，造就了"绿波三叠跨晴虹""十里桑阴水市阴"

的江南特有风姿。

浔丝作为上乘的湖丝,唐时已誉满长安,君临天下。唐玄宗特选为贡品,"湖丝用作帽缎,紫光可鉴"。从康熙起,清帝所穿龙袍凤衣,须以湖丝为料。海运开禁后,英国维多利亚女王得到的生日礼物是湖丝,爱不释手。

19世纪的南浔人从贸易中获得的巨额财富没有体现在投奔王公贵族的豪奢宫殿中,它们被中产阶级商人们用来建造和装饰自己的住宅,南浔靠一捆捆丝绸堆出了财富庄园,仅一镇富可敌国。民国时期,南浔出现了上百个大宅院,首次在中国大地上突起了中西合璧的建筑群。江南园林在这方黄金水岸诞生了。

桑蚕成就了贵族南浔。

江南园林是在有限的空间里,把文化创造到极致。在这些作品中几乎看不到王气,成为艺术殿堂主角的是那些普通人的平凡生活。这种平和的表情,只会出现在那些没有对饥饿的恐惧、不用时刻担心流离失所、在富足的环境中度过一生的人们的脸上。

南浔五园园主,无一不是经营蚕丝发家的,这个蚕丝王国,织出了锦缎般的富有和锦缎般的园林。南浔没有萧条过,这个从不肯安宁片刻的古镇走到近代,已是旌旗猎猎,万把人口的小镇孕育出了成群富商,于是有一个湖州不抵半个南浔之说。经营丝业发家的刘镛,仿杜牧《山行》的诗意构造小莲庄,营造文化景点,荷池假山,碧水奇峰,让人品味到"虽由人作,宛自天开"的意境。园内碑刻砖廊,真草隶篆,各有章法,加之用了百年琼花等名贵花木点缀,飘逸出一种古筝独奏般的淡雅清丽。

当历史进展到晚清民初的世纪之交,近代史上的南浔又不得不拨动江南的变奏。在江南一隅,坐拥庞大财富的张静江、庞元济们率先将这个生养他们的小镇营建成一条划时代的走廊——一头是书楼,一头是铜臭;一头是晚唐诗,一头是巴洛克;一头雕花,一头藏针;一头返回传统,一头扎进文明。清末张謇匾书的"尊德堂",呈巨富大宅之风格,覆盖了南浔乃至整个江南的商贾名流、文人学士的心智探求和理性嬗变之过程。

但这些大墙门内始终藏着独有的贵族特质:清高、平和、低调。他们

南浔古镇

信奉种族优化论，择偶的标准，是才智加相貌，以保证后代的贵族特质。即便哪家少爷在大宅院间的雨巷口，撑着油纸伞，独自彷徨在悠长又寂寥的雨巷，希望逢着一个丁香一样的结着愁怨的姑娘，也只是瞬间的彷徨，终究是要走进绣楼，与绫罗绸缎相拥。

故而，南浔的大家族在相互联姻中聚气，盘根错节里互助，看准了某项实业，凑个股份，拉个垫付，调个头寸，不是问题，都是一根丝的牵连。

江南的富庶小镇不在少数，南浔却与众不同。孙中山一度想促成这个小镇立市。他想要标记的，是一种近代口吻的江南，款款宏大、霸气任性，而又低调内敛、韵味悠长。

南浔是隐藏在都市里的闺秀，河埠石阶，小船载着西学东渐思潮上岸，装着中西合璧理念点缀豪门宅邸,园林书楼都处处体现了中西文化交融的历史痕迹。

古镇的中间,张石铭家族一门三代出了四位全国著名的收藏家。而张静江舅父、大收藏家庞莱臣,收藏的书画精品更是冠于东南,傲视群伦。

张石铭的懿德堂内深深庭院的彩色玻璃,都是漂洋过海从法国进口。雕梁画栋下,楼窗是镶嵌菱形蓝色玻璃刻花,巴洛克风格欧式小楼,隐藏在周围高砌的中式院墙和粉墙黛瓦下,楼内甚至还设有化妆间和带有更衣室的豪华舞厅。

19世纪初的中国江南小镇上的几个丝商,主宰了一个大时代,构成中国近代史上一大奇观,绽放着令欧洲贵族们眼馋的巴黎之花。

晨曦里,湖州长丝如梦中

三国,湖州德清的"永安丝"入贡;唐代,吴绫与蜀锦齐名。汉唐盛世下,大漠"丝绸之路"上屡屡闪耀它美丽的身影。两宋,桑基鱼塘得循环使然,鲁桑走向"湖桑",加之缫丝技艺的精湛成熟,丝织名品层出不穷。

商品经济冲击,自然经济崩塌。桑蚕业是富贵之业,湖州民间至今还流传着"蓬头垢面四十日,油头光脸整一年"的俗语,形容蚕农们在养蚕季节辛苦劳作40多天,之后能够过上一年的富庶生活。明政府的官员不知资本为何物,只是傻看民间忙于种植桑、麻、棉。

宋雷《西吴里语》说湖州无地不种桑,无妇不养蚕。"夜宿水边哨声远,湖州丝绸如梦中。"种稻不如种桑,治田不如治地,环太湖诸府之富靠蚕桑。湖州双林名士茅坤有桑数十万树,所产桑叶以作商品出售,茅家靠种桑成为巨富,茅坤说:地之所出,每产桑叶两千斤,年收入五六金。浙江十一府,湖州因种桑养蚕最为富庶。土壤水质孕育优质的桑蚕,太湖乡间妇女皆善缫丝。宋代诗人梅尧臣游雪溪,用"花暖吴蚕始浴时"诗句绘"丝意"。

湖州人吃透了衣食之需这个永恒主题,湖边人家极善捧一片朝阳不放。大量种植桑棉,湖塘填为桑田,湖州田连阡陌,桑麻万顷,寸土之堤,必树

张石铭故居中的彩色玻璃

之桑。杭嘉湖地区桑麻野遍，尺寸无旷土，令龙颜大悦。"桑柘影斜春社散，家家扶得醉人归。"好一幅桑绿人醉图！

唐甄《潜书》说，广东商人常年千里迢迢到双林收购湖丝，销往南洋诸地。环太湖各县的丝，数湖州最佳，湖州乡村处处皆产优质细丝，市面称湖丝，总量以菱湖洛舍为最，质量以七里丝为上品，销售价格每两必多一分。乾隆时，湖州双林仓头纱，久负盛名。

地域分工是地气能量的互动，桑蚕是江南成长的养分，消淡的月光下走进蚕房，那是怀旧的根基，是明月清风下的流金岁月。蚕之厚利，才能应付政府赋重。张履祥在《补农书》中说：蚕桑之利，厚于稼穑。唐甄也说，蚕桑由副业上升为主业。丰子恺说，他的老家桐乡石门乡间，农民田间收成仅能维持八个月开支，缺口则依赖蚕务。整个环太湖民间，创造了以织助耕的财富积累机制。

小镇遍布桑市、蚕市、丝市、棉花市和米市。顾禄《清嘉录》说，江南农村有卖新丝集市，每年四月起，蚕农将丝卖与镇城隍庙的收丝客，晚秋蚕收毕。濮院桑叶行，蚕忙季节，买桑叶的船，河道堵塞，市价一天三变。小满后南浔丝市渐旺，列肆喧闻衢路拥塞。双林的丝市上头蚕、二蚕丝市日出万金，中秋后陆续与次年新丝相接，故有买不尽湖丝之说。

湖州人率先领悟了商业的革命性意义，种粮不如运粮，运粮不如贩粮，人们弃田而去。宋以后，商业主导下的土地悄然分工，苏湖熟、天下足的江南，已不是产粮区。顾炎武说，所需粮食"仰食四方，夏麦方熟，秋禾既登，商人载米而来者，舳舻相衔"。长途贩运货物交易取代政府调拨，钱，取代了粮食自给的千年惯例，政府功能一再被弱化。

南宋政府将商业理念付诸治国，给江南经济一个快速通道，它强迫不产绢帛地区缴纳绢帛，嘉兴、苏州一些不栽桑柘之户，为应付赋税，去购丝织品，于是出现了职业商人，叫揽户，他们为无绢纳税者代购或代纳绢帛，给了杭嘉湖农村街市以热闹。

丝绸是南宋王朝岁贡的大头，嘉泰年间，安吉贡绫五千匹，武康贡鹅脂绵五万两，湖州贡夏税绸四千余匹。尽管商税率从宋初的值百抽五减为抽二，年税收入仍达二十万之多，是北宋初的十倍。

湖州丝绸的神秘在于，将财富与命运之门同时打开，迎来开放与变革的大时代。湖丝到了近代，有一段近乎疯狂的轨迹，它被记录在位于湖州衣裳街民国文化馆中。

穿过古色古香的白墙黑瓦，踏过石板路，曲曲弯弯地折进文化馆内，湖州近现代丝绸的神奇，将我们带进那个年代。从1880年到1934年的半个多世纪里，上海出口总数年平均29275包，其中湖丝出口数平均5264包，占总数的平均值为18%。明清以后，湖丝生产总量占全国的一成，出口占到全国的三成。

湖丝畅销欧美各国无秘籍，她只凭精品打天下，辑里干经以其色白、经匀、质韧等独具的特色潇洒地在国门之外转悠。1912年至1928年的16年间，湖丝出口旺盛，上海口岸年均出口辑里湖丝占上海出口蚕丝总量的38%。每年，来自世界不同肤色的丝绸采购商不远万里赶赴湖州，寻找供应商。

清时，湖州府下属菱湖一镇的丝产量能抵杭州、嘉兴、苏州三府的产量，山西晋商中仅以经营湖州丝绸发家的不在少数，乔家大院里就有乔致庸当年到湖州购买丝绸的故事。湖丝情结与中国历史上许多的商业奇迹丝丝相扣。

湖丝的魅力在于气度高贵，质地精美，丝织品以湖绉和绫绢闻名。史料上说，明代的湖绉"有花有素，而素绉纱大行于时"。湖绉有专门的行话：阔宫、顶宫、狭宫、上重、线绉、海绉和西庄等。吴绫蜀锦的说法，兴于三国，盛于唐代，到明清时有"绉纱包头出双林"之说。

唐代贡品中，双林绫绢最得内府青睐，双林绫绢，唐时已远销日本。明朝嘉靖年间，双林已拥有上千家以织绫为业的商贸大集镇。双林绫绢，是文人墨客代纸作画写字和装裱书画的必备佳品，被誉为"丝织工艺之花"。

双林绫绢除为中国书画平添熠熠光辉，还为宫中必备。双林倪家滩的倪绫，也叫双龙绫，被用来书写圣旨、诏书。

今天的湖丝，依旧是中国最优质丝绸的代表，全世界都留有湖州丝绸的倩影，奥运会、世博会、亚运会。湖州云鹤双林绫绢是故宫专用绢，用于印制故宫国宝级字画。湖州天强绫绢则用于装裱书画和装饰物，传世的北宋画家张择端的《清明上河图》被用此绫绢装裱后由中国丝绸博物馆、中国历史博物馆、中国国家博物馆、故宫博物院等收藏。

为何好丝出湖州，方志上说，湖州之水宜茧丝。缫丝女把湖城之水分成肥细，"蚕之性，喜温和"，温和的蚕、温和的水、温和的湖州，湖城因蚕而富裕，湖人因水而妩媚。"州以湖名听已凉，况兼城郭雨中望，人家门户多临水，儿女生涯总是桑。"清代随园老人袁枚最解湖城女子的心。

天下太平，百姓忙于生计；多事之秋，秀才妄议朝政。湖州农村的中户人家，常见阶前的花影和天井里葡萄架下读书的孩子。

地域风物的苍翠，尽见琅琅的书声和静静的蚕语，一见湖州，便见纯粹的江南。

吴风，神秘的东方气质

丝绸，一位圣洁缥缈的使者

湖州丝绸在春秋战国至南北朝时期就已出口世界10多个国家，西汉时期的张骞出使西域，开拓了"丝绸之路"，中国丝绸随之泽被全球。唐朝丝绸之路的真正起点在湖州，现如今湖州还保留着骆驼桥等地名，概因西域商人贩卖丝绸都是用骆驼载运。大漠的悠悠驼铃声响起，来自西域的外国使臣一脸喜色满意而归。骆驼身上背负着唐皇赏赐的一匹匹五色斑斓的绫罗绸缎。

从钱山漾遗址发现世界上最早的家蚕丝织品，到湖丝在首届世博会上获得金奖，湖州蚕桑和丝绸文化，化为世界文明的重要内涵。

2015年9月2日，中国湖州钱山漾文化遗址"世界丝绸之源"的命名，在米兰世博会发布。

为何选择意大利，有她的历史关联。在古代，身穿丝绸是富贵的标志。丝绸面料在西方普遍使用有两个高峰阶段：一个是西方文明源头的古希腊、古罗马时期，另一个是以文艺复兴为中轴的意大利佛罗伦萨时期。

在古希腊、古罗马时期，东西方因贸易往来相通，罗马成为中国丝绸外销的最大市场，中国丝绸成为上流社会的时尚品，古希腊和古罗马的皇室、贵族均以拥有丝绸服饰而自豪。中国西汉时期，古罗马是恺撒大帝的天下，他曾穿着中国丝绸长袍去看戏,引起全场的钦羡,观众都在观赏这件华美的长袍。经考证,恺撒穿的丝袍材料来自中国长安。据公元1世纪罗马史学家鲁卡努斯记载,埃及艳后克莉奥佩特拉拥有的丝绸衣服也曾引起众多人的羡慕。

13世纪末,意大利旅行家马可·波罗沿太湖到湖州,在游历中写道:"这里居民温文尔雅,衣绫罗绸缎,恃工商为活。"当时有"蜀桑万亩,吴蚕万机"的说法,苏州和成都当年以苏锦和蜀锦闻名。至明代,苏杭嘉湖等地,乡民兼营纺织,产绵、绸、绢、丝,统称"湖绉"。可见湖州丝绸的高质地。

14世纪文艺复兴时期,中国丝绸先后传入法、英、意等国,欧洲国家使用丝绸登峰造极。服装配件除了拉夫领不能用丝绸制作外,其余皆用丝绸,皇室、贵族、富人痴迷丝绸,甚至鞋子都用丝绸来装饰。拿破仑穿的鞋子,就是由海蓝色的丝绸所制,精美之极,旁人以为拿破仑穿了皇后的鞋呢。

15世纪的西太平洋和印度洋,郑和率领他的200多艘船只,从西太平洋穿越印度洋,直达西亚和非洲东岸。湖州丝绸是船队中熠熠夺目的珍品,随船队所至,"赐其君长"或易回他物。

中国人跨越滚滚黄沙和滔滔碧浪,源源不断的湖州丝绸流向世界。

19世纪中叶,家蚕微粒子病持续肆虐数十年之久,重创了地中海沿岸的丝绸产业,意大利作为地中海产丝大国,瞬间失去霸主地位。为寻找健康的蚕种,探索对抗蚕病的科学方法。意大利人卡斯特拉尼带了六人组成科考、商业探险队,于1859年前往中国,克服重重阻碍后落脚于湖州的一座小寺庙中。他们购买了大量蚕种,还做为期约50天的养蚕实验,学习养蚕技术、丝织工艺,以欧洲蚕学专家的眼光看湖州的养蚕法,写下了《中国养蚕法:在湖州的实践与观察》一书。

书中详细记录了一段鲜为人知的中欧蚕桑交流史:"1859年1月11日,我们离开意大利……在法国总领事的陪同下离开上海前往湖州……在那里,我们用了50天的时间,观察当地人如何养蚕以及在养蚕过程中用到的技术。"

这本书的独到之处在于以外国养蚕专家的视角,展现了19世纪湖州栽桑养蚕的技艺，书中还附有20多张上海、杭州、湖州的老照片，是当时探险队的随队摄影师卡内瓦所摄，照片见证了湖州的蚕人蚕事。

这个故事，只是湖州丝绸史上的一个小插曲。比之中国古代文人对于桑蚕抒怀，小巫见大巫了。来看南朝时两位湖州大诗人的咏怀。

吴均在家乡看到大面积成丘桑林时发出感叹："荫陌复垂塘""连连文蚕茧"。沈约在乐府诗《夜夜曲》中这样描绘乡人蚕织的场景："孤灯暖不明，寒机晓犹织。零泪向谁道，鸡鸣徒叹息。"

就连唐代大诗人李白也用"吴地桑叶绿，吴蚕已三眠"之句咏吴蚕。

唐代将湖丝列为贡品后，顾况在《湖州刺史厅壁记》中称湖州所贡纤缟，"雄于楚地"，超过山东临淄。湖州蚕丝成宫中之爱，作为全国重要产区，人们以桑蚕为福。连隐居苕溪畔、城门边的著名茶人陆羽也以"桑苎翁"自居，他的青塘别业周围环庐树桑。

入宋后的湖州，"蚕丝物业，饶于薄海，他郡邑借以毕用"，流传着"湖丝合郡俱有，而独盛于归安（湖州），湖丝遍天下"的盛誉。明清之际，南浔、双林等江南市镇兴起，欧商东来，湖丝成为利布四方的国际性产品，辑里湖丝更成为宫廷织造和各地丝绸名品的首选原料。

《红楼梦》中频繁描写到与桑蚕织品有关的服饰与饰物。第四十回中，贾母讲到窗纱的软烟罗："一样雨过天晴，一样秋香色，一样松绿的，一样就是银红的，若是做了帐子，糊了窗屉，远远地看着，就似烟雾一样，所以叫作'软烟罗'，那银红的又叫作'霞影纱'。"可见，这时的丝绸已经常出现在士大夫及商贾家中，不再是寥寥数人的专属之物。飞入寻常百姓家"衣必华，夏必纱，冬必裘"。

为展示钱山漾遗址"世界丝绸之源"的文化魅力。2015年5月1日，一款依照湖州元代大书画家赵孟頫的书法作品《吴兴赋》定制的丝绸精品，沿着古老的丝绸之路，穿越30多个国家，出现在意大利米兰世博会上，"吴兴水精宫，楼阁在寒鉴"的中国江南水乡，走进世界的视野。

"滋养地球，生命之源"是米兰申办2015年世博会的主题。大会最为抢眼的人气展馆，无疑是意大利威尼斯水馆和中国丝绸之路馆。

塘浦圩田、溇港配置下的桑基鱼塘

"吴兴之为郡也，苍峰北峙，群山西迤，龙腾兽舞，云蒸霞起，造太空，自古始，双溪夹流，豁天目而来者三百里。"这是700多年前，赵孟頫的湖州。

《吴兴赋》凭汉赋传统、魏晋风范，创出雄绝百代的赵氏书风。书家借之与王羲之类比，说羲之飘逸，孟頫和畅；王字遒润，赵书舒展；王秀拔，赵敦实；一个灵动，一个雍容。《吴兴赋》可媲美《兰亭序》。

这幅九百余字的《吴兴赋》，写尽太湖南岸的人文风光，将湖州"平陆则有桑麻如云，郁郁纷纷"的丝绸文化符号呈现给了世人。

人称江南夫子的戴表元，是元朝大德年间东南文章第一人，他的散文情深雅洁，人们争相师法。受赵孟頫之邀，来到"山从天目成群出，水傍太湖分港流"的湖州，作《苕溪》诗，称：人间无限事，不厌是桑麻。

诗人撷取最富代表性的乡村景物，组合成一幅清丽迷人的图画，充溢着诗人热爱田园生活的真挚情感，描绘了湖州农村夏季的自然风光。

今天的湖州丝绸产量仍占到全国的十分之一，湖丝也是世界品牌阿玛尼采用的原料。湖州企业设计生产的时装，成为英国凯特王妃、摩洛哥公主等时尚名人之所爱。

湖州蚕桑丝绸业在清代达到了鼎盛，湖州成为国内四大绸市之一。湖丝在伦敦的首届世博会上获得金奖后，湖州丝绸成为欧洲皇室服装面料。因为丝绸，中国现代史上最大的湖州丝商群体，大力兴办现代丝绸企业，并进行了多元化投资，深刻影响了中国历史的进程。

文化织物，用历史风光作背景

太湖的水与湖州人文相融合后，诞生了著名的溇港文化。塘浦圩田系统是古代湖州人变涂泥为沃土的一项独特创造，它在中国水利史上的地位可与四川都江堰、关中郑国渠媲美。

在湖州民间，妇人信奉王母娘娘、观世音、张天师，不指望奇迹出现，时不时叙说些遥远的、老掉牙的动人美妙的故事，享受眼下安稳的人生。于是，顺着上辈人的心事，精心呵护脚下这方沃土，人们不去追究哪一代古人创造了"塘浦圩田、桑基鱼塘"系统，但会美滋滋地欣赏太湖溇港这个天人合一的文化遗产。

太湖流域是典型的水乡泽国，这种地理环境不利于植桑养蚕，但这里孕育出中国最发达的蚕桑经济和品质最好的丝绸。桑基鱼塘，这套传承千年的古老生态农业模式，令农桑环境成为体系，出优质湖丝，缔造丝绸王国，当在情理。农耕文化发达，桑蚕业兴起，湖州在古代已是富甲天下。"湖州桑基鱼塘系统"被列入全球重要农业文化遗产，实至名归。

溇港配置下的桑基鱼塘，是上苍精雕细琢而成，因而太过精美，太过雅致，太优越，便少了残缺美，少了沧桑感。在小气候的感召下，早春的河面，常有缥缈的雾气，如同妖气，吴承恩在长兴为官三年，那妖雾倒是极出灵感，合了湖州的自然情调。静住水乡小镇，悠闲倒是悠闲，忘却尘俗烦忧和得失宠辱，然人生志向也一同忘去。

早在春秋战国时期，太湖岸边的纵溇横塘之间，就开始密布着棋盘式的水网农田。先民们植桑养蚕，蓄鱼种稻，逐渐将太湖流域经营成了膏腴之地、国之仓庾。人们用"鱼米之乡、丝绸之府"朗朗上口的八个字形容这里的肥美与富庶。

湖州为"丝绸之府"这个名头，发力两千多年，夏商时期，随着黄河流域青铜文明的兴起，丝绸业也兴旺发达起来。春秋战国时期，史书中有吴、越两国发展农桑生产的记载。三国源起，六朝铺展、唐代定调，宋元定夺，明清鼎盛，民国无可撼动。三国时，民间丝织业为家庭副业，生产绢、绵等丝织品。东晋太元六年，吴兴太守王献之在任时玩奢侈，以白练书写，有"王献之书羊欣白练裙，练即绢也"的记载。南朝时，吴兴郡丝、绵、布、帛生产交易江南闻名。

湖州丝织品在唐代已崭露头角，列入贡品，吴绫、花绸等为宫廷和官府喜爱。北宋，湖州设"织绫务"，是专门的丝绸管理机构，监督绫罗缎等产品上贡朝廷，今天的湖州仍有务前河的名称。仁宗年间绫罗印染有深红、浅红、淡红等色彩，类似玛瑙红，驰名全国。

宋元时期，桑树嫁接在湖州已十分流行，湖桑叶质肥美，是最优的桑树品种，先进的育桑技术，使江南的丝茧产量和质量一直稳定。明时，一位诗人在咏湖诗中有"桑柔四郊绿"句，形象概括春天湖州眼野桑林遍地、绿叶叠翠的景观，点染出湖州蚕桑种植园经济的特异风光。

吴越王钱镠偏安一方，不与天下争衡，劝民从事农桑，鼓励免税开荒，改造低洼沼泽地，开始把河泥、水草作桑园肥料。自唐至五代，湖州安吉、武康等县山乡所出丝、绵、绢、纱为上乘之品。

元代的湖州，养蚕、缫丝、丝织、印染以及丝绸买卖开始专业分工，出现了机户、染坊、绢庄、绢市。湖州专以丝料纳贡，画家唐棣写诗道："苕溪矮桑丝更好，岁岁输官供织造。"称吴蚕缫出丝如银。

明代湖州凭自成体系的蚕丝技术，形成菱湖、双林、南浔、练市、新市等专业市镇。湖州蚕桑丝绸业在清代达到了鼎盛，湖州成为国内四大绸市之一，进而闻名于京城、四川、广东等地，甲于天下。康雍乾三朝，湖丝与明代一样"衣被天下"，外销南洋、欧美等地区，南浔、双林、菱湖三镇是国内著名的蚕丝市场。

湖州桑叶厚多汁，是享誉全国的名桑品种。湖州已成为全国性的蚕丝中

水乡菱湖风光——朱家坝

心产地,苏州、南京和松江所用蚕丝主要仰仗湖丝。福州倭绸和漳州纱绢,广东粤绸、粤缎等名优特产,必用湖丝。明代贡品,有"蚕丝之贡,湖郡独良"的记载。

湖州府是蚕桑业最盛的地区,各地以农业的丰歉来算收成的好坏,唯独湖州却要算农业和蚕业两本账。湖州府中又以濒临太湖的乌程和归安等县的蚕桑业特别兴旺,大约2/3的丝税出自这两个县。

以织造世家闻名于世的江宁曹家,祖孙三代先后连任江宁织造官员长达65年,曹雪芹从小生活在云锦织造世家,生活中耳濡目染的云锦也就成为小说里见证鼎盛与富贵的道具和辛酸泪。《红楼梦》里提到了众多的云锦实物,如"缕金百蝶穿花大红云缎窄肩袄""二色金百蝶穿花大红箭袖""玫瑰紫二色金银鼠比肩褂""水红妆缎狐肷褶子""金线闪大坐褥",这些都来自曹家的豪华生活。在云锦中,孔雀羽线是一种特殊的材料,它是孔雀尾羽上的翠绒加工而成,经常被运用在帝王的服饰上。

湖州丝织业出现了许多知名特产和名产,有府城湖绉、双林包头绡纱及倪绫、菱湖水绸和纺纱绸、新市绵绸、武康鹅脂绵等驰名特产。官办丝织机构湖州织染局常年织造朝廷所派彩缎,有多色苎丝、纱、罗及织金闪色蟒龙、斗牛、麒麟、狮子等高级锦缎，闻名全国。

古老的生态模式在菱湖更为普及，清代经学大师俞樾在《菱湖镇志·序》中说："水乡菱湖一镇，菱芡之饶，蟹稻之利，甲于湖郡，而尤以蚕桑为大宗。"清代湖州知府沈宝青说菱湖："茧丝之利最天下，才双之士冠一州。"若抛开单纯的地理概念，鱼米之乡、丝绸之府的核心区域，就在菱湖。

抹一笔古今气魄

古之中国，有两条国际贸易线。一条是陆道，过草原、沙漠、荒原通往西亚的陆路，就是今天常衔于口的古丝绸之路；一条是海道，广州、福州、泉州、宁波都是明代的大港，海上贸易长盛不衰。陆路交通时有不畅，缓慢的车子、骆驼、马匹限制着货物的规模与时间，沿途战乱常使商人们人财两空。

唯独一人同时走完了陆上和海上丝路，这人叫马可·波罗，是一位从陆上丝路到达湖州，又走海上丝路回到意大利的外籍中国官员。马可·波罗17岁随同父亲和叔父沿着丝绸之路来到中国，到达上都开平府。马可·波罗被元政府聘为客卿，先后在政府任职17年，常奉命到各省巡视，他在北方看到大汗的都城，觉得很了不起，看到河南汴梁惊艳不已，最后到南宋故都杭州，其繁华之极不敢相信是自己亲眼所见。

马可·波罗到杭州前，沿太湖到了丝路文明的源头湖州，发现这里的百姓居然穿绫罗绸缎，那是罗马人毕生的渴求。在他的《东方见闻录》中，唯一见到的"温文尔雅"的民众。

1292年夏，元军攻爪哇时，马可·波罗奉命护送蒙古公主远嫁波斯伊儿汗国，全团600余人分乘14艘四桅帆船，从福建泉州港下海，取道南中国海西溯。那年冬天回到家乡威尼斯。

200年后，哥伦布一手拿着马可·波罗的书，一手捏着西班牙国王致中国皇帝的书信开始东行，率领三艘帆船，120个人，从巴罗斯港起锚，追踪马可·波罗的胜迹，寻找东方丝国，结果发现了美洲。

4000年前那次气候突变，改变了史前文明的原有景观。两河流域下游文明，都在劫难逃，长江下游的良渚文化在逃，黄河下游的龙山文化也在逃，它们沿秦岭淮河一线，逃往中原，那里背靠大山和高原，地势较高，气候较暖，可以躲过寒冷，文明基础也好。东方玉帛文化，西方齐家文化，北方红山文化，都在寒冷的驱逐下，投奔中原。各路史前文化，在中原会合，形成了华夏文明。

尧、舜、禹之所以伟大，是他们在中原逐鹿中融合了投奔而来的各路史前文化，缔造了统一的华夏文明。我们从这一时期中原各地的墓葬里，已可见那蚕之花。就是那场洪水驱逐的大迁徙，使作为礼器的良渚玉文化贡献给了华夏文明。后来的丝绸也给我们留下无限美丽的想象时空。

江南人入西北边地，慨然有澄清天下志，此由文化驱使，成就汉人的天下观格局。贸易驱动，丝绸之路虽从长安西行，而丝绸却源于江南。美丽的蚕和丝，不光中原大地，从陇西到辽东，都发现了蚕种的蛛丝马迹，但最早的蚕在江南发现，蚕种初露端倪，是在浙江余姚河姆渡遗址里，而最早的丝织品，则出现在湖州钱山漾遗址里。

古墓里有玉有丝，可见，那时江南人就穿丝佩玉。如果说嫘祖的传说带有一定的真实性，她很可能就是一位来自良渚文化的江南女子。

再作顺推，从江南到长安，该有一条江南丝路。江南水上丝路在运河之前。还是回到大禹治水，从西北到东南，只走水路，他疏通河道，来到良渚文化的地盘，驻足会稽山。此时的良渚人因海浸和洪水已经离去，他们沿水路迁徙，一支南下粤地，一支北上中原，这条迁徙路线，便是水上丝路了。北上之路，便是后来通往西域的丝路，南下之线，自然连着海上丝路。

伟大的良渚时代，构筑了时空里的丝路之源，钱山漾丝片，成为良渚文化中遥不可及的物化了的底蕴。这根富贵而坚韧的长丝，显示出她无限的长度。公元前3世纪，楚国灭越，派春申君治吴。汉代这里是吴王刘濞的辖地，依然地广人稀。汉末和晋末北方两次社会动乱，北方人口大批南逃到这太平之地，中原的生产技术来到这里，大规模的屯田和治水，很快化为财富。至南朝后期，太湖地区已达到黄河中下游地区的先进水平。江南人靠这根长丝，将富贵之气从历史的谷底拉回。唐中叶，超越了中原。宋代，这里无疑成为中国经济最发达的地区。

孙吴立国，发展民屯和军屯。东吴政府撤销了原先的县级行政机构，改由典农校尉管理，农民实行军事编制，《吴都赋》用"膏腴兼倍"四字写出了屯田垦殖的巨大成果。从三国到五代，大规模的治水营田，泥涂沼泽改造成沃壤良田，建成完善的塘浦圩田体系，湖地成为全国知名的粮桑产地、衣食之源。

湖州周围群星捧月般分布着无数的湖、河、溪、溇，把太湖与周围的大小湖荡网接起来，碧水辽阔、烟波浩渺，八百里太湖跨三州，酿成了自己的大气候。京杭大运河借道太湖，穿过平静如太古的江南小镇，商旅往返川流，因水的大气场，有了"苏湖熟，天下足"的富贵盛典和豪门盛宴。

湖商作为中国最后一个商人群体，就像他们创造了一个前所未有的丝绸神话，今天的湖州人又创造了一个前所未有的用绿水青山支撑的经济生长机制，这个机制的后面是强大的后续适应。这是盛唐以后融入世界的一次极好展示，他们创造了传之后世的经营法则。在"上有天堂，下有苏杭"之间调节出一点优雅来。

途经湖州苕溪，总是要依借宽阔的河面打量世界，总是在最平静的地方掀起波涛，就像历史总是在最意想不到的地方创造奇迹。湖州人习惯像堤岸一样呵护水面，这些成为可以发展工商业的深层驱动力。

作为历史上的赋税重地，湖州人凭借着自己的商业直觉，很快找到了自己的优势。因为这片土地上拥有人数众多、对财富充满强烈渴望的商人阶层。

湖州，是一方种什么长什么的水土，一方聚财生财的水土，一方让财富提升为精神的水土。山聚气，水聚神，成为这个地区最重要的资源，凭借这一资源，湖州总会站在经济蓄势待发的前沿。

湖州一些巷子里老房子的壁间，常见繁花鬓影几许暗香飘过的明代艺术画，那股看似颓废苍秀的气韵一看就有来世的叹息，令人惊艳。乡间民宅，大多气息沉静，太湖乡间农舍，早上醒来，鸟儿会在阳台上等候，细腻的泥土，适合鲜花纷芳。妇人持家大都有难以言表的无微不至。岁月里透着雅气。

The
biography
of
Huzhou

湖州传

旧时明月,源自遗址上的陈述

第二章

良渚之后,江南文明呈返祖现象,进入文化低落期,少了良渚文化的强势。这事长期困扰史学界。

且听地层的娓娓道来

太湖长年水拍,湖边,有一处叫作邱城的古城墙于20世纪中被惊醒。

邱城遗址在湖州城北的小梅口,是天目山水汇于苕溪后归太湖的入口,这个遗址分三个层面,代表三个时期,下层属6000多年前的马家浜文化类型,中层系5000年前的崧泽类型,上层城墙部分就是春秋时吴国所筑的三城之一。

近百年来,湖州人虔诚而默默地挖掘人类文明史上的两大源头:丝之源和瓷之源,以佐证自己属于那个时代的优雅一族。

钱山漾遗址出土了4200年前的丝绸残片,填补了长江下游新石器时代晚期从良渚文化到马桥文化之间的缺环,丝之源实证了吴越古文化"几与中原并驾齐驱"之断。

为湖州再添贵族经典的是,湖州东苕溪流域原始瓷的亮相。良渚文化时期,德清先民于此冶陶、治玉,其灿烂文化绵延至今。德清瓷源于商周,成熟于东汉,结束于隋唐,延续2000多年,是我国自成体系的瓷窑系统。2008年,故宫博物院、中国古陶瓷学会、浙江省文物考古研究所确认:德清及湖州东苕溪流域商周时期窑区属中华"瓷之源。"

东苕溪流域原始瓷的发掘,解决了长期困扰考古界的"第一次划分出包含硬纹陶和不包含硬纹陶的上、下两个地层"难题,为使良渚黑陶从龙山文化中划分出来，这才有了良渚文化的命名。

"钱山漾文化"文物中有陶鼎、罐、壶、盆、钵等器皿以及纺轮、网坠等纺织工具残件，还有石刀、斧、犁等生产工具和稻谷、蚕豆、甜瓜、毛桃、花生等种子植物，说明湖州当时的农业生产已经具有相当水准。

从湖州出发，踏上一条洪荒中荒凉、无常中无畏的道路。无数先人用智慧作祭奠，树叶蔽体改由蚕吃桑叶吐丝后织布作衣，在陶器上加釉后烧作原始瓷。湖州古人成为原始时代的文明人。

葆青，探寻人类来路

湖州向西，有世界著名的煤山剖面，这个地层上，记录着2.5亿年前的生物，生活着第四纪冰川仅存的野生银杏和恐龙时期的动物扬子鳄。

这一带山体上，裸露了一条灰黑色纹硅质石灰岩的带状构造，岩层中含燧石结核和夹灰燧石层，这便是举世瞩目的古生物化石带，属于地质史上二叠至三叠纪时期海相连续沉积的地层和最完整的化石带，是地球亿万年演化史的缩影。这个地质剖面，科学家早先的定义，叫作长兴灰岩。

1917年，地层专家、中国新文化运动的先驱丁文江，沿着古驿道上长兴境内的五通山，看准此山砂岩的价值，命名为"五通石英岩"。1923年，北大的美籍教授葛利普发现长兴煤山地区腕足动物化石。1931年，葛利普再次在这斧劈刀削般的岩石前面壁，提出"长兴灰岩"一词，认定是一处时空隧道，让人类走进了亿万年前的远古世界。

葛利普后的第二年，有"黄二叠"美称的地质专家黄汲清悄然而至，顺着葛利普的思路加以实证，发现在中国的岩层里有了世界瞩目的精彩。

全球二系叠系界线层型和点位，这个被中国科学院列为2000年十大基础科研项目的压轴戏，汇总前后进行的岩石地层、生物地层、年代地层、生态地层、事件地层、层序地层、同位素地层等多学科、高分辨率的研究，在阿根廷国际地质科学联合会上得到认定。

这个地质年代的交接点又有"金钉子"的俗称。煤山金钉子这个话题，实证了地球是最耐心的雕刻家,它用亿万年的运笔,写下远古绝世图谱。在这里,大自然的鬼斧神工是真的,它用悄然的移动惊艳世人。

拉开长兴葆青一带的山体上的地球拉链,看到地质史上二叠至三叠纪时期海相连续沉积的古生物化石带,是地球亿万年演化史的缩影。

人类在一直探寻着来路,但人类的意识里,没有文字记载的历史,似乎是不存在的。煤山剖面给了人类史前意志。

46亿年前地球诞生,开天辟地,有了水,有了真核细胞,生命踏上长途。人类无法知晓种子生发的始发状态,生存的密码在浩浩天地间隐现,苍茫大地空漠无依,初生的地球在渺无涯际的广宇接受着山崩地裂。

2.5亿年前,地球上发生生命大灭绝事件,二叠纪时代的生命类型到了三叠纪时代都不复存在,煤山剖面记录了这个人类穷尽思维亦无法想象的事件。

人类无法亲近这个可怖的场景,那么,现代科技引领我们在细菌层面作解读,剖面告诉我们一些鲜为人知的关于这次二叠纪末生命灭绝的秘密。分子化石中,分离出一类来自海洋食物链底层蓝细菌的标志化合物,意味着蓝菌先后迎来两个繁衍高峰,无脊椎动物的两个灭绝高峰,正好发生在蓝细菌的两个繁衍高峰之前。

长兴灰岩集中了迄今世界上最大的化石群落,权威的美国《科学》杂志:自5.8亿年前出现动物以来,地球上曾发生6次大规模生物大灭绝事件,其中"长兴灰岩"完整记录了2.5亿年前的一次生物大灭绝,海洋生物种类半数,陆地上两栖类和爬行类的2/3灭绝了,占领海洋近3亿年的主要生物,让位于新生门类,生态系统彻底更新。这地球生命的落日,是大自然的黄昏。

地质学家把地球史分为隐生元和显生元两个时间段,隐生元大概就是6亿年前没有生命的岩石世界。隐生元末,化石里才有极少的蓝绿藻及某些细菌群落、古代水母和多节蠕虫等,来自原始海洋的化石告诉我们生命来源于水。

科学家们有个估算:平均1万只动物死后,大约仅有一只成为化石,假设10000块化石埋藏地下，也只有一两块能被发现，动物死后便腐烂风化，变成化石的，得有一些必备条件：火山灰掩埋又遇上水的淹沉，经过千百万年，甚至上亿年的置换作用，其硬壳和骨骼部分才会变成"石的内涵与物的外形"的统一，化石存在于沉积岩之中，待到被发现更是一个极偶然的变数。至于剑齿象群不慎失足陷入沥青湖，久而成为化石；树枝折断，带香味的树脂溢流，引来昆虫却给粘住，久之成为琥珀，这大概是最简单的化石知识。

远古世界的可怖，化石里各种鱼类、鹦鹉螺、腕足类、菊石类、牙形石、䗴科类等化石，告诉你狂飙地震、洪水葬流，告诉你旷野的撕裂，飓风的挣扎，大自然在天地合成的顽冥的向力面前，重构极限，使山川寂寥，大地冥然。世界表达了一种人类无法超越的精神：宇宙自然力。

《科学》杂志这样叙述2.5亿年前生物大灭绝的诱因：

> 西伯利亚火山喷发，熔岩覆盖面积相等于整个欧洲大陆，大喷发产生裂变效应，喷射到大气平流层中的火山灰和硫化物遮天蔽日，使气温降似冰，氧气缺失，积聚的二氧化碳又造成高温，这一灾变使生物界沉寂五百万年。

人们常为化石里动物灵动的身躯何以在刹那间凝固，在瞬间定格而疑惑不解。长兴的岩面真实地记录了这场悲壮的灾难。

山体上镶嵌的生物形态，构成生命与石头的绝妙交合，让生命融入石头，化为永恒，大自然这一不朽的艺术，集合了宇宙、地球、生命的共同智慧。

浑厚而险峻的山体，定定地镇守在天地之间，盘古开天地后历经千般劫难，身躯上留下刀劈斧削的痕迹，一道道一层层地被堆砌凝聚起来，自然之神的恩泽，将大地抚平迭起又安放妥当，供人类拜祀。

第三纪以来，太湖地区山地处抬升与侵蚀过程，天目山位于强烈上升地区，形成本流域最高的山地，茅山山脉和宜溧山地出现间断的强烈上升，说明山体自燕山运动以来曾有过三次抬升与剥蚀。五百万年前的喜马拉雅运动，江阴、宜兴一线以东形成以现代太湖为中心的坳陷盆地，就是今天的太湖平原。

防风国，遥远的文明中心

史书中偶有"勾践迁都"的叙述，那么，勾践之前的越都在何处？

新石器时期四大神话中，防风神话亦真亦幻，似乎在向人们默默地诉说着一个久远而瑰丽，奇妙而宏大，真实而撩人的历史事实。

虞夏时，不少部落生息于此，如陶臣氏、乌陀氏、鸿蒙氏和若籴余氏均游居于太湖一带，后来这些部落因帮助大禹治太湖水患有功受到封赐，居于苏州一带的若籴余氏封为吴。

良渚文化先民是古越民族的祖先，《国语》《史记》等古文献记载中的"夏代防风氏之国"所在的封山、禹山，在今湖州德清县。山下即下渚湖，乃防风氏封国，又名防风湖。史志上说，"禹十二代孙帝禹巡狩时驻此，故曰禹山。"唐时改此为防风山。封山之阳有风渚湖，今下渚湖一带是江南最大湿地。

1941年，考古学家张天方博士在《浙西最古的史事》一文中说："越国受封的初祖为无余，为夏少康之庶子，其初封之地，不在今山阴之会稽县，而在太湖流域之会稽郡，其地名为封禺，即今武康县。"

这里有个大胆的考证：夏商时的越国之都不在绍兴会稽，而在湖州德清。

清代道光初年，德清县武康金牛山曾经出土两件饰三角雷纹的青铜器勾鑃，属于春秋时遗物，现藏故宫博物院。童书业研究后认为："越器出浙江之武康，武康或为越古都乎。"

防风氏是德清县的创始人，生活在夏商之前的尧舜禹时代，大概是公元前21世纪的事。防风氏是防风部落的首领，他协助了大禹治水。这个部落生活在莫干山以东一片汪洋的沼泽地。

下渚湖湿地（沈一舟 摄）

洪水浩浩滔天，下民其咎，是传说中的遥远年代。部落联盟推举共工氏去治水，他筑堤堵洪，结果水到堤垮。夏后氏部落的鲧站出来，用的仍是共工氏的老办法，依旧是堤坝即垮，水患更恶，鲧治水失败，于放逐中死去。

定九州的事业是从鲧手里开始，这个社会发展设想和战略也是鲧所开拓的。但这个事业在鲧手里没有彻底完成，后来大禹继承了这个事业。中国政治史实际上就是从鲧开始，鲧的历史地位远高于禹。

公元前2100多年，大禹治水成功，召集诸侯到稽山开庆功会，大会开了三天，还没见防风氏，等他赶来后，禹大怒，不问情由，下令杀了防风氏。

《左传》记载"执玉帛者万国"参加了涂山会盟，可见夏部落的号召力。古文献中亦记载，禹以诸侯部落路途的远近来分别纳贡约多少，可见夏氏族对其周边部落经济上的控制。

防风氏被杀后，诸侯为他喊冤，禹派人调查，结果是防风氏在天目山一带巡视，因暴雨山洪泥石流堰塞湖的阻隔，延误会期。于是，大禹给防风氏平反，抚恤家人，并立庙祭祀。

德清县封禺是防风氏国的传说中心，封禺所在地三合乡也是良渚文化遗址分布地，与余杭莫角山良渚文化的中心毗邻。封禺又是古文献中越国的始封之地。

德清原始青瓷中越文化特征的遗存相当丰富，德清出土的原始青瓷古窑址其烧造年代早于绍兴富盛等窑。

董楚平的《吴越文化新探》说："旧史盛称会稽自夏代以来即为越都，绍兴出土的越国遗物，未见早于勾践时代者，文化堆积也不丰厚，不像是千年古都。"而东苕溪中下游发现的古遗址群、古窑址群、土墩墓群等文物史迹在地域上属于"封禺之地"。就是说，大量出土文物证实，德清是越国的政治文化中心。

看来封、禺二山挡不住吴国强大的水军，吴灭越，勾践将越都从武康迁往绍兴，这里有钱塘江作屏障，无绝后之忧。《吴越春秋》记载："启使岁时祭禹于越，立宗庙南山之上，少康封庶子无余于越，使禹祠，至勾践迁都山阴，立禹庙为始祖庙，越祠遂废。"说明现在绍兴关于禹和越的史迹是勾践迁都山阴以后的事了。

在下渚湖弯弯河道上读岁月，留下无尽念想，旧时的防风族人，仍是主人，原本叫汪风族，这个部落生活的地点是一片汪洋的沼泽地。今天的下渚湖仍有600多湖墩，这是防风古人生活信念的纠缠。

考古发现的良渚王国和传说中的防风差不多时期，且为近邻，互有照应。防风氏在湖中独角山建屋，一个方圆几十丈的渚洲上，统领着散布于山麓和汀洲的百多户族人。良渚文化出土最显著的文物是玉琮、玉钺、玉璧三大神器，可以称为当时世界上的极品。防风常到湖岛，以玉器换取青铜器。

司马迁《史记》记载：吴国夫差攻打越国勾践，吴军在会稽一带挖战壕时，挖到一个巨型的头骨，吴军将领伍子胥不知是凶是吉，特意去请教孔子。孔子告诉他，会稽就是当年大禹开会杀死防风氏的地方，这大头骨就是巨人族首领防风氏的遗骨。孔子又说，防风氏封地在封山禺山。是今浙江德清县三合乡一带。这事《国语》中亦有叙述，这是有记载的人类第一次考古行为。

据传，大禹当年错杀了治水功臣防风氏，心中不安，将武康县的封山周边方圆百里地，立为防风国。关于防风古国的文字，是浙江有记载的最古史事。唐《郡县志》称其为封山，后敕改为防风山。至于封山之因，唐宋文献均记是"禁樵采"。说明防风山自唐以来已禁止采石伐薪，原因该是为禹王所封的防风氏国所在地。

防风古国的文化遗存大部分在封山。南朝山谦之的《吴兴记》记载"吴兴西有风渚山，古防风国也。"唐代《元和郡县图志》："封山在武康东十八里。"

防风山上仍有防风祠、封公石窟等景点。防风祠在山之南麓，背依封山，南面下渚湖，极尽靠山望水的风水学理。防风被大禹冤杀后，尸体被运回武康。防风庙里不设禹王神像，据说是武康人责怪大禹错杀防风氏，缘此不祭禹王。

江南文化进入低潮以后，一种新的文化悄然而至，这就是马桥文化，这是太湖早期的青铜文化。有个问题一直困扰史学家们，良渚之后的马桥文化反倒带有文化低落期的特点，少了良渚文化的强势，呈现中原商文化因素。周朝末，泰伯奔吴时太湖流域已成荆蛮，历史在这里倒退了。

洪水侵袭，又来了战争。《史记》记载了有关黄帝与蚩尤的战争，黄帝先是五战皆败，与炎帝联合，擒杀蚩尤。据考，古史传说中的蚩尤部落，正是创造了良渚文化的吴越先民，落后文明战胜了进步文明。其结果，黄帝战败蚩尤，蚩尤部落的俘虏北迁。

东晋王嘉在他的《拾遗记》中说："轩辕去蚩尤之凶，迁其民善者于邹屠之地，迁恶者于有北之乡。"20世纪70年代，延安碾庄发现一批良渚式玉器，大概就是被黄帝迁往"有北之乡"的蚩尤遗民的器物。

商周时期，江南一带是古越族的活动区域。商末，周太王的两个儿子泰伯和仲雍，算起来是周文王的伯父，南奔此地，与断发文身的土著越人结合，建立了国家，吴虽为姬姓诸侯，却是以土著越人为主体的。

泰伯、仲雍应该是蚩尤部落迁往"有北之乡"的后代，是良渚后裔。迁到黄土高原、渭水流域，可太湖之滨那饭稻羹鱼、丝帛麻纺的日子，那"中国的土筑金字塔"大祭台，以及无数闪烁着智慧的玉石礼器，声口相传，泰伯、仲雍隐约觉得,大禹治水以前,这里繁花似锦。

田野上孤独的小山

湖州地区有不少称作小山的大土堆,考古者定位成"田野上的孤独小山"。苏州草鞋山、周庄赵陵山、张陵山被考古界称为"土筑金字塔"的良渚陵,是良渚人活动的中心区域,这些山的内涵全是土。

湖州邱城马家浜文化层发现石器陶器骨器及动物遗骸,看来湖州古人上山狩猎也下湖捕捞,这于中原先民,更增了一种能力,一种智慧,一种生存哲学,一种生命自觉。遗址中出土的三块岩化的织物残片,用经纬起线的罗役编织,是中国迄今发现的最早的织物。

嘉兴马家浜文化以后,青浦崧泽文化,遍布太湖地区。从湖州发掘的大批崧泽文化的墓葬中,证明农业到了犁耕阶段,生活器具上有了图案,纺轮的出现,也就有了织女的概念,有了私有制下的生产关系。

还是在湖州,钱山漾遗址出土黑陶,以磨光石器为主的农业工具,成堆的稻谷,花生芝麻蚕豆等植物种子,还有珍贵的丝麻织品,其细麻布有的密度达到40根至60根一寸,丝织物中有绢片、丝带、丝线。其纤维原料属家蚕丝,绢片系平纹组织,经密每厘米52根,纬密48根,这样的纺织技术在那个时段绝无仅有。

钱山漾遗址中的竹编物和芦苇编织物中的梅花眼,菱形花格及密纬疏经的十字纹等各式纹理,此类编织技艺,当时的中原人尚未见得。

随着良渚文化北播,太湖地区发达的玉钺向黄河进发。到中原的夏朝时期,山东、江汉等夷蛮地区传统的先进文化在中原隐约出现,汇成灿烂的华夏文明。倒是太湖流域山河阻隔,在夏、商、周三个时代处于文化低潮状态。

良渚陵那纯净的黄土,厚达数十丈,代表了良渚时代的浑厚朴实、丰腴繁荣。考古发掘出了更令历史惊愕的东苕溪流经的莫角山遗址,这处人工堆筑的大土台有大片的夯土层与夯窝等建筑基础,成排的呈圆或椭圆形的大型柱洞，口径在一米上下，这种大型柱洞与大规模的夯筑基址，大概是当时的宫殿建筑。

潮湿的气候，让吴越人模仿飞鸟在树上搭屋、筑巢，以遮风避雨，防水防潮。黄河流域，人类是地穴式居址，属仰韶文化的半坡遗址就有地穴遗存。河姆渡出土大量的木质干栏式建筑构件，此类建筑架空于地面，防潮防水，通风透气，在中国建筑史上留有深深的印痕。

北京大学考古学家严文明教授多次踏勘良渚文化遗址群后，在他的《良渚随笔》一文中这样叙述：

莫角山遗址土坯数量超过了同时代诸遗址土坯的总和，说明其建筑的规模大，技术先进。

精心夯筑的地基，大方木构建的梁柱和用土坯建造的墙体，房子外面还有壕沟，这在当时的条件下，颇为雄伟和气派，很有可能它就是我国最早的宫殿。

中国古代建筑以木材为主，支撑这座文明大厦的木质已灰飞烟灭，但与这座大厦相配套的，必有复杂繁缛的礼制，这灵光四射的文明大厦下面，应该还有一大批冠带文明亦人亦神的人间精英。那个时代，战争掠夺属于正当的活计，在神的名义下，杀戮也显得圣洁，于是，良渚的将士们，捧着神秘的玉琮，挥舞着威严的玉钺，奉神命远征了。

在这片原始而荒芜的土地上，先民聚居，人们用石斧、石锄等开垦荒地，开始以种植业为主的定居生活。采集、渔猎和饲养家畜，建造低矮简陋的房屋。

水给吴越人带来了秀丽的山川与布有强大气场的沃土，使江南成为鱼米之乡。出于对水的敬畏，吴越人就有春祭三江、秋祭五湖的习俗。

图腾崇拜是令人敬畏的强大的原始宗教，吴越人的断发文身又在践行一种现实宗教，断发、短发、椎髻，人们在水中劳作时，可以减少泗水的阻力，避免水草缠绕。故而吴越人不带冠，与中原文化的礼制相悖，在中原，成年男子不加冠束发是非礼行为。

吴越的干栏式建筑是对鸟的崇拜，鸟向往天空，崇尚自由，搏击大海。

好勇、好剑、轻死的性格，源于对水的征服，与水的拼搏，养成吴越人冷静、机敏、富于冒险的性格，与生活在内陆的中原人的柔韧、敦厚、温文不同。

吴地北有齐，西有晋，又与楚接壤，与周的关系甚密，在接受外来文化上具有得天独厚的条件。

泰伯奔吴，周追封吴，吴开始推行周人的政治制度，货币制度，引进了中原的铸造技术，能接受一个外来者的统治，本身就是一件了不起的事情，表现出吴人兼收并蓄的传统。

江南文化进入低潮以后，一种新的文化悄然而至，这就是马桥文化，这是太湖早期的青铜文化。

湖之州，一座城市的基因

水源分布决定了世界文明的版图，人类文明史重大事件一般发生于靠近海洋的地域，先进的制度和科技成就，都建立在敢于弄海的民族性格之上，大海将世界联在一起。不溶于水或不溶于海的民族，难以傲立于世界民族之林。

古太湖为"东方的湖沼"，湖州滨湖得名，原始中见雅。围太湖有五湾：菱湖、游湖、莫湖、贡湖、胥湖，称之为五湖。有娄江、东江和吴淞江三江向东入海。司马迁以三江五湖概括太湖流域江河湖海的相互依偎。

湖州这座太湖孕育的城市，是曾经的湖边之州，今天仍有一个叫作菱湖的古镇，由无数的小块平原与水域护卫着。

比之地球漫长的地质演变，太湖则是一个年轻的湖。六亿年前的三叶虫和五亿年前的鹦鹉螺化石，在寒武纪生命爆发的初期，这里就有生命的活动。

朔风怒号，冰封雪原的时间长达五千多年。太湖平原处在冰雪线以南未受彻底性冰冻，野生动物未遭灭绝，但冰融期使海平面猛涨40米至70米，大片陆地被淹，三山岛低矮的丘陵，也遭厄运，野生动物失去生存空间，散落在峰巅岭间的动物化石，成为我们探索远古生态的物证。清风岭下劳作的远古人类，留下这静悄悄的石滩。

湖州西北的溧阳出土的中华曙猿，是包括人类在内的一切高级灵长类动物的共同祖先。4000万年前，溧阳、宜兴一带生活着形形色色的哺乳动物，有罕见的上黄眼睛猿，袋类动物，还有鳄鱼和青蛙等非哺乳动物，为我们描绘了一幅太湖地区生命演进的画面。

我们再换个角度进入远古太湖，银杏属雌雄异株裸子植物，远在两亿七千多万年前扎根地球，是世界上最古老的树，冰川时期银杏濒于绝灭，全球只有天目山余脉的湖州地区等地保存下来，宋代传入日本，后又传入欧洲，再传入美洲。

太湖流域在新生代以前都有火山活动，燕山运动中的火山活动和断块、褶皱构造的形成，宜溧山地、茅山山脉以东大面积沉降平原的格局及太湖平原的基本轮廓粗具雏形。

太湖平原从一个波涛汹涌的海湾，不断为水和沉积物填充，演化成现在的湖泊。沧海桑田大体就是这样了。

太湖底地形和沉积特征表明，太湖的前身是一个覆盖着黄土的冲积平原。发现大量的古脊椎动物骨骼化石以及黑陶、夹砂陶、印陶、古稻谷和各种纺织工具。

太湖湖底遍布新石器时代遗物和古脊椎动物化石。宋《水利书》记载苏州一带荡水下有古之民居遗址，"昔为民田，今为太湖"，明清时代太湖平原中部地下发现宋以前的遗址和文物。

上古时，太湖是个波涛汹涌的海湾，7000年前，长江入海口远在镇江一带，这个数字在地壳运动的时表中算不得恒久，但对于人类文明史却是漫长的。河姆渡遗址发现稻米，钱山漾发现了蚕丝制品，良渚发现了艺术。粗算起来，良渚文化迄今4000年，河姆渡、马家浜、钱山漾、马桥文化迄今在六七千年。

湖州向南，紧邻伟大的良渚文化，良渚文化进入犁耕稻作时代，手工业趋向专业化，琢玉工业尤为发达；大型玉礼器的出现揭开了国玉礼制社会的序幕；贵族大墓与平民小墓的分野显示出社会化分工的加剧；出土器物上刻画的原始文化表明，中国文明的曙光从良渚升起。

良渚文化时期，这里已经有了辉煌的史前文明，良渚人的生产、生活有相当水准，有了精神生活追求，原始宗教萌生，祭坛、巫觋和玉制礼器相当精致，原始刻符文字和图腾纹饰体现思维智慧。良渚遗址发现9000年前的木船，这与湖州钱山漾出土7000年前的木桨构成呼应。

湖州在六千年前种桑养蚕制丝，石器时期，祖先兽皮树叶裹身。新石器时期湖州应该是一派河流纵横，木舟荡漾的景象。湖州就在水里，缥缥缈缈地晃过几千年的历史。

夏、商、周三代属于中原风光，是中华民族五千年文明的源头。以甲骨文和安阳殷墟为标志，从神秘的传说中显露出清晰的轮廓，从只言片语的记载化为一件件真实具体的文物。甲骨文和青铜器是探索商周文明的文物，但对于同时期的江南文明是陌生的存在。

江南人在忙什么？司马迁到吴地见到的江南，种桑、植麻、养蚕、缫丝、织麻，手工业如竹、木、玉、石等器物的制造已具有相当水平。他这样描述：地广人稀，饭稻羹鱼，或火耕而水耨，果隋蠃蛤，不待贾而足，地势饶食，无饥馑之患，是故江淮以南，无冻饿之人，亦无千金之家。是人类早期的和谐社会。

但南北隔绝，直到三国，太湖人仍被中原人称作蛮人。

耸立天边的豪杰

吴越剑,雄浑奇崛的水土风采

地处江南水乡的吴越,兼备兵器的生硬与江南的秀丽,散逸出刚强与柔美并重的气息。江南水网纵横,地处林莽,既然你中原战车不适合这里,那就让我轻便锋利的宝剑称一回王吧。吴越宝剑能斩断牛马,甚至戳穿钢质容器,这就需要高超的铸作技术。吴国的青铜冶铸技术可谓精湛,《左传》说,鲁国为报谢晋代齐救鲁立功,将代表吴地冶炼水准的吴寿梦鼎赠送给晋将荀偃,令北人大为赏识。

现今出土的数以千计的青铜利器,以制作精良闻名于世,《战国策》称:肉试则断牛马,金铁则截盘匜。

吴越人心中,剑是力量的象征。军备竞赛是吴越两国的精神主题,越王勾践让著名剑师欧冶子躲在绍兴的一座山上铸剑,这位名匠经历数年精心铸造了湛泸、纯钧、胜邪、鱼肠、巨阙五柄名贵的宝剑。

吴王阖闾也下令重金悬赏工匠铸冶利剑,吴国冶铸名家干将、镆铘夫妇冶铸出宝剑。史书对干将的莫干山炼剑有神话般的描述,"采五山之铁精,六合之金英",铁精是指铁矿石,金英即黄铜矿。"候天伺地,阴阳同光",即选择环境、较高的气温与避风的地点。炉火之旺照得黑夜如昼,烟雾上升与空中云气相接,顿有"百神临观,天气下降"之感。《越绝书》《吴越春秋》中对炼铁所需高温惊讶赞叹,壮观的场面被视为神奇。

干将、镆铘夫妇在莫干山冶铸出干将镆铘雌雄剑。庄子说这种剑只藏不用,至珍至宝。化验分析,勾践剑用锡、青铜铸成,含有铅和镍,勾践剑、吴王剑、夫差剑相继在山西、湖北、河南等地下沉睡了千百年,仍不失旧日的风采。

那时还没有钢铁这个概念,后来德清人沈括在《梦溪笔谈》中作了解释,"剑之钢者,刃多毁缺,巨阙是也"。这就破了巨阙剑镆铘剑"有缺如粢米"之疑惑。

欧洲在公元14世纪才有生铁出现,这里有个冶炼的技术问题,一直是个谜。干将使用的鼓风竖炉,是一种连续加料,间断排渣、排铜的炉。世界上有史可查的用鼓风竖炉还原冶炼的最早遗址在法国里昂,它的确切年代是1828年。

商代中期,中原青铜冶铸技术开始传入。加上吴地富藏铜、锡资源,为土著越人依山鼓铸,创造出富于地方色彩的赫赫青铜宝剑。

江南地区遍地林莽,水网纵横,北方沉重的战车开不进这里,长柄兵器也难有用武之地,剑遂成为吴越地区作战格斗中的常规武器。

呼唤利剑,于是出现了一批驰名于世的铸剑大师,如欧冶子、镆铘、干将等,冶铸出了诸多陆斩犀兕,水截蛟龙的名剑。那种"焠如芙蓉始出,烂如列星之行,浑浑如水溢于塘,岩岩如琐玉,焕焕如冰释"的感觉,是当时短兵器制造的最高水平。

苏州虎丘的剑池据说藏有吴王阖闾的三千把宝剑,人们深信不疑,秦始皇以及后来的孙策孙权父子屡屡来此挖掘,皆失望归去。

菰城县,早年的城市智慧

湖州西去约九公里的乡野山坡上,静躺着一处城郭遗址,遗址的主人叫黄歇,是两千多年前战国七雄时代称之为春申君的大人物。史书上将齐国的孟尝君田文、魏国的信陵君魏无忌、赵国的平原君赵胜、楚国的春申君黄

春申君雕塑

歇，列为战国末有名的四公子。四公子均以博学召闻天下，四方士子争相投之，黄歇城内养士过千，这些人物以游学博闻著称。

春秋后期，周王朝对名族的控制力大为减弱，长江流域名族从贡赋和战争重负中解脱出来，形成荆楚和吴越经济区。

黄歇是战国末年楚国的一个贵族。越灭吴，楚灭越，楚顷襄王麾下的春申君黄歇被封王于吴。时逢秦国日益强大，开启征服六国的战争。楚王害怕，派黄歇出使秦国。他机智善辩，说服秦国把兵力引向北方的韩、魏两国，尤其是帮助被扣押在秦国作为人质的楚太子完逃出秦国，为楚国立了大功。公元前262年太子完登上楚王宝座，是为楚考烈王，黄歇被任命为楚相，封春申君，赐淮北地十二县。

公元前248年，黄歇打起了小算盘，淮北与齐国近，一旦有事，易破，得找个安稳之地经营。黄歇要求改封江东，考烈王准之，于是春申君得到了今天的太湖地区。他入主吴地的第一站是苏州，在吴地立脚先得治水，他在苏州增设了水陆城门葑门，封闭了水门胥水，使胥江水绕道入城，又在城中开凿了许多纵横小河，是为内城河，以后，太湖对岸又成了他的兴致所在。

黄歇选择了湖州的下菰城建城堰，设菰城县。他倒很有事业心，筑了一座像样的城邑，城堰依山势而筑，黄土夯基，墙堰结实坚硬，断面呈梯形，高六米至九米。城分内外两重，盛极一时，独处江南一隅，煞是风光，使湖州"英灵所诞，雄于楚越。"春申君的作为，使得西晋永嘉年间北乱时，有了大批士族南迁湖州的故事。

黄歇是最早的商业天才，他建成了古代中国最具商业氛围的湖州城，城由内外两重组成，衙署居内城，百姓住外城，城内青楼绵延，西接港口，烟火万家，商贾云集。清同治《湖州府志》记载："青楼连延十里，城内又有小城，重城屹然。"

黄歇在城废墟上大兴土木，围绕内城的是：七堰八门六十坊，东西南北桥相望，水道脉分棹鳞次，里闾棋布城册方。司马迁南游时看到春申君住过的宫殿，对其壮丽宏伟曾叹息不已。

菰城得名于"城西溪泽，菰草弥望"。遗址在今天湖州云巢乡窑头村的丛林翠竹之间，坐落在一个自北向南倾斜的山坡上，下菰城的城垣中夹杂有印纹陶、原始青瓷和夹砂陶片等。是湖州最早的古城址，是中国东南各省古城遗址中年代最早，保存最完整的一座。2000多年过去了，这座当年繁华一时的城邑废圮已久。明代诗人张羽曾慕名来此游览，留诗："坡陀废垒青山侧，至今传是春申宅。"

下菰城是战国时楚国菰城县和秦置乌程县的县治，北依金盖山，南临东苕溪，顺流向北约40里可达太湖，有背山面水的优越地理环境。志书说"今所谓下菰城者，盖春申君伐吴时亲垒屯驻之处，其四壁间可证"。

文物遗迹尚被掩埋在下面，但是在地表之上的杂草丛中，偶尔仍可捡到镰形的石刀、石器和印纹陶罐残片等物，多有春秋前后的文化遗存。

黄歇在这宴饮歌乐之中沉醉了25年，他未听朱英的劝说，被李园设套所诛。从史家的文字里，我们隐约知道当年的繁华，青楼连延十里，城内又有小城，重城屹然，可见当年施工技术的水准。司马迁看了春申君的故城，大叹"室盛"。司马光则用"宫殿豪华"四字入了他的《资治通鉴》。

站在城垛上可以远眺湖泊水网，可以俯瞰城墙下密密麻麻的商肆民居，小巷里鳞次栉比的老房子，夹缝里的小巷、小河，沿河的竹行、木行、缸甏行。巷子别具魅力，朴素、含蓄、温柔、多情，使人不忍离去。

项王城，英雄归去来

太湖的人文素质，好剑尚武勇、轻死，勇于赴难，令人生畏。江东子弟的战斗力，威震中原。

宋建炎三年（1129年）二月，李清照的丈夫赵明诚在江宁知府任上应对叛乱失职，被罢。三月，夫妇俩乘舟前往江西，行至乌江，站在西楚霸王项羽兵败自刎的地方，李清照面对浩浩江水，随口吟诵出了《夏日绝句》：

生当作人杰，死亦为鬼雄，至今思项羽，不肯过江东。

李清照有感项羽宁肯一死，引颈乌江以谢江东父老的壮烈史迹，讽喻南宋统治者，也不满丈夫的懦弱。舟至安徽贵池，心里郁闷的赵明诚接旨，被任命为湖州知州。六月十三日，赵明诚舍舟登岸，葛衣岸巾，驰马回江宁，准备去湖州上任。不幸途中感疾，卒于建康。丈夫赵明诚与湖州擦肩而过，妻子李清照凭吊项羽的《夏日绝句》永远地留给了湖州。

楚国名将项燕在抗秦中被秦将王翦所杀，项燕有个孙子叫项羽，与他的叔叔项梁杀了会稽太守殷通，躲避吴中。颜真卿《项王庙碑阴述》说，项羽"与叔项梁避仇于吴中，盖今之湖州"。是李清照眼里那个令人神往的"江东"。据说项羽曾在湖州见到秦始皇巡视的壮观队伍，项羽居然说我可以取而代之，项梁怕惹出大祸，赶紧以手掩其嘴，当地人把这事的发生地称为"掩浦"或"项浦"。

陈胜、吴广起兵不久，项羽立马在太湖四周广招兵马。有资料显示，项羽曾在弁山、顾渚山等处屯兵练兵，他的江东子弟大多为这一带的吴人。今天弁山上还留着项羽的走马埒、饮马池、系马木等募兵、练兵的遗址。项羽集中江东八千子弟，集聚湖州宣誓起兵，那宣誓之处湖州人称为子城或项王城，是历代府台衙门所在地。

项王城地势高出城外三四米。项羽在此誓师出兵，渡江西击暴秦，西楚霸王一世英名由此展开，后人描写当时雄风"举旗振臂起江东，子弟八千胆力雄"，项羽从此踏上"争霸伐秦功盖世，称王立楚史留名"之路。也留下湖城的最初轮廓。

杜牧敬佩项羽，他说："胜败兵家事不期，包羞忍耻是男儿，江东子弟多才俊，卷土重来未可知。"项羽不愿回江东，不愿卷土重来，归根结底是感到有愧于江东父老。《史记·项羽本纪》这样描述，项羽摆脱垓下之围后逃至乌江边，乌江亭长劝其急渡。羽曰："我与江东子弟八千人渡江西上，今无一人还，纵江东父老怜我，我有何面目见之？"遂自刎。司马迁在此用了情的。李清照"不肯过江东"之句，更颂豪杰之士慷慨殉难的壮怀豪情。

追随项羽的江东子弟又都以传统方式自刭，将轻死运用到极致。吴地彪悍难治，令汉代统治者忧虑重重。西晋左思的《吴都赋》说吴地军人有无坚不摧的"陷坚之锐"。《隋书》谈到江南风俗时说："人性并躁动，风气果决，包藏祸害，视死如归。"六朝时太湖地区还盛行果决、好战、好用剑、好斗之风。

项氏旧为楚将，项梁叔侄素有复楚国、报亲仇的大志，避居乌程时便暗中用兵法部署宾客及子弟。秦始皇死后，他们便选中苕霅交汇处的江渚汇东北筑城以屯军，地点即在今日太和坊、子城巷、爱山街、府西街为四界的区域内。

湖州项王城传为项羽所筑。汉时，乌程县治自下菰城迁至项王城。三国吴孙皓析吴郡、丹阳郡置吴兴郡，治乌程。

太湖连接大海，靠近世界。3000年前后，太湖一带是吴国的中心。春秋后期，吴都经阖闾、楚春申君、西汉刘濞先后经营，工农业皆成气候，成江东福地。三国，孙吴招引流民屯垦，劝导农桑。两晋，北方士族避乱南奔，中原文化、技术大量南移，带来农桑、手工业的轰轰烈烈。

古代吴人生活在水乡泽国，从居住、耕种、渔猎到相互间往来、交流，都与水相连，是一个水上部落，三江五湖常有惊涛骇浪，稍一疏忽或力怯，就会樯倾楫摧，葬身鱼腹。在这样的环境中，需要力量与勇气。吴人好勇尚武的性格在战国时期的纷争中立于不败。吴国不乏专诸、要离之类的勇士侠客，有文治邦国、武定天下的伍子胥、兵圣孙武之类的将帅，更有雄才大略的阖闾之类的君王，吴地精良的青铜兵器显名列国，屈原在《国殇》中有"操吴戈兮被犀甲"之句。

吴兴郡治与乌程县治均在项王城。东晋于项王城外围筑子城，专为郡治。此后，子城一直是郡、州、路、府衙署所在地，直到民国初年，其后部改为公园。

项王城至今仍被湖州人视作风水宝地。方志记载，子城周长二里有余，城四周开城壕，城壕引霅溪支流之水以护城。

汉代迁乌程县于项王城。三国时，吴王孙皓以原吴郡的乌程、永安、余杭、临水、阳羡及丹阳郡的故鄣、安吉、原乡、于潜九县"地势水利之便"，取"孙吴中兴"之意改名"吴兴郡"，从此吴兴走进了名郡望府的行列。

相传东晋大兴年间，郭璞受文帝之令，来吴兴勘地理，在子城外围督建罗城。

唐初，辅公祏于江东谋反，占据子城，被赵郡王李孝恭平定，扩城，设九门。唐代子城作为州刺史厅及其衙署，袁高、于頔、崔元亮、杜牧等守郡者在这里"风流啸咏、投壶饮酒"，佳作名篇传世。颜真卿在此续纂《韵海镜源》，建韵海楼。另有清风、明月、弁苍、映溪等十楼，雄居子城之上，登临城楼可纵览全城美景。

北宋初，吴越王归宋，子城拆毁，置计时用的漏刻鼓钲，中门立"湖州"牌。城上名楼仅存消暑等五楼。此时子城城壕淤塞，失去名宦的风雅文脉。

960年，取吴越王钱氏纳土归宋之意，置归安县，重修罗城，改设六门。元末，张士诚部将潘原明守湖城，加以修筑。用块石垒砌，重凿壕堑，开临湖之陆门，重修迎禧门。

明嘉靖年，为了抗倭寇，乌程知县张冕鉴于罗城城垣低矮，集资加高加厚城墙。1555年，倭寇进犯湖城，依靠城的坚固，官民齐心击退倭寇。次年，李敏德任知府，披阅城图并登城四望，感叹湖城山川环绕、清远殷实，但城池与之不相匹称，带头捐出俸禄，乌程、归安两知县分南北督建，修整府城，增厚城墙，筑箭台52座，两年完工，府城面貌焕然一新，巍然雄立为一方壮观。

民国时期，因修申湖公路、筑环城马路，城垣大部被拆。现仅存清源门水门及定安门东侧城墙、西城墙部分残垣。辛亥光复后撤府改县，子城后花园被改为公园，城墙也废，子城也仅存人民公园部分高墩及图书馆北侧部分城墙遗迹。

2008年，爱山广场步行街区施工时发现湖州子城遗址。经考古发掘，一条长80余米、宽约15米的城墙遗址裸露。为纪念西楚霸王的壮举，湖州市政府在奉胜门遗址附近建造项王公园。

民国《吴兴县城区坊巷全图》中画出，湖州子城大致是一个南北长，东西窄的城池。子城东城墙遗址还出土了大量三国孙吴、两晋、南宋、唐宋时期的瓦当等遗物。考古人员在迎春门护城河发现了吊桥遗存，尤其是三国时期瓦当的出土，为孙吴设吴兴郡于此提供了物证。

项王城作为湖州古城的存折，家底的象征，后人消费不尽。

藏于地气的卫道梦想

鱼米乡，秀水沃土的浑然布局

出于对水的敬畏，一万年前，湖州人散布于茫茫的湖沼和草木丛生的丘陵，从事采集和渔猎活动。湖州人懂水稻，应该在七千年前的马家浜时期，进入青铜时代也在这个时期，熟悉犁耕已是后来的事。今天的嘉兴、湖州、昆山、吴江、张家港，已经种植水稻，能制作一种叫葛布的纺织品，能雕琢精美的玉器。

湖州人有春种、夏长、秋聚、冬藏的习俗，杭嘉湖地区是我国稻作起源的中心。春秋时，吴越稻谷产量充分，民有三年之食。夫差时，越国一次就向吴国借贷稻谷上万石，越国也有能力"复还斗斛之数。"越臣服于吴时，就向吴进贡大量的稻米。一年多熟的水稻文明，湖州人在劳作中开发生存智慧，以稻米为主食，副食是大量的山珍湖鲜，螺蚌鳖蛤龟蛇、银杏板栗冬笋是饭桌上的常肴。

湖州属于吴国，其边边角角又属越国，故有"吴根越角"之称，性格里有吴越两国的刚柔之济与张弛之道。吴国大体走了两段路：漫长的西周至春秋前期，此时的黄河流域，刚刚走出洞穴，名山大川的隔绝，生活在脚力所及的极小世界里。

东汉末的军阀混战，北民南移，建安十八年，江西、湖北等地数十万户民众一次性渡江迁逃，落脚太湖地区。

西晋末的永嘉之乱，是更大规模的北民南逃，吴地农户倍增。但此时的吴地望族势力强劲，南来的豪门、部曲、佃户难以插足，只能分散安置。到南朝，仅湖州十县，人口近50000万户，比晋太康三年翻了一番。

北人南迁太湖，运作了两大革命，广修水利，广垦土地，改变火耕水耨的粗放耕作模式，改变了太湖平原沼泽的大生态。到了南朝，常州萧氏和湖州陈氏统治集团将吴地推出一片"连宇高甍，阡陌如绣"的景象。

南朝的民本意识纵贯朝野，太湖各县商贸活跃，人竞商贩，不为田业，粮食、麻布、丝棉、畜禽、茶叶、竹林、水产、陶瓷、纸张、砖瓦等均属时下交易的大宗商品。官员大多有从商的经历，《南史》中说到的那位高官沈瑀早年在武康街头卖过瓦器。齐建元年间的吴兴太守王敬则，年轻时是个卖狗肉的商贩，叫卖之声遍布三吴。

吴地丝业发达，蚕桑撑起家庭副业，政府的经济管理也融入商业意志，绢、丝、棉列入租调，湖州遍地大面积桑林，今天的八熟之蚕，陈朝就开始了。汉代，湖州永安丝和温山茶列为贡品。

两晋没有自己的货币，用的是魏钱，市面混乱，经济活跃地区大受折磨。东晋干脆回到从前，用三国孙吴时的地方小钱，货币地方化，可不是好兆头。武康豪族沈充金融尝试私自铸钱，只限于三吴地区使用，沈充是东晋的车骑将军，他开此小灶，表明晋室将颓，只是树倒猢狲不散，太湖地区的商业繁荣依然。吴地的地方钱币，一直为古币收藏家所青睐。《通鉴》称：自晋氏渡江，三吴最为富庶，贡赋商旅，皆出其地。刘宋开南朝，宫廷一派嘈杂，民间却安于生计。史家有"江南之为国盛"的评价。萧齐时，国之关辅，百度所资，政府收入，全仗三吴。

中国历史上，项羽、孙权的江南士兵令北人心悸。三国鼎立，全仗军人意志。孙吴统治下的江南，屯田垦荒，太湖地区出现《抱朴子》所说的"牛羊掩原隰，田池布千里"的繁荣景象，左思《吴都赋》说"其四野，则畛畷无数，膏腴兼倍。国税再熟之稻，乡贡八蚕之绵"。

中唐，政府的财粮仰仗于江南，江浙占东南八道上缴粮食总数的2/3。

唐末，湖州民间利用水网和湖边滩地生态种植，在滩地上挖出纵横交错的鱼塘，挖泥筑堤，堤植桑养蚕，蚕粪养鱼，形成桑茂、蚕壮、鱼肥、粮丰的生态模式。

五代，太湖流域数十年无战事，湖州民间家庭纺织品花色精美，品种和数量众多，创造了一种叫天水碧的新颖染色技术。丝织品的输税使财政殷实。

太湖地区广修塘堰、闸坝，《宋书》说这里地广野丰，民勤本业，一年丰收，数郡忘饥，已赶上中原。一个太湖流域，鱼盐之利，充盈八方；丝绸之饶，覆衣天下。吴越国向后唐政权每年进贡锦、绮、罗一千二百匹。向中原王朝进贡越绫、吴绫、盘龙凤锦织成红罗縠袍、袄衫缎、锦、绮、百连等。

太湖经济的崛起打造了集聚文明的高地，宋室南逃，背后是最具规模的文明大迁徙，中原文明倾情江南，中国文化，此时彻底地改头换面。中原贵族大量涌入吴地，贵族资产与商品资本碰撞，江南迅速成了全国的发达地区。高斯得《耻堂存稿》仅仅用"苏湖熟，天下足"六字，让中原皇土出局。

明以后，政府强制规定农民种桑植麻，缫丝织布，江南地区改变了传统耕作结构，经济作物为主体，繁星般撒落在太湖之畔，成为13世纪后中国经济生活最活跃的部分。明清时期环太湖地区的市镇发达，密度大。苏州、松江、杭州、嘉兴和湖州五府连绵的市镇群，令朝廷瞠目。湖州尤盛，更有一大批专事丝绸生产与销售的市镇，闻名遐迩。

湖州捕鱼人家迎着晨曦而来，披着暮色而回。湖州捕鱼人家的船承载过柳恽、皎然、陆羽、张志和、颜真卿、刘禹锡、杜牧、皮日休、苏东坡等，捕鱼人家的船承载了太多的历史、太多的文化、太多的山水。

古城墙，城市文明的踏级而上

湖州老城在唐代有九门。宋代改为六门，即东迎春门、南定安门、西清源门、北临湖门。另有两座水门：奉胜门也叫霸王门、迎禧门亦称青塘门。

之前，因风水之需，临湖门与迎春门之间还有阊门。定安门东、西两边还有两座瓮门。

中国历史上许多古城城门有这样的讲究，一般县城四门居多，州、府城的城门四座以上，在江南，城门因水而设，无定规。多的有十几座，比如，南京古城门就有13座。而湖州这座精致之城，却有九门，道出其内涵的深刻。

阊门是传说中的天门，应建在正西，湖州唐代的阊门恰好相反，建于东北。湖州城西北、正西、西南三方皆有山和水作天然屏障，唯独东面是广袤田野。阊门内水漾汪然，城门边沼泽荒草，祈风调雨顺。

迎春门东出湖州，往南浔、苏州、松沪的水陆要道。出水门通往荻塘，连接江南古运河。古人多于迎春门外水边送客、流连，"寂寞荻花空，行人别无数。"

瓮门为定安门，南出驿道，是古代城市防御之门，城门外口加筑同样高的小城，圆似瓮，称瓮城，防守御敌建有瓮门。明嘉靖三十二年乌程知县张冕为抗击倭寇，筑瓮城门二重，成功抗倭。

湖州是一座水城，临港起屋，开窗见河，出门坐船，城门里外市廛相连，交通以水路为主。宋代改九门为六门，其中东、南、西、北四门都有陆、水两个城门。而奉胜门、迎禧门唯有水门。登城远眺，可见太湖之胜。

奉胜门为水陆一门，为雪溪支流所出，一路向东北流至市河的尽端是临湖门，俗呼老北门。奉胜门是本城北控太湖之门户，建于唐代，老百姓尊称为"霸王门"。传说项羽率八千江东子弟西击暴秦，就是从北门"破凶门而出"。

奉胜门原水门下运粮河左岸修出条小路直通城外，改水陆兼门，1954年拆除奉胜门，如今在原址略偏西处复原重建，城门和城楼比古城雄伟壮观得多，半陆半水的城门格局有象征性体现。

城西迎禧门，高敞宏丽，控带山水。湖城西北因地处淤泽，多水患，三国时孙皓在迎禧门外曾筑有青塘，以遏太湖之水，又俗称青塘门。

湖州古代六城门格局，一直存至民国前期。1929年1月16日，《申报》

报道:"吴兴建设委员会议拆北城墙,以宽道路,今已招工标定,先从西面拆除。"

古之游毗山,要过通济桥往东南走鱼池街,或在过北城门口往东翻过城头一直东去,但都要摆渡,水城门前城壕特别深。

出南门,是好玩的去处。南郊碧浪湖一带,莲叶田田,芙蕖吐艳,迷得苏东坡累次泛舟,游赏不厌。他赞叹"环城三十里,处处皆佳绝,蒲莲浩如海,时见舟一叶",遐想"便应筑室兹溪上,荷叶遮门水浸阶。"

南门水、陆两城门一东一西并排,陆门西侧是壮观的牌楼街。一长溜石牌坊,计有38座,蔚为大观。水、陆两城门在其东南处,水门东西跨霅溪口,就在今定安桥北。

南门外,明代以前就形成市廛,或称南门埭上。早先有驿西桥北通南门,因桥在乌程县苕溪驿西得名。三孔石拱,南北跨横渚塘与菜花泾相汇处。明万历中,湖州知府陈幼学葺塘建亭修桥,易名"定安"。

西城门外,是西来苕溪南北两岸。过清源门外吊桥就到上塘口,往西有永丰、广福、积善三座石梁桥。上、下塘在明代已经市廛栉比,烟户稠密了,往西直到龙溪渡。1977年起,拆除最后残留的一段西城墙,西门水、陆二门从此消失。

湖州古城六城门已无踪影,但遗迹尚可寻者有二。东门城门口外,迎春桥至菜花泾一段城壕还在。西门的水城门遗址,环城西路清源桥南堍的船闸槽石及石砌门墩保存完好,是湖州宝贵的古城遗迹。

赵孟頫故居旧址位于湖州老城区的孙衙河头。溪头月色白如沙,一庭风雨自黄昏。书画大师赵孟頫曾在这里,写下许多脍炙人口的名篇佳作。

现在旧址上建起仿宋风格的赵孟頫故居纪念馆,庄重、华美、大气,正好与赵孟頫书法作品中所特有的格调相互辉映。在小市河形成一个"水中看岸、岸上观水"的奇特景观。

古之有民间藏魂在庙场之说。始建于五代时后唐清泰元年的府庙,灰白调、花格窗、青石路,这里是"湖城三绝"之一的"庙里庙"府庙。

五代遗迹"庙里庙",建成后历经三代城隍神:第一代是五代清泰元年

湖州拱桥

后唐的"阜俗安成王";第二代为明武洪二年敕封的"威灵公";第三代是明万历元年始尊"湖州府城隍劳公神",庙中专修"劳公神庙",是"庙里庙"的由来。

旧时府庙也如同南京的夫子庙、杭州的城隍庙、苏州的玄妙观一样,一年四季有走江湖的戏曲、说唱、杂耍、魔术等卖艺人来此演出。如今的"庙里庙",经过2009年大整治,形成约3000平方米的古玩市场,有商铺近50家,小吃店70余家,汇聚了南北各色小吃近百种。府庙也成为湖州市井文化的标志性区域。

斜垣弯巷,不存戒心的借水为街

东西苕溪如愿汇合后,盘桓有情,在湖州城外成双圈回字形的环抱之势,内圈则构成了府城的护城河。

湖州城市虽少一些北地城市的挺括与宽敞,但看似零乱拥挤的建筑却到处可见激动人心的美丽空间,老宅背景模糊而脉络清晰,年代损伤而时光完好，机缘巧合仿佛宿命，这些古宅歪歪斜斜的依旧有尊严，溜进老宅的阳光扭扭捏捏，月光倒是很精神。老巷子里家境殷实，深藏不露，一个名字、一串故事，待人倾听。坊间常有童话般的婚礼上演。惊叹，无人能免。

合流后的苕水在清源门、定安门分两股入城，并穿城而过。清《乌程县志》说"城中二溪横贯，此天下所无"。溯水西门，进南门的水在城南浸漫出许多水泊漾荡，闲散经潮音桥，过新开河、闻波兜入月河漾，在浮霞墩分流穿过甘棠桥、长桥，折北与西来之水相会。二水在江渚交汇后，溪水湍急，发出潮水般的哗哗涛声，壮观场面，湖州人以"霅然有声"形容，城内市河也就有了"霅溪"这个诗意的名字。

湖州人择水而居，城墙也依水而走，形成了一个别具韵味的六边形。水巷、小桥、流水、人家，组合成了湖州城市独特的水乡空间脉络。湖州古城墙自东晋以来，已历经1500多年的沧桑。沿着环城路在老城垣的遗址上走一遭，曲折逶迤，似乎还能感知一番"交流四水抱城斜"的余韵。

老城墙盘踞在四水环抱的水乡平原之上，它沟通内外、连接着古城及其赖以生存的丰饶乡村。城门以迎山接水为要点，湖城接西南来水的为定安门，迎西来之源的为清源门，东出荻塘的为迎春门，北入太湖的有二门。

北城外至北龙溪港区域，明清时为繁华街区。街路名大抵出自坊间，"牛舌头"东头伸到霅溪与龙溪交汇角，形似"牛舌"而名。临湖门外建鬼坛，故名坛前街。米行街是清初潘季驯后裔为安排族人经商而建，街面临霅溪，筑石帮岸和码头，供四乡米船停泊。米行街西的晚清至民国初建筑，花岗条石铺路，两边多高深三合院，厅前厢房，石库墙门，不少开绉庄、绸庄和丝厂。

建于清初的潘家廊，前廊后阁，可躲雨遮阳。店铺经营丝绸，也开茶肆、酒楼等。有楼阁挑出溪上，店家沉竹篓于溪，任客挑选鲜鱼活虾，现杀现炒。顾客则尝鲜饮酒，临溪观景，洽谈商务，故生意兴隆。

湖城引水入城，因水成市，街道顺水而沿，"泽浸环市，逶迤街巷"，水、桥、街、巷、宅巧妙地融为一体。宋居简说："闭门防惊鹭，开窗便钓鱼。"

飞英塔

  城南部月河漾一带多水泊，先后被文人官宦借山引水构筑成众多园林别业，城北除散布着众多的庙宇寺观外，还到处是桑园、墓地和荒土。城市的手工业、商业、民居集中分布在市河香溪两岸的街坊深巷之间。

  水埠是水乡城市商业活动的起点。骆驼桥西堍的鱼巷口，是四乡渔民与农民进城后泊船、交易的地方，彩凤坊由此成为湖城的商业中心，这一带聚集着城中最著名的南北货、糖果商店和药房。彩凤坊的钦古巷曾是湖城早期的金融街，慎益等著名钱庄及最初的钱业公所落户于此。彩凤坊西行与黄沙路相接的路口叫宣化坊，是昔日府台衙门前的辕门所在。

  黄沙路之名早在南宋就已有了，凌濛初小说《拍案惊奇》中就曾提到黄沙弄。前店后坊的手工业店铺一家挨着一家，有名的如孔凤春戏袍绣、王文光雕版印刷、胡仕文湖笔、丁莲芳千张包子店、余元茂浆粽店等。

  湖州街坊邻居的背脊如他们蹬然的足音，常近在咫尺，穿过弄堂，脚底留一些石板的溜滑，他们相聚于屋檐下话旧，一声笑，不带繁华；一影泪，不俱伤痛；一声叹息，亦无宿命的无奈。

牌坊，旧写实主义的长久冷寂

北宋初年之前，湖州城内先后出现过乌程坊、车骑坊、章后坊、德政坊、苕阴坊、中书坊、吴兴坊等16个坊。

这十六坊都建有牌坊，乌程坊坊址在南街，是乌程县的见证。《路史》称："乌程氏国，秦为县，今隶湖。"乌氏、程氏或为湖州城内可以考证的最早居民，其远古当为越族。乌氏即后来居于湖州城内的一支越人。程氏源远流长，先秦即为中原大姓，后南迁而定居湖州。

每一座牌坊所渗透的历史情绪，任何建造者难以赋予，当年造坊人的偶尔为之，居然诞生了另一种沧桑般的哲理。旧归安县衙东门的车骑坊，相传城东北二里有晋车骑将军谢玄的住宅，故有此名。天宁寺前的章后坊，本为陈霸先的妻子章皇后的宅邸，后来因为信仰佛教而舍宅为寺。

白华坊是一座孝坊，相传南朝刘宋时代以孝著称的潘综居住处。晋左思《吴都赋》写到"荆艳楚舞，吴歈越吟"。"吴歈"是南朝时期用方言演唱的一种民歌，因左思之文风靡天下，所写的"吴歈"当与湖州有关，故建吴歈坊。苕阴坊，朝西而立，在绍熙桥南，因为"山北水南谓之阴"，故名。宋状元贾安宅所居即靠近此坊，此坊遂易名状元坊。

这16座牌坊应是湖州城最早的牌坊，体现了湖州历史文化精神的积淀，归安县前街的吴兴坊，子城后的中书坊，朝西而立。城东仁侬桥侧的仁侬坊，浮玉亭街西的苕阳坊，南向而立，古以山南水北谓之阳。宋代嘉定前后重修的"乌氏坊""吴歈坊"是湖州曾经经历吴越历史和楚国统治历史的缩影，而车骑坊、章后坊、白华坊以及状元坊等，也可以看出城市文化在历代地方贤人名士的努力下的逐步积累。

1929年京杭国道扩建，南街成为进出的要道，拆去了南街上的牌坊，编箕弄内牌坊街被淹没在时光里，充作街面的石条凳、条石。幸亏老乡戴季陶力保，才多多少少保存了一些。

The
biography
of
Huzhou

湖州传

上苍妙造,宗教情怀般的天地艺术

第三章

湖州山水，如林海音的文字般，浅白，没有一丝斧痕，连绵温顺，难见片刻吞吐，永远真挚，带一种自觉接纳人类，容纳生命，少见惊喜，多有慰藉，遍布泥香。

峰峦之巅，势道的脊梁

湖州的风水无与伦比，向西，绵绵群山，用天然屏障作依托。向东，浩浩平原，以紫气东来做承接。

湖州的山势，仁皇、弁峰近呵，太华、龙王远护，中有莫干、顾渚等各路名山点缀，静养浩然之气。唐代置闻门于东，大智慧。

仁皇山，品味现代城市的精致

仁皇山雄踞城市西北，俯瞰太湖南境。山不高却气含霸味，近观又不失温婉尔雅之态。难怪楚霸王、陈霸先这史上二霸永远地与湖州牵扯上了。

海拔两百多米高的仁皇山，作为被湖城包裹的孤寂的一丛苍翠，聚山之精华，是上苍安置的护城之峰。其植被丰茂，百鸟群集，蜿蜒曲折攀登，景观随处可见。山的历史文化代际叠加，可以映现半部湖州城市史，是登高读城品藻人文的佳地。

在湖城西望，远远地就能看到仁皇山的倩影。近处观赏，觉翩若游龙，宛若惊鸿。这座山，汉魏时期就有大族范氏辟为家族葬所，北宋词人张先家族也安息山间。张先词妙绝，内容多涉心中事、眼中泪、意中人，人称"张三中"。他自己却定位"张三影"，即"云破月来花弄影""娇柔懒起，帘幕卷花影""堕絮飞无影"。这"三影"都是张先写的词句。其子张文刚是王安石的妹夫，去世后王安石为之撰墓志铭。仁皇山断石残碣中，或许藏着王安石的真迹。

唐代始建、宋代重修的飞英塔，在1000多年时间里占据了湖州城的制高点。湖州在仁皇山这个历史上曾叫作凤凰台的地方，建起了七层仁皇阁，成为今日湖州城新的制高点。仁皇山决意返回民间，造仁皇阁树了百姓心中操守的丰碑，仁皇山是一片文化圣地，是清心、博学、谦和、耿介的文化拓荒者。

仁皇山树木植被丰饶，白鹭常飞，云雾缭绕。起初叫凤凰山，有龙飞凤舞之状。唐肃宗时，文喜禅师在凤凰山建仁王寺，山以寺名，凤凰山就有了具宗教文化名号的仁王山。

"仁王"这个名词是佛教中的尊称和佛经书名。"仁王"是佛门弟子对释迦牟尼一个虔诚的称号，而《仁王经》又是佛经中一部颇有影响的护国爱民的经典。因佛经有《护国仁王般若波罗蜜经》之故。千年间，高僧迭代云集于此，诵经释法，祈福佑护国泰民安。宋以前，民间盛传秦始皇"以其地有天子气"，派人凿断其脉。因为"王""皇"谐音，于是就讹传作了"仁皇山"。

仁皇山上有一眼著名的泉水，叫作凤咮泉。这泉水原是向南流经仁王寺，形成一个方圆一丈的泉水，至为清澈。后来北向流去，滴水穿石，到清乾隆时泉水冲刷出陡峭的悬崖绝壁。湖州知府吴绮登临此处，诗道："绝壁何年凿，清泉欲满池。"

文人墨客登仁皇山，赏春踏秋，莫不以此为胜地。明代邹思明留下《登凤凰山记》，清代韩禹甸撰有《游仁王山记》，更有戴铜士偕友人重阳节登高，在仁皇山顶饮酒吃螃蟹，仿宋人"六客会"作"持螯会"。兴致之下，曾经给道光皇帝相墓地的端木国瑚先生写诗道："紫蟹黄橙九日香，蒲塘六客醉荑觞。""碧山红树仁王寺，每忆登高此会强。"

晚清名士戴子高怀先人而屡登仁皇山，落泪而作："南临苕霅水，西倚仁皇山。问君何能尔？心定神自闲。"百余年前，学者凌霞驾舟前来为戴子高寻觅安葬处所，苍茫之间万千遐想于山间荡漾。诗曰：

怀古陈事，无尽遐思；把酒临风，仁皇山兮！

在仁皇山顶，清新的空气里没有愁雾。

弁山，苍弁气场充涨城市底气

湖州城西北弁山，雄峙于太湖南岸，以峰、洞、岩、泉称胜。素称"吴兴富山水，弁为众峰尊"。弁山用古洞石室，茂林幽谷，飞瀑流泉，碧潭清涧，构筑山之大美。

弁山生活在湖上，气场尤大。苏轼在弁山作有晴天诗和雨天诗。晴日登山，在云峰顶眺望太湖，雄浑苍茫，长风浩荡，风帆远山，如在膝前；洞庭七十二峰，隐约可见；东西七十二港，湖滨田畴、河塘港汊，迤逦远去。于是留诗：

> 具区吞灭三州界，浩浩荡荡纳千派。今朝偶上法华巅，纵观如觉人寰隘。

不过瘾，苏轼选一个雨天，游弁山的黄龙洞，留下长诗，其中说：

> 吴兴连月雨，釜甑生鱼蛙；往问弁山龙，曷不安厥家。

晴雨之间，苏轼在弁山的碧岩上留下了"清空世界"四字。

因岩石垒峭于山腰，望之若苔藓绣错，故称碧岩。方志记载：弁山山北多奇石，又产诸药品。药师佛尊崇最早出现在弁山，佛教流传1600多年弁山因盛产中药而称为药山。

瀑布顺谷门倾泻而下，直泻幽谷，倏忽消失在万竿翠竹之中。明张睿记有12景。从前弁山的水是站着的，天柱般撑着，无数跃崖而下的瀑布，构成水的涅槃，寒气逼人，始觉石壁上"寒泉"二字的深意。明代刑部尚书顾应祥《登碧岩诗》的最后一句："吾乡胜概无过此。"

宋叶梦得诗谓之："山势如冠弁，相看四面同。"项羽起兵，于此屯兵，死后尊"苍弁之神"。唐颜真卿任湖州刺史所作《石柱记》中，就有"项王庙"的记载。

弁山不藏拙，而在藏巧。还因为是太湖石的故乡，弁山闻名于海内。

太湖石进入人的精神领域，给了人类太多的惊喜，应验了传统文化里"天人合一"的说法。白居易对太湖石情有独钟，对太湖石有过传神的描绘："形质冠古今，气色通晴阴。"他的《太湖石》诗中又写："烟翠三秋色，波涛万古痕。削成青玉片，截断碧云根。"观赏这些天然绝妙之石，陆游有诗："石不能言最可人。"可谓精辟地道出了古人对奇石的钟爱，就在于奇石的可人。

范成大耐不住苏州石湖之寂寞，带着那句古诗："苍苍高弁与天通，此间留得小玲珑"，跑到太湖对岸的弁山脚下访石，惊叹"长兴弁山小玲珑，尤胜石林大玲珑"，写下《太湖石志》，对太湖石的质地、形状作了细描。

《扬州画舫录》里说，玲珑的其实是太湖石而不是白玉。弁山在山湖相映之间，弁山佳景还在山湖相映之间，自唐至清历代名宦文士题刻、咏诵甚丰，弁为众峰之尊。民间有太湖石解风情、解人情之说。

太湖石汇日月之精华，融雨露之润泽，吸大地之精气，承泥土之呵护，浓缩山之魂魄，凝聚水之灵性，难得绝品。

米芾玩石，穿了官袍，手持朝笏，对心爱的奇石行跪拜之礼，如此违世异俗之行为传为笑谈，冯梦龙对此作过生动记述。米芾为官湖州，屡至弁山精研太湖石，于是有了"瘦、皱、漏、透"之概括。以后李渔为朱元璋选都来到湖州，将评价太湖石的四字上升到了理论高度，这四字奉为品评太湖石类奇石高下等第的圭臬。

每块岩石，乃至整座山体在风化、蚀变、裂解、崩析中吐纳自如。太湖石一定没有阵痛的时候，也没有色彩迸发的年代，这妙文华章的背后是拒绝天灾而迎接的物产丰茂。

独特的形态让原本没有生命的石头，冥冥中点化出一种超然物外的灵性。染上这种神奇灵气的孤石在打造自己的过程中体现与众不同的追求和立意独特的风格。

历代王公贵族玩石,大都与园林建筑相连,秦之阿房宫,汉之上林苑,晋朝石崇的金谷园,隋唐的皇家园林,都穷极人间之奇巧奢华。

宋徽宗曾写过一篇《艮岳记》。北宋失国后,京城残破,艮岳废毁后,太湖奇石及名花佳卉都被金人运走了,遗留下来的只是一些破砖烂瓦,砾石碎片。

后世学者曾对艮岳下过这样的赞语,说它是"石文化的顶峰",是"写意山水园的代表之作"。但华贵的文字必配不上治国良方。

湖州水乡古镇的庭院少不了太湖石点缀,玲珑亭立、细腻有致、天竹呵护。

太湖石历经亿万斯年的风餐露宿,炎凉昏晓,给人类一个惊叹。

龙王山,静谧中的天帷地载

湖州的西方,是以安吉龙王山称雄的天目山屏障,向北与太华山脉相连,构成气势,护佑着江南的富庶与安稳。

龙王山的原始生态,浸养出经年的风调雨顺,明澈的大地映照出透彻的天空,天上人间与山的纯粹有关。1587.4米的龙王山,是长江三角洲地区第一高峰,为江南狠狠地争了把面子。

龙王山藏着原始森林,峰、岩、涧、溪、碧、潭应有,富、野、清、险、秀、旷齐全。随处的松峰天堑、幽峡仙踪,组合成独特的"龙王九景"。艺术大师吴昌硕为他的故乡龙王山,写下"天帷地载、山高水长"的佳句。之前,临安天目山有太湖源的说法,而龙王山却更加显赫:1999年,上海市地理学会的专家实地考察,确认龙王山是黄浦江的源头。

空灵时代,悟禅于旷宇,始终不留一言,乃大智慧。天目山藏于深闺,出道很晚,错过五岳禅封算不得什么,错过了唐宋诗篇的大手笔,实为大憾。因此多了份游洒风神,尽显轻松和怡情。那时旅游还没有进来,山涧清冷,这里是不能言颂只能享受的地方,世上已经很少有如此挥洒情性的悠悠

大溪山风光（何永春 摄）

山川了。

峡谷、瀑布、森林、云海、奇峰是龙王山的主题。山中一个个水潭，一道道瀑布，潭与瀑相依，瀑与潭相连。瀑布为多级叠瀑，一级连着一级，飞流直下，气势磅礴。明朝诗人有"白龙潭注石泉声，泻出石崖白练明；疑是庐山移到此，九天半落碧河声"的写照。

龙王山碧潭森林，峰岩涧溪，削壁千仞，气势磅礴，千年古松，巍然矗立。是一个植物王国，有1400余种植物种类，23种国家一二级保护植物，观赏植物200种，药用植物162种。春花、夏云、秋红和冬雪是龙王山四大景观。春游江南天池，登云上草原，在灵溪山景区高山上欣赏杜鹃花开；夏游荷花山，云烟缭绕，流泉潺潺，仙龙峡漂流，青山绿水里嬉水；秋季爬藏龙百瀑，石佛寺登高探险，红叶满枝，野果飘香，七彩斑斓；冬天则是千里冰川，百里雪松，冰凌高悬，晶莹夺目，可谓江南的"林海雪原"。

在江南天池、云上草原滑雪，寻找儿时的童趣。摘葡萄，赏花卉，住民宿，吃农家菜，采白茶，走古道。明代兵部郎中、安吉州判伍馀福与江西按察使吴维岳等名人均曾来此游览观赏，吴维岳曾题名飞虹涧，并作诗赞赏。伍馀福《天目山记》云："入水村，过寒村，绝无人烟，疑与人寰相隔。长潭，其水色绀且黑，喷石吞沙，势若跳珠，或谓龙母在焉。"九龙潭瀑布，喷泻数十仞。

龙王山突兀一个自主的灵魂，大自然本不想让石块标新立异、刻意独行，而怪异嶙峋的走向，是天画神镌之巧，绝无追潮逐浪的想法。入春后，夜闻雷雨声，露滴竹更翠，花开映日红。而阴山面仍积雪未融，冰凌高悬，碧玉琉璃，晶莹夺目。景区内有多种国家珍稀濒危植物，茂密的植被进而庇护了云豹、黑麂、白颈长尾雉、中华虎凤蝶等国家级珍稀保护动物。

天目山拥有璀璨夺目的绿色文化、宗教文化，是儒、道、佛融于一体的名山。这里为道家"三十四洞天"之一的"太微元盖"，东汉道教大宗张道陵在西天目山修炼多年，设坛讲道修行参悟修炼长生之道。东天目山是佛教圣地，韦驮菩萨的应迹道场。曾有寺院庵堂50余座。为日本临济宗永源寺中兴的发祥地。东晋道教宗师葛洪曾在这里炼丹。

在江南，真正传世的是萧衍的长子萧统，编了一本影响中国历史的《昭明文选》。是兼有文学批评、文体论与风格论、文章学与修辞学的文学宏著，开了文学批评中"不著一字，尽得风流"的先河，标志着中国文学进入一个自觉的时代。

萧统与大文人刘勰相互砥砺，讨论篇籍，商榷古今。相传昭明太子萧统曾在东天目山编纂《昭明文选》，圈点《金刚经》，因劳累过度致双目失明，后用东天目山的泉水清洗重又复明，这里留有洗眼池、分经台等遗迹。

山中峰峦叠翠，古木葱茏，有奇岩怪石之险，有流泉飞瀑之胜，素负"大树王国"盛名，为古今览胜颐神胜地。"天目千重秀，灵山十里深，"她赋予人类享之不竭的璀璨文化与独特的大自然风韵。感受龙王山气场，应该打通生命所有孔窍，由此生发的舒展和畅快，让人心里所有的浮躁、郁闷、烦琐都随淙淙流泉而去。

天目山幽邃奇妍的景色，优越独特的自然环境，赋予天目山璀璨的历史文化。梁代萧统、唐代李白、白居易、宋代苏轼、元代张羽，都留下了优美的诗章和传世之作。明代有100多位文人登天目山穷幽探奇，吟咏志游，留下诗文160多篇。

黄浦江源头出自龙王山自然保护区，连绵起伏的山峦，气势磅礴的云海，20余公里的大峡谷，千亩野生杜鹃林，千米高山沼泽地，山竹相连，绿成一片，又有云雾飘动其间。

龙王山森林覆盖率高达80%，被誉为"植物王国基因库"，珍禽灵兽，奇花异树，任其在这片深山里自由生长，各自烂漫。

龙王山的泉眼分布隐蔽，不见其形，但闻其声，可遇而不可求。市声渐远，俗事渐渐放下，时间在这里慢下来。尘缘随意，宠辱不惊，带着逍遥的情怀去漂流，河道从起点到终点落差达100多米，行程长4公里，清澈见底的溪水里，巨石相垒，石态各异，清晰可见火山遗迹。途经20多处滩，30多道湾，56个滑道，穿石、绕壁、急流、险滩，一路峰回路转，惊险刺激中漂完全程，有惊无险。

泉水自岩石缝隙深处流淌，非同一般，水色清冽，回味甘甜。不知疲倦地日夜流淌，不知流淌了多少年，这样的好山好水，自为上佳饮品。干脆席地而坐，拿龙王山的泉水来泡一杯野茶，那醇厚，清香，淋漓尽致，唇齿留香。内心也一下子被这泉水洗得干干净净。最后，站起来，掸去衣服上的几片叶子，身心轻盈得像天空那片云彩，棉花一样白，开始新的出发，继续诗和远方。

莫干山，藏魂留神清凉界

莫干山山峦连绵起伏，风景秀丽多姿，除了绿荫如海的修竹、清澈不竭的山泉、星罗棋布的别墅、四季各异的风光，更有五千年文明史的良渚文化在莫干山周边的大量遗存。

鲁迅有过一篇非常经典的历史小说，叫《铸剑》，取材《搜神记》。讲的是莫干山铸剑引出的故事。书中的眉间尺以自己的头颅为代价，化身鬼魂来完成复仇。这是莫干山的魅力，关于山中剑气的传说，在欧洲一直属于抢手货。

春秋末，群雄争霸。吴王得知吴越边境的干将、镆铘夫妇是铸剑神手，限令三月之内，铸成盖世宝剑来献。干将、镆铘采山间之铜精，铸剑于山中，锻锤出雌雄宝剑。雌剑号镆铘，雄剑称干将，合则为一，分则为二，蘸山泉，磨山石，剑锋利倍常。时镆铘有孕，夫妻俩知吴王奸凶，镆铘留雄剑于山中，干将往献雌剑。楚王见此剑"刚能斩金削玉，柔可拂钟无声。论锋利，吹毛断发，说诛戮，血不见痕。"楚王怕干将为他人所用，斩杀了干将。

干将被害16年后，镆铘的儿子眉间尺以雄剑为父报仇。侠士晏之敖见眉间尺，说他可以杀楚王，但要借用眉间尺的宝剑和头颅。眉间尺把宝剑和自己的头颅给了晏之敖。晏之敖以献眉间尺之头觐见楚王，楚王召见，晏之敖以油鼎煮眉间尺头歌唱，晏之敖邀吴王近看。吴王至，晏之敖拔剑斩吴王之首。

鲁迅从复仇到虚无，揭示了灵魂的存在状态，这种对人性的孤独者的守望，恰似黑暗里的一首舞曲，在痛苦中将艺术留给后人。《搜神记》中的这个故事传到日本后演化成了舞首。

莫干山"昔在夏为防风，在周为吴越，在七国为春申封属之菰城"。汉朝吴王刘濞，就在这里的铜官山炼铜铸钱。至今铜山寺、铜官庙、铜官桥等名称还留在山南乡村里。

1000多年来，莫干山形成了丰富的人文景观。众多的历史名人，既为莫干山赢得了巨大的名人效应，更为莫干山留下了难以计数的诗文、石刻、事迹以及200多幢式样各异、形状美观的名人别墅。

40多平方公里莫干山区，以海拔724米的塔山为最高峰。方圆百里挺拔峻峭，有云遮雾障的仙气，有松石笔立的风骨，有青嫩翠绿的灵秀，造物主在这里布置着奇巧与惊诧。站在莫干山上，都让你明明净净地鸟瞰现实世界的寻常与不寻常。

山上，炼出青铜剑，自古以为神圣。山下，泥土突然陌生，制瓷业始于夏商，至战国极盛，是中国制瓷史上第一个高峰，瓷器生产是最为华彩的篇章。

莫干竹茂密粗大，有"百竹陈列馆"之称。竹、云、泉"三胜"和绿、凉、清、静"四绝"，构成莫干山格调，修竹满山、绿荫环径、风吹影舞、芳馨清逸，宛如置身绿幕之中。莫干岭瀑布四叠可谓风月无边。

莫干山秋色（马升六 摄）

　　莫干山进山牌坊极具底蕴，西山门牌坊正面中立柱楹联："竹海连山，经四百旋高路，轧轧轮声，直上清凉世界；莫干遗迹，历三千载流光，堂堂剑气，凭看吴越春秋。"南山门牌坊楹联："肇名从吴越春秋，有神工铸剑山中，长留古迹三千载；避暑称清凉世界，望杰阁流丹云表，此上回峰十八盘。"

　　1910年，英人梅藤根建造了一幢仿欧洲中古时代的古堡，建筑华丽，远望塔楼尖顶，突兀一隅，别具一格。

　　民国时期，这里又一变而为江南上层人物的舞台。黄郛、张静江、周庆云、蒋抑卮、杜月笙、张啸林、陈叔通等一大批国民党政府要员和上海滩大亨们纷纷加入莫干山新业主的名单，他们或在山上度假休闲，或在此长期隐居。而蒋介石和夫人宋美龄，更是把新婚蜜月也选择在莫干山上度过。

　　掩映在竹林绿荫之中的民国别墅，大都用花岗石、青石砌成，与莫干山浑然一体。不同建筑风格建造别墅，或庄重，或轻巧，或舒展，或雄伟，建

筑艺术藏深山,是莫干山特有的人文景观。

竹海中隐藏着的一幢幢各尽其美的精致别墅。200多幢形象丰富、无一雷同,分别代表了欧、美、日、俄等十多个国家的建筑风格,各国住宅府邸形式复制品使莫干山有"世界建筑博物馆"之美称。

踏着毛泽东、蒋介石的跫音登莫干山,恰逢夏雨,雨也上山,斜着飘着没个定式,像是来自春秋,渗入衣衫,淌入心河,浇灌历史。每一幢别墅都有一个动人的故事。莫干山的别墅与所有的来者紧紧连在一起,从莫干山走过,他们的身影写成了莫干山的历史。

在莫干山,你应该留心那些青灰砖墙,以及墙缝里的一抹苔藓和几株暗绿的小草。山道的深沉依然如初,青石板的岁月留痕被现代沥青所掩盖。你若驾车行驶在这黑色甬道上,你依然会感悟出由沧桑而生长出来的悠长浩渺。悠然的人文美与自然主义有着迷人的结合,给所有光临莫干山的人以刻骨的感受。

净梵之境，灵魂的厮磨

法华寺，酿造诗化的人间情趣

在法华寺南眺，可以看到烟波浩渺的太湖，这个大湖的组成里有无数的小型水面及连接水面的河道，曲径通幽，风光旖旎，几分变换，几分迷离。

常以为佛门庄严中显神秘，息影山居才正途。寺走性情一路，时代精神不在街头而在寺院，不在世间而在心境。世上不尚偶像者，唯近净界，感觉那种气息值得敬仰，才会发现造一个心中天堂其实不难。

公元64年，汉明帝刘庄夜梦金人，大臣傅毅解释：金人应为佛教中的天竺圣人，遂遣使往西域天竺国寻求佛法。在大月氏国遇印度高僧摄摩腾和竺法兰，以白马驮载佛像、佛经。三年后礼请高僧摄摩腾和竺法兰一起返回洛阳，汉明帝下令在洛阳雍门外，建造了中国第一座寺庙，鉴于佛经佛像由白马驮载而来，以白马寺为名。

法华寺，是太湖沿岸地区历史最悠久、影响最深远的佛教名刹之一。有三个传说给了这座名寺以精气。

传说一：南北朝刘武帝永明五年（487年），相传南北朝齐比丘尼道迹，达摩的弟子，结庐弁峰石斗山。昼夜吟诵法华经，诵满万部，二十年后，有人看见白雀旋绕左右仿佛在谛听佛经，当地人敬为灵异，于是把这山改称为白雀山。道迹圆寂后，其弟子将其灵骨藏于宝龛，归葬于她经常念书经的山屋之后，上覆青石板。数年后，青石板之间生出了一朵青莲花，人们认定道迹就是观音大师的化身，于是就在她的归葬处建造了一座真身殿。

传说二：弁山是一座神山，原名凤凰山，山中有王气。秦朝初年，湖州城区归属乌程县，秦始皇不知从哪里听到有"乌程鸟山出天子"之说，因为凤凰属于鸟类，就下令将这座山的颈脉切断，硬是从山中开出一条河，破掉山中的王气。岂料人算不如天算，十年以后，楚霸王项羽正是在这弁山中避难，而后又在这里起兵反秦、推翻了秦王朝。

传说三：崇佛的梁武帝萧衍当了皇帝后，到处大兴土木修建寺庙。听说湖州白雀山道迹神尼的故事后，惊讶不已，圣驾亲临朝拜，当即下旨，敕令地方官在白雀建造法华寺。之所以取名法华寺，是因为当年道迹在这里每天都念诵《法华经》，以铭纪念。还下一道特殊规定，法华寺可僧尼共侍，僧在前，尼在后，真身殿只归比丘尼供养。从此白雀山法华寺和真身殿声名大振，成为江南一大古刹。

法华寺到了唐肃宗时已成名刹，几经高僧祈福、募修重建，终得佛灵庇佑，山门复兴、祖庭重辉。参天的古木交错生长，晶莹的露珠在翠绿的叶片上翻滚滴落，吟唱出浑然天成的梵音絮语。整座禅寺像一朵被山风雨露滋养的莲花，带着与世隔绝的禅意，静静地开在一滴山涧的雨露里。烟雨朦胧中，"白雀听经"四个镀金的繁体字缓缓穿越而来，大理石雕刻的唯美阿育王柱在春雨的荡涤下，矗立在六级台阶撑起的圆坛之上，基座顶端与柱身相接处是一由倒置心形构成的莲花座，座上一只白雀傲视前方。这一阿育王柱蕴含着法华寺酿造于魂魄深处的蕴意，远古的传说在芸芸众生口中至今依然被拜佛朝圣之人津津乐道。

《法华经》被尊称为佛教的经中之王，佛家有云：开悟的楞严，成佛的法华。经中《观世音菩萨普门品》更是悲心无限，千百年来，护佑过世间多少漂泊无助的心魂。故法华寺是观音菩萨的道场，成为浸润街市闾巷的精神信仰。

暮色四合，散雾开始弥漫大地。微风亦开始了它的归程，携带着一缕缕

法华寺

的檀木香和艾草香，悠悠飘向远方。傍晚的山体佛寺恬静幽美、浑然一体，伴人走向回家之路。默然转身，望见暮色中的观音塔，似乎听见了道迹的芒履声从公元5世纪走来。

民间认为，白雀是观音菩萨的出家处，普陀是观音菩萨的得道处。凡崇信观世音菩萨的人，就不能不到白雀和普陀两处来朝山进香。

阳光下拜法华寺，心与白雀山一样浮尘不染，水光山色都会令你往斯文里走。水源来自青山，山体又依赖水的浸养，酿造着诗化的人间情趣。

寿圣寺，世俗的围剿中入佳境

三国时期，胡人康僧会入境行教。孙权召见僧会，因僧会修法获舍利而肃然，即为建阿育王塔和寺庙。三国吴赤乌十年（247年）建初寺在建业落成,是继洛阳白马寺之后的中国第二座寺庙,也是江南地区的首座寺庙。孙权母亲崇佛,许多族人仍然居住乌程,故在乌程和左近的长城等地也开始建造寺庙,成为中国早期弘法的寺庙,寿圣寺开建,距今一千七百多年。

寿圣寺在顾渚山得了玄机,是江南历史最为悠久的千年古刹。这里在唐代有一道闻名于世的景观。相传,从顾渚山向东铺展直至太湖,沿途有72座庙宇,且无一相同,香火盛极,高僧云集。唐贞观后,这里的佛教景象"为雉邑一大名蓝"。一些高僧如皎然等驻足于此,与陆羽、钱起、颜真卿、杜牧、张文规等贤士、墨客于此品茗参禅。

寿圣寺翠竹掩映,于山水怀抱中得尽灵气。这座寺院,北枕金山,南屏九龙,小溪贴紧而过,听潺潺流水尽得禅气。史说:一座山,下有一座滩渠,汉代楼船将军金曼倩居此。山之土皆绛色,上有金沙岭。

寿圣寺在宋代有过一个高峰,碑记:"特延吴山端狮子开法席于此,缁流云集,暮鼓晨钟,水口方隅直与西竺,南华风幡交映矣。"所谓端狮子,即北宋著名高僧、吴山寺住持释净端,曾受长兴名士刘谊之邀,主持修建寿圣寺。法宴盛大,名流云集,蔚为壮观,可与西竺南华风幡交映。宋哲宗时,宰相章子厚为这座名寺作记。元朝又增建气势宏伟的佛阁,为江南著名佛地。顾渚山四季滋润,金沙泉水流淌出一地精华,千年佛气缭绕,不知实现多少轮回。

明初一场大火焚毁了寺院的大部分建筑,后又遇洪水,寿圣古刹淹没于波涛,寺内千年洪钟,陷于泥沙之中。清朝顺治八年(1651年),圆好法师入驻,恢复殿阁,弘法授徒。

几度毁建。《县志》载,清顺治八年,僧寂莹宇员,如者徒手结构,不募一人而精监严洁,祖席重恢。

康熙十二年(1673年),知县韩应恒诣顾渚山采贡茗,归途游憩其中,时修篁蔽天,新笋森拔,梨云落,徘徊久之。邑人朱升为之碑记:

寺前松径苍古,径口有茶亭。四周修竹蔽天,清流徜徉。嘉庆四年,僧人朗月重建齐堂、客堂,以后又遇战乱遭兵焚,寿圣寺化为一片废墟。

相传清同治年间,有个叫陈伦的士人过寺遗址,闻脚下大地钟鸣,甚感奇异，重修该寺，建起大殿三座，寮房五百余间，寺内常住僧人百余。"文革"又遭毁而圮，寿圣寺只剩荒草断垣、蛛网密布的几间破屋。

任何时候入寿圣寺，总有气象肃穆之感，早晨阴影和黄昏阴影时时连接在一起，不可分辨。然旷野竹涛，静穆里更见清幽，按高人说法，古寺巍巍，森森然才有佛性，和阴沉沉的季候正好调和。跨进大门，觉得自己已经置身远古，相忘于古人的幻影之中了。生发出肃然的想法，寺院要的就是这种感觉，人生不能自如的日子，佛地的解脱也是一法。

寿圣寺内有一雌一雄两株千年古银杏。雌的雍容华贵，千百年来落籽生子，子孙五代合抱，如众星拱月；雄的英姿勃发，岁月悠悠，独立苍茫，傲视天穹。香客、游客无不仰慕。

访寿圣寺的，大多不是立地成佛之人，本无大喜大悲之事，只求个好心境，便成全了人性的另一端，亦为归宿一种。陆羽上顾渚山炼茶，难忍这空山寂寞，寿圣寺钟声硬是熨平那浮躁之心。杜牧奉旨进山修贡，原本是要带着歌伎狠狠地在山里玩一把的，轿过寿圣寺，拜过，收敛起那份风流。刺史杨汉公上山见山民为修贡而无故受苦，遂起佛心，上书朝廷，减贡。寿圣寺的功德已在佛境之外。

寺内那口与寺同建的古井，水质清洌甘甜，水量丰沛，可供千人饮用，誉为神井，加之古代所遗青砖、顶柱石、石脸盆、荷花缸等物。一件件古旧的新奇观，一一高耸于信者的心灵。

灵峰寺，那一盏净土里的孤灯

五代，义遴禅师启创寺院，吴越王钱镠游安吉灵峰山，流连岩上之美，回杭后，赐"灵峰长兴"匾额，以光山门，并施舍修寺，山为灵峰山，寺为百福院，梵宇一新。宋代，由仲贤大师主持，英宗皇帝赐玉玺一方，以镇山门。元代有如月禅师护寺，终成千年古刹。

灵峰山的名声在明代鹊起。明末影响最大的高僧蕅益智旭，创灵峰派，开一代宗风，为中国净土宗第九代祖师，故世称灵峰蕅益大师。直到清乾隆十二年，更名为"灵峰寺"。

灵峰寺是江南名寺，历经千载，高僧辈出。清咸丰年间，寺毁于战乱，片瓦无存。原天台山国清寺住持谛隐大师发大誓愿兴寺，重修大殿、山门、禅堂等。

灵峰寺在群山环抱之中，寺前有参天古树，寺侧潺潺溪水，修篁翠竹，森异幽绝。志书称为："寺因峰建，峰以寺传，因峦耸秀，林木深幽。"可见，灵峰寺浅藏于形势绝佳之山。

蕅益大师别号"八不道人"，系中国佛教史上著名人物，7岁茹素，12岁就外傅，闻圣学。14岁从憨山弟子雪岭剃发出家，对灵峰寺情有独钟。他雅爱灵峰人朴景幽，33岁有偈语"灵峰一片石，信可矢千秋"。以后三次归卧灵峰，长达10年之久。灵峰山的小世界冷落了才耐看，这里连花草不致等闲。

山水里听梵音，格调不会低贱。没有掌灯的时候，只有晨诵的低语。飘来的尽为新梦，永无凋零日。蕅益智旭23岁，听《大佛顶经》，决意出家，体究大事。24岁，梦礼憨山大师，哭恨缘悭，相见太晚。这才看清自己的智慧宝座，山中小憩，顺便把人生一并安放了。

正念的效果和善法的增长需要多久，乔达摩自己说至少要七年。他后来告诫弟子："就像海洋渐渐倾斜，渐渐消退，没有急转的坡度，见闻思修也是这样，无法顿悟究竟真理。"经典上说他在一个晚上得正觉而成佛，是信仰者的盲目。26岁的智旭受菩萨戒。30岁出关朝海，将往终南，道友雪航，愿传律学。与憨山、紫柏、莲池并称明代四大高僧。

信了佛陀，觉得佛祖的声音极其高远，高到天外，佛祖的声音又极低沉，低到泥土下。倾听回响在低矮天空下晚祷的钟声，能化去人生里的精神遭遇。灵峰寺高僧辈出，五代有义嶙禅师创业肇始；宋有仲贤；元代日本东拙禅师，从海路入中国，欲往印度遇阻，亦留居住持，直至圆寂。当年的灵峰寺僧人多达四五百人。今灵峰寺附近还有印心池、钓月池、谈经石、影云潭、华岩洞等古迹。

灵峰山中松竹苍郁，曲径流泉。灵峰寺在群山环抱之中，寺前古树参天。清顺治十一年蕅益大师在灵峰圆寂，创净土宗灵峰派，被净土宗奉为第九祖。

坐怀灵峰寺，禅心禁不起。蕅益智旭面对因风作态袅娜百年的古树，悟禅于旷宇，乃大智慧。大师著书甚丰，有《灵峰论》五十多部二百二十一卷。自清光绪以来，经百余年变化，寺庙毁坏较多。

灵峰仙境因为弥陀的想法，让与凡间。山寺一体，闲疏了自然漫语，蕴含的那种独特的理想化的精神，支撑起一种文化，巧思奇想地塑造自己。灵峰古树淡然，不以柔媚悦人，树性沉静，不随波逐流，正是品寺者的心理依据。

在灵峰山闲逛，如同走过漫漫的时间，穿过层层风雨。你会发现，岁月的长卷，顺着这古风古韵慢慢卷起，渐渐褪色，然历史的记忆却永远鲜活，亮丽如初。那些曾经鲜明的旧事在山风吹拂下开始冷黄，繁华远去的灵峰山到了现在才显得淡泊而安定。

道场金盖，城南旧寺

道场山存佛，金盖山藏道，是湖州城南的两座名山。吴兴八景中，道场雾晓、下菰长烟、南湖雨意、金盖出云。城南占了四景，《湖州府志》把"道场晓雾"列为"吴兴八景"之首，其山"峰峦秀郁，水石森爽，殊为吴兴佳绝。"山顶有始建于宋代的多宝塔，屹立千年，气势挺拔。

屹立在道场山巅的多宝塔，又名文笔塔，古朴、秀美，始建于南宋，七级八面中空四方，砖身木檐，明清两次重修。按宋朝风格大规模整修。如今的七层多宝塔修缮于1987年，塔身为砖木结构，外八面内方形；塔体飞檐翘角，檐角下悬风铎；塔顶置铁铸塔刹，由覆体、宝珠、仰莲、相轮、宝盖、圆光、仰月、宝葫芦等构件组成。塔刹雄伟矫健，高耸挺拔。

岁月氤氲中的多宝塔，俊秀挺立千年。它如一盏慧灯，启迪代代湖城人；它似一张封面，启读湖州这册江南水乡风光图。多宝塔素有"浙西名境"之美称，又名文笔塔、文风塔，俗称道场塔，屹立在道场山巅，犹如一支悬挂于天书之上的湖笔。

苏轼《与客游道场山何山》诗有"道场山顶何山麓，上彻云峰下幽谷。我从山水窟中来，尚爱此山看不足。"之句。石碑有僧法磬、觉明绘《西方极乐世界全图》和《道场山图》，图中有寺外山水十景，今多数湮没。"东坡居士游道场"憩息处有读书堂、瑶席池、伏虎岩、元朝摩崖石刻遗迹犹存。王一亭书"放生池"三字勒石嵌于池边。

金盖山是湖州南郊的风景佳处，山南有下菰城遗址，山腰有古梅花道观，与附近的道场山、碧浪湖、英士墓连成一片大景观。

金盖山是道教在湖州的发祥之地，南朝，道祖陆修静在此修道，后唐同光年间洛阳人宫无上云游至此，遍植梧桐于梅花观，北宋天禧年间高士梅子春又来开辟梅园。元代改为"云巢"，清初改为"古梅花观"，经过历代高士的修建，金盖成为湖州道教的洞天福地。

古梅花道观是金盖山的魂，是道教中全真教龙门派在江南的活动中心。嘉庆元年，道士闵苕敷入金盖山，建纯阳宫，尊陆修静为开山祖师。著名经学家俞樾撰《金盖山重建纯阳宫记》。古梅花观有建筑137间，成为浙江最大的道观之一。

神仙之美其实离我们不远，金盖山编织了成人童话。经时间和信念的无数次过滤，对世界无休止挑剔。古梅花观的塑像，除道教尊神外，在"追思祠"中还供奉何楷、颜真卿、杜牧、张志和、孙觉、苏轼、汪藻、王十朋、卫正节、劳钺、栗祁、吴绮、胡承谋、李堂、阮元以及浙江学政彭启丰、窦光鼐、朱圭等54位学儒。千百年来，养浩然之气的金盖山自将信仰安放了，一座山才有了归属感。

有条不紊走向极致，让世间顿时空虚，道家人士善把忧郁引向智能。吴兴人陆修静是南朝刘宋年间的道士。他博览群书，旁究象纬。他对道教的贡献是首次广集道经整理甄别，得经戒、方药、符阁等书籍1228卷，分为洞真、洞玄、洞神三部篇纂，奠定了道藏的分类标准；编著《道教斋戒仪范》100卷，促使道教仪式趋于规范，至今尤为道观沿用。道教尊之为"南天师道"。北宋徽宗追封其为丹元真人。《道教与中国文化》中赞扬陆修静为"南朝最重要的道教奠基者"。后世道教尊奉为一代宗师。

不老的是宗教，能用形式将内心铺陈到某个境界，铺展成生命的道行。《金盖山志》记："车盖者，有谓陈武帝曾居之，有谓宋高宗曾驻于此，总之形如华盖，故名迄今。"

北宋道士沈思和清代道士闵苕敷，是湖州道教史上另两位领军人物。相传沈思在东林山建"回仙观"传道，闵苕敷则拜高东篱为师，成为全真龙门派第十一代弟子，在金盖山扩建梅花观，更名为纯阳宫，设坛传宗。

道家人过了几道轮回，守住一个"散"字，江湖上那些"散人"洒墨敷彩，骨法不堕。到了生命的断瓦颓垣时段，还想持点新习惯，人生每天在横渡彼岸。

青山绿水洗涤风尘，阻隔喧嚣；文化略去浮华，回归本色。在这里，香火缭绕的佛教名刹与秀丽山水完美融合，移步换景，每一处皆是佛化的自然胜景，每一景都有着佛教圣地的圣洁与肃穆。

当人们活在恍惚中，身边的小自然在这里拯救了内心，披着神秘出家行道。用人生的大举措论证渺小，用真实捕捉虚构，用乏味构筑丰韵，用心气排解眩晕，这才跪上了长久梦想的拜垫。

霞幕山，感月吟风拜名寺

霞幕山茂林修竹、清流激湍，有"莫干山景，霞幕山水"之称。

史书记载，元朝高僧石屋清珙来到霞幕山，在霞幕山顶天湖结庵近40年，写有《山居诗》，1347年，高丽国的太古普愚法师慕名前来参谒石屋清珙。其后，太古禅师带走石屋授予的"蒙授正印，传衣法信"袈裟禅杖，成为契诣付法嗣临济宗二十世的高丽国第一位祖师。从此，霞幕山被奉为朝鲜半岛临济宗的祖庭。

山上有云林禅寺、中韩友谊亭、金灵千佛塔、万寿亭等众多建筑或遗迹。如今，每年有大量韩国人士前来霞幕山云林禅寺拜祭祖师。霞幕山古道给游人喧哗的弯弯山道供奉清洌甘饴的诗果，唤醒灵魂中那片宁静竹海松涛。

走乌龙古道登山虽辛苦,春光明媚中,仍有穿林渡水,分花拂柳之惬意。独特的道路形态让原本没有规矩的山路,冥冥中点化出一种超然物外的灵性,迸发出强烈的探险欲望,沿路各种神灵气的孤石与众不同地安身立命着。

古道常遇古刹,屋宇翘檐上的风铃用独自清脆迎接所有的气喘吁吁,迎合它的是立意独特的过山风。风铃很小,寺院很大,舒缓成为重要情绪,清脆构筑敬神情操,聆听渗入做人气度。风铃,借风力来打发岁月,靠声音令时光模糊,用玲珑让日子浓烈,凭动感酿温情叛逆。禅师闭目,是为倾听,风铃里有佛祖远在天边的低吟,铃起则念起,铃定则禅定。

有瀑布的唯有碧岩,但在张坞村溪水湍急流淌而下,穿行于茂林修竹之间,沿着溪涧直溯而上,直通山顶,再沿着古道向西川芥行进,途中有瀑布,水如白练、溅似珠玉。

霞幕山的佛性,与周边的众神呵护有关,城山有护卫之功。那一年的雪飘忽个不停,第一场没化去,第二场紧跟飘来,所有的山白了头。这雪来得匆促又悱恻,像张爱玲的文字。事物在坠落,气息隔开了叹息,天气的愠容,白色而无声,穿越雾霾收集世上晾干的细节。

城山之名,源于西汉末百姓为避乱,于山顶筑城而得。三国时乌程严白虎据山筑城抗孙权,与吕蒙相拒,山顶古城长1400米,校兵场、点将台、擂鼓墩、烽火楼、弩台等遗迹尚存。城山形势险峻,东西两侧多悬崖峭壁,南北侧坡缓,只一条山路可通,据险可守。明时县令归有光、吴承恩于此用兵剿寇。

古城中有建于南朝元嘉初年之江南名刹,距今1600年,名清凉禅寺。古寺于翠色暗蔼蔽日中,肃穆森然,植物灵根盘错,佛阁曾经宏伟,屡有高僧讲经,法宴盛大,与山势风幡交映。

晚明万历进士、文人冯梦祯,董其昌、屠龙的好友,嘉兴人,一位颇具造诣的佛教徒,重建清凉禅寺那年,寺院主持请他写记,冯蒙祯为此写《城山寺记》。

拜过城山,再访法海禅寺,才知和平镇福报很深。清代《县志》说,

"法海禅寺在县南嘉会乡报德山，唐时，僧黄檗建。明正统中，僧无碍、戒舟重建，蔚为丛林；天顺间，赐法海禅寺"。

黄檗是唐代后期临济宗的高僧。黄檗建寺以前，就有慧明禅师在西面建有佛川寺，皎然在东面住持妙喜寺。据说，比黄檗略晚的吴琪、罗隐等八位隐士也于唐末在附近的八座山隐居。

残月清照，薄雪披山，亮出玫瑰山媚态，衬出案头那盏孤灯的佛思。

逶迤之水，文明的来路

苕溪，万叠云山千顷烟

东苕溪在文化上是浙江的母亲河，良渚文化代表了中国五千年文明的极高成就，这个过程一直持续到马桥文化时期，在马桥以前或者越国出现之前，浙江的政治文化中心一直集中在东苕溪流域。在文化层面，一个非常显赫的地位象征就是良渚玉器，这是中华文明一个重要的文明符号。

古苕溪从天目山出来，顺势东流，注入钱塘江。《水经注》有"浙江迳县左，合大溪"的记载。第一次改道是自然力的作用，径流受钱塘江高潮的影响，终致分流河道对古苕溪劫夺，苕溪上游来水经分流河床转折北上蜕变为平原河流，流经东部河网平原的过渡地带，横穿良渚遗址群和杭嘉湖平原西境，经湖州入太湖。

水给吴越人带来了秀丽的山川与布有强大气场的沃土，使江南成为鱼米之乡。出于对水的敬畏，几千年前，吴越人就有春祭三江、秋祭五湖的习俗。

苕溪，据明万历年间记载，因"溪岸多苕花"而得名。东苕溪源于天目山南麓，层峦蜿蜒，流域面积2267平方公里。天目山余脉逶迤，东望是无际的杭嘉湖平原，流域山水交错。土地肥沃，载有山水之利，自古以来古文化积淀丰厚，如著名的良渚文化遗址群和湖州商周时期的土墩墓群、古窑址群，下菰城遗址等史迹与古史记载中的下渚湖古防风氏国、封禺之山，无一

苕溪因溪岸多苕花得名

不是受东苕溪滋润、哺育而诞生的古老文明。

西苕溪发源于天目山北坡，上游崇山峻岭，两岸壁立，突兀峥嵘，溪行山谷间，流域面积 2274 平方千米。苕溪盛长芦苇，入秋，芦花如飞雪，当地人称芦花为"苕"，故名苕溪。东西苕溪在湖州白雀塘桥汇合，分数十条港溇注入太湖。

湖州的山和水，因之有了"水逶迤而清深，山连属而秀拔"的美感。

说到苕溪，还不能不提一下大书法家米芾。米芾在元祐戊辰八月八日曾经游览了瓶窑段的苕溪，为此，创造了被称为书法史上的巨作之一的《苕溪诗帖》。《苕溪诗》是米芾中年的作品。是三十八岁那年他在游历无锡之前的手笔。虽中年已到，书风令人惊叹。字中却不乏天真之气，"将之苕溪，戏作呈诸友。"以胸中之美，贯注全篇，文章也煞是好看：苕溪"水宫无限景""襟向卞峰开"。

《苕溪诗帖》颇得"二王"笔法，尤以献之外拓用笔为主。

米芾用笔多变，曾自诩"善书者只有一笔，我独有四面"。《苕溪帖》墨迹，落笔颇重，八面生姿，沉着痛快，摇曳生情。形态各异，如满船行舟，挂帆沧海。

米芾个性怪异，举止癫狂，遇石称"兄"，膜拜不已，因而人称"米癫"。宋徽宗诏为书画学博士。书画自成一家，枯木竹石，山水画独具风格特点。在书法也颇有造诣，擅篆、隶、楷、行、草等书体，长于临摹古人书法，达到乱真程度。米芾《苕溪诗帖》风樯阵马，与《蜀素帖》并称米书"双璧"，影响巨大。

胡仔《苕溪渔隐丛话》有诗：

泛宅浮家，何处好、苕溪清境。占云山万叠，烟波千顷。茶灶笔床浑不用，雪蓑月笛偏相称。

三尺鲈鱼真好脍，一瓢春酒宜闲饮。

宋朝诗人释斯植的《苕溪舟次》中：

扁舟烟重冷渔蓑，两岸人家浸小河。

元代诗人陆居仁这样概括湖州的气场：地理如星座排列于大地中，其势称雄于楚越。这里是夏禹所奠定的土地，太伯立国所居住的区域。

他的《苕水之诗》首句："苕溪之水天目来，月华倒浸琼瑶台。"

太湖文明的韧性和智慧，这种广阔的内在力量使得她百川连注、气吞万里。

荻塘，河流带着两岸

湖州城东的荻塘，属于大地畅然，用温柔滋润世间。

荻塘在江南属少见的开阔，寸寸消逝的黄昏在等一个空拍，来和你密语。在河中央读两岸的古镇、村庄、田野。安详、恬静，来到水面，你会觉得嘈杂与喧嚣都已远去，胸境疏朗，心似云天。

春秋战国时期，人们就开始在中上游筑堤开塘以抗水患，千百年来，代代相承。荻塘，系西晋吴兴太守殷康主持开筑荻塘，西起城东、东至吴江境，使东部低洼水地变成可以灌溉的农田。筑堤岸，障西来诸水之横流，导往来之通道，旁溉田千顷，因沿塘丛生芦荻，故名荻塘。

长长的荻塘不经意间成了文人墨客流连送客、依依相惜的友情"心路"。以后历代官民十数次修塘护岸，塘路上那一座座拱桥、渡亭及长长的纤道至今依稀印着他们的足迹。对于湖州水乡，三国时吴王孙皓修西苕溪称青塘、东晋时吴兴太守谢安筑谢公塘、南朝沈悠之修东苕溪旁的吴兴塘，唐代崔元亮修菱波塘，都是造福后代的"民心工程"。

荻塘"在城内谓之横塘，城外谓之荻塘。"唐贞元八年（792年）湖州刺史于頔组织民工大规模重修，并绿化塘岸，人民感其恩又唤名"頔塘"。李令从后来诗赞"画舟悠悠荻塘路，真僧与我相随去。"

明万历十六年乌程知县杨应聘又花了两年时间，组织民众整修；1608年，湖州知府陈幼学以青石修筑堤岸，塘岸面貌大为改观。民国时，南浔商界庞氏、张氏、刘氏和群众资助。塘岸砌石用水泥嵌缝，使水利工程"泥石交融，固粘不解"。

明韩奕《湖州道中》诗云：

> 岸转青山红树近，湖摇碧浪白鸥明。
> 棹歌谁唱弯弯月，仿佛吴侬子夜声。

今日的荻塘，两侧荡漾如列星，阡陌交错，桑林遍野，盛产鱼米蚕丝。在这碧玉长带上，轮声日夜鸣，船队长龙行，两岸鱼米乡，蚕桑更茂盛，呈现着一派欣欣向荣的景象。

箬溪，竹光山色苔衣绿

今天的长兴港，是两股西北群山中的涓涓细流汇聚而成，古时称箬溪。

古箬溪沃土遍野，溪水清澈、风光如画，流域面积近县境的1/3，是长兴的"母亲河"。

古箬溪为长兴文明发祥地。光耀村的银锭岗，有旧石器时代的洞穴遗址，是浙江省第一个有人类文化遗物的洞穴遗址。台基山、金莲桥遗址，实证古代长兴人定居于箬溪两岸的久远历史。五峰村夏家庙、张家湾的考古发掘，揭示画溪北岸在秦汉就有大的村落。春秋，夫概筑城城西，在戍山之南直抵箬溪。

中国的县政府所在地，古之称县治，很少有在原地不动的，长兴算一处，因需箬溪之养，只是搬了三次县衙。第一次在遥远的东晋，在钮店湾村冲真观一带；第二次在初唐，武德四年后，迁至县前街旧址；第三次为近十年。

晋代长城县令陈达钟情长兴山水，卸任后不再北归，定居在箬溪北岸的下箬里，200年后英主陈霸先出生。画溪之畔的钱氏家族在六朝时，已是江南豪门，一直延续至唐初的开国大将钱九陇，中晚期的钱起、钱徽、钱翊祖孙四代一门五进士，钱起之侄怀素更有一代"草圣"之誉。

沿箬溪之畔分布着长兴旧时最为集中的名刹古寺。煤山大干岕的飞云寺，始建于公元477年，也就是南朝宋元徽五年，是长兴最早的寺院之一。南梁时期，江州刺史钱道在陈朝建立后成为长兴县令，负责监护陈霸先祖陵，在画溪桥舍宅为寺捐建了清果寺，与画溪亭相得益彰。

笃信佛法的陈文帝为感念母恩，于公元560年在西门外建起了报德寺，寺院南临箬溪，北枕五峰山，唐代诗僧皎然题诗云"帝乡乔木在，空见白云还。双塔寒林外，三陵暮雨间"。567年，又有下箬里的陈武帝故居，辟地建"天居寺"，知县裴大亮有"惟爱弁峰供醉眼"的诗赞。

《茶经》记载，合溪两侧的飞云寺、曲水寺、白茅山、伏翼涧、乌瞻山，均为唐代贡茶紫笋茶的产地。山中还盛产毛竹，丛生兰花和紫藤向为名贵。今天的合溪村，古时舟楫往来、客商云集，北宋年间就形成了古镇——合溪镇。

唐代，箬溪水酿制名酒"箬下春"更是唐代五大名酒"五春"之冠，大诗人白居易、刘禹锡分别诗云"劳将箬下忘忧物，寄与江城爱酒翁""骆驼桥上苹风急，鹦鹉杯中箬下春"。

从画溪桥至县城小西门紫金桥，旧时此段两岸古木参天，朱藤倒影，风光如画，故名画溪。明代思想家顾应祥人称"顾箬溪"。

每年三月紫藤花开时，游人竞集。明代县令熊明遇在《水游诸札》中称："交戾掩拂者二十里，竹光、山色、苔衣尽一绿也。"熊明遇为此创办的箬溪书院，绵延300年，人文璀璨。

合溪之畔的竹山潭，有长兴县丞潘述的乡间别墅，刺史颜真卿邀约陆羽等一批名士云集于此，仿效王羲之、谢安等人游绍兴兰亭，联诗作句写下了书法名帖《颜鲁公竹山连句诗帖》。赵孟頫游览画溪，在五峰山的道观，写下名帖《长兴州修建东岳行宫记》。元末，昆曲"鼻祖"之一的顾阿瑛避战乱，择画溪而居。

古箬溪的中段，因风景如画而得名，从唐代开始即为历代文人墨客流连忘返之地，明朝著名画家沈周诗云："长溪碧衍玉光净，树夹两岸俱倒映。"

明时的画溪桥北是徐氏聚居地，徐中行请大作家王世贞、李攀龙来长兴览美景品好酒，李攀龙留诗："扁舟窈窕若耶西，丛竹交加罨画溪。两岸好山啼杜宇，一湾新水隔棠梨。"赞了无法复制的绝世风光。

徐中行官居三品，在明代长兴人中仅次于他的外舅顾应祥，为官政绩卓著，文学成就以《天目山堂集》《青萝馆诗》传世。徐中行卒于江西布政使任上，葬在箬溪边。王世贞为他题写了2200多字的墓志铭碑，还特意写诗悼徐中行。

王世贞大徐中行九岁，两人相知相印，在徐中行生前身后都到过长兴，经常一起饮酒谈论古今。

嘉靖之初，唐宋派渐起，提倡唐宋文风。到嘉靖后期，李攀龙、王世贞、徐中行等相继入朝并结社，后七子重举复古大旗，唐宋派在他们眼里显然是不屑的。

徐中行、归有光分别是后七子和唐宋派的重要人物。当时，后七子击垮唐宋派势力，徐中行起到了重要作用。

画溪桥之南则涌现了姚氏家族，姚一元做过江西、山东布政使，晚年返乡定居，自号"画溪"，曾邀请冯梦龙专程游画溪。如今古镇、古桥、古寺皆烟消云散，不见丝毫踪影。

白蘋洲，湖州的乡土信仰

自古以来，吴兴山水清远，这里的青山绿水呼唤着人间胜境的出现。六朝以后这个奇迹在湖州城东南出现了。城东南有一片靠近霅溪的水上墩渚，被称作白蘋洲，白蘋本是浅水蕨类植物，又称田字草。在湖州乡间，处处可见。南朝梁吴兴太守柳恽一曲"汀洲采白蘋，日暖江南春"使之平添风雅，代有所咏。

唐代颜真卿在湖州任刺史时，对白蘋洲进行修整，清淤导流，建造八角亭，供游人休憩，并书碑柳太守《江南曲》于亭中。到了杨汉公为刺史时，重新疏通河渠，开掘池塘，遍植花卉竹木，种藕养莲，建造小桥、曲廊，筑白蘋、集芳、山光、朝霞、碧波五亭，白蘋洲掩藏在水光山色之间，成为湖州一处不可多得的人间胜境。每当汀风春、溪月秋，文人骚客相约而至，"舟棹徐动，觞咏半酣，飘然恍然"。

在苏杭两地工作了十多年的白居易，卸任于苏州刺史，回到东都洛阳，过起了丰富于常人的晚年，洛阳的繁华富贵总不能了却白居易的江南情结。入秋了，他的江南愁绪连同他的《忆江南》一同缠绵。白居易刺杭州，治西湖，留下今天的白堤；刺苏州，他携妓游太湖三五夜不舍，留下了唐人风雅。

生活在洛阳，白居易横竖不适，江南山水草木，魂牵梦绕，于是写下：

江南好，风景旧曾谙。日出江花红胜火，春来江水绿如蓝，能不忆江南？

此乃真江南也。和白居易同享江南风流的,还有温庭筠,来看那首《梦江南》。

> 梳洗罢,独倚望江楼。过尽千帆皆不是,斜晖脉脉水悠悠,肠断白蘋洲。

白蘋洲,这个意境好极,现在大概很多人没见过白苹,便不能太落实,但意境出来,想象也悄然而至。

温庭筠属鬼才,白蘋洲是个地名,却是泛指浓郁的江南地域色彩,一个长满蘋草的水边小洲,蘋是一种江南常见的水生植物,一株根茎上撑着四片小叶,叶初生时浮于水面,根茎扎入水中泥土,夏秋开小白花,故称白蘋。楚辞称之为香草,后来的诗歌里,白蘋被喻作江南风物的典范,频现妙影,柳恽的"汀洲采白蘋,日暖江南春"。骆宾王的"秋江无绿芷,寒汀有白蘋"。秋日见花香,实属大自然的不易。

环太湖那些古朴宁静的乡村,山水房舍处处如水墨图画,文化人眼里,这里一定有过归隐的硕儒。依山面田,是陶渊明般的人群,面湖临水者,则系柳家以外的词人,平生磕磕碰碰的事不少,胸襟倒是因水而静,因水淡雅而内倾。

The biography of Huzhou

湖州传

追风逐日，江南人物的天下意志

第四章

湖州的豪门士子，薄雨收寒中不丢风骨，适时当一番仁厚的叛逆者。用故土的方法抵御他乡，用新闪光照亮旧山水，做醒世的智者，让生命在家国情怀中变得有凭有据。

豪门望族，惊世骇俗的远古轻愁

江南陈氏，后世未了的心结

长兴下箬遗址公园，建有陈家祠堂，也叫陈故宫，供着陈族曾经的辉煌人物，陈霸先为最，一个"霸"字，注定名播天下。历史上占了无数春秋的帝王，留下好名声的不多。陈霸先三年皇帝，落个英明，已是翘楚。

33年的陈家王朝，于历史的存在，当在一武一文。武帝陈霸先，先忠君后德治，一身正气。文的，自然数陈叔宝，但一直遭后人诟病。

在江南，有两口井特别有名，一口在长兴，陈武帝出生时用井水沐浴，是出皇帝的"圣井"。一口在南京，隋朝攻陈，陈叔宝与妃子躲于井中被抓，是灭王朝的"怨井"。

西晋永嘉之乱，晋室南渡，北方的豪族们到江南一看，别一番天地。晋元帝顺水推舟，分地封爵，称了士族们的心。有个叫陈达的京官选择长兴做县令，此人在京城的官职是丞相掾佐，太子洗马，也就是太子侍从官，三品大员。陈氏南渡第一个落脚点选在长兴，令部属疑惑，陈达说："此地山川秀丽，当有王者兴焉，二百年后，我子孙必钟斯运。"200年后，陈达的十一代孙，陈霸先完成了祖先的遗愿，在南朝做了偏安之王。

陈霸先早年只做过长兴县下箬的里司，一个村干部，但少读兵书，精练武艺，这在时尚清谈的南朝凤毛麟角。吴兴太守萧映到长兴视察，见了陈霸先这块好料,让他到南京做看守油库的卑微小吏,后萧映任广州刺史,带陈霸先入幕,从村长到皇帝,道路漫长。

交州刺史萧谘治理无方而失民心,土人李贲联络数州豪杰造反,连克数城,进逼广州。陈霸先有了初试锋芒的机会,带3000精兵,火速驰援,大败李贲。梁武帝大为赏识,让画工画了陈霸先的容貌而观之。

侯景乱梁,南朝遭受空前浩劫。史载,侯景破南京城后,杀人堆填成山,"街道横尸满路,臭气闻十余里",尚书外兵郎鲍正在病中也被拖去焚烧,在火中狂叫而绝。颜之推目睹了这一切,悲叹这场灾难,中原南渡百家士族"覆灭略尽"。

侯景接着涂炭于三吴富庶之地,锦绣江南"千里绝烟,人迹罕至,白骨成聚,如丘陇焉"。陈霸先在广州起兵讨伐侯景,沿赣水而下,与荆州王僧辩会合,合力攻下建康。

灭侯景后,西魏乘梁内乱发兵破江陵,杀元帝。陈霸先与王僧辩在建康扶梁敬帝登基。这时,北齐又发兵南犯,并暗地拉拢王僧辩,陈霸先发兵征讨攻陷南京,杀王僧辩。北齐闻讯南进攻至钟山,陈霸先率军抗敌,大败齐军,保持了南朝政权。陈霸先被视为"民族英雄",众望所归,代梁自立,建陈朝。

陈霸先在位三年,逐渐恢复经济和文化教育,竭力寻求坐稳天下的良策,只因梁朝积郁太深,陈霸先不久就积劳成疾而死。

陈武帝崛起于南方,使用的将帅,都是江南豪强势力的代表。民间豪强势力的兴起,表明世族政治、皇族统治时代的结束,这是江左300年政治的重大变化,是陈朝有别于前三朝的重大特征。史家对陈霸先的人格力量评价甚高,前比刘邦后比李世民。清人赵翼评价陈霸先"虽偏安江左,亦有帝王之量哉"。

陈霸先撒手西归,他的侄子陈蒨受命于危难之际,然陈蒨接过的是一个岌岌可危的偏安局面,巴蜀、汉中是北周的地盘,长江以北为北齐所占,岭南、江西、福建也为人割据。陈国境域局狭,号令难出千里之外。

陈蒨走马登基,匆匆披上的不是龙袍,而是战袍。他袭一身豪气,迅速铲除萧梁残余，先后灭了江西熊昙朗、周迪、浙江东阳留异、福建陈宝应地方割据势力等，统一了长江以南巴蜀以东地区。

陈文帝勤于政事，发展农桑，放贷种粮，陈朝进入了安定发展时期，"地沃民阜"，有鱼盐杞梓之利，丝绵布帛之饶。太湖流域呈现"良畴美柘，阡陌如绣"景观，可惜这样一个开明君主只活了45岁。

陈宣帝陈顼治国才能不及武帝和文帝，他善于骑射，有谋有勇，注定了他重武功轻文治的治国方略。但陈顼身边缺乏一位能够分析天下大势的军师，不善连横，以八方树敌，在尽复淮南失地后，不想乘胜北进，丧失时机。

陈朝演绎了另一个三国，唐太宗的谏官魏徵说陈霸先鼎峙之雄，绝不在孙权、刘备之下。陈朝面临的劲敌应该是西魏和后起的北周，而不是北齐，历史的错位就在这里，陈本应与北齐走到一起，以稳住这三国鼎立的态势。因为周放回了人质陈顼和儿子陈叔宝，可结果陈与北周联合去对付北齐。从北齐手中拿回淮南之地，这一胜利帮了北周的忙，北周借陈朝的灭齐，三国鼎立的态势顿失，陈朝走进了历史的死胡同。

陈叔宝有治国之才，他亲政之初还是很敬业的，"励精图治，奖励垦荒，禁止奢靡，擢用廉吏，关心民瘼，采纳忠言谠论"。但江对岸的隋文帝杨坚虎视眈眈，陈朝犹如栖息在虎穴旁的山兔，天地虽美，性命却掌握在他人的好恶之中。

陈叔宝从聘访回来的使者那里听说北方磨刀霍霍，陈朝的灭亡看来只是时间问题了。陈叔宝清楚，依陈国的实力，统一北方根本不可能，让江南人过个安定日子，也是哲学的一种。

在建康，曾有宫廷多"怨井"之说，隋军杀入宫中，他与张贵妃孔贵妃三人抱作一团躲在井里。陈灭，皇族随陈叔宝入长安，隋帝本与陈家无怨，隋军兵不血刃得到南朝。陈叔宝并非隋炀帝所说的"全无心肝"，他比谁都清醒，依陈国的实力，统一北方已不可能，自己有多少善战将士他心里清楚，只想让江南人过个安定日子。隋朝对陈家族人采用宽容政策，陈家根脉再度勃勃繁衍。

后人攻击陈叔宝的两件事：一是诗曲艳冶，他的《玉树后庭花》曲调，成了靡靡之音的代名词；二是美女误国，"商女不知亡国恨"。张丽华眉目如画，发长七尺，肤如白雪，陈叔宝爱不释手。到了国家大事也"置张贵妃于膝上共决之"的地步。杨广见到这位"长发过膝，倾国倾城"的吴兴美女，"欲占之"，张不从，引颈自戕，殉陈。血写了秦淮河畔第一个殉国的悲壮。

陈叔宝才气横溢，不是一个羸弱文人，那首"寒云轻重色，秋水来去波。待我戎衣定，然送大风歌"别出一格于艳靡之外，颇具汉高祖刘邦击筑而歌《大风歌》的丈夫气概。《玉树后庭花》被称为亡国之音。其实无论陈后主是否写亡国之音，杨坚的一统大业还是要实现，陈后主无法阻止历史车轮的前行。

陈叔宝的诗现存九十首，极具艺术技巧。初唐的大诗人王勃、杨炯、骆宾王、卢照邻首先效法，他们的艺术心路源于宫体诗，王世贞说初唐四杰"遣词华靡，固沿陈隋之遗"。

宫体诗是唐诗繁荣之源，陈叔宝是一面旗帜。唐诗里有一名作《春江花月夜》，该诗见哲理，见时空，寓短暂于永恒之中。作者张若虚以一诗流芳，闻一多说是诗中之诗，顶峰上的顶峰。其实这诗的原创是陈叔宝，两诗相去不多。人们只知道陈叔宝《玉树后庭花》传世，他的《春江花月夜》也很不错，被隋炀帝杨广获得，杨广也是个有才之君，见此诗入味，使尽解数，也作一首《春江花月夜》，但不如陈叔宝，倒是让张若虚坐收渔利。

据《中华姓氏通书》记载，陈氏先后有几脉去了福建、江西等地。其中陈叔宝的弟弟陈叔明的后人陈旺一脉，去了江州发达，大概在今天江西九江地区。

史载："十九代同居共饮"，有田庄三百人多处，这样一个庞大的家族，文彦博、包拯、范师道等大臣上疏建议分析，不久，皇上下旨，派员监护分析陈氏。陈氏家族由此分布全国。元末陈友谅与朱元璋争天下，兵败后又有一次大分析，这是中国家族史上的一大奇观。

因为陈叔宝的拱手相让，陈姓族人逃脱了被斩尽杀绝的厄运，陈氏大树继续根繁叶茂，陈叔宝如此功德，天下陈氏后代应在这位祖先牌位上作虔诚一拜。

吴兴丘氏，落花依草悦魄魂

希范是丘迟的字，他祖父丘仲渊以一篇为皇太后所作的吊文，得到皇上的喜爱，当即封官。

丘迟长期追随萧衍，在他手下做文字工作，萧衍代齐自立的劝进表和建天子旌旗诸文都出于他的手笔。丘迟做过四年的永嘉太守，在任上提倡农桑，重视教化，崇尚俭约富民。是万历《温州府志》中南梁五十五年内入志的两位郡守之一。任永嘉太守期间所作《永嘉郡教》一文中给了当年的温州这等的评价："贵郡控带山海，利兼水陆。实东南之沃壤，一都之巨会。"

天监三年，萧梁北伐，梁武帝萧衍的弟弟萧宏任前敌总指挥，调当时的永嘉太守丘迟到军中，第二年，他就写下了这篇著名的《与陈伯之书》。

陈伯之是一个反复无常的小人，青年时代靠抢劫起家，萧衍举兵东下取齐时，他曾在寻阳阻击。萧衍派人策反，他就倒向了萧衍。萧衍称帝后，他又叛逃到北魏，北魏任命他为平南将军、光禄大夫。陈伯之每倒戈一次，官爵就上升一级。

萧宏统率大军北伐，首先就碰上陈伯之，梁的徐州刺史昌义之与陈伯之战于安徽寿阳，吃了大亏。陈伯之成了梁军北伐的一大障碍，于是打算再度对他实行招降之策，由丘迟个人出面写这封信。

丘迟的文章不到600字，内容有深入之妙，把陈伯之的各种顾虑统统打消了。

文章肯定他早年向萧衍投降的明智之举，痛斥他背叛而去的不义和不智，分析陈伯之叛梁的原因，是听信了政客之"流言"，为他做了适当的开脱，打消他对再次归降的思想顾虑，利于他弃暗投明。

文章大讲梁王朝对犯过错误的人的宽大政策，一味向前看："圣朝赦罪责功，弃瑕录用，推赤心于天下，安反侧于万物。"解除了陈伯之所背的历史包袱。接着说了两个历史故事，朱鲔曾劝刘玄杀害了刘秀的哥哥刘伯升，后来刘秀仍然诚心相待，不以为疑；张绣战死了曹操的长子曹昂和侄子曹民安，归降后曹操不计前嫌，待之若旧。这两件事，说明政治家不计较个人恩仇。

丘迟在书信中渲染北方行将失败，陈伯之的处境已经十分危险，有如"鱼游于沸鼎之中，燕巢于飞幕之上"，何去何从，应该好好考虑了。

劝降信写到这一步，按说已经完成了使命，而丘迟的高明还在后面：

> 暮春三月，江南草长，杂花生树，群莺乱飞。见故国之旗鼓，感平生于畴日。抚弦登陴，岂不怆悢！将军独无情哉！想早励良规，自求多福。

丘迟是南朝齐梁时期重要作家，能诗、工骈文，辞采逸丽，文学成就颇高。他的诗赋作品在齐梁时已为世人所接受，南朝著名文学选本《文选》、《玉台新咏》均录有其诗文，钟嵘在《诗品》中将其列入中品，并给予很高的评价。但丘迟文集却未能流存于世，至迟于元代已散佚。

钟嵘《诗品》将丘迟与范云并列。但他最负盛名的不是诗，而是骈文《与陈伯之书》。陈伯之是投降北魏的梁朝武将，对梁有功，也有罪。故文章从晓之以大义、动之以真情入手来劝降，文辞委婉，情深义明。最后一段用江南风物打动陈伯之的故国之思，是历来为人传诵的名句。陈伯之接到这封劝降书后，立即率部归降了梁朝。

作为南朝齐梁时期的代表作之一，《与陈伯之书》委婉曲折、情理兼备，是南朝骈文之不朽名篇。

丘家在南朝是湖州的贵族，丘迟一生横跨宋、齐、梁三朝，家颇望。

父丘灵鞠，写一手好文章，宋世文名甚盛，宋孝武殷贵妃亡，灵鞠献挽歌诗三首，其中有"云横广阶暗，霜深高殿寒"之句碰了孝武帝的软肋，常挂嘴边。于是，丘灵鞠凭几句诗做了乌程令。丘灵鞠为人狂放，蓬头散带，好饮酒而终日酣醉，谈吐纵横。

丘迟的从祖父丘道护也是吴兴太守，擅长书法，曾任相国主簿，有著作《洛阳赋》。入宋后出任吴兴太守。丘道护与羊欣一起向王献之学书法，羊欣是王献之的外甥，父亲羊不疑任乌程县令时，王献之任吴兴太守，羊欣才十二岁，王献之夏天来到乌程县官署，羊欣正穿着新绢裙午睡，王献之在他的裙子上写了几幅字就离去。在王献之调教下，羊欣书法大长，名重当时，被公认"最得王体"。

梁武帝评羊欣书最为精彩："羊欣书如大家婢为夫人，虽处其位，而举止羞涩，终不似真。"后来羊欣见丘道护书写的《洛阳赋》，惊叹认为胜过自己。

历史上晋朝与隋朝之间200年的南北朝可以说是纷争不休时期。在江南建立过宋、齐、梁、陈四朝；在北方经历了北魏、东魏、西魏、北齐、北周五朝。不是外部入寇就是重臣造反，上演了一幕幕你刚唱罢我登场的历史闹剧。

丘迟和陈伯之本来都是齐朝大臣，一个官至太中大夫，一个是骠骑司马。丘、陈二人虽是同朝为官，却是文武相对，德行相反。也正是因为这样，才有后来作者《与陈伯之书》的产生。

任何一篇妙文都解决不了军政大事，能够有助于问题的解决就了不起了。全文恩威并用，文质兼备，沉思翰藻，确为名篇。江南普通景色，入了心灵便明丽优美，美得让人心醉，打动陈将军的乡国之思，思乡情结超越政治超越时空而具永恒的意义。

德清沈氏，满朝文武半朝康

南朝时的江南人远不是宋时的柔弱江南，百姓见多了刀光剑影，民风强悍，未脱蛮气。陈霸先讨伐侯景替天行道，江南群起随之，那些部曲家兵尤为出色，吴兴人沈约的孙子沈众率五千沈家军进军南京，所向无敌，攻陷侯景的老巢。吴兴人章华，武康人章昭达、沈文阿，苏州顾家军，都以勇猛骁兵著称于东南，屡屡出兵为朝廷平乱。

武康沈氏家族，祖先沈戎，东汉初劝降了剧贼尹良，光武帝刘秀封他为海瞀县侯，但沈戎辞让，迁居到当时的江东湖州武康。三国吴、两晋六朝时期，是武康县最兴盛时期。道光《武康县志》中记载沈姓人物就有117人，以至于民间有"满朝文武半朝康"的民谣。

沈戎有三个儿子，分别是沈酆、沈浒和沈景。沈酆做过零陵太守。沈景在汉顺帝时担任侍御史，后来又做河间孝王刘开所在封国的国相。

沈约则出于沈浒一系。高祖为沈警，为大将军谢安器重，祖父沈林子18岁便和哥哥沈田子一起跟随南朝宋武帝刘裕南征北战，战功赫赫，"威声远闻，三辅震动，关中豪右，望风请附"。

沈约的父亲沈璞是位骁将，沈约的儿子沈旋，孙子沈众都是出类拔萃的人物，沈家军为朝廷立下赫赫战功。沈家这个门庭在整个南朝都极具影响力，到了陈代，陈文帝皇后沈妙容，陈后主皇后沈婺华都为沈家的才女，沈家的显赫不仅在于与皇室联姻，更留下了许多不朽名篇和大量文化遗产。

门阀士族时代，沈氏家族社会地位显赫，历史上有所谓"江东之豪，莫强周、沈"的说法。沈约十三四岁时，做淮南太守的父亲沈璞因卷入刘宋王室内讧、皇位争夺的政治旋涡而被杀。家道中落促使沈约发愤苦读，他博通群籍，又写得一手好文章，后成为南朝文坛的"一代辞宗"。沈约的山水诗清新中又透露出一种哀怨感伤的情调。写景清新而又自然流畅，诗歌境界具有一种动态之势。

沈约左眼有两个瞳仁，腰间有紫痣，聪明过人，他创立的永明体后来成为唐诗繁荣的基础。

沈约生性不会饮酒，没什么嗜好。虽皇上对他恩宠隆重，他的生活节俭朴素，在东田修建了一所房舍，能远望郊外高山，曾作《郊居赋》抒发情怀。

沈约历任宋、齐、梁三朝，先后被任为尚书仆射，朝廷要制定政策，往往都要听取他的意见。谢玄晖擅长作诗，任彦升精通文章，沈约却兼而有之。

他担任宰相之后，略见知足，每进一官，总是恳请退让，舆论将他比作魏晋之际的山涛。在朝当官十多年，没有向朝廷举荐什么人才。

沈约诗文兼备。当时的许多重要诏诰都是出自他的手笔，在齐梁间的文坛上负有众望。永明体诗人中，沈约诗歌成就突出。钟嵘《诗品》以"长于清怨"概括沈约诗歌的风格。钟嵘评道："梁左光禄沈约。观休文众制，五言最优。约于时谢朓未遒，江淹才尽，范云名级故微，故约称独步。"

南朝以前的中国诗歌大体是民歌一类，永明年间，沈约、谢朓等人对诗歌提出了声律上的要求，沈约撰有《四声谱》，他以为从前的词人几千年都没有领悟到的东西，他却能独得于胸襟，穷究出它的奥妙之处，自称已达到了神妙的境界，更影响了两位文人皇帝萧衍、萧绎。

皇帝以文学成就流芳，历史上除曹氏父子外，大概就要算萧氏父子了。鲁迅戏称为"文雅的庸主"。东晋灭，南北朝各自统治约170年，北强南弱，南朝的文化保存，给了后来中国文化的盛唐气象。后来的唐诗就是在永明体上走向巅峰。

齐梁的文论与文赋，是中国文学的重要成就。萧统的《昭明文选》和刘勰的《文心雕龙》、钟嵘的《诗品》大概都在此时成书，是中国文学史上划时代的巨著。沈约、任昉和张率多种文学评论专著流传后世，这个时段作品之多、作家之众、风格之纷繁，为历史罕见。

东晋王莽的币制最为五花八门，光怪陆离，饥荒的时候甚至一斗米卖80万钱，一只狗卖20万钱，可见当时的钱币已贬值到何种程度。

东晋孝元帝时，沈充家室富裕，在今天德清的钟管附近铸造钱币，形状像五铢，文"五朱"，面有外郭，形制薄小，世称沈郎钱。钟管原名钟官，就是管理铸钱的官名。今天的钱币爱好者，依旧将沈郎钱视为珍品收藏。

公元322年王敦阴谋篡位，约沈充共同起兵，东西夹攻都城建康，王敦兄王含亦催促沈充会师。沈充率部一万余人兼程北行，王含却按兵不动，沈充军队被晋军击败，逃到旧部下吴儒家中，被吴儒杀死，传首建康。后来沈充的儿子沈劲灭掉吴氏一族。

武康豪门，南朝沈攸文，担任吴兴、荆州等地刺史、车骑将军等职。南朝著名将领沈庆之、沈田子、沈林子，隋末将军沈法兴，有传世名作《梦溪笔谈》的北宋科学家沈括，都出自武康沈氏。

怀揣对古代豪门的阅读欲望，品味家国意志的昨日重现，喧嚣尘世间顿有清净，婉约中一种圣静的认知。

长兴钱氏，曲终不见江峰

历代高考，有三位湖州士子试卷的诗眼或者文眼，映入历史的法眼。虽是一个个已经湮灭的生活片断，依旧让今人目眩神迷。

一个是钱起，那句："曲终人不见，江上数峰青"。至今仍是考试范本诗。另一个是孟郊，那句"少年三十士，嘉会良在兹"让他"一日看尽长安花，"但比之钱起，差一点。俞樾的状元诗"花落春仍在，天时尚艳阳"，颇受主考官曾国藩的欣赏。难怪黄巢屡试不中后，露了杀气"我花开后百花杀，满城尽带黄金甲"。

古之有拼命读书吞书中佳句，夜梦可见书中的莺闺燕阁之说。《旧唐书》里有一个故事，说钱起游走江湖，某夜寄宿于客栈，月下独吟，忽听到有人吟诗于庭院：曲终人不见，江上数峰青。钱起愕然，遂披衣出门寻找吟诗人，但见庭院空空，以为鬼怪，却记住了诗句。钱起就试之年，礼部侍郎李帏试《湘灵鼓瑟》，题中有"青"韵，钱起即以鬼谣十字为落句，深得嘉许，称为绝唱，当年登第。毛泽东十分欣赏钱起，对历经唐代百年的考试范本诗《省试湘灵鼓瑟》爱不释手。

钱起出生在长兴城西风景秀美的画溪，中进士后，任翰林学士等职。目睹盛唐积疾太久，繁华凋敝，带一丝苍凉悲郁回老家长兴，第一件事便上顾渚山访茶，顾渚山让钱起看透了人世，"满朝辞赋客，尽是入林人"。对顾渚山起了归隐终老之意，但愿"桃花洞里举家去"。

钱起对家乡的贡献是为白岘洞山写的一首诗《宿洞口馆》："野竹通溪冷，秋泉入户鸣。乱来人不到，芳草上阶生。"他是最早将白岘洞山胜景推向外界的唐代大诗人，当然，罗岕茶又为之锦上添花，为明代岕茶做了长长的铺垫。

钱起是大历诗坛魁首，开创了中唐诗风，与郎士元齐名，当时假如有朝廷官员下来视察工作，接待者若无钱、郎二人赋诗酬赠，则被取笑。钱起中举只两年，便外任离京城很近的蓝田尉，与大诗人王维、郎士元酬唱。钱起的儿子钱徽亦有出众诗才,常与大诗人白居易往来酬唱,以竹简贮诗,成就一段佳话。

大历十才子的版本很多,服众的却少。钱起与郎士元、李嘉祐、刘长卿并驱,刘长卿不以为然,只服钱起。《四库全书》将他定义为大历十才子的领袖人物。

钱起的高明在于将一种在雅致清幽的饮茶环境下的聊天,称为茶会。中国茶叶博物馆于良子先生考证,茶宴的正式出现是在唐代,钱起是茶宴的首创者,陆羽来长兴前20多年,钱起写过不少有关茶宴和茶会的诗,《茶事拾遗》记载:"钱起与赵莒为茶宴,又尝过长孙宅与郎上人作茶会。"钱起是第一个使用茶宴和茶会的人。

故后来与赵莒谈禅便轻松自如。那一次所谓的茶宴,其实是钱起与道士赵莒两人的谈禅活动,它之所以载入了中国茶史,是因为钱起冠以茶宴二字。

我们不妨一看钱起的茶宴诗:"竹下忘言对紫茶,全胜羽客醉流霞。尘心洗尽兴难尽,一树蝉声片影斜。"这种茶宴、茶会,简朴自由,溪边、竹下,随遇而安,一种优哉游哉,超凡脱俗的境界,什么流霞仙酒,都难以比拟,是唐人的潇洒。

唐德宗时,湖北谷城县令王郢因挥金如土被革职查办。观察使樊泽负责处理此案,发现涉案的人很多,只有钱起的儿子钱徽一文不取,清清白白。

钱徽随即入朝,任翰林学士,蔡州吴元济起兵反唐,朝廷告急,钱徽以干练的谋才被上司看重,深得唐宪宗的欣赏。纳入高层决策圈内,参与机密事务的协商和处理。

钱徽为虢州刺史时,武军事长官韩公武结交朝廷官员,送钱给各衙门的显要,也给钱徽20万,被钱徽拒绝。他升任礼部侍郎,负责科举考试。前刑部侍郎杨凭的儿子杨浑之正准备考进士,送字画给宰相段文昌。段写信推荐杨浑之,还跑到钱徽家中说情,可钱徽公事公办,浑之没有中选,段文昌愤怒,上奏说钱徽以"取士以私"被劾,贬为江州刺史。

当时，周围的人都让他将段文昌写给他的书信呈给皇上看，以洗清冤屈。钱徽却说："我只求无愧于心，不可以拿私人书信去为自己做证。"命令子弟们将书信都烧了。人们都称赞他是德高望重的长者。

钱徽位卑不忘忧国，当时吏进献财物成风，毅然上书，指出进献之风泛滥的严重后果，请朝廷停止纳贡，刹住这股歪风。皇上居然告诉下属，以后送来钱物不要进右银台门，以免被钱徽发觉。

钱徽一生谨慎厚道，重道义，立身清廉，为官不贪，深得百姓的爱戴。

文章太守,不动声色地书写仕场风景

谢安,独步江东一雄才

湖州墨妙亭,有一碑。是为曾任吴兴太守的谢安所立。

谢安任吴兴太守时,为便利湖州与长兴间的交通,开城西官塘,民获其利,常怀念这位关心民瘼的太守,在塘上刻有《谢公塘碑》。但遇安史之乱,碑失。于是颜真卿重书晋谢太傅碑文,重刻碑阴,而且将碑文立在谢公乡谢安墓区,到了宋代才将此碑移入墨妙亭。

起初,谢安死后葬在建康城南"梅冈"。《南唐书》有谢安墓在城南"梅冈"的记载,在今天雨花台东北部的山冈。是六朝谢氏家族的一个重要家族墓地。文献记载,谢安的父亲谢衰,谢安的伯父、豫章内史谢鲲,谢安的侄子、镇西将军谢奕之子谢攸死后也葬在梅冈。

《南史》《陈书》记载,公元579年,始兴王陈叔陵的母亲彭氏故逝,陈叔陵请风水大师找墓地,发现建康梅山一处风水宝地,这里葬满了前代的官宦贵族,看上了谢安的墓。于是,陈叔陵命人挖开了谢安的墓,扔掉了谢安的棺柩,把自己的母亲彭氏葬了进去。

唐湖州刺史张文规在《吴兴杂录》中说:陈叔陵挖掘谢安墓的时候,他的裔孙谢夷吾正担任长城县令,见其先祖墓地被毁,只能整理谢安的遗骸,将谢安墓迁葬湖州长兴三鸦岗,为这位谢太傅建了太傅庙,这是太傅地名的由来。

谢安在四十岁前一直做隐士，与所有的古之高人一样，隐世实为入世。谢安藏得不算太深，跟着弟弟谢万在官场上转悠，偶尔做一些辅助之事，不见俗态。不过谢安在清谈中的玄学积累给了他一个不愠不躁的境界，修炼出了高雅的风骨。以至在谢万被废后，谢安毅然出山，到桓温手下去做一个不动筋骨的官。

中国哲学于魏晋时期确有过一朵浪花，如成气候，极可能走到西方思辨哲学路上，可惜东西方哲学没有碰撞起来，去另一条道上体味苍凉了。东晋名流厌恶官场险恶，极推崇老庄无为思想，民间故以消极避世，隐逸山林为雅事。

魏晋名士眼里太湖和鉴湖是江南有名的隐居佳境，绍兴鉴湖在魏晋时达200多平方公里，虽小于太湖，但烟波浩渺之中又见峰峦叠翠，他的后人谢灵运称此为"人间仙境"，王羲之、许询、支遁、孙绰等名士的游历之处。苏东坡非常神往谢安的潇洒，在游临安东山后题岩："独携缥缈人，来上东西山。"

朝廷让谢安去州府做官，他以身体不好推辞，人家以为嫌官小，庾冰、范汪推荐他为尚书郎、吏部郎，皆被谢拒，只帮他的弟弟谢万做些辅佐之事。

家族辅政在中国历史上实属罕见，东晋四家：王、谢、郗、庾轮流执掌着朝中大权。建康繁华街市夫子庙附近的一个巷内，因为谢、王两家多穿皂衣，后来此巷索性改称为"乌衣巷"。轿起轿落，那才叫车水马龙，达官显贵，络绎不绝。

晋人风度在于"大道如青天，我独不得出"。为挽救晋廷，谢安决计出山。

江南政权须依赖巴蜀，上游可靠，下游可偏安，长江虽称天堑，但难防顺流而下，桓温夺蜀地，战苻秦，进关中，伐前燕，企图威震天下，乘势篡位。

谢安出仕任桓温府司马，因弟谢万病逝请求奔丧，离开。不久，被任命为吴兴太守。他在任上时间不长，开浚城西官塘是他在湖州留下的政绩，是最早具有水利意识的吴兴太守，离开后一直为湖州人所怀念。其后被征召入朝，后被征拜侍中，又升任吏部尚书。

桓温凭借其势力，欲谋取帝位，诏吏部尚书谢安、侍中王坦之迎于新亭，要杀王、谢。《晋书》里说，谢安指责桓温，应在外坚守本职，不应拥兵入朝，以下犯上。

古代权臣篡位，有威望的执政大臣反对或赞成，是很关键的，谢安大胆，桓温知事不可为，命撤去兵卫，阻止了一场血雨腥风。

桓温经营荆州地区二十九年，掌握晋廷军政大权十一年。谢安对温篡位如王夫之所说，"乃得从容以潜消之"。桓温最终病死姑苏。谢安掌握了中书决策权。

晋廷有志之士，欲收复北方半壁河山，常谋北伐。从祖逖到桓温先后六人进行八次北伐，但终使北伐胜少败多，损兵折将，到谢安执政时前秦已统一了北方，国势强大，对东晋形成严重威胁。

中国历朝，大敌当前，主战派多无好结局。谢安深谙东晋的危机所在，急切地组建北府兵。谢安求良将御边，以兄子谢玄应招，并招募骁勇之士为将领。苻坚自恃天下无敌，匆匆下诏南下，沿途结集兵力，彭超动作较快，率14万大军南逼，欲直趋广陵，径取建康。其余部队在京城尚未起程。谢玄率3万北府兵迎战，前秦军退，再战于君川，大败。淮南大战，北府兵以5万之众，四战四胜，歼前秦军十余万，北府兵旗开得胜，朝廷拜谢安卫将军。

淮南大战只是个铺垫，让谢安看出苻坚的致命弱点，紧接着便是中国历史上著名的以少胜多的经典战例。淝水之战是秦晋的一场大决战，晋军8万，秦军30万。谢安的角色是要站出来化解这阵势。晋廷以谢安为征讨大都督。

秦兵"发长安，戎卒六十余万，骑二十七万，旗鼓相望，前后千里"。战争的胜负有时就在一念之间。这一仗极富戏剧性，两军对阵隔河相望。谢安与亲朋毕集于别墅，下棋练内功。苻坚便憋不住，屡屡宣战。北人忌水战，于是谢安要求对方后退数里，以便晋军过河较量，前秦依仗势众，巴不得过来"包饺子"。然这一退便不得了，其中东晋在前秦军的内应乘势咋呼"秦军败了！"一时间，前秦军如洪水决堤，转眼间便兵败如山倒，苻坚受伤，单骑逃脱，这致命一逃，让江南政权偏安了两百年。

谢安的功绩，政治上消除桓氏家族对晋廷的威胁，调和大族的关系，使君臣上下和睦。军事上组建北府兵，御外安内，此乃元帝以来许多执掌朝政者想做而未曾做到的伟业。

谢安多才多艺，善行书，通音乐，精于儒、玄、佛、道学。《全晋文》收录他六篇书论。《晋诗》收录了他的《兰亭诗二首》《与王胡之诗》。

谢安的书法非常出色，他曾从王羲之学行书，后世米芾曾称赞他的书法"山林妙寄，岩廊英举，不籀不羲，自发淡古。"隶与行草，尤以行书为妙品。

这位中国历史上有雅量有胆识的大政治家忠于晋室，以谢氏家族服从于晋室利益，尽心竭智以辅圣明。毛泽东说：谢安文韬武略，淝水之战立了大功，拖住桓温也立了大功，两次大功是对维护统一的贡献。

谢安死后，孝武帝加厚葬，子孙袭爵。南朝刘裕当政后，以谢安勋德济世。一个对历史有贡献的人，人们是会永远怀念他的。

颜真卿：英雄长啸弦轻拨

颜真卿一生三名，英名、书名与诗名。其英名永远铭刻于大唐江山；其书名和诗名却与湖州永远地牵扯上了。

宰相杨国忠看到颜真卿不肯依附自己，就把他撵出京城，做了平原郡太守。

平原郡太守任上的颜真卿断定安禄山必反，开始着手准备抗敌，他以雨水太多为借口，组织民众加高城墙，挖护城壕沟。暗中把青壮年组织起来，增加粮食储备。颜真卿表面上每天都和朋友一起泛舟水上，饮酒作乐，安禄山果然被颜真卿迷惑，认为他不过是个书呆子，不用戒备。

安禄山叛唐，皇朝溃逃，黄河以北地区很快陷落。唐玄宗李隆基这时才想到忠良的意义，叹河北二十四郡无一忠臣吗？忠臣是有的，颜真卿的平原城屹立在沦陷区顽强坚守，火速派司兵参军李平把安禄山反叛的消息报告朝廷。颜真卿决计做一世忠臣，颜真卿把全军将士召集到城西门，饮酒誓师，群情激愤。

颜真卿的堂兄颜杲卿在常山郡做太守，颜杲卿率兵肃清了土门的叛军。河北的17个郡在同一天重新归附了朝廷，各郡共同推举颜真卿做盟主。当时各郡共有军队20人，高擎反叛大旗，使安禄山不敢急攻潼关。

李平一到，唐玄宗非常高兴颜真卿的忠义之举，朝廷派北海太守贺兰进明率领五千精锐部队渡过黄河前来增援。朝廷任命颜真卿为户部侍郎，让他辅佐李光弼讨伐叛军。

那是安史之乱的危难之际，如果不是饶阳七郡在颜真卿的领导下挡住安禄山的去路，使他放慢了进攻长安的速度，唐玄宗一干人成为安禄山的阶下囚，唐朝的历史将被改写。颜真卿之功是再明了不过的。

常山陷落，颜杲卿之子季明当场赴难，杲卿被俘后惨遭杀害。一门忠烈，三十余口被杀，颜真卿派侄儿泉明到河北寻访杲卿一家的流落人员，带回了季明的头骨。见到头骨，颜真卿悲愤难抑，长辈祭奠晚辈，那该是什么样的一种心情。颜真卿聚气于笔端，《祭侄文稿》在悲愤中写出。

颜真卿本是"朕不识真卿何如人"的人，这下才立了功。安史之乱后，颜真卿以其壮举在朝中得以闪亮登场：授吏部尚书、太子太师，封鲁郡公。不过，封建朝政中，忠良必是春风短暂，他也逃不过遭小人谗言而被贬放出京的厄运，贬至湖州。

773年，风云人物颜真卿任湖州刺史，这位诗文与书法的高手，外放湖州，心情自然是闷郁的，但驻久了北方大平原，偶见这山水清远的江南清丽之地，心平了许多，这里是个养性的地方，自己的才华可以发挥一下了。

唐代文学家顾况在《湖州刺史厅壁记》中描述湖州："江表大郡，吴兴为一。其橘、柚、纤、缟、茶、纻，其英灵所诞、山泽所通、舟车之会、物土所产，雄于楚越，虽临缁之富不若也。其簪冠之盛，汉晋以来敌天下三分之一。"

地阜物丰的湖州，吸引"风流啸咏、投壶饮酒"的文士聚集，所以，湖州"簪冠之盛"占汉晋以来三分天下。

今人大都知道颜真卿所创颜体字：端庄雄伟，遒劲郁勃，细筋入骨如秋鹰。然颜真卿不是专业书法家，以立德立功为不朽事业。他任湖州刺史五年，留下了众多遗迹、墨宝和碑碣，光亲撰竖立的碑碣就有20余种，或存史实，补正史及方志之遗。

颜真卿是一个独特的存在，一座书法史与民族精神史上的丰碑。学书当学颜，提起楷书，行家言必称"颜、柳、欧、赵"。而颜真卿是最富革新精神的一个。

颜真卿的楷书气宇轩昂，反映出一种盛世风貌；而他的行草，连宋代大书法家米芾也心仪有加。千百年来，只有他敢与书圣王羲之比肩。作为开创一代书风的宗师，中国书法历史上的巨擘鸿儒，颜真卿的书品与人品完美融合。

颜真卿留给湖州的遗产更在于，借湖州联句创了"吴中诗派"这个文化品牌。

因编撰《韵海镜源》，一大批江东名士聚于湖州，聚众联句唱和，形成"流连光景以及赠别应酬"中唐诗风的"吴中诗派"。史家这样评论："唐人联句之盛，实起于大历、贞元时期的吴中地区。"颜真卿是核心人物，《全唐诗》共收入联句136首，其中属中唐时期的103首，而在湖州创作的联句超过了一半，有53首。而这53首湖州联句中，颜真卿为首的有21首，加上载于方志的《竹山连句》，则有22首。颜真卿所创《岘山联句》参加诗人之众，为唐人联句之冠。《竹山连句》为第二，并书写成《鲁公竹山连句帖》，其真迹流传至今。

五年中，他做了一件又一件轰轰烈烈的事情。他将他在湖州所写的文字，分为十卷，集成一本书，叫《吴兴集》。

回朝后，淮西军阀李希烈谋反，叛军接连攻下众多城池。嫉恨颜真卿的宰相卢杞向德宗提议派颜真卿到李希烈那里去劝降。满朝大臣大惊失色。一个 76 岁的老人，手捧圣旨出发。

颜真卿见到李希烈以后，宣读了皇帝的命令。由于李希烈的弟弟李希倩追随别人反叛，被朝廷杀死。这才丧心病狂，将仇恨泄在了一代书家的身上。颜真卿在蔡州被绞杀。颜真卿被害的消息传开，唐朝"三军皆恸"。公元 786 年 11 月，淮西平定。为表示哀悼，朝廷废朝五日。

颜真卿是湖州历史上一代贤守，湖州人用这样的方式挽留英灵。

颜真卿离开湖州之后 7 年、殉节之后 3 年，刺史杨顼在湖州州治大门外为故守颜真卿立《颜鲁公去思碑》，由前刺史陆长源写碑文。

北宋，湖州民间为其建祠，通判章衡塑像，祠在骆驼桥东放生池上。大书画家米芾到湖州，谒颜真卿像，又撰《碑阴记》刻于《颜鲁公祠堂记》碑阴。米芾说颜鲁公：其英气仙骨，凛然如在。

南宋，湖州知州事汪藻上书于朝，称：唐颜真卿祠堂一所，逮今四百年，州人奉祠不衰。

杜牧，让排场变得诗意

与中国历史上所有的官员不一样，杜牧到湖州做官，起因是为一个女孩。

这是一个星光灿烂的时代，中国文化史上熠熠生辉的名字，在杜牧那个时空里洒下了悠远的浩叹。中唐重要的作家都还健在，李贺、柳宗元、韩愈、白居易、刘禹锡、贾岛、元稹、李商隐、温庭筠，一面面猎猎旌旗，构筑文学史上的辉煌景象。城市的墙垣间，连青苔亦饱含文脉，乡野的官道上，群马扬蹄疾驰，负载着流韵千古的文化景观，驿站破壁上偶尔读到的可能就是当今大家的绝代才华。从千年后的今天看去，依然难有僻字险韵精警诡谲的文字陷阱。

古之文人为官，总有点趣事流传，杜牧在湖州一年多，留下雅事艳遇，尽得风流。当年，个性豪放不羁的杜牧在宣州任团练判官时，听说湖州风光秀丽，美女如云，去湖州玩吧。湖州刺史与杜牧宿交，陪他去龙溪江边看歌舞和竞渡。杜牧在围观人群里，见到一天姿国色的女孩，很像当年的张好好，也是13岁，即向其母提嫁娶之意，杜牧说："十年内我必来此作郡守。如不来，你嫁人吧。"杜牧真有底气，还下了贵重的聘礼。

杜牧一直渴求湖州刺史，因为李党排挤，只去了黄州、池州、睦州等穷乡僻壤做官，一去经年，等到他的好朋友周墀出任宰相，才如愿任职湖州刺史。

杜牧对湖州的印象极好，做梦也想要到湖州去做官。大中四年，他的好友周墀做了宰相，刚升吏部员外郎的杜牧三次上书宰相，要求外放任湖州刺史。杜牧这种行为历史上可能不会有第二位。唐时士大夫极看重京官，不愿外放，后来他获知自己已授湖州刺史时，杜牧心情极畅，想湖州黄柑方嫩，紫蟹初肥，秋兰正放，"遥知渡江日，正是撷芳时。"心情异常迫切。

杜牧任职湖州刺史，此时已过十四年，找到了那女孩的母亲，对方说女孩等了他十年，不见动静才出嫁，那女孩已是三个孩子的母亲了，杜牧自恨寻芳已迟，为此作诗一首：

自是寻春去校迟，不须惆怅怨芳时。
狂风落尽深红色，绿叶成阴子满枝。

杜牧还给了一笔钱予以抚慰，颇显君子之风。

杜牧与湖州真正的缘分是顾渚山，杜牧的头等大事是进顾渚山修贡，他任职湖州的第一个春天，便携家眷，从湖州下船经城西官塘到小梅口入太湖，沿湖进港直达水口镇，而后上陆路坐轿或骑马18里到顾渚贡茶院入住清风楼。

此时的紫笋茶已整整作贡了80多年。那时国势衰弱，唐贡紫笋茶已进入落幕阶段，杜牧带了全家和他的助手李郢到顾渚山修贡。

杜牧和他的人马骑马进顾渚山的途中，春风扑面，州、县官吏携妓而行，途中丝竹歌舞，飘逸空谷，四周："燎岩野花远，戛瑟幽鸟啼。"中途休息,"把酒坐芳草,亦有佳人携"。草地上席地而坐,有歌女相陪,作一番小酌,足见古之市长真性情。情绪极佳的杜牧,作《茶山下》五律诗。

刚好50岁的杜牧未老先衰,耳也聋了,牙齿也落得差不多了,像70岁老翁,他从朝廷到州郡,不停地上下,虽才高八斗,但心气一直不能顺畅,然一到顾渚山来了精神,上顾渚山前与同僚饮酒时,因身体不适,自称"病太守",而以茶代酒"作茶仙"。

杜牧在顾渚山待了月余,这次修贡,离会昌中上贡紫笋茶一万八千四百斤最高贡额仅过了五年。但规模仍然宏大,场面壮观。所以杜牧在完成贡茶后,写了一首五言长律,题在水口银山袁高、于頔石刻的右侧,诗名《题茶山》,这首诗是顾渚山修贡的一个全面总结。

诗称顾渚山是三国东吴地区山水最为秀丽的地方,茶更是仙草中的魁首。当行使长官不过是个俗吏,但修贡茶却是仙才,"犹得作茶仙",杜牧将顾渚山称作仙境。我一个俗吏,能承受这份高雅的差使而感幸运。

一日,杜牧在顾渚山闲来无事,在绝壁峭崖、大涧中流的明月峡走读美景,顺便进得临溪一农户家小憩,农户见刺史光临寒舍,自然十分高兴,热情接待了杜牧,熏豆新菜招待。这位市长见这里民风如此之好,一时兴起,在村舍门扉上题了一首诗:

从前闻说真仙景,今日追游始有因。
满眼山川流水在,古来灵迹心通神。
暮春因游明月峡故留题。

完成贡额,写好拜章,派驿骑飞送长安,杜牧在顾渚山银山石壁上刻下了他的绝笔之作。在山里与茶农一起欢庆歌舞,应答之声在山谷里回荡。

到了宋朝,苏舜钦的祖父苏国老做乌程县令时,听说当年杜牧有此题字,便托人去顾渚山买下了那门扇,奉为传家之宝,一直到他的曾孙苏泌,仍然保存，曾拿出给王得臣看，字体遒媚，隐出木间，是稀世的墨宝，此事在王得臣眼里颇为雅致，于是写入了他的《麈史》。

杜牧在湖州颇不寂寞，这里百姓富庶，风景清美，人物俊秀。这一年杜牧的诗相当好，他在湖州凭吊了先锋作家沈亚之，沈亚之的诗文都很棒，李贺赞他工为情语，有窈窕之思，李商隐也作诗颂之，沈亚之与韩愈有交往，故他的诗颇具韩愈的风格，屡试不举，有些牢骚，韩愈诗说"吴兴才人怨春风"。他的传奇小说是开了风气，有《湘中怨》《异梦录》《秦梦记》，鲁迅说他"皆以华艳之笔，叙恍惚之情"。杜牧没见过沈亚之，但钦佩他的才名，特地去凭吊他的坟，并做了吊念诗。又约了当地新锐诗人严恽。他作过一首《落花》赠予杜牧："尽日问花花不语，为谁零落为谁开。"杜牧极欣赏，依韵和了一首："无情红艳年年盛，不恨凋零却恨开。"

杜牧卸任后游了弁山的玲珑山，这里多奇石，嵌空奇峻，就是后来在宋代称为天下第一石的太湖石，在归云洞、石梁等处留下了题名石刻。

杜牧是宰相杜佑之孙，25岁时凭一篇极具思想个性的政论文章《阿房宫赋》被保中进士，构成古之中国文人入仕最为潇洒的一幕。

杜牧是认定湖州这处佳丽之地了，他不想再回长安，太湖边是修身养性的地方，李幼卿、刘长卿他们早已在与顾渚山一山之隔的宜兴盖了别墅，他也去买了田产，准备终老江南。

杜牧上任的调令也到了，新刺史也到任了，他还舍不得离开，索性进霅溪馆，再走一些地方，闲逸情致中，作了一首闲诗，道出好心情：万家相庆喜秋成，处处楼台歌板声。千岁鹤归犹有恨，一年人住岂无情。夜凉溪馆留僧话，风定苏潭看月生。景物登临闲始见，愿为闲客此闲行。

杜牧离湖去长安上任，途中还写了一首怀念湖州的诗：惆怅江湖钓竿手，却遮西日向长安。

苏轼，一湖山水一壶州

张岱的《夜航船》里说到苏东坡他是深谙茶中骨头的人。居然能喝到供皇上专用的密云龙茶，极为甘馨，他惜之如金。

苏东坡时代，气候变换，贡茶风已移至福建武夷山，但顾渚山风韵犹在。

苏东坡做杭州通判时，要到湖州办事，还未动身，先给湖州太守孙觉寄诗打了个招呼，说你湖州有很多美味："顾渚茶芽白于齿，梅溪木瓜红胜颊。吴儿鲙缕薄欲飞，未去先说馋涎垂。"在苏轼眼里，紫笋茶和梅溪木瓜加上鱼片，令他馋涎欲滴。

苏轼与杜牧一样，他欢天喜地地从徐州到湖州上任时，心情也是极好，一路高歌，途经高邮，还带上秦观同来湖州，共享欢乐。苏东坡在湖州是得了灵气的，那段对于湖州的评价可做证："微雨止还作，小窗幽更妍。盆山不见日，草木自苍然。"苏轼颇为自赏，感觉极好，称湖州"环城三十里，处处皆佳绝"。

苏东坡五到湖州，留诗六七十首，还有一篇不错的散文《文与可画谷偃竹记》。奇怪的是，没几个月后，苏轼因"乌台诗案"贬黄州后，竟文思泉涌，佳作不断。

墨妙亭为北宋湖州知事孙莘老所建，孙请苏轼作诗为记。苏轼遂作《孙莘老求墨妙亭诗》，孙莘老将诗刻碑后立于亭中，或镶嵌于亭壁，孙莘老将拓片赠给吴越间的朋友。年末，苏东坡公差到湖州检查水利工程，间隙参观墨妙亭，又应求作《墨妙亭记》，全文四百余字。后来赵孟頫为此亭书写匾额，元兵入主，此碑被毁。1996 年，墨妙亭移建于飞英公园，选有元明清遗刻十二方，新刻苏轼《墨妙亭记》、曾巩《墨妙亭》诗碑，旁有"曲水流觞"与之相映。

苏东坡是另类的，细察顾渚山的茶树：嫩茎，微带红色，叶长而尖，芽肥而微带白色。他说用这种芽叶制成的紫笋名茶，汤色清澈，香气馥郁，滋味鲜醇回甘，眼光有别于陆羽。

苏东坡饮茶，认为茶可以除烦去腻，但有副作用，"暗中损人不少"，他自创了一套浓茶固齿法。他有一杂记，叫《仇池笔记》谈茶与养生：吾有一法，常自修之，每食已，辄以浓茶漱口，烦腻即去而脾胃不知。凡肉之在齿间者，得茶漱涤之，乃尽消缩，不觉脱去，不烦刺挑也。他饭后泡一浓茶，用来漱口，清洁口腔残留在齿缝里的肉屑，不需剔牙，这样去腻味，防龋齿，不伤脾胃。

苏东坡于煮茶技艺的把握，全仗一位长兴煮茶高手的点拨。他任职杭州通判的第一年，参与州试监考，在那里，他与一位州试监官因茶成为故知，这个人叫刘行甫，长兴雉城人。宋时州试制度极严，监试官要禁居在杭州望海楼，拒绝会客，待发榜后方能出来，他说得闲二十余日。这二十余天如何打发呢？只有写诗，今天存于湖州的《墨妙亭诗》都是"囚禁"时的力作。这个刘行甫有一手煮茶绝技，工作之余，两个人一个写诗，一个煮茶，互不打搅也不寂寞，苏轼则时常在试院观刘行甫煮茶，按惯例八月十五发榜，这一年因故推迟到十七，不过没误十八钱塘观潮。刘行甫对观潮不在兴趣，依旧心无旁骛地煮他的茶，苏东坡说他"银山动地君不看，独爱清香生云雾"。

刘行甫煮茶的魅力在于按照陆羽的古法煮茶，苏东坡难得见此出神入化的煮法，将整个煮茶过程记了下来，因为大诗人的笔触，他的《试院煮茶》一文，对烹茶用水的温度作了形象的描述，读来妙不可言。

今天的长兴人要感恩苏东坡的是他留下的两句诗。一句是送刘行甫的茶句。后来刘行甫要去余姚任职，苏东坡专门写诗赠之，因知道刘酷爱家乡顾渚茶，诗中便有"千金买断顾渚春"之句。另一句是赠予钱塘令周开祖的，周是湖州人，他俩常相邀游城郊，两人在虎跑祖培寺吟诗品茶时，苏轼捧着虎跑泉却赞赏顾渚山的金沙泉来"金沙泉涌雪涛香"。好茶配好水，苏轼诗颂顾渚茶、金沙泉，功德圆满了。

有了对刘行甫煮茶的观察和江边煮茶经验，他写了《试院煮茶》姐妹篇《汲江煎茶》诗，五年后，苏东坡知湖州，与刘行甫、周开祖又相聚喝茶酬唱，重温"焚香引幽步，酌茗开净筵"的旧韵。他一到顾渚山，便为百姓的苦难抱不平，把茶农之苦辛悬于心头，写了"悲歌为黎元"诗。不到半年乌台诗差点送了他的命。

苏东坡讲究烹茶用具，认为铜腥铁涩不宜泉，他喜用紫砂壶，紫砂泥土以其透气性的功效，令茶过夜不馊。苏轼在宜兴时，设计了一种提梁式紫砂壶。后人为了纪念他，把这种壶式命名为东坡壶。

刘行甫于1079年以大理寺丞出任余姚知县时，两人"与君对床听夜雨"。苏东坡特意相赠。五月苏东坡任湖州知州，七月其诗作被诬告为讽刺新政的"乌台诗案"，差点丢了性命，幸亏也做过湖州知州的章惇找到皇后，救了他，章惇亦爱长兴，死后葬水口顾渚山麓。

苏东坡与同属刘家的刘谊、刘焘父子也友情深厚；刘焘还一度是其同事，被称誉为苏东坡的学生。

历代文苑名家，许多都和湖州山水风物有过因缘，鲍照、柳恽、江淹、王维、李贺、杜牧、李商隐、黄庭坚、秦观、陆游、文征明、郑板桥等。被誉为千古绝唱的唐张志和的《渔歌子》堪与张继的《枫桥夜泊》媲美。

与苏东坡最后打交道的朋友是长兴泗安人，叫陆元光，字蒙老。

1101年，被贬黜在儋州的苏东坡得到朝廷赦免，北返途中在常州停留时突然身体不适，这时在他身旁陪伴的好友就是时任晋陵县令的陆元光，据宋人费衮之《梁溪漫志》卷四所记："东坡北归至仪真，得暑疾，止于毗陵顾塘桥孙氏之馆，气寝上逆，不能卧。晋陵邑大夫陆元光获侍疾卧内，辍所御懒版以献，纵横三尺，偃植以受背，公殊以为便，竟据是版而终。"意思是苏东坡因为重病以致躺在床上不舒服，陆元光就以自己平时休息时常用的"懒版"相送，类似于现代的躺椅，不久之后，苏东坡就是在这"懒版"上离世的。

性情县令，暮春三月的睿智

县尉孟郊：做个游吟诗人

后人把唐朝的世界设想得很美，鲜花到处，奇葩到处，美到处，那种鲜活不时在唐诗的纸片上凸现出来，春江花月，桃花流水，大漠孤烟，葡萄美酒，渔舟唱晚，煮茗插花，所有的灵感都生发在这个艺术的时代。

这富态华雍的朝代，却没给湖州德清莫干山下的武康才子孟郊送去福音，让他消失在"朱门酒肉臭"的时代。

孟郊少年丧父，母亲裴氏时刻鞭挞儿子读书求荣。孟郊41岁中吴兴乡贡，次年便身着母亲密密缝制的粗布衣衫，直奔长安参加科举。

生命的初霜之后，接踵而来的便是芸芸众生感时伤逝叹老嗟卑的深秋。与韩愈、柳宗元、李观他们一样，考试落第，这是英雄落马的时代。也许是上苍的安排，在这次逾千人的应试队伍里，孟郊结识了韩愈，并从此成为终生至交。

唐德宗贞元十二年（796年）的那个冬日，凛凛寒风透过窗棂，掠过京城的考场，孟郊这次藏了寒气，学了吴兴老乡钱起，他很佩服钱起在考场上写出"曲终人散尽，江上数峰青"的佳句绝品。孟郊诗中出现了"少年三十士，嘉会良在兹"的佳句，算是诗眼，他的试卷被相中。二月金榜题名，长安城里的大街小巷尽是些看热闹的大姑娘小媳妇，孟郊骑在马上欣赏这人间美景心情真好。"春风得意马蹄疾,一日看尽长安花",这个一生苦嚼的诗人,难得一见云开日出的笑脸。孟郊这首诗之所以流传,是因为触摸到了所有登第和落第之士内心深处的柔软。

唐代的用人制度讲究个"制衡",礼部选人,吏部用人。孟郊登进士第,下一步便是吏部的事,跟礼部便无干系,登第只是有了做官的资格,然何时、何地为官,为何官,一切由吏部定夺。

因为孟诗独到,皇上还是睁开了惺忪的浊眼,让孟才子到溧阳做县尉,这已经很给面子了。朝廷的恩赐,孟郊不领这份情,他实在看不上这顶"乌纱",愤激地说:"恶诗皆得官,好诗空抱山。"韩愈非常了解孟郊,他不时开导这位长于自己17岁的江南才子,人生里好的机遇不多,不要错过,忍着点。韩愈认真地写下一篇传世之作《送孟东野序》,给了他一个警句"物不平则鸣",孟郊还是带着情绪上任去了,这样的心态放着,很难胜任本职工作。

平心而论,中唐以后,做太平官的地方已经不多了。除了长安周边,江南还算太平,溧阳属常州府,鱼米之地,很不错了。他上任第一件事是把在武康的老母亲接来,人生到五十才有报恩老母的机会,感慨万千,一直想为母亲作一首诗,苦于自己未见出息,今日要为母亲祝福一番。他千古传诵的《游子吟》于是出手,于是放之四海:"慈母手中线,游子身上衣。临行密密缝,意恐迟迟归。谁言寸草心,报得三春晖。"

孟郊这德行,让县令犯难了,你是干具体工作的,书呆子兮兮,吟诗游历,不务正业,你大唐进士我惹不起,你的工作请人帮忙干,不过工资嘛,你的俸薪里分出一半。这于孟郊而言,工资减半养家糊口成了问题,孟郊写信给常州刺史,说是请求救济,实是发泄,常州方面毫无反应。孟郊熬了三年,最后下定决心,这九品县尉不当也罢,拂袖而去。

孟郊在唐诗的地位不低,有"孟诗韩笔"的称誉。孟郊自己也说:"诗骨耸东野,诗涛涌退之。"这话还算客气,留下一半荣誉给韩愈,只是两人的诗各具特色。

一般说来,韩诗气象比较阔大,孟诗思力比较深刻,其实韩愈文章天

145

才，诗一般。孟郊在文学史上影响不小，中晚唐不少著名诗人极推崇他的诗才。孟郊死后，贾岛在《哭孟郊》诗说："冢近登山道，诗随过海船。"他死时诗篇已由日本遣唐使带到海外。北宋江西诗派瘦硬风格的形成是受孟郊的影响。

806年，韩愈将孟郊推荐给了郑余庆，郑余庆当河南尹，将孟郊安置在洛水北岸的洛阳立德坊，门牌显赫："水陆转运判官孟郊宅"。

810年春，天灾又降临到孟郊头上，一场病疫，在短短数日内，病魔连连夺去了孟郊的三个儿子。妻子以佛的启迪，故早早地进入佛境，念佛度日，丧子的悲哀使她麻木。三年后，郑余庆任山南西道节度使，奏请孟郊为节度参谋，试大理评事，但此时的孟郊已万般皆空，生活难以自主，孟郊携家赴任，可惜途中暴病而死。

史载，孟郊死时"家徒壁立，得亲友助，始得归葬洛阳"。这里所指的亲友，无非是那帮诗友。即韩愈、李观、张籍他们张罗，郑余庆买棺营葬，还供养孟郊的妻子余年。

安史之乱，国运的衰落，也是唐诗的拐弯处，民生的疾苦逼迫诗人改变传统手法，这一迹象首先在杜甫身上映显出来，孟郊打出"下笔证兴亡，陈词备风骨"的主张，这种险怪瘦硬的诗风，虽来源于杜甫，实大成于孟郊。

孟郊的贡献在于盛唐诗歌高峰之后，别开蹊径，把唐诗从"羚羊挂角，无迹可求"的境地解放出来。这种新写实诗风中给晚唐诗人贾岛、陈陶、周朴、李洞、刘得仁、曹邺，宋代诗人梅尧臣、谢翱、无尽居士、王令、陈后山、林和靖等人以深刻的影响，然都不可能超越孟郊。

孟郊在对政治权势的依附中泯灭了自己，习惯于随俗俯仰，与世沉浮。只知道一个劲往诗途上奔，全不管下次转向与岔道，一个劲地展示自己的才华，全不问这才学是否对人家胃口。弄得苏东坡也很矛盾，"我憎孟郊诗，复作孟郊语。"

正所谓"以诗证史"也。孟郊在诗歌繁荣的唐朝，永远是一棵边缘地带的孤独之树，他以苦难与多舛从另一极到达诗歌的中心。

孟母佝偻着的背影永远是他生活的重与痛，他看到太多艰辛与凄凉，看到太多希望的落空,还有年复一年的努力被粗暴地否定。孟母因洗涤掉入水里,撒手人寰,他深为自己没能回报母亲而痛惜。孟郊终于卸下微职,黯然离场,在德清守孝三年,专为母亲挖一口水井,人称孟郊井,此井圈今尚存。

孟郊的诗是德清永远的光环,而孟郊悲惨的际遇却是德清永远的痛。德清的天空因为孟郊的陨落而暗淡,它悄然收起孟郊寒冷的呼吸,诗人的背影只留在唐朝的诗文里。

县丞凌濛初:商人底气的文学家

晚明的湖州人凌濛初做了成功的试水,通俗文学给了作家以捷径,文学一旦大众化,空间则无限大,凌濛初将民间资料捏合成小说实为壮举,后人从他和冯梦龙的《三言》中得到诸多史料。

凌濛初的书不用找书中隐情和字里暗香,更无红烛摇影的玄机,直接听到铜钱落地的叮当声,如古镇上富贵人家大门清晨吱呀一声,镇尾远远响起回音。假如给凌濛初定位,应该是一个文化商人,他身上有股子商人气,是一个懂得文化创新的出版商,从套印技术中挖掘文学扩散功能,单版的印刷发展到五色,创新了400年前的中国印刷术。更带给了明末文化一种古朴雅致的美感。

在整个社会没有为它的成员开放其他门径的时候,从困境与麻木中苏醒,他不能把读书、做官、买田这条道路视为当然。

他的书多读少读,深品浅尝,随意便可随兴,一个故事、万般背景。

随遇而读的境界最为迷人,读出财富苏醒最为怡得。凌濛初一生考了五次乡试,与李贽较劲的思想家耿定向的弟弟耿定力荐凌濛初。刚在南京写完"二拍"的他,便改行做上海县丞去了,那年他已55岁,是今天退二线的年龄。明末的上海县,小得可怜的一个海边渔村,凌濛初在此为官八年,颇有政绩,这个通向海外的口岸,外来思想汇聚,封闭的国门,在上海县露出一点缝隙,海上外贸让这个滩涂有了无限的想象。凭他在上海的建树,朝廷再给机会，升为徐州判官，时已63岁，人生肯定没戏，为什么，农民军已打到家门口，国已破败，终呕血死于任上。

凌濛初是中国古之文人里最具血性的汉子，颇具胆识。苏北山东一带爆发农民起义，凌濛初进见淮徐兵备何腾蛟，献了"剿寇十策"，又单骑入农民军劝说接受招安。崇祯十七年，与李自成农民起义军对抗，忧愤呕血而死。凌濛初主要的成就在小说和戏剧拟话本小说集《初刻拍案惊奇》、《二刻拍案惊奇》影响最大。有小说78篇，是中国创作拟话本小说最多的一个作家。

凌濛初恃才而不放纵自己的乖戾，自视甚高而拒绝索官，从容不迫将自己的才赋化为思想资本，并兑现为某种生存需求，将才情毫不掩饰地投入世俗情趣。凭文化商人的直觉，看到冯梦龙的"三言"走俏市场，在茶馆里与友聊天聊出写二拍的冲动，但宋元旧本的故事，已被冯梦龙"搜括殆尽"，就转向坊间"取古今来杂碎事，演而畅之"。这些琐见琐闻琐思令他轻易地染出一幅深远的长卷。皎洁的世间景象令出版商暗自窃喜。

明人走文化一路已相当精到，凌濛初索性不找气韵，他的"二拍"素材全来自民间，图景勾勒得清清楚楚，沉着心思也读不到苍茫与宁静，凌濛初传递的是江南平民阶层的声音，是明代市民性情的一次聚餐。主人翁文若虚，在国内经商破产，偶然跟人出海经商，带了一点点洞庭红到海外，竟卖了800多两银子，商人们海外淘宝的财富探险精神由此被发掘。徽州商人程宰经商失败，流落关外，为海神垂爱，得其指点，靠囤积药材、丝绸和粗布发了横财。海神的"人弃我堪取，奇赢自可居"的指点，成了商人的精神世界和经营准则。王生两次贩物被劫，失去经商信心，婶母鼓励他："不可因此两番，坠了家传行业。"商品经济活跃的大背景下，市民意识主导一方水土。

凌濛初难抑胸中不平，在"二拍"中也有偶露峥嵘，揭露统治者的贪婪、凶残与荒淫。狰狞的杨佥宪、贪婪的张廩生、卑劣的柳太守、阴毒的提点刑狱使者浑耀，刻画了一张张阴毒的嘴脸。

他们改变的不仅是审美取向，还有观念之下的道德与政治，新艺术涤荡社会文化，构筑难得的意识形态动力，"二拍"组合社会情节，浓缩江南格调，构筑传世奇峰。

县丞吴承恩：魔幻现实主义第一人

公元1567年的正月，通往长兴的驿道上，空旷、清冷、肃杀，城外优哉游哉地晃来一顶官轿，县衙的州桥前，轿停处，走下了踌躇满志的淮安名人吴承恩，早春的原野，贫瘠的村庄，枝头的鸦声，超然静观的世事，逍遥避世的田园，这些对于仕途茫茫的吴承恩来说，竟是一个庄严的日落时刻。吴承恩面对自己暮色苍茫的年龄，无力喘息的神态，为自己梳妆打扮，时间风干的脸孔，虽赶不上外界的速度，但老来丑陋使他更为勇敢。

长兴系江浙门户，地处太湖之西，环山靠湖，嘉靖年间的长兴："占山为王，落水为寇者甚众，太湖舟楫常被阻劫，商贸多被剽掠。"有"盗薮"之称，是难治之邑，沿湖劫掠成风，有的盗贼横行了二三十年，官府也未能擒拿。

吴承恩走下官轿，整一整衣袂，来不及审视长兴城墙那亘亘古韵，那石板幽巷里暗哑琴声，便直寻十年九荒的泗安而去，面对"十室九饥，人皆菜色"的贫民，面对千山鸟飞绝的贫瘠地区，吴承恩接受了一种洗礼，他从此绝不忍气吞声地看人家眼色。

这个"难治之邑"，已多年无县令上任了。明代大散文家归有光早一年知长兴，未见转折，吴承恩到任，干劲倒是不低，他配合归有光，挑选健卒，事先告谕百姓，赏罚分明，使官民勇于效力，终将悍盗擒获。太湖边13户平民，被乌程县坐指为盗，致使被逼远逃他乡，田园荒芜。归、吴亲自深入湖区，遍入山中调查实情后为之昭雪。

两位文学大家同治一个县邑，这在中国历史上可能也是一绝，使这个县陡然生辉。吴承恩主管征赋粮马之事，为均税负，颁布告示，规定按田户大小分摊粮役负担，于是乎，小民感恩戴德，大族咬牙切齿，"谗构于朝廷"。

吴承恩曾经放荡不羁，曾经轻时傲世，曾经冷漠功名，曾经是浪子一个，终日出入歌馆妓楼，交了不少歌伎朋友，这位淮安才子的词填得相当不错，许多歌伎因他的词而走红。他不像柳永，靠妓楼生存，但身上又有柳永的影子，柳永47岁那年第四次考试，才中进士，吴承恩45岁时也是第四次考试，只中了个岁贡生，又不如柳永。

吴承恩又很像柳永，一个潇洒才子，自古才子都潇洒，韩愈、杜牧、刘禹锡、白居易、纪晓岚，都是羽衣纶巾出入高堂的才子。不过，吴承恩不想在文化风流中苟且偷安，他要真诚地过一回官瘾。贡生只是有了做官的资格，但等待官位的过程却是漫长的，明代吃俸的官员实在太多。

在长兴任上，吴承恩算个有德之人，有范仲淹气质，常以平民的水火之苦匡正自己，自责自求，为告诫官吏为黎民办事，吴在大堂前立一石碑："尔俸尔禄，民脂民膏；下民易虐，上天难欺"。身处那个浮躁年代，"进亦忧，退亦忧"的清官总是不多见，吴承恩以一股静气直面人生。

江南名士徐中行恰回长兴丁忧，该名士也是性情中人，官当得不错，至河南汝宁知府、刑部主事，文章也写得不错，其诗格高而调逸，宏丽悲壮，与李攀龙、王世贞等称为明代诗坛"后七子"。杨继盛弹劾奸相严嵩被系狱，徐中行不顾受牵连，公开去探监；杨被杀后徐中行还为其料理丧事，因此遭贬。徐阶当宰相，才被起用，嘉靖四十五年母丧，回家守制，吴承恩闻之，有事没事常去拜访，读诗作文，结为挚友。

吴承恩在长兴当县丞时刚正不阿的风骨，清晰地勾勒出来。

官场似雷场，文人是些无用之物，吴承恩不会有那种根性的认知。没想到几百年不遇的大旱降临在他的任期里，县志载："1568年，正月里大风扬沙走石，白昼晦暝，大旱，太湖涸。"有史记载的三千年里，太湖干涸只有三次，那"饥民死者塞道"的惨景，竟让吴承恩轮到了。大灾降临，粮税完不成，察院始劾察官吏，吴承恩刚直的性格，惹怒了察院的老爷们，吴承恩被诬以"贪赃枉法"罪被捕入狱，顿成冤案，走进自己掌管的监狱。

吴承恩坐牢，徐中行深知蒙冤，于是竭力奔走于同僚，保荐吴承恩。

吴承恩虽在长兴待了大约五百天，便"拂袖而去"，不当官的瞬间，吴承恩顿时有一种苍凉的诀别和人生的幻灭感。

离别官场落了个清静，吴承恩落难回淮安，与文征明和知府陈文烛唱和。徐中行升迁到福建任按察使，途经淮安时，徐中行约了知府陈文烛特意去看望吴承恩，三人一起"谈竹素之业，娓娓不厌，夜分乃罢"。

回到淮安，寂寞栖居，淡泊明志，让天分在清静无为、超凡脱俗下如甘泉流淌，《西游记》在汩汩中流出。83岁那年，吴承恩看看世间再无牵挂之事，便撒手西天取经去了。

县令归有光，孤独的摇扇人

中学教材，有一历史名篇，叫《寒花葬志》，作者归有光，号为明代散文第一人。今天的这篇文章，少了几句话，隐去了他与叫寒花的妾的一段感情史。归有光一生中娶妻三次，魏氏、王氏、费氏，寒花，是随原配魏氏嫁到归家的婢女，魏氏病逝，她由媵而妾。

寒花最初是婢女，地位不如明媒正娶，归有光懂其酸楚，为归家生了两个女儿却早夭，在她19岁病逝后，写下悼亡之作，情景交融，超出一般的墓志了。

归有光明写寒花，暗写自己，看似一带而过的闲笔与淡笔，恰恰是归氏散文的特点，在这种刻意的淡和无奈的压抑中，含着他细腻的心灵。

清代桐城派集大成者姚鼐在编辑著名的《古文辞类纂》时，从元明两代众多的散文家中，仅仅选取了一人作为上承唐宋、下启清代的散文大家，他就是明代的归有光。他的作品朴素简练而又真挚动人，成为正统散文向近代散文转折的重要标志，被后人誉为"明文第一"。

归有光是一个漂亮多情的人，他的散文写父子、写夫妇、写朋友、写生离死别，都很动人。明朝从李梦阳、何景明提倡模仿秦汉古文后，大家都学得歪七扭八变成了伪古文体，归有光的文章却没这种毛病。

归有光年轻时举乡试不第，直到晚年才中进士，故称晚达。用钱谦益的话说，是一个"独抱遗经于荒江虚市之间"的"老举子"。就是这样一个乡间穷儒生，敢与拟古主义者对抗，敢与不可一世的王世贞抗争，力矫前后七子"文必秦汉"之论。吴承恩来时,《西游记》尚未问世。

归有光文字精到至极,《寒花葬志》,写一个人物,"垂双鬟,曳深绿布裳","目眶冉冉动,孺人又指予以为笑"。读到《项脊轩志》,写一处场景,"庭堦寂寂,小鸟时来啄食,人至不去","明月半墙,桂影斑驳,风移影动,珊珊可爱。"归有光文字清淡而不太动声色,动声色的文字就像是过年纪人写的情书,常常是要过多表现自己。

归家在昆山是一个大家族,民间有"县官印不如归家信"之说,后来家道中落,归有光的出现,让归家重现虹霓,读书做学问是归有光毕生的事业,不停地考试,一连八次落第,第九次才中举。来长兴做县令已60岁,但凭一手妙文已声震文坛。

归有光的散文,把日常生活中的琐事引进了严肃的"载道"之古文中来,一些叙述家庭琐事或亲旧的生死聚散的短文,写得朴素简洁、悱恻动人,"使览者恻然有隐"。几百年来,人们读到归有光的《寒花葬志》《项脊轩志》等文,无不为之深深感动。归有光的这些叙事散文,在当时一味摹古浮饰的散文园地中,就像一泓甘甜的泉水沁人心脾,为散文的发展开辟了一片新的境界。

归有光善于捕捉生活中貌似十分平常的细节和场面,寥寥几笔,形神即现,给人难忘的印象,且在平淡简朴的笔墨中,饱含着感人至深的真挚感情。譬如著名的《寒花葬志》,只几件小事,一个天真可爱的女孩子形象,呼之欲出。

归有光一根筋,"八上公车不遇",归有光是明朝最会做文章的,却一直考运不佳。他中举人时已35岁,一直拖拖拉拉25年。

归有光到了60岁始做长兴知县,是今天为官退休的年龄,这位被钱谦益戏称为"老举子"的书虫,考了九次才中进士,科举制度似乎太残忍,归有光到底接受了这种残忍,他到长兴后一是办学,二是治吏,平反冤狱。他"用古教化为治",为无辜受诬入狱的107人平了反,把无辜办了死罪的三十余人省释出狱,每次公开听讼审判,不用官话而用吴语审讯,以便百姓申诉。

归有光的长兴事件是拒绝上司推行的里递政策，推他的大户轮流担任粮长改革计划，得罪了上面，归有光在元旦之前入京，上级派来摄令，即代理县令擅自推行里递制度，造成了征粮的混乱。漕粮起运日期到了，粮草无法征收，摄令自首下狱，与他一起负责征粮的县丞也以"贪赃"下狱了。

皇帝功德，能为后人感动的不多。归有光与吴承恩主政长兴，两人游览下箬陈霸先故里，撰文写下三百字的圣井铭，并作碑，由吴承恩书之。在文中，他以这口井历经岁月沧桑，依然不竭不涸，来颂扬贤帝明主的大业光灿。当时正值隆庆元年，两位才当上七品小官的花甲老人合作了这件作品，少不了要流露出对当今皇上感恩戴德的心情。1979年9月，长兴县为《圣井铭并叙》碑和《梦鼎堂记》碑重建了碑亭。

归有光重修县衙，顺便修缮了后宅，花钱不多，但仍有非议，于是用文化补缺，创作了一个梦中见鼎的故事，却成一篇传之后世的美文。吴承恩为此书写了《梦鼎堂记》碑，全文514字，写得圆腴劲秀，精彩非常。碑文记载了把后宅题名为"梦鼎堂"的缘由。梦中"补鼎"，归有光暗喜，他懂得鼎的象征意义，于是回忆起自己曾经的胸怀大志，能遇到贤明君主，辅助朝廷推行尧、舜、周公、孔子的政治主张，鄙弃管仲、晏婴的霸王之术，而如今老之将至，只得寄希望于后来者了。"梦鼎堂"，是归有光休息、会客的地方，亦称闲居之堂。

四百多年前，两位年逾花甲的文豪县官，在长兴这偏僻县衙小兴土木，修缮一个极普通的会客室，纸窗竹屋，灯火青荧，留下了古之中国县级官吏的宏伟独白。

The biography of Huzhou

湖州传

笔中乾坤，文化了的民族乡愁

第五章

有人把中西方文化区别概括为一个字:"笔",一根鹅毛,西方用管写,中国人倒过来用毛写,这颠倒之间,为中西文化画出鸿沟。

贵族味，无声的历史回响

湖州的山上有两座宝塔，都与笔相关，一为笔塔。祭笔而起，是为笔源。一为多宝塔，又叫文笔塔，为文风昌盛而建，是为文脉，两支神来之笔，定笃湖州，看来是上苍的想法。

中国的笔墨，到了湖州浮华起来，不过，笔墨江南也好，笔墨华夏也罢，湖州于笔还真有浮的资本。湖州人造笔，占了天时地利人和，羊、兔毛取之不尽，小竹竿用之不竭。加之湖州人有用历史外壳维持家园的护笔风度；有凭传世法度与骨力造笔的信念之火；更有一厢情愿的技艺因缘与捉笔感觉。借用天生层面的制笔功力化作卫道梦想，跪上湖笔文明长久的拜垫。

笔源，文明源头的布局

人类进步是因为文字一直在变，人总有认不完的字，因为人类一直在造笔。

仓颉造字，蒙恬造笔，是汉文明长廊中超时空的搭配，属于远古的体面。

西周时期毛笔的使用，周武王的《笔铭》："毫毛茂茂，陷水可脱，陷文不活。"说的是毛笔记载文字的作用。东汉蔡邕《笔赋》："昔仓颉创业，翰墨作用，书契兴焉。"

毛笔文化作为一个完整的存在，将自己的美色锻造得极其灿烂。但笔起源于何时,现代人很少追究,这个文化传奇的最初一章,模糊了遥远的阅读记忆。用笔人偶尔有个刨根的想法,也只是想法。汉时许慎、刘熙、蔡邕、李尤和曹植都有谈笔的文字,但笔源于何时,谁也没说清。

晋代崔豹在《古今注》中有一段关于蒙恬造笔答牛亨问,上古自有书契以来就应有笔,为什么独说蒙恬造笔?崔豹答道,蒙恬所造,不过秦国独有的那种笔,一种用木料制作笔杆,用鹿毛作笔心,用羊毛作笔被的"苍毫笔",不是一般的兔毫竹管笔。

崔豹的意思,笔非蒙恬创造,但蒙恬创制了一种样式全新的笔。据出土的秦国笔,与楚国笔相比,秦国笔的笔头在笔腔里,楚国笔的笔头夹在笔管外。秦国笔的样式则为后人沿用至今。蒙恬究竟造过苍毫笔没有,史无可考。《史记》上只说蒙恬做过法庭书记一类的官吏,这种官吏天天与笔打交道,有可能对笔作过具有革新意义的改造。《千字文》中"恬笔伦纸"的句子,多半与怀念先哲的文化业绩相关了。中国人对每一个在文化事业上做出过哪怕是一点点贡献的人,都会念念不忘的。

《淮南子》中的"仓颉作书,鬼夜哭"。笔好像始造于黄帝的史官司仓颉。鬼或作兔,兔恐见取毫作笔,害及其躯,故夜哭。显然是神异之说,意在颂扬仓颉造字的业绩,虽然文字并非由仓颉一人所造,但仓颉对造字肯定是有功的,与蒙恬造笔一样,足以为后人怀念景仰。

明代罗颀的《原物》中记:"伏羲初以木刻字,轩辕易以刀书,虞舜以漆书于方册。"虞舜大概是最早的用毛笔之人。

早在6000多年前的新石器时代,华夏的先民们就已经开始使用初具雏形的毛笔在陶罐上勾勒民族图腾,西安半坡村出土的陶盆和代表马家窑文化、仰韶文化、大汶口文化和大溪—屈家岭文化、河姆渡文化、良渚文化的陶器上,所描摹的生活场景,表现的审美感受,均为笔之创造。

殷商时期,祭司们用笔在甲骨上记载神的旨意和朝政大事,然后用刀铭刻,成为中国最早的文字记录。从此以后,笔成为中华文明发展与历史兴替的见证。从战国盟书,到秦汉简牍,再到六朝绢纸,文字的载体由甲骨演进为纸张,但书写的工具却始终是毛笔。从陶罐上的彩绘、阴山崖壁上的岩画、马王堆汉墓中的帛画,到流传至今的历代绢本、纸本绘画,中国人描摹世间万象,抒写内心感悟的工具也依旧是毛笔。

在殷商时期的甲骨文中,出现了最早的"笔"字。它读作"聿",像一手持笔的样子。同时也出现了"书"字,像一手持笔在器物上书写的样子。

1954年6月,湖南长沙左家公山的战国楚墓中,出土了一支完整的毛笔。这支笔的笔杆是一截18.5厘米长的实心竹,一头劈成数片,用上好的兔毛夹在其中,用细丝线缚住,外面还涂有一层漆。这支笔在出土的时候套在一节竹管中。由此可见,当时的文人对笔是很珍视并很注意保管的。

秦代毛笔,将笔头纳入腔中。一改以往毛裹在笔杆外的做法,秦代蒙恬发明毛笔的说法,只是传说。五代马缟《中华古今注》说:"世称蒙恬作秦笔耳。以柘木为管,以鹿毛为柱,以羊毛为被,所为苍毫,非为兔毫竹管笔也。"认为蒙恬对毛笔形制作了改进。笔头制作采取"披柱法",与后代完善的毛笔制法已很接近。

1975年,湖北云梦睡虎地的一座秦墓中,出土了三支毛笔。秦笔的笔杆下端较粗,镂空成毛腔,笔毛纳入腔内。是今天毛笔的形制。蒙恬时任典狱文学、内史等职,也就是朝廷掌管刑典和机要文书的职位。蒙恬造笔的依据大概溯源于此。

从《史记》记载中推定,蒙恬的兄弟蒙毅曾随侍秦始皇巡视东南,经宣城,驻足乌程县。秦笔的制作工艺随着郡县制的推行,来到了湖州。

钱山漾新石器时代遗址中,曾出土了两把棕刷,上端用麻线紧紧捆扎,棕刷的后部加固以利于手握。这种复合的构成就是毛笔的基本形状,而棕针就是我们所说的笔的毫毛了。可认定为毛笔的原始形态,这是目前出土最早的具有毛笔形态的实物。钱山漾出土的还有被黑墨划了道道的陶片,类似于笔画上去的。文博专家、苏州大学教授张朋川的《中国古代书写演变史略》中认为钱山漾出土的棕刷是毛笔。

分布于杭嘉湖地区的良渚文化遗址,除了玉琮,还有彩绘陶器,这些陶纹同样是用雏形的毛笔绘制的。在商朝晚期的湖州毗山遗址中,考古人员发现了卜甲。战国时的湖州行政中心在金盖山的下菰城,自然少不了文字。

159

两汉毛笔，继承战国的遗制，长约为秦时的一尺，与王充的"三寸之舌，一尺之笔"的说法相合。兔毛是笔毫的通制，竹质笔管是笔管常制。

魏晋，毛笔制作技艺较前更成熟，代表性的毛笔为"韦诞笔"，著有《笔方》存世。韦诞制的笔已包含四层畜毛，即最内层是羊毛，次层是兔毫，扎束成"中心"。然后用短羊毛覆在"中心"外，目的是使笔头造型成锥状，并增加吸墨量，是为"笔柱"，最后再覆一层兔毫。

东汉蔡邕的《笔赋》说，制笔的兔毫以冬天时的山兔毛为最佳，这一选毫的经验一直传承至今天。王羲之《笔经》也表示兔毫的品质优劣与产地有着重要关系，并且指出毛笔的质量好坏取决于笔工制作技艺的"巧"与"拙"。

毛笔的传统制笔法"披柱法"的一整套工艺在魏晋时已基本具备，此后相袭近2000年的制笔法大体上不离其宗。

和韦诞一样，王羲之既是书法家，据说也能自己动手制笔。他曾自称："余尝自为笔，甚可用，谢安石、庾稚恭每就我求之，靳而不与。"从制笔技艺的专业要求来看，书法家是不可能有专深的制笔技术的。

韦诞、王羲之所述的制笔法是两种不同的类型。"韦诞笔"的笔柱，是由毛毫扎束成的笔心外面再加短毛衬垫而成的。王羲之所云制笔法中的笔柱，是以数种毛毫为笔心，再在根部用麻纸裹住并捆扎而成。

湖州人性善，任由一种说法：毛笔起于北方，汉时盛于中原，后南下安徽泾县安营扎寨，称宣笔，因一路辛苦，宣笔于唐时得了名分。湖州却静如处子地恭候着，怀揣着魏晋的毛笔，誉饮隋唐仍不见张罗，到了宋代才战战兢兢地被召进宫，被诏天下。

从浩瀚的史籍中去披索湖笔的渊源时，我们惊讶地发现那时的湖笔源头善琏，还是一块浸没在菱芡芦荻中的沼泽湿地，而毛笔的出现也早于蒙恬数千年。唐朝的大学者颜师古和另一位学者徐坚也认定"蒙恬作秦笔"。

在湖州善琏迄今还留下许多关于湖笔的遗迹和风俗。善琏古称蒙溪，相传秦朝大将蒙恬曾在此改良毛笔，为纪念笔祖镇上建有蒙公祠，其地也称为蒙溪。相传农历三月十六日为蒙恬生日，农历九月十六日为蒙恬夫人的生日。民间的祭祀活动中整修神像、乐师打唱、神像游行和演戏庆贺一直延续至今。

蒙恬会是湖笔行业中最隆重的庙会，虽然"蒙恬制笔"只是湖笔文化发展史上的一个传说，但在这个美丽的传说后面却蕴含着湖笔文化悠久的历史、独特的内涵。善琏制造湖笔大约始于晋代。这与王羲之、王献之、谢安等吴兴太守崇文尚书有关，晋时的太守们已借自己的用笔经验，指导造笔，他们身边已经围着一批笔工。

南朝，有两个人将制笔做成排场，一个是王羲之的七世孙、善琏永欣寺僧人智永。智永毕生的信念是弘扬二王书法，在寺内习王体30年，写下著名的《真草千字文》800余本，分送浙东各寺院。其间写秃的毛笔头积了十来瓮，他将这些笔头埋于蒙公祠旁，自题为"退笔冢"。他在善琏带出了一批笔工。

再一个叫沈驎士，作为南朝湖州第一位教育家，是第一个运作湖笔产业的人物，他以织帘换取笔纸，跟他学习的弟子百余人，沈驎士足不出户，在家织帘抄书授课，抄书达万余卷，有专门笔工在此制售毛笔，时称"开门教授居成市"。

湖笔又称"湖颖"，善琏也因商贾辏集而成一个笔业的专业市镇。"湖州出笔，工遍海内，制笔者皆湖人，其地名善琏村。"宋皇室南迁后，江南成为政治、经济、文化的中心，再加上湖州独特的地理，元、明两代涌现出了一大批技艺精湛的湖州制笔能匠，如冯应科、陆文宝、徐信卿、张进中、施文用、陆继翁等。湖笔技艺改进的同时，也推动了江南文化的进一步繁荣，造就了一大批杰出的书画家。

冯应科笔、赵子昂字、钱舜举画并称为当时吴兴三绝。"湖州之笔，冠于天下。"清代，善琏笔工在北京、南京、上海等地创办了一大批闻名全国的笔庄，如戴月轩、周虎臣、杨振华等。湖笔在文化人眼里早已不再是单纯的书写工具，而赋予了它独特的文化品性，笔有四德："尖、齐、圆、健"，这种圆润丰硕、劲健有力的品格。历来人才辈出，藏书、刻书、书院更是闻名遐迩。莫嫌人物非风雅，也近斯文一脉传。

从赵孟頫到吴昌硕、沈尹默，湖州人写了半部中国书法史，倘若囊括所有的土著人和在湖州工作过的大家，如曹不兴、王羲之、王献之、智永、颜真卿、苏东坡、文同、米芾，这部中国书法史让湖州大放异彩。

笔脉，亘古翩然一圣物

历史厌烦了声音以后，展开想象的空间，借助毛笔让时光有所积淀，心有所寄，虑有所定，借助毛笔造访和谐的时候，练就了气质，毛笔于是有了分量，于是生发历史的长卷，于是让史海变得浩瀚。

天下对笔顶礼膜拜第一人当属那位孔圣人，孔子写《孝经》时，穿着红色单衣，头上簪着笔，向着北极星礼拜。像孔夫子这样的中华文化巨人，一定是懂得笔对于文化的寓意。他说："吾志在《春秋》，行在《孝经》。"然制定人生的行为规范时，又将笔插于发端，以作见证于督察，倒是引出笔之文化以外的功用。

书法圣人王羲之，不仅书法好生了得，制笔也很有一套经验之谈，他的《笔经》里说：应把好又长的毛靠近笔端，短而差的放在笔根部，硬毛作笔锋，软毛作笔肚，以漆液黏结，以海藻汁润泽笔毫。如此做法之笔，画直线如弹墨绳，画弯线如同钩弧，画方形如得直尺，画圆如用圆规。制笔得法叫作"笔妙"。东晋时的官员有的是闲工夫，这位吴兴太守是仔细看了笔匠制笔过程的，作为用笔人也从中悟出了道道。

有人以为王羲之《笔经》所述，只是工序的片断，所以没流传。但对于湖州人，属于刻骨铭心之事了。湖州以晋之王羲之《笔经》、唐之陆羽《茶经》、宋之朱肱《酒经》"三经"名播天下，制笔工艺在湖州，不算难事。

纯粹的书家，有笔之通灵之求。对富贵雕镂之笔，王羲之有自己的审美尺度。王羲之大概是将美学引入毛笔的第一人，他说，作为玩物摆设，有欣赏价值，使用必不便捷。"有人以绿沈漆竹管及镂管见遗，录之多年，斯亦可爱玩。"不必视金宝雕琢之杆为宝。"昔人或以琉璃象牙为笔管，丽饰则有之。然笔须轻便，重则踬矣。"

有人赠象牙笔于王羲之，虽属独家绝活，令之牵挂，却有不便之处，供着，心才妥帖。淡泊明志的想法，流露于笔杆，不愧为高人。

大学者蔡邕在《笔赋》中，对毛笔的笔杆、笔毫的取材及其缠束方法都做了描述。这可以说是最早记录制笔方法的文献了。当时的制笔名家有张芝、韦诞，北魏贾思勰在《齐民要术·笔法》中，记载了韦诞的制笔法：以兔毫及羊青毛为笔毫，以铁梳选毛并拍毛整齐。

在古人那里，一支毛笔是一种人生的装备，生活的物化，人生里缺不得笔的辅助。既然是装备，自然要讲个品位与档次，晋人率先有所尝试，葛洪曾描述了这种价值百金之笔："以杂宝为匣，厕以玉璧翠羽，皆值百金。"唐代有个叫铁头的笔匠可以把笔管打磨得如同玉石一般莹洁润泽，但其方法已经失传。如果真能"莹管如玉"，那会是很美的享受。据说年长以后，眼花手颤，心绪失控，此门绝艺失传，难禁伤逝之感。

读古之制笔文献，回忆很淡，回味很浓。旧式时光里也能找到红尘，虽梦影依稀，却学养真实。元代，一些湖笔制家精雕华饰，几乎包揽了所有皇帝所用的御笔，湖笔大放异彩，出尽风头。如宁波屠隆所言，"大抵海内笔工，皆不若湖之得法"。

晋室东渡以后，江南地区的经济文化得以迅速发展。当时名重天下的王、谢两大家族共有十七人来湖州任太守，王羲之、王献之父子都先后担任过湖州的郡守，留下了升山遗迹和《快雪时晴帖》这样的书法精品。王羲之所撰《笔经》是我国第一部制笔专著。却属思想精品，今天照样存奢侈感，握笔以后，生活的模样变得慈祥。

张芝、韦诞的笔和王羲之的《笔经》代表了汉末和魏晋时期制笔工艺的最高水准，而他们又都是著名的书法家。从左公山战国笔到秦笔，再选经秦汉、魏晋、隋唐，以至于宋元，毛笔的主流是兔颖制作的硬毫短锋小径笋式笔，如"鸡距笔"。唐朝以后，文人开始尝试不经加胶上蜡砑光熟化工序的纸张，出现了以"无心散卓笔"为代表的长锋笔。入宋以后，椅子的出现改变了书写姿态，软毫笔开始受到书家们的青睐，米芾在湖州所写的《苕溪诗卷》和苏轼的《黄州寒食帖》便是柔锋所出。从古代制笔文献看来，羊毫的使用开始于秦代，一般是与兔毫相杂，以调和普通兔毫刚硬的笔性，纯用羊毫则极少见。由于上等的兔毫极为难得，苏轼在杭、湖两府任职期间，曾集十张冬兔毛皮，而难以萃成一支佳笔，元明以前的普通文人所使用的便是兔羊毫相杂的毛笔。

中唐后，避居江南的士宦把笔探路，魏晋风度在一支支毛笔上隐隐约约地显现出来，将一条余韵悠绵的"唐诗之路"铺进了湖州，萃取湖州山水精华而成的湖笔依然是含蓄地走着。

与其他毫料相比，羊毫来源丰富，价格低廉，而且山羊毫锋颖细长，耐磨性好，使用寿命长。这一点正是湖笔的商机。宋代文人苏轼、叶梦得都记载了有五六百年历史的宣城诸葛氏笔业的衰落。

因为制笔风尚在商业社会中，忌用素颜烛照信念，笔入了文化人的族谱，寂寞了也有寄托。仍守古法，不入俗流的诸葛宣笔终被淘汰。元代湖笔业吃准了商业社会成长方向，敲响成本与工艺的鼓点，湖笔在元代的兴起，势所必然。

明清两代的笔，重笔管的雕琢装潢，把毛笔的装饰性引向一个高峰。《简明古玩辞典》提到两支笔：一支明代剔黄笔管。黄漆笔杆，雕刻卷云图案。饰有回文泥金环带，圆顶雕六瓣旋花，笔帽口刻线纹。这件剔黄笔管是至今发现年代最早，做工尚精的珍贵漆器。另一支安徽天长县发现的清代特大斗笔。笔长165厘米，笔斗锋长33厘米，笔斗围径52厘米，用细马鬃制成，为笔中之王，是清代开山书法家程之忠祖传文物。

追求精致俏丽，推崇笔杆功夫，当今湖人最为拿手，加箍、雕镂、镶嵌等装饰以外，更有微刻上杆，透着袅袅婷婷的书卷之气。笔刻名家孙育良出自制笔世家，十年前已为国家元首刻笔，管刻技术之精湛名播海内外。孙育良用自己独到的刻技牢牢地勾住了远来旅人的脚步。

湖州人制作巨笔也不足为奇，一支笔长470厘米，锋长130厘米，重75公斤的牛角巨笔，业已问世，为湖笔之最，载入《吉尼斯世界纪录大全》。

然早先的士人都视笔法为神秘，汉末蔡邕学书嵩山时，在山洞里得《笔法》后传入三国的韦诞手，钟繇借不到手，气得吐血昏死，被曹操救活，得知《笔法》已作韦诞的陪葬品，竟差人盗墓获得，由此书艺大进。王羲之从卫夫人那里得到《笔阵图》，便写《笔经》《指法》传给王献之，《指法》后来传入唐代欧阳询手中，创"欧体"，二王的后代智永又在湖州创用笔"八法"，苏东坡的表兄文与可见两蛇相斗而悟笔法，说来很是玄乎。今天的艺术家们已不再迷信笔法，握上一支称心之笔独悟书法之道，才是正径。

有人把中西方文化区别概括为一个字："笔"，一根鹅毛，西方用管写，中国人倒过来用毛写，这顺倒之间，为中西文化划出鸿沟。

文人借助毛笔，将真理流注笔端，得以觉悟，也点穿了自己的心情怀抱与见地。笔作为一种精神的必需而进入文人生涯，称作"笔耕"，梁代任昉说笔耕意味着清贫。《抱朴子》上记，葛洪因为家境贫寒，只得砍柴卖钱，去换取笔与纸等。葛洪白天还要经营田园，夜间以柴火作灯烛照明写字。清戴名世《砚庄记》中说，笔为锄耒，以砚为田来供给予生计。当然也有以此才艺逃避现实的。然更多的是视笔为进取功名，匡扶社稷的利器，韩愈专门写了《毛颖传》一文，以拟人手法，解读以笔求仕的文人心态。龚自珍因为字太差劲，屡考不中进士，只得下决心去北京琉璃厂买回湖笔，天天临池，日日瀚笔，把笔出山，不拘一格，让自己"重新抖擞"。但像蔡邕那样把故旧笔的弃置看作为"新故代谢，四时序也"的，反而少见了。

毛笔作为精神文化的物态载体，如同一条刻意维修的幽径，把侠骨赤胆，蝇营狗苟，把豪壮奇崛，脂腻粉渍都往这条道上赶。因为有毛笔才古风翩然，才去掉粗糙，才让国学加重了担子，也就是这光耀百世的传统艺术，才让谁都可以热情和从容，谁都不会寂寞和不自在，艺术人格因为选择毛笔而变化。

王羲之晚年居会稽，带去大量湖笔，更带着那支他做吴兴太守时湖州人所造的琉璃象牙毛笔，归隐林泉。

笔匠，出自一个叫善琏的镇落

江南水乡有一种造型考究的小船，如同精致的小屋，此船只出在一个叫作善链的地方，船中只装一物，毛笔。明初大学士解缙称为笔船，而湖州人称之"笔舫"，颇雅。盛传善琏笔商沈林山摇小小"笔舫"上京卖笔，有一举人购得王姓湖商的笔而得中状元，湖州今天的名店"王一品斋笔庄"得名于此。笔舫悠游于江南水乡，构成毛笔文化的又一处风景。不过，湖笔取代宣笔，除了湖人心灵手巧以外，还有些天意。

湖州坊间，常能寻见老一点的文字，细品，是明朝人的心井和墨痕，水乡人家都有谋生一技，家有千金，不如小技在身，人间大富贵唯持小技才真快乐。湖笔人家的妇女们，在晨曦与暮霭中，遥对含山塔影，用她们心有灵犀的巧手，扎缚出各式各样的湖笔笔头，装入男人们加工好的笔杆，男人们再把做好的湖笔载入小船，两双手一起摇动船橹，荡起一行远行的波光，一支支精美绝伦的湖笔就这样从小桥流水人家驶向五湖四海。

清人沈国治诗说："含山塔影细于针，含山淡翠似眉纤。侬家遥对含山住，亲缚银毫染胜尖。"在湖州善琏，制笔甚为普及。

明代善琏是一个村落，居民大多农忙务农、农闲制笔。《永乐大典·湖州府》记载："善琏村居民大半能制笔，其笔视他处为特胜。自冯应科、陆颖后，代不乏人。农耕之暇，即缚笔。客旅转贩于四方者甚众，居民藉此利，备耕作之利焉。"

善琏镇从原先的村落成为人户密集"人烟如井邑"的专业制笔集镇。清同治《湖州府志》载："居民制笔最精，商贾辏聚，庐舍郁兴，烟户现存者约千家。"

善琏早在隋代已有毛笔制作的兴起，镇上有"福善、保善、庆善、宜善"四桥联络市廛，形如束练，故名。居民精于制笔，南朝大书法家智永僧结庵连溪永欣寺，30年习字临书，一批笔工即萃于此。寓居善琏的唐代李绰撰《尚书故实》，实证善琏的制笔业距今已有1400余年的历史。

清代中期善琏制笔业的格局走向分工，镇区的专业作坊，以制笔为谋生手段。技艺传承在圈内进行，师傅收徒仅限镇区人员，出了一批技艺精湛的制笔高手，高档湖笔来自这一群体。周边有一二十个自然村参与制笔，这些业笔者都属亦工亦农的身份，有俗诀称为"三分农庄七分毫"。卜家堰自然村民国时有25户村民,仅3户不制笔。村民只制羊毫笔,工种分工也不十分精细,可一人兼数门工种。有些关键工种技术要求高,非长期专注操习不能掌握,善琏镇区笔工技艺高超的,能制作兼毫、狼毫笔等高档湖笔。

善琏位居江南水乡一隅,明代起就有笔舫向外流动销售,但销量有局限。清代,善琏笔工大胆地走出家乡,赴全国一些城市开设湖笔笔庄。笔庄以创始人的姓名为字号,前店后坊,笔庄员工大多是来自善琏。这些融入大邑的笔庄,成为善琏湖笔面向全国的诸多窗口。居于城市也有接触上层官宦、文人及书画名家的机会。外埠笔庄的创设是善琏湖笔生产的一个重大转折。

湖笔转贩于四方的同时,不少善琏笔工走出家乡,移居外地从事制笔。明代徐献忠《吴兴掌故集》称:"湖俗出笔工,遍海内制笔者皆湖人也。"不过这些在外的笔工,除了毛笔生产、销售,还随时得按商家或客户要求"修笔"。

据1929年的资料,善琏制笔户有300多家,从业人员达1000余人,年产量达到400万支,创造了空前的纪录。

含山塔建于北宋元祐年间,最初因礼佛而建,塔形酷肖笔尖,笔工们拜为笔塔,它的灵光造就一方制笔能工巧匠,给予他们会通造化、创新求变的制笔灵感。

徐原珪、冯应科、张进中、陆颖是湖笔第一代笔工的代表,从元初到明初,也就是陆颖、陆文宝、陆继翁祖孙三代的时间,湖笔完成了从勃兴到扬名的创业,完成了从兔颖到羊毫的笔料更迭。上等兔颖精制专供宫廷和赵孟𫖯、鲜于枢、虞集等书画名家的用笔。即便如此,赵孟𫖯尚且要拆笔择毫重制,从几十支佳笔中集取一支"终岁任之无弊"的"妙笔"。上等的兔毫产自河北上党等地的山野,上千只山兔皮中只能获取一两紫毫,无怪赵孟𫖯会有"陆颖笔近亦不佳"的感叹。

经赵孟𫖯等人的指点,笔工们选择了湖州、嘉兴等地所产的山羊毫,并一举获得了书家乃至宫廷的认同,陆文宝等第二代湖笔笔工的羊毫笔取代了兔毫千年不易的地位,成为解缙等人的爱物,也步入宫廷,成为帝王们的珍玩。在南京博物院、上海博物院珍藏的明初宫廷用笔中，羊毫笔已成为湖笔笔工制笔的主流，"玉兰蕊"成为湖笔精良品质和扎缚工艺的代表。

善琏陆氏制笔世家第三代传人陆继翁羊毫取代兔毫，深得文渊阁大学士胡广、少詹事曾棨的嘉许。曾棨有《赠笔工陆继翁》诗，极言陆氏父子所制枣心、兰蕊笔的佳妙。胡广、曾棨都是状元，朝廷的重要政令文告多由解缙和他们两人撰拟、誊录。于是深得羊毫制作旨趣的湖笔笔工尽占先机，"湖笔"作为一个专有名词出现了，并赢得了"湖颖之技甲天下"的盛誉。

成文时间相近的《吴兴续志》和解缙《题缚笔帖》中均提到善琏笔工在农闲时制笔售笔。陆继翁、王古用等开始了离开农耕专事制笔的变化，湖笔的生产经营步入了社会化、商品化阶段。

明清两代精制华丽的湖笔，其中有一部分即是皇室的"御用笔"和官府用笔。制作的精美表现在笔头选毫极精，笔头捆扎出竹笋式、香盘式、兰花式、葫芦式等多种形式。笔头与副毫因毛色现出层层不同的色彩，或锋淡而副毫渐浓，颜色变化颇为美观。当时用毫有羊毫、紫毫、狼毫、貂毫、猪鬃等不同性质的毛，并创新了兼毫制笔，还出现了擅笔、斗笔、联笔、提笔等写特大字的大型笔，以及蓄墨较多的长锋笔等新的品种。

据元人笔记记载：赵孟頫精于选毫择笔，遇到书写宛转如意的笔后，便将笔头剖开，选取其中最劲健的笔毫，收藏起来。大凡萃取三支毛笔的精毫以后，便让笔工将之扎缚一管。精选之笔，挥翰如意，健毫耐久，可"终岁任之无弊"。

赵孟頫择笔十分精审，湖州笔工们在赵孟頫选笔倾向中改进技艺。他有这样的论笔记录《论陆颖笔墨迹》。元人沈梦麟有诗云："吴兴阁老松雪翁，书法直与钟王同。当时笔家争效技，陆颖一出超群工。"

元代，知名的湖笔笔工之多，远逾历朝。他们和文士们倾心相交，文人们赠予陆文宝、陆文俊、杨均显、王伯纯、温国宝、徐原珪、施廷用等湖笔笔工的诗句，常见诸元人诗文集中。

谢应芳有"王生卖笔来吾庐……生今卖笔我卖文"的笔人的惺惺相惜；沈梦麟有"金花煌煌封两头，紫毫价重珊瑚钩"的笔友间的唱酬，更有"扁

善琏湖笔文化园

舟夜雨来沧海,满目风尘易白头"的笔工的相知关切,尽为湖笔的生命与扬名之道。

明代湖笔盛名,屠隆说:"大抵海内笔工,皆不若湖之得法。"湖笔在改朝换代的战火和文化中心的迁移中涅槃。

在笔管装饰的创制上,也新出了许多精巧的工艺,从质料到装饰花纹都有创新。当时有竹管、玉管、玳瑁管、雕漆管、剔漆管、黑漆描金管、填漆管、象牙管、瓷管、木管、珐琅管等多种质料。装饰题材丰富,雕镂精致,色彩鲜艳。笔头毫料与缚制品式的不断丰富,笔管质地与镂刻的多姿多彩,张扬着人们对湖笔精神内核的个性解读。

经历赵孟頫以后,湖笔才敢于直上青云,明初让湖州进贡笔料"岁办笔管13587个,山羊毛10斤5两,"然宫廷笔工技艺欠火候,明孝宗时专让湖州派笔工进宫制笔,去运作"千万毫中选一毫"的精品工程去了。做皇帝的,也懂得深入大自然的心灵深处。

明代李诩《戒庵老人漫笔》中说,明代弘治年间,有个叫施阿牛的吴兴笔工，为皇帝造笔进宫，笔上有细刻小标记云"笔匠施阿牛"。孝宗鄙其名太俗，改名为"施文用"，这是湖笔作贡进朝廷的小插曲。除了贡笔，湖州还要进贡笔杆、制笔毛料。

湖笔精良的品质不仅来自毫料的精选与配比，也赖仗其缜密的工序流程和严格的工艺要求。在一家一户的作坊时代，笔工以"女主水盆，男主修笔"一句话概括了各家的不传之秘。进入工厂化生产以后，将湖笔生产过程分为12道大工序，再细分为120余道小工序。其中笔料、水盆、结头、择笔四道工序工艺细节极为讲究，是湖笔在众多毛笔品种中独占鳌头的技术支撑。

尤其是水盆和择笔工序集中凝聚了历代湖笔笔工的智慧，是湖笔制作技艺的精华所在。水盆和择笔要求操作者凝神屏气静心，手眼同步。坐姿都有讲究：侧身而座，身朝南而稍偏东，以适应自然光线的照射，择笔还十分讲究脚的位置，右脚的脚背往往拐在左脚的脚跟上，座位都是板凳，这样在操作时不会塌腰。

正是这样看似烦琐的工艺要求，确保了"湖颖之技甲天下"的美誉经久不易，堪称是湖笔"笔经"的工艺篇。而湖笔"笔经"的另外半部，则是它融入书画的经营篇。

一支湖笔，出自笔工灵巧的双手和笔工智慧的心灵。这种制笔的灵气，来自山水清远的本乡本土所积聚的深厚人文底蕴和由之构筑的地域文化，造就了吐纳百川般的湖笔之魂。

书卷气，宏阔的人文意志

笔道，蘸着水汽的运笔格调

中国的毛笔史，有过三次飞跃，且都与湖州牵扯上了。第一位当然要数书法圣人王羲之了，这位吴兴的父母官不仅书法好生了得，制笔也很有一套经验之谈，为之写了《笔经》。唐太宗有过一美文，叫《王羲之传》，皇上为书家作记，史上绝无仅有。

苏东坡在湖州凭借他独特的执笔技法，率毛笔走出一片天地，故笔的历史走到苏东坡那里，无论如何可以算作第二次飞跃。到底是位大家，东坡先生做任何事讲个人无我有，直往深沉里去，始终领导着潮流。苏东坡执笔独限一法，三指着管，且大、食、中三指只有食指力为，叫作单钩执法，古今闻名书法大家，据现今所知，仅有东坡一人。一生中有两支绝笔影响过这位北宋的大文学家，一支叫"枣心散卓笔"，就是在嘉祐元年应试的那一支，此笔让他踏上了仕途。另一支是鸡毫笔，白居易推崇的那一支。

苏东坡到湖州一看，一脸的惊诧，他发现这才是生笔养笔的地方，于是他要再摸新高，苏东坡借纯鸡毫笔赶了时髦，用鸡毫写字，笔势奇宕，掌握得好，如挥洒云烟，变通适怀，掌握得不好，极易软弱痈肿，初学字画者，简直无法下笔，即便是技艺娴熟者，也不敢问津，古代名家里也只在少数，只宜高手作狂草用，白居易只是推崇，苏东坡已在操作。

苏东坡常以诸葛丰制的鸡毛笔字作书，并有鸡毛字帖留于后世。"散卓笔"的特点是"无心"，以软毛作副，无心即为散，适宜作草书。散卓笔只用软毛，所以制作起来颇难。

苏轼在杭湖两府任上，曾集十张冬兔皮，因仅有兔背两行剪毛管用，故难萃成一支佳笔。以后贬黄州时，又曾积聚了几十张兔皮去换笔，笔工说，这是南兔皮，没经过霜雪，毫轻软不中用。东坡先生才知道做笔的兔毫本不产于南方的山泽之间。后来，东坡先生被贬斥到海南一带，看见市上卖兔毫笔，表面看来还不错，但一用笔毫就散乱不能用了。这就使他领略了南方的兔毫不中用的道理。

米芾《苕溪诗帖》颇得"二王"笔法，用笔爽利，洒脱不拘，多取侧锋，灵巧多变，行笔波折虽多而速度不减，故线条劲挺有力，既赏心悦目，又耐人寻味。《苕溪诗帖》如风樯阵马，沉着痛快，与《蜀素帖》并称米书"双璧"。

书法史上第三次飞跃在元代，这座书法高峰是由湖州土著人赵孟頫树立的。毛笔的意义给了赵孟頫人生史上最伟大的思考。官至一品并未给他巅峰的体验，中华毛笔到赵孟頫那里拐了个弯，赵孟頫潇洒地抢占了滩头，且摆出了一副看客的轻松姿势，带着湖州走上前台，古今书家里，只有他做到了"日书万字"。

笔的需求量自然是很大的，于是有一批班底为赵孟頫制笔。制笔规矩也特别，在数十支毛笔的选料里，精选一支毫料，故到他手上之笔，都是精选之作。缘由赵孟頫的率领，元代的湖州走出两位制笔大师，一为冯应科，一为陆文宝。赵孟頫的叔父向冯应科传授制笔之技，自己将技法授以陆文宝，因为是书家的经验，自然少不了精湛，陆文宝的笔"入手超神妙"，誉为举世良工，所制之笔都为入贡之"御用笔"。

宣、湖两笔各走一路，宣笔出了新奇的一招，如散卓，如鸡毫。湖笔留存传统精魂，一步一步往塔尖而去，故中国人用笔，都爱湖笔。

唐代有一"散卓笔"，特点是"无心"，以软毛作副，无硬毫作笔心，无心即为散，以悬肘悬腕为便捷，适宜作草书。散卓笔只用软毛，所以制作起来颇难。此笔流行于宋代，黄山谷说宣城诸葛笔，是宋代最负盛名的名笔。苏东坡曾说，散卓笔唯有宣城诸葛高能做好，别人只能做得相似而已，如一般人学杜诗，只能得其粗野。

毛笔制作史上，宋代有一次重大变革，这就是无心笔的出现。苏东坡说："我书意造本无法，点画信手烦推求"。他肆意挥洒的书写态度，改变了"著臂就案，倚笔成字"的书写姿势，催生了悬腕提笔的新手法，有心笔显然不适，无心笔应运而生。

宋代无心笔的产生在中国毛笔制作史上是划时代的。成为中国毛笔最成熟的制式。江南地区兔毫出产较少，因此江南一带用羊毛作笔更为多见。

宋代毛笔制作的另一个趋向是用羊毫制笔不断推广。黄庭坚首先喜用加羊毫的笔，如上文引宋代蔡条语："鲁公不独喜毛颖，亦多用长须主簿，故诸葛氏遂有鲁公羊毫样。"其中"长须主簿"就是指羊毛。南宋时以羊毛为副的笔已经盛行。沈梦麟《赠笔生陆文俊》诗，赞美湖笔的柔劲皆具，透露出当时的湖笔应属于无心散卓一类的笔。

大师的指点，湖笔便趋于绝妙无伦，"不嫌索价似珠珍，"让宣城诸葛笔靠一边去了。现湖笔每年以一千万支销量，运作着奔腾的文化潮流。

一个有趣的现象，那些大家一旦握上湖笔，便如神助般一路高走。中国书法史上影响最大的四位僧人书家智永、怀素、高闲、中峰明本，他们有的是湖州人，有的长期寓居湖州。湖州僧人书法家智永，书法秀逸，风神娴静。在湖州的历史记载中有《千字文》墨迹本传世，发掘传授的"永字八法"，是隋唐以来学习书法的典则。更有"退笔冢""铁门限""三十年不下楼""临千字文八百本"的故事。智永在善琏还有改进湖笔制作工艺和爱笔如命、抱笔而终的传说。

怀素是湖州长兴人，是影响最大的僧人书家，唐大历十才子之一的湖州诗人钱起是他的叔父。怀素自幼出家，经禅之余，颇好翰墨。史上有"怀素书蕉"和将弃笔堆积山下的故事。钱起在《送外甥怀素上人归乡侍奉》一诗中叙述了怀素学佛学书的情况，写了怀素当场书写的情景。疾管急送，有如掣电，狂姿逸态，层出不穷，把毛笔的神奇功能演绎得淋漓尽致。怀素在回长兴探亲时,在湖州造访了他的恩师,时任湖州刺史的颜真卿,师徒二人在湖州刺史厅相会。之后,颜真卿的刺史厅壁上,便挂上了怀素的字。

湖州开元寺主持高闲擅以白绫作真草,颇负盛名。唐宣宗召对,赐予紫衣,用粗壮之笔法,以飘逸之韵,真书之功底,书写出厚实而不滞、随意而不浮的草书。高闲这稳重若泰山、飘逸似神仙之意蕴,应是书法艺术中的崇高境界,在中国草书史上能与"张颠狂素"并

赵孟頫像

列。韩愈《送高闲上人序》说高闲"有张旭之心"。张佑有诗赞曰:"卷轴朝廷钱,书函内库收。"说是高闲的书迹被皇宫内库尽收。更赞其书"不绝羲之法,难穷智永流"。

中峰明本在湖州的双髻峰和余杭的西天目山庵居二十余年,是元代最为杰出的高僧。在西天目山狮子岩筑"死关"独居,17年足不出户,行头陀之行,一扫宋代禅宗的富贵和文弱之气。元顺帝初年,册封中峰明本禅师为"普应国师",敕令将其三十卷的语录与文集收入佛教大藏经,中峰明本禅师获得唐朝以后四百年汉族僧人从未有过的荣誉和地位。连当今第一书家的赵孟頫和夫人管道升也拜他为师。

赵孟頫作为一座难以逾越的高峰,以后的书家们纷纷另辟蹊径去了。故而,元以后新的领军人物一直未曾出现。直到民国,还是由湖州人撑局。誉为现代帖派第一人的沈尹默重拾传统,举二王大旗,高调倡导帖学,沈尹默

父亲的书法浸淫于北朝碑版，时亦用赵孟頫法，走的是碑帖结合之路，用的是叶蔗田的《烟霞馆帖》，刻意欧、赵。

湖州因之拥有了一笔伟大的文化遗产。

笔锋，气场里的生命意志

湖州人认定大师无师。人们崇尚那些横了心任由一生的辛劳自甘苍茫，不钻技法的空当，不找世道的不屑，贵族没落了，藏有书道总还有指望，藏着笔锋的衣袖不屑一挥，这字成文人相，够了。

东汉文人李尤《笔铭》中有"笔之强志"一说。白居易有《紫毫笔》诗：紫毫笔，尖如锥兮利如刀。把毛笔视作为精神文化的物态载体。

湖州馆驿河头苕梁桥下，古之叫江之汇，是这座文化望郡仅存的古老地名之一。苕溪与霅溪两股天目山下来的著名水源，由东西方向浩浩荡荡进入城，在这里汇合成漾。在八百年前的宋末元初，这里是湖州繁华的中心和富人别墅区。毗连的月湖四周，数不清的亭台楼馆点缀湖面，烟波浩渺中自酿一种特别的城市气场。故朝皇族赵孟頫隐于自家园林，有着皇家血统的赵孟頫，闭门不出。他在思考一种精神出处，让生命变得有凭有据。

他从湖州刺史颜真卿的书法人生中有所觉悟，胸藏家国的颜真卿，侄子抗击安禄山叛军被杀，只找回血淋淋的头颅，颜真卿仰天长啸中写下称之天下第二的《祭侄文稿》。向天控诉的笔墨放纵到连自己都深表敬仰。仅仅是一份草稿，滴血的字，可以听到吼声看到泪痕。读此文稿，你会感到有一种难以抑制的大悲愤、大亲情在里面。

颜真卿是硬派老生，赵孟頫属智慧小生，这位"神气秀异"气质男，精神生活一直暖和着，贵气不用装点，做人脱俗，胸装高贵，是大师级的装点。一生行走在蹊跷路上，却不犯太岁，博得宫廷一片惊呼。颜真卿掌握深刻，气势宽广，颜真卿在表现，赵孟頫在构建，要重构赵字，一种新体。

文征明见解独到，他认为从宋到元，亦如古代商到周一样改朝换代，他不把元朝当作"外族"，而称作"维新王朝"，这倒是没了大汉族主义，比起那些耿耿于华夏狄夷之说的封建文人，要高贵些。

笔的力道由此显现，明初解缙的《笔妙轩》诗，在对陆文宝赞佩中，又用"一锋杀尽中山兔"亮出笔中寒气。

朱元璋死后，朱棣提刀杀向南京，那个提醒朱棣不要杀方孝孺的高僧姚广孝，也是个敬重江南文化人的书家，他在京城常得到湖州笔工陆继翁的湖笔，他的答谢诗中说："取材妙选中山毫，挥觚圆转犹霜刀。"陆继翁是陆氏制笔世家在明朝时最具代表性的传人。姚广孝称陆继翁湖笔第一位，没人超过他。明代屠隆《考槃余事》称：湖州笔工陆继翁、王古用，他的出名可能与长住京城南京有关。

真正在毛笔的当铺里抵押灵魂的，是明末那位书生将军史可法，他的《复多尔衮书》虽没有人们想象的那般"剑拔弩张"，但仍有一个铁血男儿的铮铮誓言，他以高雅之文风，以讥诮之词，对这位骄横的入侵者，在书中毫不含糊地表达了气节。于是，杀伐便不可避免地中断了言谈，剑芒也就由此替代了笔锋。中国历史便写下了史可法与扬州共存亡的悲壮一笔，手握毛笔，成为这位大英雄留给历史的经典亮相。

元、明时期湖州涌现了一批制笔名工巧匠。这一时期见诸文人笔端的湖笔笔工有30余名，在整个毛笔史上都占有很高的比例。从文人士大夫称颂湖笔笔工的诗文中，可窥见湖笔制作技艺的进步和精湛。元代袁桷，在《赠番易笔工童生》中对冯应科笔加以赞赏："制笔得绝法。圆不至软媚，劲不至峭直，一笔可作万字。"说明湖笔刚柔相济、经久耐用。

善标新立异的一代诗宗杨维桢，他的古乐府诗，婉丽动人又雄迈自然，史称"铁体"，极为历代文人所推崇。杨维桢为官疾恶如仇，免官放浪形骸，这位"以横绝一世之才，乘其弊而力矫之"的江南诗坛泰斗，先后两次为陆颖贵写序，《赠笔史陆颖贵序》。

杨维桢舍得用笔，为收藏家陆蒙的《友闻录》写序，序后的落款中还专门注明："会稽杨维祯在小蓬台试陆颖贵枣心笔书。"

据杨维桢所述，陆颖贵有才学，精制笔，擅制尖圆遒健的如"画沙锥"般的笔。这种笔正符合杨维桢喜用劲笔的习惯，用起来得心应手，甚至使自己的书艺也获得了长进。从他称呼陆颖贵为"笔史"或"笔师"即可见一斑。

陆颖贵也是相当孤傲自负，那些心浮气躁之人用不了他的"铁心颖"笔，这些人想要他的笔也坚决不给。他还专门在包笔的锦帕上题署宣称："只有杨铁崖老才知道我的笔的好处。"两人可谓是志趣相投。

曾棨则爱陆文宝之子陆继翁的笔，他有《赠笔工陆继翁》诗云："我时得之一挥洒，落纸欲挫词场锋。枣心兰蕊动光彩，栗尾鸡距争奇雄。"

解缙的《题缚笔帖》中也提到了"陆颖"："书，非陆颖笔不可。"

与陆文俊同宗平辈的一名笔工陆文豹，名声似乎在陆文俊之上。说他的笔是贡奉皇家的御用品，所以他自视甚高，不肯轻易售授。

元末明初文人陆居仁的《苕之水》诗，世上"几人如俊称良工"。赞扬陆文俊制笔精良耐用而夺造化之功。这些题记也都表达了对陆文俊制笔技艺的赞赏。陈朴的题跋是：文俊精于艺，犹能润其身。

陆居仁赞扬湖州笔工陆文俊所制毛笔笔锋的"尖"和"齐"，以及笔头像铁锥一样锐利。唐以前，这里为古之白蘋洲，后来，成客航码头兼商品集散地，富丽奢靡之景象一直在。

古人苦练书法，也就是在修炼自己的生命形象，不辞辛劳，终身不歇，文化人的衣衫步履，谈吐行止，居室布置，交际往来，都与笔墨构成和谐，他们的生命行为，时时散发着墨香。

有人说湖笔改变了整个中国书画的评判系统，是很有道理的，笔成了有生命的工具，让书画家的艺术生命得以延伸，已经超越了工具本身的功效，融文化气脉一路，妙哉。湖笔替代宣笔以后，光芒万丈起来，又保存起矜持的高贵，生命力就此旺盛着。迷路的人一拿起毛笔竟恢复理智，偶读湖笔，真还不知其深浅。

毛笔这个独特的文化表现工具使中国书法成为世界独一无二的文化创造，由此构建出了中国人的精神框架，这大概就是文化的不朽。

笔赞，落笔惊风雨

公元十三世纪，以湖州文人为代表创造的一个艺术时代，被称为中国的"佛罗伦萨"。

用笔之道，亦为寂寞之道，荆棘颇多，鲜花甚少，故握笔人做到一定的份上，往往要走极端。用惯了一尺之笔，总渴望翻新才好。湖州的文人从了书画绝门，不忘往绘画里逃生，方可昂首再上路，找回原先的敬神情操。

湖州产竹，竹派的产生当属自然。北宋中叶，先有文同，后有苏轼，他们以竹为绘画题材，以作者的人格精神为旨归，以水墨方法为表现形式，以诗书画结合为艺术内蕴，创立了湖州竹派。

两千多年的历史，湖笔文化已经深入这块土地，湖笔精湛的制作技艺成为湖笔文化的重要一角，构成了鲜明的地域特色。

湖笔诗在元代崛起，文人咏湖笔、赞笔工的诗层出不穷。说到冯应科，元代诗人吴澄用《谢冯笔诗》借苏轼喜用的诸葛笔，赞冯应科这位湖笔名匠，又借朱熹的题跋，把冯应科的笔比作蔡藻笔。造笔大师冯应科得到宋代两位大文士的激赏，赞冯应科笔的诗还有仇远的《赠溧水杨志诗》、杜本的《赠冯应科》等。

赵孟頫在京师时的用笔为张进中所制。史籍记载："张以一笔工，而数得持笔入禁中。"他用诗赞张进中的缚笔技艺，把他作为知交吐露心事和抱负。

笔工陆文宝亦属巨匠级人物，曾任武康令的元代湖州文人沈梦麟，著有《花溪集》。他有数首赞陆诗。还有元代名士贝琼写的《因赋五绝》组诗。元代著名书法家杨维桢，为陆文宝写过一篇《颖命》。

元末明初文人张昱说是湖州笔工杨均显入京售笔，把自己制好的笔推荐给正在编纂《永乐大典》的纂修官解缙、胡奎、童冀等大学士，"三馆每蒙诸老重，万钧不博一毫轻"。笔工喜交名人，名人为笔工写诗，成为风尚，"三馆诸老"就是三位大学士。

大学士解缙，用了这位湖笔大师之笔，那表情实不可描摹。解缙与湖州笔工交往后说过，他写重要的文章一定要用陆文宝的善制。他曾写过陆文宝的《笔舫铭》，还为陆文宝写了一首长诗《笔妙轩》，其中喜称陆文宝的笔："如锥如凿还如椽"，"尖齐圆健良有方"，"临池点染烟云香"，"金雀虎爪生辉煌"，"悬针垂露更清新"，"百体书中尽神妙"，把陆笔的神妙功用尽展无遗。最后两句："何时携来献皇上，图画麒麟阁上人。"说是要把湖笔献给永乐皇帝朱棣，让湖笔来描写天下英雄。

《永乐大典》中有段话对湖州的人文评价很到位："性敏柔而慧，厚于滋味，急于进取，善于图利。"

故宫博物院藏有一幅飘逸苍秀的书法长卷，是元代松江书法家陆居仁晚年写的草书精品，四十四句七言长诗《苕之水》，诗中盛赞湖州笔工陆文俊所制湖笔耐用精良，有造化之功。这是一篇咏湖笔诗的鸿篇巨制，而且书法飘逸灵动，得张旭、怀素、孙过庭遗意，可以说是咏湖笔的颖诗书双璧。

陆居仁草书卷后附有元代张枢的传世名迹，次陆韵一首，也是咏湖笔的七言长诗。陆和张的诗都对湖笔的制作技艺，不惜用美好的诗句作赞颂，可以看出湖笔确实达到了神乎其技的程度。陆居仁与名士杨维桢、钱惟善相唱和，死后与杨、钱同葬于松江千山东麓，人称"三高士墓"。

湖笔别称有浓郁的文化趣味，如毛颖、中书君、管城子、翰、毛锥子、尖头奴、毫锥、毛元锐、秃友、退锋郎纤锋、翅轩宝帚、彤管、漆管、越管、宣管、素管，此外还有墨曹都统、墨水郡主、八体书生、管子文宝相枝等。湖笔命名的丰富多彩是湖笔文化的一大亮点，表现一种文化的意味和诉求。

湖笔的笔管上常刻有表现毛笔品性特点的名称，如"净羊毫""北尾狼毫""特制豹狼毫""小紫颖""七紫三羊"等。还往往在笔名前题以"极湖品""精品""古法加料"等字样表明湖笔的特殊品质，或用表示湖笔性能和书写特点的笔名，如"圆健如意""刚柔相济""云鹤泼墨""挥洒云烟""指挥如意""贮小云含露""铁画银钩""宜书宜画"等。也有用形象来表示笔尖形制的笔名，如"玉蕊""玉笋""鹤脚""鹤颈""长颈鹿"等。

潘天寿概括羊毫的六个方面，一为羊毫精纯锐直；二为羊毫锋颖圆韧；

三为羊毫软硬得中；四为羊毫长短随意；五为羊毫精细自由；六为羊毫价廉易得。

到了笔工手里，又形成一套完整的工艺规范，概括为"三义四德五毫"：

毫料具备净、纯、宿的特点，称三义；笔锋具尖、齐、圆、健的特点，叫四德；笔毫特性分为羊毫、兼毫、狼毫、紫毫、鸡毫五大类，为五毫。在五类中又有软毫和硬毫之分。20世纪50年代初，天津华经魁湖笔庄的掌柜华竹章撰写了一本《湖州毛笔考》，老笔工论湖笔五毫产地、取材与笔性，堪称经验之谈。

兼毫则用软毫与硬毫搭配的笔种，笔工将紫毫以外的兔毫分为白毫、花毫、三花毫至九花毫共十个等第，性能各一，常见的就达五十多个品种。目前湖笔的毫料取材已有三十多种：马尾、马鬃、貂尾、猪鬃、鼠须、牛耳绒、獾毫等兽毫与竹丝、白麻、茅龙草等植物纤维应用普遍；胎毛笔除有纪念意义外，也是书法家们竞逐的对象。

毛笔，是湖州人的一项绝妙发明：长长的修竹制，软软的笔尖，握在手中，蘸上墨汁，灵动的内心泼墨于纸笺，生命的原力在纸墨间尽情、肆意地漫漶而出，是何等的酣畅淋漓与痛快抒怀。

盛世曲，神秘的东方贵族

笔库，造化了的轨迹

湖州笔派是对湖笔制作技艺的精湛的悠久历史的一个概括。它在用料、制作工艺、内在品质上都有鲜明的特色和风格。显著的标志是毛颖的特色与品质。制笔的毛颖用山羊毫，这种笔毫的端部有段整齐而透明的锋，蘸墨书写保持尖锥形，久写不败。湖笔对锋颖的讲究，体现湖州笔派的独特风格和内在品质，这种品质和风格，可以用三个字来概括：纯，纯正无杂；净，干爽弹性；宿，自然脱脂，锋颖长，有光泽。

大诗人白居易是个地道的用笔之人，每天作诗不断，当苏杭刺史时常批文件，这笔是吃饭的工具。于是有所探究，他倒是别出心裁，研究起鸡毛笔来，古人叫作鸡距笔，即公鸡的护腿毛。

白居易为此写了一篇美文，叫《鸡距笔赋》，文章写的是漂亮，但鸡距笔只悬挂于白大人的书斋，未用之。因为鸡毛过于柔软，非常人可以制作。不过宋代制笔名家诸葛丰能做鸡距笔，好像是与鼠须杂用。鸡距与鼠须合而为笔，即使如黄山谷所说"千金求买"，也是在市面上买不到的，极度珍贵。

鼠须笔在笔史上为人神往，还有传说把这种笔吹得迷离恍惚。晋代的张芝是草书之圣，钟繇楷书之圣，王羲之是行书之圣。人们多以为，他们的书法，得力于难得的鼠须笔。《世说新语》上说："王羲之书法得益于白云先生赠送的鼠须笔,钟繇亦皆用鼠须。"又记:"王羲之书兰亭序,用蚕茧纸、鼠须笔,遒媚劲健,绝代更无。"

王羲之对此很有看法:世传钟繇、张芝用鼠须笔。笔锋强有锋芒。余未之信。钟、张书法出神入化,常人以为有神笔助力,于是有鼠须笔的神话,其实并无根据。但鼠须笔名声不断。相传蔡君谟为欧阳修的《集古目录》作序,欧阳修便以鼠须栗尾笔外加洞绿笔格作酬谢,蔡君谟说"太清而不俗"。栗尾,即松鼠尾毫。以鼠须之名示以珍贵,但至今谁也没见过地道的鼠须笔。

笔毫的采用怕要数"人须"作笔最富戏剧色彩。唐《书断》记,岭南没有兔,地方长官郡牧得到一张兔皮,让人制作毛笔。那人因醉酒丢了兔皮,醒后心中恐惧,就把自己的胡须剪下来做笔,结果笔极好用。于是郡牧令叫百姓供应人须,可为一笑。不过人须要比鼠须容易获得,似乎不如鼠须那样名贵。

用人的头发做笔倒有悠久的历史。南朝就有老女人擅用胎发作笔心,当时的书法家很喜欢用这种笔。然古人以为不好,身体发肤,受之父母,不应有所毁弃,故胎发不易得到,做笔只是杂用胎发而已。

几乎所有的动物的毛都可以做笔,唐代段公路的《北户录》记番禺诸郡多以青羊毫为笔,韶州择鸡毛为笔,昔溪源有鸭毛笔,以山鸡毛、雀雉毛间之,五色可爱。笔有丰狐之毫、虎仆之毛、蛉、鼠须、羊毛、狸毛、鹿毛、马毛、羊须、胎发、龙筋为之,然未若兔毫。除了动物毛,也有人尝试用植物纤维做笔毫的。竹丝笔、仙茅笔、茅草笔、草竹笔、稻草心笔,都是以植物纤维做笔。然一个轮回下来,还是以羊毫为上乘,湖州因此建万头湖羊基地,以保湖笔源远流长,生生不息,如此宏大的系统工程,构成当今笔界的高雅、恬美与精彩。

湖笔的活跃,在于境界的拓展,在于别出心裁。潘天寿收一日本友人所赠的獾狼毫笔,湖州人以此改制成"石獾笔",创了用獾毛制笔的先例。书法大师启功受江浙一带产麻启发,请湖州王一品笔庄定制"麻毛笔",该笔一出,又起轰动,湖州被启功先生誉为"书林武库"。

湖州人爱笔堪称一绝，百姓人家常有老笔、废弃之笔珍藏，也是爱笔的美德。费新我先生就珍藏一支年逾百岁的宿净羊毫斗笔，宿为脱脂，净为洁白，甚为关爱。明代方于鲁、程君房之墨流传至今五六百年，被视为稀世之珍，而流传百年之笔，世所罕见，因毛笔用秃后，往往视为敝屣，不可再留。健在的湖州书画大师吴迪庵将一百年老笔赠给王一品斋笔庄，考证是义和团时物，献此珍品实为敬佩。

《笔经》说，汉时许多地方官员纷纷进朝廷献兔毫，唯有赵国一带的兔毫中用。因为赵国是一片平原大泽，没有树林荆棘，细草、流水，加上日照充足，润燥适度，所以野兔毛质优良。

人们多以为兔毫以宣州最好，大概是唐太宗钦点为"第一贡品"的缘故，白居易为此专门有"千万毛中选一毫"的诗句，盛赞宣毫，唐代文人多相信宣州的兔毫为天下之冠。于是唐时宣城每年进贡青毫六两，紫毫六两。这些进贡的笔毫做笔应是无可挑剔的，白居易的《紫毫笔》诗中说："每岁宣城进笔时，紫毫之价如金贵。"不过还是有人向宣毫叫了板，到位不久的宣州刺史冯贽，下乡搞调研时发现了其中的奥秘，他问笔工毫来自何地，笔工说有"陈、亳、宿"数州商贾所贩来的毫。又说，宣州有兔，但毫不能用。冯贽推测：宣州之兔住在山里，皮毛容易被荆棘树石所伤，故毫短而秃。那么白居易诗里所说的就不对了。湖州造笔，并不向宣城溧水采购兔毫，而是到嘉兴一带采购，而嘉兴地处平川，水草丰茂。看来可知冯贽的说法没错。

地理优势诞生一种叫湖州笔派的艺术流派，是湖州的妙绝，羊毫性柔，宜泼墨，宜挥洒，宜写意，宜豪放。湖州羊毫毫料，质量上乘，兼以制笔优良及文仪毫料出产地的硤石、秀水等，与湖州比邻，有优先造办的条件。湖州盛产毛竹，安吉灵峰的鸡毛竹，节稀竿直，竹竿内的空隙小，易于加工成笔腔而且货源充足，价廉质高。

湖州制作羊毫笔有大优势，山羊毛产地就在邻近的嘉兴。采购方便，再者山羊毛毛细、锋嫩、色白、质净，为其他地区所不及，湖州制笔得天独厚。传统湖笔制作首先对笔毛料的精选十分注重。湖笔制作对笔料毛的产地、采集季节均有严格要求。制作羊毫笔的山羊毛主要采于嘉兴市部分县、区，历来有"海宁第一，秀水等县次之，嘉善、海盐不佳"的说法。

制兔毫笔的山兔毛，旧时主要采于江苏省南京市溧水县的中山，明代《吴兴备志》有"北取兔毫于溧之中山"的记载。此外也采用与溧水相邻的安徽省东部山区的兔毛。再向北的江淮地区的山兔毛就不能用，故湖笔行内有"淮兔不能做笔"的说法。狼毫笔所用的黄鼠狼尾毛要至东北采集。山羊毛、山兔毛均须在冬季采集，因为冬季动物毛毫生长缓慢，其质地比较成熟而坚韧，且动物活动减少，毛毫的锋端较少磨损。

明初作家瞿佑的用典诗《羊毫笔》，借韩愈的《毛颖传》为典，兔毫宣笔已趋衰老，东汉术士左慈曾变成"羊"，严子陵曾披"羊"皮在富春江钓鱼，喻"羊毫笔"始现。用湖州东林人沈思遇吕洞宾的故事，指沈思的后人湖笔名匠沈日新，意为羊毫笔系湖州笔工之功。

湖州笔派以羊毫闻名天下，羊毫因湖州笔派而大行其道，这与在明清以来书画学习风气的转变有关，用笔与前代比较，更崇尚软毫。

吴昌硕一生致力于石鼓文，自称书石鼓文用笔"宜恣肆而沉穆，宜圆劲而严峻"，而他所常用的就是湖州羊毫笔。在1979年吴昌硕诞生一百三十五周年之际，湖州、杭州相继举办了吴昌硕书画展，同时展出了他曾用过的16支毛笔，其中4支为狼毫、兼毫笔，其余12支全为纯羊毫或宿羊毫湖笔。吴待秋是民国时被誉为"海上四大家"之一的著名画家，他常用的是上海杨振华笔庄提供的湖笔。杨振华还曾经专为张大千、沈尹默定制毛笔，并分别以他们的名字将笔命名为"大千笔"和"尹默选颖"。总之，湖笔的兴起与发展，丰富了中国毛笔品类，提升了中国毛笔品性。

湖笔又称"湖颖"，构成了湖州笔派与其他笔派的区别。冯应科是湖州笔派的标杆式人物。潘天寿在他《毛笔的常识》一书中说："冯应科，能将湖州笔派树起很高的旗帜。"他传承古代"分层匀扎"是湖州笔派的核心制作工艺。还有陆文宝、陆继翁、施文用、王古用、张天锡等，是湖州笔派的代表人物。

笔势，一毫挥尽世间风流

有一种称之为"羊毫"的笔，可以靠耐力供养情操，是湖州人的一大精神发现。

正是烦琐的工艺要求，确保了"湖颖之技甲天下"的美誉经久不易，堪称是湖笔"笔经"的工艺篇。湖笔"笔经"的另外半部，则是融入书画之魂的精神篇。清中期著名书论家、书法家包世臣亦专用羊毫，他在《艺舟双楫·两笔工语》中记述了他与两位湖笔笔工关于制笔质量的交流，说扬州兴散寺湖州笔工黄兴源，深谙笔性与书画风格的对应关系。

羊毫笔的流行自北宋已露端倪，开启了羊毫笔兴起的先声。黄庭坚曾作《试张耕老羊毛笔》诗："老羝拔颖，霜竹斩竿。双钩虚指，八法回腕。张子束笔，无心为朴。鸡著金距，鹿戴千角。"这里所说的就是无心羊毫笔。

黄庭坚喜用加羊毫的笔，如上文引宋代蔡绦语："鲁公不独喜毛颖，亦多用长须主簿，故诸葛氏遂有鲁公羊毫样。"南宋时以羊毛为副的笔已经盛行，时人陈槱《二毫笔》云："欧阳通以狸毛为笔，以兔毫复之。羊以合兔盛于今时，盖不但刚柔得中，价廉工省，故人所竞趋。"

羊毫笔打破了上千年来兔毫笔一统天下的旧制。

元末沈梦麟《赠笔生陆文俊》诗中形容湖笔："羊柔肯写黄庭经，縠重难临青李帖。"其中的《黄庭经》《青李帖》都是王羲之的传世名帖，前者意态秀美，后者体势雄健。意思是"羊毫湖笔的柔和可以写出《黄庭经》那样秀美的字，而湖笔不像原来以麻为心的笔那样，否则要想临摹出《青李帖》那样的法书是不可能的"，赞美了湖笔的柔劲皆具，透露出当时的湖笔应属于无心散卓一类的笔。

王蒙《青弁隐居图》中的用笔技巧变化多端，有解索皴、披麻皴、牛毛皴、卷云皴等山水皴法。他像解散了的麻绳一样的用笔。这种皴法线纹卷曲书写而成所以虽然画的层峦叠嶂，也十分自然空灵。可谓上下呼应，气贯全局。干笔、湿笔、淡墨、浓墨、皴、渲、破、扫、轻、重、缓、急，在最大程度上发挥这支毛笔的性能，灵活多样，变化无穷。他的羊毫干湿互用，寄秀润清新与厚重浑穆之中。难怪倪瓒要说:"王侯笔力能扛鼎,五百年来无此君。"

自元代湖笔崛起,湖州羊毫笔的地位逐渐提高,至元末明初已广有影响,相当一部分士人已认为湖州羊毫笔的性能优于传统的宣城兔毫笔。元代有两本最著名的书画专著,一是夏文彦的《图绘宝鉴》,一是陈绎曾的《翰林要诀》,都是湖州人写的。

明初,湖笔的最突出成就是羊毫笔制作的开拓,羊毫笔成熟的制作工艺下的优良性为世人接受,终成为继兔毫、狼毫、兼毫之后的一个新的毛笔品种大类。明中期以后,湖笔羊毫笔一直为一些大家独擅。

明末著名书画家董其昌喜用羊毫笔。他的学生倪后瞻著《倪氏杂著笔法》云:"董用羊毫笔,其头甚长,约一寸七八分,又略丰美,所谓毫毛茂茂,但笔尖瘦耳。此写大书笔也。写小楷、小行或杂紫毫,或竟用紫毫,若论匾额,亦用羊毫之大者。"书画艺术风格、流派的多样性,决定了羊毫笔自有它独特的功用。

清代有一位书法史上有名的力主使用羊毫笔的书法大家,叫梁同书,他对羊毫笔的优胜性有着自己独到的见解,在他的《频罗庵论书》中十分推崇羊毫笔,以成功的书写实践,成为开启清代书家热衷羊毫笔的先行人物。在他的影响下,其后的包世臣、何绍基、吴让之等大家,都是羊毫笔的喜用者。道光帝以硬毫的不合用,而"取羊毫、兼毫两种,命仿此制造"。

董其昌、梁同书常用的当是湖笔。他们的书艺是不拘泥于古人,融诸家为一体而独具个性,气息清新,湖笔的使用对他们当有所裨益。

湖笔的紫毫、狼毫笔皆有出色的品位,羊毫笔更独擅其胜,但羊毫笔真正能登上毛笔家族大雅之堂,还是在清中期以后。羊毫笔几乎成了湖笔的代名词,徐珂在《清稗类钞》中云:"羊毫,羊毛所制也,世称湖笔,皆出于湖州之善琏镇。"

清嘉庆、道光时期,由于考据学盛行,书法风格多样,羊毫毛笔遂因适应需求而为文人广泛接受,并成为浙江湖州毛笔的主要产品。

晚清翁同龢亦擅有书法名声,湖州的一些大家多有收藏他的字。徐珂

《清稗类钞》说他："书法不拘一格，为乾、嘉以后一人，说者谓相国生平，虽瓣香翁覃溪、钱南园，晚年造诣实远出覃溪、南园之上，论国朝书家刘石庵外，当无其匹，非过论也。"翁同龢的用笔，常取自善琏笔工在北京开设的李玉田笔庄，翁同龢于深宫有每天做日记的规矩，在他写于咸丰年间，即1860年3月30日和4月26日两天的日记中，都提到了"李玉田送笔来"，可见使用湖笔之频繁。

王伯恭《蜷庐随笔》说到包世臣和翁同龢关于羊毫的趣记："古人作字，皆用紫毫，无用羊毫者。国朝如王梦楼、刘石庵，皆用健毫。至包慎伯、何子贞、吴让之诸君，始以羊毫临池。慎翁更力诋裹锋，专主辅毫，谓之万毫齐放。"

羊毫笔受欢迎的另一原因是性柔、耐用，价格低于兔毫笔。谢肇淛在《五杂俎》中说："今书家卖字为活者，大率羊毫，不但柔便耐书，亦贱而易置耳。"

当代草圣的林散之，只用湖笔中的长锋羊毫，因其既柔顺又有弹性，周旋余地大能随意提按，起倒自如。他的弟子庄希祖说：林老在挥毫时笔毫偶尔几经翻绞，绞成如散开的麻花状，在运行中将笔毫理顺聚拢。在绞转时甚至发现毛笔已成船一样的弧形，居然还能皴擦出笔道，他的晚年书作看不出是中锋还是偏锋所为。

林散之把长锋羊毫的功能发挥到了无以复加的程度，长锋羊毫湖笔也成就了他草书的艺术高度。林散之对专擅制羊毫湖笔情有独钟，他的诗中有"直驱百怪出神奇"，就是庄希祖所描述的林散之用笔的状态。林散之用的羊毫长锋是一种叫"鹤脚"的湖笔名品。这种笔用起来运转圆润、回旋适意、枯润相映、变化无穷。因此题了"落笔惊风雨"。

湖笔笔杆的取材也似有其独到的文化内涵。湖笔常用竹竿采自余杭南部方圆三十余里的范围内，笔工们把那里的良渚文化遗址误认为是上古时代三皇五帝的宫室遗迹，并将那里的竹山按朝向分为文山和武山，认文山南坡所产苦竹，光泽光润，最宜制笔。根据《湖州毛笔考》，笔工将用高丽竹做笔杆的湖笔，专门销往山海关以外，则可能是出于对笔杆存放适宜地域的考虑。

近现代湖州书画家,吴昌硕的影响是最巨大的,他的"书演画法"的海派新风格,影响了一百多年,湖州乡贤的弟子就有王一亭、谭建丞、诸闻韵、诸乐三等,追随仿效,入吴出吴,都取得了很大的成就。

诗、书、画、印四艺奇绝的江南书画第一擘谭建丞,生于湖州,长于湖州,终老于湖州。整整一个世纪的笔墨生涯,与湖笔产生了一种水乳交融的关系。他写湖州的笔,题湖笔的字,画湖笔的画。谭建丞生前最喜用纯羊毫湖笔。锋颖长短适中,弹性合度,聚墨量大写出来的点画厚实浑朴,很符合谭老那种"大风吹不跑"的书画风格。近代大家如黄宾虹之画厚、潘天寿之画大,而澄翁之画则是重。画家成就,能突出其一,便非易事。

谭建丞是继黄宾虹、潘天寿之后在中国画的笔墨语言上有独特建树的书画家,而这一成就的取得在其背后的推手就是那支"玉兰蕊"湖笔。

苏州知府吴云,吴兴人,收有《兰亭序》二百多旧拓本故名其室为"二百兰亭斋"。吴云的书法师颜真卿《争座位帖》,方峻古拙而有个性特点。沈尹默、金城、沈迈士、费新我、潘韵等湖州书画家,前呼后应,各呈异彩,共同谱写了湖州近现代书画艺术的新篇章。

湖州创造了中国同被官方文化和非官方文化接受的毛笔文化,是玄。即便是近代,中国书画史上的风云人物,也搭坐湖州的船悠游天下,去拜访无人涉足的寂静和虚空,俞樾、吴昌硕、沈尹默、费新我这些封神榜人物,给了湖州以快感。

笔魂,一支笔与一个大国

中国顶尖的书法,唐太宗认王羲之;唐玄宗认颜真卿;元朝皇帝认赵孟𫖯。

《兰亭序》此作由湖州和尚智永起传,唐太宗故事是后来的斯文雅事。

颜真卿《祭侄文稿》带硝的悼文、带血的檄文,唐玄宗读了,渗着一涟泪晕。

赵孟頫二十来岁书《吴兴赋》，四十九岁再借炉火纯青之笔，在双林绫绢上重书，《吴兴赋》极言湖州山水之美、物产之丰、人文之盛。让湖笔在更趋完美的过程中享受着毛笔的美丽思想和美丽语言。

忽必烈的子孙们一个个宗儒重道，仁宗称帝后视赵孟頫为"李太白，苏东坡"。下旨："赵子昂每来的《千字文》手卷一十七卷，教秘书监里裱背了，好生收拾着"。

在湖州文明的演进过程中，外来移民扮演着文化传播与经济推动的重要角色。东晋时期，中原移民带来了先进的桑蚕农耕技术，也带来了风姿俊朗的魏晋风度，促成了湖州经济文化的一次飞跃。中晚唐时，避居江南的士宦把一条余韵悠绵的"唐诗之路"铺进了湖州。

《文房四谱》记，后魏世宗常请廷尉游肇笔下留情，游肇不答应，说，陛下自己留心，毋让臣人曲笔。故有的君主见写起居录的官员就发怵。三国时魏明帝见殿中侍御史头上簪着白笔站在一旁，便烦，一个叫辛毗的老臣告诫皇上，此官专门记录陛下不遵古法之事，中国古代专门有监督君主及政府的制度，可惜自宋代以后，这种监督机制被取消。

古代中国，笔杆子于民族的兴衰，与枪杆子有同等的作用。《五代史》载，史弘肇以为，郭威出镇魏州，带枢密使这个军职便可，说："安朝廷，定祸乱，直须长枪大剑，若毛锥子安用哉？"三司使王章反驳说："无毛锥子，军赋何以集乎？"史弘肇当即更无话可说。毛锥子即对笔的贬称。

《古今》注中说："腰带剑，笔于冠，示君子有文武之奋也。"说这种礼饰为权力或身份的标志。南齐永明年间，宫廷跳舞的人笔于冠巾，武帝见了，说笔执笏是为受言记事而用，是朝服的装饰，是庄重，歌舞人着此服饰太不敬重了，即令去掉舞人头上的笔。

文化人的理性使命，连同身前的孤傲和身后的空名，横溢的才华和郁愤不得志，都在那一杆毛笔上汩汩流淌，传世的檄文，慷慨的遗恨，须经一杆秃笔，运作起历史的震颤，清军兵临城下，史可法明知打不过人家，他还是做了一回硬汉，写了《复多尔衮书》，请来书法高手，写毕，送出，与扬州共存亡。史可法历经瞬间的扬眉吐气之后，永久地反思这保卫扬州之战的历史价值。中国文人只有紧握这杆毛笔，才能扬眉吐气，才能注目天窍，才敢于面对卓越，敢于阅尽天涯路。

让毛笔走上圣坛，是笔之本身所始料不及的，毛笔使古今的中国文人唤醒潜能的时候，又获得自尊。于是毛笔不时地为朝廷装点门面。《汉官仪》记，朝廷每月赐给尚书令、丞、郎赤管大笔一双。《东宫旧事》记，晋朝拜皇太子时，赐给"漆笔"四十枚，铜博山笔床一副，漆笔，为红色，以赤心监国。文士写出好文章的，朝廷也赐笔以示奖励。司马相如为天子赋游猎之事，武帝大悦，诏令尚书给笔札。献帝令荀悦作《汉纪》三十篇，并诏令尚书给笔砚。王隐写《晋书》八十卷，皇上也是笔墨资助。浩浩皇恩流注笔端，文明治国的精神倾注笔端，秉承天意崇敬毛笔亦为世界文化史上一个亮点。

1957年开始，善琏湖笔通过国家外贸渠道正式出口，当时占上海口岸毛笔出口总量的60%以上。湖笔曾作为国礼，馈赠外国贵宾及友人。1979年4月，时任全国人大常委会副委员长的邓颖超赴日本访问，带去了由善琏湖笔厂精制的200套共1128支湖笔，赠送给日本友人。

湖笔是中外文化交流的重要载体。随着郑和下西洋的船队，湖笔开始在东南亚登陆；早在日本的幕府年代，尽管元明两朝均对日本实行海禁政策，但湖笔还是随着"赵体"风靡日本，日本笔家借鉴湖笔改进了制作技艺。清嘉庆年间，日本书家熊阪秀、冈部和梅谷十时顺来到中国，惊叹湖笔翰墨之工。清末，湖州书画家杨岘、吴昌硕和日本汉学家岛田渊等切磋书学。现在湖笔的销售已遍及一百四十多个国家和地区，在新加坡，还有专门的湖笔笔庄。旅澳湖籍画家姚迪雄，用湖笔结合中西技法绘制的《百鼠图》，描摹澳洲风情，轰动当地。

笔于文人是一种耕具，于社会是兴旺发达的象征，于国家是励励之举，于人与人之间是祝福的信物。梁元帝奖励功德的手法很特别，有金、银饰笔和斑竹笔三种，忠孝两全者用金管书之，德行精粹者以银管书之，文章美丽者用斑竹管书之。《诗·静女》中有"静女其娈，贻我彤管。彤管有炜，悦怿美女"一节，"彤管"即红漆管笔。这笔还是爱情的信物。

仅仅是一杆毛笔，用冷酷硬汉之风，聚厚德载物之气，撑起无数文人的那份傲骨与气质，也载负起千年文人的如许无奈与无常人生。

缘于毛笔，中华民族的所有沉闷与不沉闷都被冷漠地一笔带过，华夏河山一切的生命之火的燃亮与熄灭，都无情地被化作白纸与黑字。

缘于毛笔，人类对自己居住的山河的庇佑力与日俱增，对生命走向主宰权的把握，不再是悬念。

The
biography
of
Huzhou

湖州传

江左风流，半部中国书画史

第六章

骑士精神令湖州的文化阶层不沾半点的虚伪和堕落，走出的尽是人文主义先驱。

湖州相延不绝代有名家的书画接力，构筑了中国书画艺术史上一座伟岸的高峰。《中国美术家大辞典》载：中国绘画第一人曹不兴，湖州人，最后一人吴昌硕，也是湖州人。个中的接棒者不乏：南朝张僧繇；魏晋二王父子；唐代僧智永、颜真卿；宋元赵孟頫、王蒙等。多为开宗立派者，以至于有"中国书画史，半部在湖州"的说法。

六朝韵，开宗立派当吴风

曹不兴：最早立传的画家

二十四史最早立传的画家，是三国时湖州人曹不兴，中国绘画史公认的第一位画家，"曹衣出水，吴带当风"，说的就是曹不兴和吴道子的创作风格，曹不兴笔下人物衣服的皱褶如刚刚从水里出来一样，吴道子画中人物衣带飘飘若飞，如山风拂来。曹不兴"点墨成蝇"与张僧繇的"画龙点睛"合为姊妹典故。

中国美术史上，在曹不兴之前，应该有更多的画作和众多的画师、画家，但有的被其他才名淹没，如汉代的张衡是辞赋家，蔡邕是书法家。三国时的曹不兴名列正史第一位的画家，却无画作传世，只有事迹流传，西晋史学家陈寿的《三国志》中就记载了曹不兴的绘画事迹。

曹不兴没有画迹流传，也未留下有关言论和著述，却是中国绘画发展的关键人物。

唐代有本书叫《尚书故实》，内容大多为书画碑帖方面的逸事、考证。书中说，六朝人谢赫善画，尝阅秘阁，叹伏曹不兴所画龙首，以为若见真龙。谢赫在《古画品录》中评云："观其风骨，名岂虚成！"

谢赫这样评论：江左画人吴曹不兴，选五十尺绢画一像，心敏手疾，须曳立成,头面手足,胸膑肩脊,无遗失尺度。此其难也,唯不兴能之。他的佛画能做到准确、协调,造型栩栩如生,技巧娴熟高妙。因为他画的衣纹比较紧窄,所以画史上又有"曹衣出水"的说法。

元代的赵孟頫见过曹不兴的画,并留下了这样的题跋:曹不兴,吴人也,早有令名,画出于顾(恺之)、陆(探微)之先,为吴中一绝。今所画《海图》,笔法入神,足开千百载绘事之纲领。

赵孟頫认为曹不兴的画是中国画的源头和纲领,中国画一直在曹不兴的路数上走。宋代米芾《画史》中称家藏曹不兴《如意轮》一轴。

曹不兴,大致生活在东汉建安至东吴元兴年间,父亲是县衙的税务官。曹不兴继承了母亲的绘画禀赋,曹母因能绘绣像而得到邻里尊重。

传说曹不兴搭了朋友的货船去阳羡写生,在一片长满菰草和芦苇的湖边看到位年轻的白衣垂钓者,于是描摹起来。这位白衣青年就是以将军衔任阳羡长的孙权,他放下钓竿过来,看了看画,便在柳树旁坐下,让曹不兴给自己画像。

不久,一幅《高士图》画好了,背景是一片芦苇,柳荫下有一方太湖石,孙权倚石而坐,神态闲定。孙权大喜,于是邀请曹不兴到府上作画。后来,孙权执掌了吴国大权,就带曹不兴到国都建业,当了宫廷画师。曹不兴画了赤壁之战得胜后的《庆功宴乐图》,使他名声大振,当时曹不兴的画被称为"东吴八绝"之一。

《三国志》裴松之注中引用《吴录》中记载"误墨成蝇"的故事:

曹不兴为孙权画一组春竹、夏柳、秋桐、冬梅四时景色的屏风。孙权审阅后说每幅画上还应增添一些应景之物。曹不兴在为夏柳补景时出了一点意外,当他画好一盆水果时,一滴墨不小心落在了画面上,曹不兴就将错就错,将墨点画成了一只苍蝇。孙权看到画好的四时景色的屏风时,大为赞赏。他看到水果边停着一只苍蝇,伸手去弹,想不到却是曹不兴将误墨就势点化而成的苍蝇,传为美谈。

史籍记载了这样的传说故事,赤乌元年,孙权游青溪,看到一条赤龙由天而降,凌波腾挪。认为天降祥瑞,便让曹不兴画了下来。这幅画成为曹不兴的传世之作,他将孙权画成持剑傲立船头,赤龙翻飞于水面,画的中央是一颗龙头。后来张僧繇看到了这个龙头,成了画龙的高手。到了南朝宋文帝元嘉年间,江南大旱,久祷不雨。内府官员取来这幅《赤龙图》挂在湖边祈祷,不久即雷声隆隆,大雨倾盆,一场旱情即告消除。这个传说写绝了曹不兴的绘画技艺。

《金陵梵刹志》记载,三国时,中亚的佛教徒携印度佛像范本远游至吴,曹不兴摹写不已,他学会画佛像后,或绘卷轴以供礼拜,或图寺壁以助庄严,曹不兴画了一幅《吴王恭迎佛舍利图》,高达丈余,气魄恢宏,仰之弥高,令人肃然。于是被誉为"佛像之祖"。

曹不兴善画龙、虎、马及人物,其佛画成就对后世影响很大,相传其所画龙头令谢赫叹服不已。曹不兴因之与东晋顾恺之、南朝宋陆探微、南朝梁张僧繇并称"六朝四大家"。又与赵达的算术、严武的弈棋、皇象的草书等号称"吴中八绝"。所谓八绝,是指当时书、画、算、相、棋、占梦、星象、候风气等领域的八名高手,善画被列为"八绝",说明画成了重要的文化标志。

谢赫《古画品录》将曹不兴列为上品,居顾恺之上。他的绘画样式对后世影响很大,有不少弟子成为当时及后世的著名画家,其中最有名的就是卫协。

《抱朴子》说:"卫协、张墨并列为画圣。卫协构思奇巧的《毛诗北风图》在唐时有人出精绢二百匹买这幅画。后来,惟素将这幅画卖给了韩愈。韩愈的儿子韩昶借给相国段文昌。段文昌留下了真迹,却还了韩昶以摹本。"谢赫说:"卫协的画是世间从未有过的精品。他的画在第一名家曹不兴之下,在张墨、荀勖之上。"

曹不兴擅长画马和虎,尤其画龙生动,但最擅长的是人物画。《建康实录》载,他曾在宽50尺的素绢上作画,所画人物的头面、手足、肩背、前胸等皆不失尺度。曹不兴不是朝廷的御用匠人,绘画从"匠作"上升到更高文化层次,是一个相当有名望、有影响的自由的职业画家。

《贞观公私画史》记载,隋代时宫内还藏有曹不兴所画的官本。《历代名画记》中也有著录,但均传至唐代后便遗失。画迹今已不存。

张僧繇,传得世间神笔路

六朝时的湖州能容百川,兼济天下,闪耀外来文化的异彩。

六朝四大家中,东晋顾恺之无锡人,南朝宋陆探微苏州人,三国吴曹不兴和南朝梁张僧繇均为湖州人。后来有个"画家四祖",顾恺之、陆探微、张僧繇,唐代画家吴道子,四祖中,张僧繇是一个承上启下的关键人物。唐代著名的雕塑家杨惠之与画圣吴道子,都承接了张僧繇的风格。

中国历史上,最为扬名的书法家是西晋时著名的书家卫铄,她是书圣王羲之的老师,曾写过一篇著名的书法理论著作《笔阵图》,这本书又调教出了另一位高人,便是吴兴太守张僧繇。

张僧繇潜心揣摩卫夫人书法,依卫夫人点、曳、斫、拂等笔法要求,一点一画,别是一巧。将书法用笔方法融入绘画,他创造了一种"笔才一二,像已应焉"的画法,与唐代的吴道子一同被后世推为疏体的代表,与以顾恺之、陆探微为代表的密体各擅千秋之誉。

唐代大诗人杜牧的"千里莺啼绿映红,山村水郭酒旗风。南朝四百八十寺,多少楼台烟雨中",说的是梁武帝萧衍的事。人们一般知晓这个皇帝每天四更起早写作,一天一顿饭,瘦得没有人样。他的荒唐,是四次进庙当僧人,每次都要让人们捐款赎身,帮寺庙拉赞助。

张僧繇的传世,与这位崇佛皇帝有关,张僧繇当过梁武帝八子武陵王萧纪的国侍郎,又与王羲之一样,做过右军将军。他的人物画有"对之如画"之效,受梁武帝赏识,他奉命给分封各地的梁武帝的几个儿子绘制肖像,梁武帝看到张僧繇所绘儿子们的画像,如见真人,音容笑貌宛在眼前。

梁武帝崇佛成癖,他修饰佛寺,多命张僧繇主持。凡装饰佛寺多命张僧繇画壁。江南不少寺院中,有大量张僧繇的壁画,梁时的江南,寺庙壁上有23处传世画作都出自张僧繇之手,这缘于皇帝萧衍对于佛教的神往和对张僧繇的钟爱。他的"面短而艳"人物造像画,取代了顾、陆的"秀骨清像"

风格。

汉武帝创立了一个皇家收藏书籍、法书名画的机构，叫秘阁，这个名称一直沿用到南朝。萧梁王朝秘阁藏画非常丰富，张僧繇担任了直秘阁知画事一职，他在秘阁有机会看到了湖州老乡曹不兴画的龙头，点拨了自己的画艺。

张僧繇在金陵安乐寺的墙壁上画的龙，形象逼真，却都没画上眼睛。游客看了，觉得缺少神韵，就请张僧繇把龙的眼睛补上去。张僧繇提笔轻点，两条巨龙撞毁墙壁，凌空而飞。这成为成语典故"画龙点睛"的由来。

宋人计有功在《唐诗纪事》中记载，张僧繇曾在苏州昆山华严寺壁上画龙，逢风雨交加，龙便跃动腾飞，僧人们害怕，又请张僧繇再画上铁钉铁链将龙锁住。

《湖州府志》记载，张僧繇曾画了两头狮子，秘密悬挂于寝宫宫门之上，使患风疾医治无效的昭明太子痊愈。这些故事反映了张僧繇画笔的神奇。

南朝梁以后的200多年，张僧繇的绘画风格成为主流。唐代被称为"百世画圣"的吴道子，最著名的雕塑家杨惠之，都继承了他的风格。唐代有歌谣说："道子画，惠之塑，传得僧繇神笔路。"

中国许多古代石窟壁画中，来自南北朝时期的各类形象，都隐藏着张僧繇的影子。唐代丰满艳丽、雍容华贵的泱泱大唐风范便从张僧繇的人物造像风格而来。

江南笔墨，一开始就拯救了号为大家们渐见苍白的馆阁笔墨。湖州古镇的黑白色调，是书香熏染的。

二王帖：吴兴太守更奇峰

有史以来，湖州会聚了一批传世的文化官员，"吴兴太守"四字，改变了中国的仕场生态，让仕场变得儒雅，让儒雅化为珍贵，让珍贵走向长远。

在六朝，名门望族才可坐上"吴兴太守"的太师椅。比如刘禹锡"旧时王谢堂前燕"所说的谢家，谢安一门三代有五人先后任吴兴太守。再作延伸，谢家五代有九人在东晋到南朝梁代初的150多年里先后出任吴兴太守，谢氏家族中多有书画大家，尤以谢尚、谢奕、谢安三兄弟的书法成就最为突出，誉为"三谢之盛"。

中国画的第一个高潮是六朝四大家，这四大家由两个湖州人曹不兴开张，张僧繇收官，300年。当中东晋王羲之插入，这500年构筑了中国书画的顶峰。三国兴佛画，曹不兴成佛画之祖。到了东晋，无锡人顾恺之跃出，有文绝、画绝、痴绝三绝之称。苏州人陆探微在南朝独领风骚，是以书法入画的创始人，最早的画圣。张僧繇是对隋唐影响最大的画家，当为梁以后200多年的主流画风，谢安说他苍生以来未有之。

王羲之是在永和初年到任吴兴太守的，他发现湖州非常安静，山水清远，宜入画，百姓忙于生计，重渔桑之利，水阔天远的湖州给了王羲之一个新式世界。晋时的士族势力自恃高贵，注重门第，出则乘车，入则扶舆，养尊处优。王羲之在吴兴说："初渡浙江，便有终焉之志。"王羲之的人生转折始于湖州，以至有永和九年会稽山兰亭高品位的游戏。

王羲之退休后去绍兴闲居，组织一个斗诗集会，写一篇散文，文章未传承，书法传世，叫《兰亭序》。

假如把《兰亭序》当散文来读，文采灿烂，字字珠玑，是一篇脍炙人口的美文，它打破成规，自辟蹊径，不落窠臼，隽妙雅逸，绘景抒情，令人耳目一新。跃出的文字密码，隐约的思维风范，游动的文化线条，尽是君子行为。

因有神助，《兰亭序》的成就在书法艺术。王羲之酒后的一篇草稿，随处的涂涂改改，无意于求工，反而下笔随意，潇洒自然，气韵生动。通篇的淡和空灵，不激不厉。

全文28行，布白纵有行、横无列，行款紧凑、首尾呼应。每行的疏密大致相等，偶有略松略紧之处。如"神龙本兰亭序"，字与字之间，大小随意，不求划一，长短配合，错落有致。欣赏，逗留在文字，错了。错处照错，照涂改，才有味道。王羲之的字走上国家信仰，属于不朽，这就跟"供"有关了。《兰亭序》的昂贵，是不作探险，抵达顶峰，是因为那个时代的文字无人照看。神来之笔，却一开始就触及了书法的本质。

《兰亭序》记述了文人雅集的情景，作者因当时天时地利人和效果发挥到了极致，其中有20多个"之"字，写法各不相同。

王羲之的《兰亭序》为历代书法家所敬仰，世人常用曹植的《洛神赋》中"翩若惊鸿，婉若游龙，荣曜秋菊，华茂春松。髣髴兮若轻云之蔽月，飘飖兮若流风之回雪。"之句来赞美王羲之的书法之美。

王羲之的书法影响了一代又一代的书苑。唐代欧阳询、虞世南、褚遂良、颜真卿、柳公权，五代杨凝式，宋代苏轼、黄庭坚、米芾、蔡襄，元代赵孟頫，明代董其昌，他们对王羲之心悦诚服，因而他享有"书圣"美誉。

王羲之早年又从卫夫人学书。卫铄，师承钟繇，她给王羲之传授钟繇之法和她自己酿育的法门。《唐人书评》曰："卫夫人书如插花舞女，低昂美容。又如美女登台，仙娥弄影，红莲映水，碧沼浮霞。"

王羲之很晚入仕途，不愿做皇帝身边的侍中，也不愿任吏部尚书。早早地辞官退隐，放浪山水，不按名士风流那一套行事。他游名山，泛沧海，弋钓为娱，这都是在湖州学会的。这种静思玄贤、超然物外的人生态度对他的小儿子王献之极具影响，王羲之于59岁谢世，皇上赠给他金紫光禄大夫，儿子王献之遵照父亲生前意愿固让不受，一展纯净玄远之美。

王献之拒绝为父亲的好友谢安太傅的太极殿题榜，在晋时有此不肯媚俗之举，亦是受人崇尚的人生风范。

李志敏评价："王羲之的书法既表现以老庄哲学为基础的简淡玄远，又表现以儒家的中庸之道为基础的冲和。"在书法史上，他与其子王献之合称为"二王"。

湖州的六朝风光是一批官员营造的，王羲之和王献之是公认的中国书法艺术的巅峰人物，并在湖州留下了像《吴兴帖》《姨母帖》《鸭头丸帖》《中秋帖》这样的传世之作。

王羲之、王献之都曾任吴兴太守，现存在吴兴写的法帖有王羲之的《姨母帖》《裹鲜帖》，王献之的《吴兴帖》《白鲜帖》。二王在书法上各有千秋，王羲之以真行为显，王献之则以行草为能。唐代曾有过扬羲抑献的时期，其实王献之能在其父的光照之下独树一帜，说明王献之的超迈才气。

王献之书法兼善隶、草、楷、行各体，精研体势，心摹手追，广采众长，备精诸体，冶于一炉，摆脱了汉魏笔风，自成一家，影响深远。风格平和自然，笔势委婉含蓄，遒美健秀。

晋唐风，旧时代街边的咖啡吧

永禅师，闭关退笔三十载

1500多年前，湖州善琏蒙溪河畔柳梢的冷月，映照一座孤独的寺院，青灯下，老法师伏案行书，不绝昼夜，长年于此。

这位禅师叫智永，结庵善琏永欣寺数十年，每天在这座冷冷清清的小楼里，如痴如醉地练字，旨在行内独立门户，温情地叛逆。他笔下季节里的容颜如莲花开落，脸上的风霜如雨天墨盒、风中香炉，佛学浸泡的才气，常人没法靠近，彬彬散发高祖宏远的魅力，珍贵得如历史残留的卷宗，淡定得似无灯无月无妨人生。

书法史上，第一位高擎二王大旗的，就是这位高僧。

智永禅师是王羲之第五子王徽之之后，属王羲之七世孙，此时在湖州善琏永欣寺修行。他手里的《兰亭序》帖为草稿，当时未曾轰动，一直到了陈朝天嘉年间，智永将其公之于世，到太建年间，《兰亭序》真迹被献给了陈宣帝。这篇《兰亭序》因智永禅师流传。

这位被苏东坡尊称的"永禅师"，初从萧子云学书法，后以先祖王羲之为宗，将王羲之作为传家之宝的《兰亭序》，带到云门寺保存。他在永欣寺盖一座小楼专供练字。在书阁上潜心习书三十年，发誓"书不成，不下此楼"。智永妙传家法，隋唐间工书者鲜不临学。

智永在湖笔之乡留下了许多学书的佳话，他将写秃的笔头收集起来，共有十大瓮，埋成一座坟。自撰铭词以葬之，时称"退笔冢"。

智永的书法名气也越来越大，求其真迹者多。智永穷于应付，以至于求其书者"缣素牒纸，堆案盈几，先后积压，尘为之生"。登门求教者极多，户外之屦常满，踩坏了门槛，智永只好用铁皮来加固门槛，时人称之为"铁门槛"。他对求学者说，老衲先祖羲之公和献之公为例，羲之公以东汉张芝"临池写书，池水尽黑"的事迹激励自己，一生苦练不辍。洗砚曾染黑过庐山的归宗寺、临江的新城山、建康的钟山、浙江的积谷山和山阴等地的五六处池水。献之公学书曾用尽18大缸清水，老衲学书也是靠勤学苦练，才有今日的成就。

这"退笔冢"与"铁门槛"便成为书坛佳话，与汉张芝洗笔洗砚的"池水尽墨"交相辉映，同为千古美谈。

以楷书方式对草书，是智永的创造，智永禅师草书《真草千字文》，得笔于乃祖王右军，并师承了草字法规。气韵飞动，优入神品，有"天下法书第一"之誉。此帖每格一字，每字独立，循规蹈矩，而不似乃祖与张颠那样"笔墨飞舞"、字字相连呼应。智永继承王羲之的笔法，行楷每字中也有一二重笔，因而字态生动、劲雅，显示其作书时的神情专注、神力内敛，重笔之处也显得圆润合拍，健肥适当。唐宋以后的书法大家也大多喜欢师承智永禅师的楷字。

史家称智永"为隋唐间学书者宗匠"。唐张怀瓘《书断》说智永"半得右军之肉，兼能诸体，于草最优"。苏轼称永禅师"为百家法祖"；解缙云"智永瑶台雪鹤，高标出群"。智永的书法对初唐虞世南等的书法很有影响。与智永同时而年少的释智果亦曾师事智永。

宋人编的《宣和书谱》说智永"笔力纵横，真草兼备，绰有祖风"。

苏轼曾为智永未独树一帜而憾。智永居永欣寺临写王羲之《千字文》，王羲之生前并无千字文，此为萧梁殷铁石于宫中所藏王羲之墨迹中拓了千字互不重复之字，再经周兴嗣编次成韵文。智永临《真草千字文》800份，分赠浙东诸寺，目的是要借佛门之力，流布乃祖书法。《千字文》用笔上藏头护尾，一波三折，含蓄而有韵律的意趣。如清代何绍基所说："笔笔从空中来，从空中住，虽屋漏痕，犹不足以喻之"。

从书史发展来看，智永《真草千字文》卷的规范作用超过了东汉蔡邕的《熹平石经》的影响。宋米芾称："智永临《集千文》，秀润圆劲，八面俱备。"

智永在永欣寺中有两位高足，一位叫智果，智果工于书铭，笔法腴润不足，而骨力超过智永。智果的行书、草书，张怀瓘《书断》皆列为能品，传说隋炀帝特喜其书，他曾对智永说过："和尚得右军肉，智果得右军骨。"意思是智永书法圆润，可见智果也是书僧中之佼佼者。

另一位高徒叫辩才，是经手《兰亭序》之人。王氏后裔视《兰亭序》为珍宝，代代相藏，在《兰亭序》的流传过程中，一直传到七世孙智永，因智永无后人，年百岁乃终，故在临死时把《兰亭序》传给了弟子辩才。辩才是史料有记载的经手《兰亭序》真迹的最后一人。唐太宗故事只是后来的斯文雅事。

永禅师"三十年不下楼"，"临《千字文》八百本"，"抱笔而终""铁门槛""退笔冢"以及爱笔如命改进湖笔的故事折磨了书人，更惹人依恋。今天，善琏蒙溪河畔，智永禅师退笔冢仍在，民国初，人们还可以看到"退笔冢"前有一与人齐高的纪念智永的大石笔矗立着。

颜体，雄健派之丰碑

到了唐代，湖州的书画大家都善以气势开张，湖州刺史颜真卿，以雄伟落地，取多宝塔为素材的《多宝塔感应碑》碑文，开颜体字，成就了他在中国书法史上的地位。

颜真卿书法显示出千年难有的才能，他的文章也是有着家族血脉的承传。颜之推、颜师古，都是颜氏家族的英才人物。

颜真卿一生所重所全身从事的是政治，是为官一任，造福一方。他做到

三癸亭

了，而且以其人格的完整走完了轰轰烈烈的一生。而他的书法艺术成就，王文治诗云：间气中兴三鼎足，杜诗韩笔与颜书。苏东坡也说"书至于颜鲁公，天下之事毕矣"。"颜公变法出新意，细筋入骨如秋鹰"。

安史之乱后，唐王朝宫廷一团糟，做了尚书的抗击安禄山的功臣颜真卿被弹劾，外放湖州刺史。颜真卿一到湖州，却遂了他诸多风雅书事：

进顾渚山修贡造茶，颜真卿为顾渚山留下一块碑石。《旧志》说，颜真卿与一批文友在明月峡月下散步赋诗，又将所赋之诗题于石碑，这就是史书中经常提到的蚕头鼠尾颜鲁公书碑。它立在贡茶院、清风楼、忘归亭的三角地带。

作为父母官，他了解到东晋谢安任吴兴太守时，开了城西官塘，民获其利，常怀念这位关心民瘼的太守。颜真卿重书晋谢太傅碑，且立在谢安墓边。到了宋代才将此碑移入湖州墨妙亭。

颜真卿在湖州组织两次诗会。一次在长兴，与陆羽、皎然等十九名士，聚会于长兴画溪的竹山潭潘子读书堂。颜真卿将每人的诗作书写成《鲁公竹山连句帖》，其真迹流传至今，这幅帖子现收藏在台北故宫博物院。只是画溪之夜连同颜真卿的书帖,在伟大唐风里未被引为经典。

到了明代,有人将这次类似东晋永和九年王羲之等名士在兰亭雅集上作的诗联句诗刻,收集在颜真卿的《水堂集》中,统领明代文坛20年的大文豪王世贞为之写了一篇评价极高的《跋》,王世贞说颜真卿书法:遒劲雄逸,而时时吐姿媚,真蚕头鼠尾得意笔,大较与家庙颉颃。而此乃手迹,又当远胜。

另一次诗会是庆贺洋洋360卷《韵海镜源》的完成。颜真卿遍邀江东名士吴筠、陆羽、皎然等29人携酒登山,围樽畅饮联句赋诗。集成《岘山联句》收录于《全唐诗》,成为湖州历史上一展兰亭风雅的名人文会。

公事之余,颜真卿又忙了"几件不起眼的小事"。他上杼山看望陆羽和皎然,三人提议建一个纪念亭。后来这个亭于癸丑岁、十月癸卯、朔二十一日癸亥建成,陆羽给亭取了一个意味深长的名字:三癸亭。颜真卿为它题写亭名,从此,茶人们都把那里当作茶文化的祖庭。

大历十年七月,湖州水灾,一片泽国,颜真卿在担忧中赈灾。水灾平息,心有宽慰的颜真卿给朋友写了一封信札,叫《湖州帖》:"江外唯湖州最卑下,今年诸州水并凑此州入太湖,田苗非常没溺。赖刘尚书与拯,以此人心差安,不然仅不可安耳。真卿白。"在这48字中我们可以窥见当时湖州水灾的状况。

一封信札却成传世作品,《湖州帖》刚毅劲拔中有逸趣,具有超凡脱俗的艺术格调。乾隆帝借用苏轼写《湖州妙墨亭诗》中评颜真卿的话:"细筋入骨如秋鹰",变为皇帝评语"细筋入骨,天半风流秋鹰"。

颜真卿在湖州写的另一信札是《刘中使帖》,信中提到的两件军事捷报"吴希光在瀛州投降""卢子期在磁州被擒",书法写得酣畅淋漓,和他得知捷报时的心情一样舒展自若。明代书法家文征明说在他看到过的颜真卿书法中,没有超过《刘中使帖》的。湖州东街有放生池方圆数亩。颜真卿在湖州两次写了《放生池碑》,此碑原先立在骆驼桥东。

颜真卿在湖州留下的书迹,如《浪迹先生玄真子张志和碑铭》《杼山妙喜寺碑铭》《放生池碑》《射堂记》《项王碑阴述》《石柱记》等,却未能幸存于岁月的流逝和战乱的兵戈中。唯有《干禄字书》一碑，经过宋人的摹刻而独存于四川三台。

回朝后，遇李希烈反叛，在开封称帝，皇上派颜真卿前往劝谕，被缢杀。

颜真卿如有一剑封喉的绝技，缔造了一个独特的书学境界。"颜体"大气磅礴，多力筋骨，具有盛唐的气象。他的行草书，遒劲有力、真情流露，结构沉着，点画飞扬，在王派之后为行草书开一生面。颜真卿的行书风格也体现了大唐帝国繁盛的风度。

宋代书家，如名重天下的苏轼、黄庭坚、米芾、蔡襄，没有一个不学颜体的。苏轼甚至说："书于鲁公，文于韩愈，诗于杜甫，为观止。"

明末清初著名诗人吴伟业作过《湖州岘山九贤祠碑记》，记中赞扬王羲之、谢安、柳晖、杜牧、孙莘老、苏轼、王十朋等九位太守在湖州的德政。

怀素：狂草第一家

怀素没有自己的寺院，出家人四海皆是家。

怀素一生云游，漂泊四海，他性情疏放，锐意草书，却无心修禅，更饮酒吃肉，交结名士，俗世交往非常广泛。除了书法别具一格、匠心独运以外，他还能赋诗吟句，与当时文化名流如李白、戴叔伦、颜真卿、钱起、陆羽等诸多名人交往甚密。每逢聚集，必饮酒恣情，疯狂极致，杰作连连，以"狂草"名世。

唐代狂草书家怀素是湖州长兴人，家住在湖南长沙，俗姓钱，"大历十才子"、湖州诗人钱起是他的叔父。怀素在《自叙帖》中自称："从父"钱起。陆羽在湖州见到这位不拒酒肉的出家人，书法又如此放松，近乎放荡，很是推崇，写了《怀素别传》，记载怀素与伯祖惠融禅师俱善书，乡里人称"大钱师""小钱师"。

钱起很有意思，见到回家乡省亲怀素，写了一首诗，叫《送外甥怀素上人归乡侍奉》，称他为他外甥，而不是侄子，两人分别亲笔写出两个大相径庭的称谓，把后人给弄糊涂了，或许长者对于晚辈的称谓可以随意些。但这首送怀素归乡侍奉的诗，通篇赞誉之词，却无奉承之嫌，洋溢着浓浓深情。

怀素出家之后，多年在外云游，难以归乡。这天是腊月初省亲归来，怀素幼小时嬉戏的水池，被冬天的几场大雪积满。池边的柳树在寒烟里显得稀稀疏疏，冬天柳叶早已落尽，当然"疏"了。

怀素这次是为钱起祝寿，出家人也免不了这一套习俗。怀素是酒仙，不忘酒。名僧名士，怀素的"健笔"，诗文也极好，笔文俱健。全诗使用了很多佛家用语，十分切合怀素上人身份。意境清新，蕴藉丰富，言有尽而意无穷。

出家人如野鹤闲云，如怀素在草书上"无前侣"的。当他学书有所成的时候，曾负笈赴京，走访名家。他在洛阳碰到颜真卿，向颜真卿介绍自己的笔法"折钗股"，颜真卿讲到"屋漏痕"，怀素一听，大为敬佩，下跪拜颜真卿为师。十年以后，怀素回家乡湖州长兴省亲，这时颜真卿在湖州当刺史，他便拿了自己的作品去向颜真卿请教。颜真卿看了之后很满意，便选了一幅张挂在自己的刺史厅上。这是两位唐代的大书法家在湖州留下的一段佳话。

怀素的草书称为"狂草"，用笔圆劲有力，使转如环，奔放流畅，一气呵成，和张旭齐名。后世有"张颠素狂"或"颠张醉素"之称，对后世影响极为深远。他也能作诗，与李白、杜甫等诗人都有交往。好饮酒，每当饮酒兴起，不分墙壁、衣物、器皿，任意挥写，时人谓之"醉僧"。他的草书，出于张芝、张旭。《金壶记》说他是"一日九醉"。大概醉翁之意不在酒，"狂僧不为酒，狂笔自通天"，他志在"狂草"而已。

怀素善以中锋笔纯任气势作大草，用笔迅疾，气势宏大，虽然狂放，但并没有为追求新奇而无视法度。相反，他的草书结字简练，体现独特的草书艺术风格。如"骤雨旋风，声势满堂"，到"忽然绝叫三五声，满壁纵横千万字"的境界。虽然如是疾速，但怀素却能于通篇飞草之中，极少失误。与众多书家草法混乱缺漏相比，他保留晋法甚多，藏真帖且多有颜真卿作风。如小草《千字文》《圣母帖》，与其狂肆作风，大异其趣，完全换过一番面目，也可说是他过人之处。

时空意境入笔底，心气凝聚于尺幅之间，气氛酣畅，水分淋漓，晕染柔和。颜真卿、怀素、高闲、沈传师这四位大书法家都与湖州有关。

怀素的狂草书法拓展了中国书法艺术表现力的边界，奏出了雄健昂扬的盛唐之音，其公开表演似的创作过程多为当时社会名流所记载。流传至今的《自叙帖》是书法史上狂草第一名作。

《自叙帖》是怀素草书的代表作。晋唐以来，属于反传统者。据说颜真卿曾以张旭笔法授予怀素，可说"张旭——颜真卿——怀素"是一脉相传的，就草书言，怀素从张旭的作品中悟得他独自的法门。

他曾向从张旭那里受得笔法的邬彤、颜真卿认真讨教书道，后又打算南下广州请教徐浩，果否及详情亦不了了。另外就是少贫无纸，种芭蕉万株取叶作字，以及"弃笔成塚，盘板皆穿"之类勤学苦练书法的故事。怀素写《自叙帖》时40余岁，从所引诗赋可知他中年时已以草书名动天下，而其以此自得之情亦洋溢于字里行间。

怀素传世的书迹有《千字文》《清净经》《圣母帖》《藏真帖》《律公帖》《脚气帖》《自叙帖》《苦笋帖》《食鱼帖》《四十二章经》等。怀素狂草是书法艺术所映射的精神世界的孤品，故极珍贵。后世书家再也未能超越怀素的健劲疾速，所以堪称绝唱。

宋元阙，岁月模糊，时光浓烈

湖笔的意义在于改变了中国书画的评判系统，湖州的半部中国书画史是书画界的公论。佛罗伦萨，代表了欧洲的一个文艺复兴的时代，出现了但丁、达·芬奇、莎士比亚等大师巨匠。中国的佛罗伦萨，就是13世纪以湖州文人为代表创造的一个艺术时代，早于欧洲文艺复兴多个世纪。但中国的文艺复兴迟迟未能到来，因为太湖只承接来自大海的气息，内陆文明终究与她无从对应。

燕文贵，笔势千里

北宋画家燕文贵，作山水，不专师法，极富变化，独立一家规范。其画多为北方大川，破笔皴点，干擦淡染，细碎清雅，苍润秀媚，岸边水渚多画台榭相接，景致优美。湖州的文化底蕴，给了他绘画天赋，公事之余，琢磨画技。

按理，燕文贵是吴兴人，该少不了浓烈的江南背景。但他的山水画，尽显北味，存独到的自家景致。燕文贵出身卑微，曾当过兵，也做过县主簿，做了个最小的九品官，掌管出纳官物、销注簿书。

开封不具备汉唐国都那样宏阔的气派和规整的布局，它比较随意，没有那种封闭式的里坊之隔、墙垣之限，允许沿街设市，店铺不避官衙，所有的通衢小巷都可以做市场。连庄严肃穆的御街也变得热闹喧杂，它完全拒绝冷漠与隔绝，皇上途经看到有官员在街上卖果品，直摇头。

《清明上河图》写实到可以作为一种历史文件，举世无双，将开封这座繁华的商贸之都刻画得淋漓尽致。这是一幅从乡村到城镇的全景，图中的气息可视为那无与伦比的文字。

汴梁城内遍布酒楼、戏场及各种娱乐场所，满城的酣歌醉舞。京城的繁华程度在著名的《东京梦华录》《清明上河图》窥得一二。相传燕文贵曾绘《七夕夜市图》，摹写汴京繁华景象，又有《舶船渡海像》，具樯、帆、橹、楫及舟人指呼奋踊之状，岛屿相望，有咫尺千里之势。

燕文贵将业余画作挂于汴梁街头卖画，被上街闲逛的皇家画院待诏高益发现，这时高益正在主持大相国寺的壁画创作，见燕文贵所画景物清润秀雅，将巍峨壮丽的楼观阁榭穿插于溪山之间，大为惊叹燕文贵的画艺，便上奏把燕文贵招入翰林图画院。

燕文贵生活在江南吴兴，对南方风物有较多的真切体会，但又受北方画派的影响，所以他的风格和画法有精细、具体、亲切，"观者如真临"的特点，又有千山万壑、墨风流布景繁复的北方山水风貌。现在可以看到燕文贵的画作有藏于台北故宫博物院的《溪山楼观图》。

他的传世名作《溪山楼观图》，气势开阔旷远。溪山、杂树、沙湖、碎石、江水、云山，层叠迢递，大纵深的空间，用笔典雅有静穆之气。

文苏韵，植物之中竹难写

苏轼有位表兄，叫文同，字与可，又是诗文书画方面最要好的朋友，有一次在一丈多长的绢上画设色偃竹送给苏轼。苏轼专门写了《文与可画筼筜谷偃竹记》一文，阐发文同的墨竹画理论，提出了"成竹于胸"的著名论断。

北宋画家文同，他出任洋州等知州，当地有筼筜谷，多竹，时往观察，画竹益精，有"富潇洒之姿，逼檀栾之秀"的美誉。苏轼和他是表亲，画竹受其影响，尝题赞与可《梅竹石》："梅寒而秀，竹瘦而寿，石文而丑，是为三益之友。"

文同"看画亭中默坐，吟诗岸上微行"。他无心于功名，只是喜爱读书作画，人称偷闲太守。文同61岁那年被任命为湖州知府，没有到任就在陈州过世了，却把"文湖州"之名留给了历史。

文同操韵高洁，能诗文，初学草书十年，未得用笔之法，后见道上斗蛇，遂悟其妙。篆、隶、行、草、飞白无一不精。文同重写生，尤其喜爱画墨竹。画竹叶创深墨为面、淡墨为背之法，主张画竹必先藏竹于胸。

文同墨竹画，超过了前人，苏轼形容文同画竹，"执笔熟视，乃见其所欲画者，急起从之，振笔直遂，以追其所见，如兔起鹘落，少纵则逝矣"，似乎文同画竹属写意一派。文同尤其善于画竹叶，"以深墨为面，淡墨为背"。文同的一些墨竹画，所画竹叶，正面用浓墨，反面用淡墨，正反浓淡错落有致。文同画竹，把中国书法的抽象美和布局美引入墨竹画中，使墨竹画脱离了工笔设色花鸟画而自成一派，故其墨竹画写实而不烦琐，形神兼备。苏轼等也学他的画法，追随者无数，中国画坛形成"湖州竹派"，文同成为一代宗师。

文同在元丰元年出守湖州，次年在赴任的途中病故。最早以"湖州"冠名画派的是苏轼，他在题李公麟《憩寂图》诗中说："小坡虽是湖州派，竹石风流各一时。"苏轼提出"湖州竹派"时，正是他接任去世的文同出守湖州后。苏轼在湖州留下了许多墨竹的遗迹，他为道场山寺画了一幅"风竹图"，后被寺院刻石陈列。

文同死后半年，苏轼看了文同画的《筼筜谷偃竹图》，睹物思人，对画痛哭，带泪写下了《文与可画筼筜谷偃竹记》，总结文同的画竹理论，提出了画竹"必先得成竹于胸中"的主张。

文同与苏轼，以竹为绘画题材，以人格精神为旨归，以水墨方法为表现形式，以诗书画结合为艺术内蕴，对湖州竹派的产生起了决定性作用。后世把"湖州竹派"又称为"文苏余韵"。

湖州竹派的繁荣期在元代，赵孟頫、管道昇、王蒙、王庭筠、李衎、李士行、柯九思、吴镇、倪瓒等人，他们给湖州竹派增加了地域性的色彩。湖州竹派在笔墨语言上形成了独立的体系，为中国绘画开拓了"诗书入画"新境界。

苏轼画竹，"从地一直起至顶"，不像常人一节节地画竹竿。米芾问他这是怎么一回事，他回答道："竹生时何尝逐节生？"他针对当时只重形似轻神似的绘画倾向，提出了"论画以形似，见与儿童邻"的见解。

北宋湖州发生了一件轰动全国的书法盛事。吴兴太守孙觉集湖州域内包括"三费碑"在内的历代石刻置于一亭，曰"墨妙亭"。孙觉还请苏轼写了《墨妙亭记》《墨妙亭诗》，成为中国文化的一大胜迹。王国维模仿苏轼写了篇《墨妙亭记》。苏轼的《墨妙亭诗》：兰亭茧纸入昭陵，世间遗迹犹龙腾。颜公变法出新意，细筋入骨如秋鹰。

这块诗碑在元代被毁，有块残片被明代书法家黄道周镌刻为石砚，后世称为"三忠砚"。

赵门笔，怎一个"写"字了得

光耀千古的大师赵孟頫的出现，成为标志性人物。笔法过了几道轮回，守住一个"写"字，洒墨敷彩，骨法不堕。

"赵氏一门"延拓了苏轼等开创的文人画，赵孟頫妻管道昇，子赵雍、赵奕，孙赵彦俊以及外孙王蒙，以及唐棣等诸多学子，以多方面的辉煌成就，筑起宏大的赵孟頫体系。

赵孟頫画墨竹，能以飞白作石，金错刀作墨竹。所画竹石，虚实结合，相映成趣。赵孟頫夫人管道昇，能书善画，始创晴竹新篁。同样用飞白作巨石，管道昇所绘巨石层次更为丰富，晴竹竹叶用浓墨绘就，亭亭如生。管夫人还画过悬崖朱竹一枝，杨廉夫题云："网得珊瑚枝，掷向筼筜谷。"管道昇开创的"巢竹"，成为"湖州竹派"的代表作。元代，画坛上文人墨戏成风，墨竹大家辈出，形成了中国墨竹画的鼎盛期。赵孟頫、管道昇、柯九思、吴镇、顾安、李息斋父子都是画墨竹的高手。

从元代的柯九思、黄公望、王蒙，到明代的文征明、仇英，以及清初的"四王"，都受到赵孟頫影响。他的作品，常常是诗、书、画、印相得益彰的杰作。悠游林下，切磋书画。当然也有元代官员如鲜于枢等人的来访，于是月河两岸成了各方人士云集的文化殿堂。

赵孟頫的堂兄赵孟坚擅长画梅兰竹石和水墨白描水仙，风格清丽秀逸。有一次他从海盐回湖州，带着姜白石旧藏五字不损本的《兰亭序》，泛舟夜归。船驶到升山时，遇到风浪，船被掀翻，行李淹没了，他手中高举着王羲之的《兰亭序》，立在水中说："《兰亭》在此，余不足介意也！"后来他在帖的卷首题了八个字："性命可轻，至宝是宝"。这本兰亭后来被称为"落水本兰亭"。有意味的是写《兰亭序》的王羲之亦曾游升山。当时此山还没有名，古籍记载王羲之到升山而叹曰："百岁之后，焉知我曾游此？"于是在山上修建了乌亭以纪念这次游历。所以后来人们命名此山为"升山"。这是一次很有意味的历史遇合。

赵孟坚的《岁寒三友图》墨竹深沉，掩映着梅的素洁，而松枝疏散，针叶四出，十分劲健，有自然苍翠之感。他的画，既有文人学士的素淡，又有院体花卉中难得的功力，用笔用墨都见筋骨，给人以绚烂的色感。

故国暗淡后，用故土的方法抵御他乡，用新光闪亮旧山旧水，做了醒世的智者。"不管六朝兴废事，一樽且向画图开。"隐逸文化是宋末元初诗画品格的主流，湖州出现"吴兴八杰"，"八杰"之首当推钱选，他流连太湖、浮玉山之间，终身不仕。赵孟頫跟这位"老做画师头雪白"的大家学过画，钱选是一位有独特风格的画家，他善画花鸟和山水，既有院体的风格又有古意的追求，他的画可以说是清逸中见古拙。他的名作《浮玉山居图》，画的是湖州南郊的浮玉山，山坳白云缭绕，更用简笔点缀茅舍、渡舟、老翁，自笔新意。钱选将绘画本体语言发挥到极致。

董其昌眼里，赵孟頫的外孙王蒙画湖州弁山的山石之间代表作《青卞隐居图》，属"天下第一"山水画。王蒙承继家学衣钵，繁复的结构、变幻的皴法及画面传出的神秘气势都属他的自创。在元四家中，他是最能融会诸家之势。其中又有弯曲涌动的山峦脉络，表现出拔地倚天的山石，堆青叠翠的树丛,像一块屏障一样。他是自出新意的画家。

这幅《青卞隐居图》高远法为主,山的形状像束发的弁,卵石顶云,云气往来而无舟楫可通,清秋季节、天朗气清却云烟缭绕,看不到峰顶。画面中的山群峰高耸,给人印象是元代湖州画家画家乡的山水,都有湖州整体上一股由下而上耸动态势,一种升腾之感。

赵孟頫的《吴兴清远图》《洞庭东山图》、钱选的《浮玉山居图》、王蒙的《青卞隐居图》,让我们发现湖州的山水会思考,纯粹的江南笔家格调,所有人见了,都有些云窗春迟的惆怅,性灵做派。

湖州小河的艄公从不凝视远方,把淡淡月色和依依柳影做寄托足矣。小河流经自家的河埠,进得书斋写山水,做人的气度不致琐碎。啼笑时代,作者横了心任由一生的辛劳自甘苍茫。

明清格，海风意志下的乐观期待

湖州人的怀旧行为，多半因这连地气的毛笔而起，常见乡间屋檐下的老年人的神情跟春光一样的坦荡，大概有满肚子杂学随时让访者挖掘。

关思，湮灭的大家

在明代万历年间，有一位与"苏松画派"创始人宋旭齐名的一位画家，叫关思，吴兴人氏，诗赋和书法都入品，他的山水画是吴门派底座，但远师宋元名家，气韵生动、传神，赋予山水可居、可游、可观、可入的情感生趣，泱泱大气，格调高雅，极富意蕴特色，名重海内外。

与关思齐名的宋旭门下弟子众多，都有建树，名垂后世而盛传不衰。而他则寂寂无闻，传人无多，传世作品寥若晨星，以至际遇冷落了。

大师在行内独立门户，温情地叛逆，他笔下的季节里的容颜如莲花开落，他脸上的风霜如雨天墨盒、风中香炉。元代中国书画的中心在吴兴，而有"吴兴画派"之称；明代书画的中心在苏州，故有"吴门画派"之说。吴门画派四大家中的沈周和仇英有湖州脉，他们的父辈或者祖父辈都是吴兴人。且吴门书画的底色出自湖州。

作为中国绘画史上"吴派"名家之一，关思的山水画远宗关仝、荆浩，近法黄公望和王蒙，起点与立意都不低，而且能够自出新意，每幅作品下笔前力求突破，风格求变。这就给自己过不去，所以留下的作品不多，但均为上品。

关思是跨越万历至崇祯四朝的画家，传世作品有《曲涧清音图》《松风斜照图》等。骨法气韵入于元代王蒙及倪瓒，山川画意中往往有古雅之趣。

关思自称虚白道士，他六月避暑云门，日长山静，久读王蒙的《松溪渔笛图》，顿起灵感，作了一幅《日长山静图》，又意犹未尽，来了诗性，于是题识：云门溪下水汤汤，云水山中树泉芳。龙将六月不知暑，知觉静日如岁长。用笔真率随兴，亦其自题所谓"不一时而成，番觉有致"，不经意间仿王蒙，随手画成，而表现出的意趣境界，又令画家自己也颇觉满意。

这幅画后来被藏于宫中，风雅的乾隆帝有事没事会去秘阁读些字画，尤喜爱，御题：法真不愧王黄鹤，神亦能传唐子西。即此卓然足千古，谓多七字兴重题。辛卯长夏御题。

乾隆帝是具有水准的艺术鉴赏家，首句"法真不愧王黄鹤"，点明了关思的笔墨出自王蒙。二句合了北宋诗人唐子西诗"山静似太古，日长如小年"的意境。

层层叠嶂的紧密画风，关思深得王蒙绘法之三昧，善将中锋笔笔反复施于石间山体，表现出江南溪山林木的苍郁繁茂，且湿润秀泽的墨彩，回旋的溪水，林木的掩映穿插，构建出一幅理想的避暑隐居的雅致环境，令人暑日观画不觉通体生凉。

明中叶，以沈周、文征明为代表的"吴门派"推崇北宋山水，采元代赵孟頫、黄公望、王蒙、吴镇山水之长，盛极一时。

关思为明代中期画坛著名的"吴派"名家，一生寄情山水。晚年风格一变，笔墨简约，山石以简笔勾勒，作品趋于奇崛之作，大到巨幛大幅，小到扇面，纵笔粗疏，画面构图繁密有序，丰满而不拥塞。合了他自题的七绝诗："清齐虚蔽小栏杆，六月松风洒面寒。步到西边桥外看，一山斜照瀑长湍。"

中国历史上，每一百位进士中有一位是湖州人，每一百位状元中有两位是湖州人。富饶的风土孕育出代代书画才俊，雅艳缤纷、瑰丽多姿的湖州书画传统，吸引诸多外来游宦寓客在此玉成，"开宗立派"人物纷出，湖州常成为开书画新风的滥觞之地。

沈铨，清代江南第一高手

一帧复制的清代乾隆年间的"沈南苹肖像图"，悬在德清县新市镇的沈铨故居，此帧极为写实的肖像画，为清代松江画家徐璋于乾隆年间所绘，苏州沧浪文人李果题款，系一直研究沈铨的日本学者近藤秀实在美国寻访时发现后翻拍，用电邮发给沈铨故居的"守护"者沈美玉女士。而此前，沈铨故居所古籍中寻得的沈铨像皆误，原来的画像为清代同名画家天津人沈铨。

从德清新市故镇走出的沈铨，少时随父学扎纸花，以绘画为生，其画远师宋代黄家画派，近承明代吕纪。他善绘花卉禽兽，注重写实；擅画花鸟，亦擅仕女，还是画兔的高手。他善于将文人画的意趣与民间艺术融为一体，形成清新自然、雅俗共赏的画风。

沈铨画花鸟走兽的名声，传到了日本，日本天皇见他的百马图后，颇为喜欢，应日本天皇之聘，他在雍正七年偕弟子郑培、高钧等东渡日本，授艺。沈铨在日本画了三年画，开设画院，传授画艺，为幕府绘制画作100多件。带出了一批异国弟子，较为有名的日本弟子熊斐将其重写真写生、题材吉祥的画风弘扬光大。其工细浓艳的画风传遍了日本各地，形成了沈铨的"写生画派"，亦称"南苹派"。他深受日本画界推崇，被称为"舶来画家第一"。在中外美术交流史上写下浓重一笔。

沈铨归国后声誉大震，传至京城，朝廷便下旨命沈铨作画上贡，乾隆七年作《花蕊夫人宫词意》受捧。沈铨还陆续为宫廷作吉祥寓意之画，由此沈铨及弟子童衡在中国画史上被称为宫廷画家。

沈铨有感于乾隆盛世，国泰民安，遂以超写实技法，历时数月创作了《百鸟朝凤图卷》，以鸟类在凤凰统治下百鸟安居乐业来喻和谐社会图卷。画中所画禽鸟近三百，清时人们对鸟的认识种类几乎都囊括其中，绘画技法上也集中国画技法之大成，工笔重彩，其卷末所画之护卫雄鹰，羽毛层层勾染，在放大镜下质感毕现，为超写实技法，前无古人，后无来者。整个长卷构图疏密有致，百鸟气息祥和，可喻为人类理想的世外桃源图。

沈铨画鹤，仙风道骨，百年来无人能敌。其传世作品有《五伦图》《柳阴惊禽》《秋花狸奴图》《盘桃双雉图》《松鹿图》等。78岁高龄所画的《双鹤图》，构图饱满，笔力雄健，被誉为晚年精品。

沈铨晚年寄居于苏州，孜孜不倦地致力于书画艺术之研究，在乾隆二十七年81岁的沈铨还能作《花鸟图》。

1762年沈铨逝世后，从子沈天骧进新市南频府，守孝三年，继承画业，唯一入室弟子童衡离开沈宅到新市明因寺为僧，闲余作画终身。沈铨把一生献给了绘画事业，在继承院体派传统的基础上，独创了强大的南苹画派，在当时的江南独树一帜，有诗予以很高的评价"江南高手谁第一，吴兴沈生世无匹"。

费汉源，南画的宗师

清雍乾年间，有两个湖州人在日本创造了两个绘画的流派，一个是沈铨，创了宫廷意味浓丽的花鸟画风。一个是费汉源，创了带有水墨文人味的山水画风。

费汉源的一个突出贡献是和沈铨一样，把中国画带到了日本。他在日本传授中国的山水画，并在日本出版了教科书《费汉源山水画式》，他的山水画与《芥子园画谱》中的山水画不同，有自家的特点。

日本有一个美术团体叫"南画会"，倡导中国的水墨画，以笔墨情调和文人趣味为目的。南画的宗师就是费汉源。沈铨、费汉源在日本创立了"南苹画派"的宫廷华丽画风和"南画"的文人水墨画风。

明代散文家茅坤，其书法行草兼备刚、瘦、硬，清人蒋士铨论其书："想其握管时，蛔细若游刃，刀笔筐箧徒，武健恣蹂躏。"以刀比笔，以"武健"来形容其书风。费汉源从茅坤那里领悟到诸多艺术门道，从理论中找出口，指点江山。

17世纪中期，中国不少绘画者来到日本，费汉源即为文人画代表人物之一，他在日本作画授徒，门下有杨君山、打桥竹云。日人古贺精里于1789年刊行了《费汉源山水画式》。称，"以六法被称赞的人中，最高的是费汉源"。

对于中国画的设色，费汉源说："设色妙者无定法，合色妙者无定方，明慧人多能变通文。"认为工笔画的设色，或亮丽，或隐晦，无不体现色彩的功用。费氏的画论至今读来，让人受益。

有一幅费汉源的花鸟画，绢本画面有三只八哥，或仰或俯，立于枯树之上，画工细腻传神，格调古雅。裱式恪守古法，裱件镶三色，画心上加锦眉助条，色调隽丽，为日式装裱，可见此件为日本回流之作。

来看费汉源《山水画式》要诀之论：

山，有三远，高远者，即本山绝顶处，染出不皴。

水泉宜洒落，要有飞奔喷射之雄，最怕凝滞柔弱。

屋，画寺观宜壮丽，画村舍又宜古朴，而亭馆全在幽野。

人，凡山水间人物点擢者，多真静野朴之风。冠裳简古，气象生动。

湖州在清代还有一个费门画家，叫费丹旭，专门画仕女画和肖像画。秦祖永《桐荫论画》称"补景仕女，香艳中更饶妍雅之致"；《乌程县志》称"更精写照，能曲肖其神情"。费丹旭的仕女画有一种阴柔，纤秀和瘦弱的造型特点，体态婀娜，面若鹅蛋，樱桃口，柳叶眉，削肩溜背，这样一种非常柔弱，病态的女子形象，成了清中后期的一种审美时尚，代表作有《金陵十二钗册页》。

晚清的费丹旭以仕女图在画史上占据了一席之地。

民国范，抬高了的历史门槛

吴昌硕，一代海派巨擘

清末民初，上海成为最繁荣的商业城市。一些"以砚田为生者，侨居卖画"的绘画高手纷至沓来，筚路蓝缕，形成继"扬州八怪"之后绘画史上最后一个画派——海上画派。海派宗师吴昌硕开吴门画，与齐白石并为"南吴北齐"。

上海周边的画家，带着吴门派、浙派、扬州派、金陵派、虞山派及毗陵派的遗风走进上海，如杨伯润传扬着虞山派脉绪，齐学裘则带来石涛的气息，张熊则把恽南田及吴门画挟风带雨进了上海，任伯年带来了陈老莲的风格，朱梦庐带来的是华新罗的气韵。

湖州安吉的鄣吴村是一个峰峦环抱、竹木葱茏的小山村，吴昌硕少时生活在这里，因受父亲的熏陶，喜欢作书印刻，时常在溪滩捡拾鹅卵石刻字，练就一手好刀法。从此这孩子带着江南山乡行走，带学养，带襟怀，方寸千里。

吴昌硕与这个新崛起的艺术流派不期而遇，这批士大夫禀性正直而为人友善，清刚自律而政声良好，颇得时誉。

吴昌硕20岁中秀才，30多岁跟任伯年学画。53岁做了一个多月县知事，辞去官职，曾自刻印章曰"弃官先彭泽令五十日"。送走无意间渗出的纱帽气,用似溪间的体贴,扇出含香的乡恋。

吴昌硕金石书画诗文,无所不精。自称"三十学诗,五十学画"。他的诗作,清新淳朴,旷逸纵横;他的书法,笔力遒劲,气势磅礴;他的篆刻,古朴苍劲;他的绘画,创造性地继承了祖国艺术的优良传统,将诗书篆刻的意趣和技法熔铸到画里,凝成一种独特的风格。

人们都认为吴昌硕的画最好,他的画影响了一大片,但吴昌硕说他的书法要比画好,印比他的书法好,书法里引入了印的因素,画里引进了书法,也引进了印,他艺术的成就非同凡响。

他治印成就最高,他对印的研究最深,刻印的时间最长,从十四岁开始到七十多岁封刀,都在捉刀,担任过西泠印社首任社长。

真正传承"湖州竹派"的是吴昌硕,他以粗枝大叶、笔势纵横为特色,喜欢用生宣纸和羊毫软笔,笔中含水量大,容易取得"泼墨"的效果,而枯笔飞白处又容易厚重,成为别开生面的新画风。吴昌硕强调金石入画,以篆书笔法写竹,功力极为深厚。

吴昌硕的意义,是中国传统绘画的最后一位殿军,又是中国现代绘画的一位开山祖,承上启下。近现代四大家吴昌硕、齐白石、潘天寿,还有一个黄宾虹,这里面齐白石的画就是学吴昌硕的,而且潘天寿就是吴昌硕的学生,他收的弟子中有四个是湖州人,王一亭,谭建丞,诸乐三,还有一个是诸闻韵,出户入户。

吴昌硕30岁时,任伯年见到他的画,拍案叫好。吴昌硕从篆刻书法入手,把金石篆籀笔法引入花鸟画中,形成"雄健古茂,盎然有金石气"的风格。吴昌硕在花鸟画的运笔、泼墨、着色等方面的开拓,影响了齐白石、潘天寿等人。

吴昌硕是辛亥革命那一年定居上海的。诱发时代兴趣,沪上亮相,引来上海滩私语。与张大千、徐悲鸿等大师共画语,孤身九十余载不寂寥。

吴昌硕印学修为最深,被誉为"神乎其技""千古一人"或"印圣"。他十四岁治印到七十多岁封刀。篆印开创了吴派一代新印风,开宗立派,后继者无数。更参石鼓文篆书笔意,所谓"融书入印"。再学汉砖、封泥的章法结体与苍茫意境、剥蚀趣味，将朴野古拙的金石味运用在篆刻之上，独开吴派风格。他承道咸以来金石碑学书风，更钟情于商周大篆、两汉隶书及石鼓文。

湖州儒商兼画家的王一亭，是近代中国最大的艺术赞助人之一。他较早地把文人的书画雅集演变成大众化的书画展览，发起成立了"上海书画研究会"和以湖州人为主的"清远艺社"等多个艺术团体。入清远艺社绝大部分为湖籍人士，社员包括陈其采、陈立夫、陆培之、沈迈士、孙禄卿、唐冠玉、吴登瀛、潘公展、包小蝶、吴仲熊、吴澡雪、庞左玉、李绘秋、王孙乐、张乃燕、刘旭沧等。

海派早期美术教育，孕育了中国美术界的百年辉煌，上海图画专科学校是王一亭资助刘海粟等人创办的中国近代最早的新型美术学校。湖州人参与创办的社团有海上题襟馆金石书画会、豫园书画善会、停云书画社、巽社、解衣社、中国画会、白社、百川书画会、清远艺社，等等。吴昌硕在成为"海上画派"扛旗者前后，与诸多湖州家乡前辈和后来者都有交谊。

吴昌硕、王一亭为"海上画派"领袖，金城是"北平广大教主"，一时间南北"照应"的湖州人成为民国时期艺术家的代表。更以湖商而兼具收藏大家的王一亭、庞莱臣、刘承干、张石铭、蒋汝藻、周庆云、张叔驯等以藏书、刊书、收藏文物，不遗余力托盘，接续传统，扬播文化。

吴昌硕晚年风格突出，篆刻、书法、绘画三艺精绝，声名大振，被公推为艺坛泰斗，成为"后海派"艺术的开山代表、近代中国艺坛承前启后的一代巨擘。

沈尹默：回归经典显傲骨

晚清后百年，中国书法史上一个黯淡时期。汉唐的光辉黯然隐去，书法充斥文人的馆阁体，沉闷的年代里，在一块已布满前人足迹的土地上，有个叫沈尹默的湖州人站出来引领回归"二王"、取法晋唐。

沈尹默早年临叶蔗田的《烟霞馆帖》，刻意欧、赵。看到父亲书法浸淫于北朝碑版，时亦用赵松雪法走的是碑帖结合之路，豁然开朗。25岁时，沈尹默率母移居原籍湖州，住承天寺巷族亲沈谱笙宅，拿捏了湖笔的沈尹默专研赵字雍容遒丽、圆转流美的笔法，常为扇店书写扇面，为商店题书商号，为墓碑撰写碑文。文化商店公开出售其书法，沈尹默名扬湖城。沈尹默的书法，名扬这个小小水城。

沈尹默在吴兴和杭州期间，临池不辍，依然是帖的路子，与陈独秀、刘季平及谢无量等常在一起以诗酒自娱。攻魏碑，企望脱胎换骨。沈尹默习魏碑后，用笔遒劲、结字凝重、骨力洞达、气象旷逸，清除了原先书作中骨弱的积习。

民国，唐人书法不被看重，加之康有为的尊魏卑唐，书家们视唐人书法为刚入门化正手脚功夫。民国书坛成北碑书风一统天下。他认识到，这是清末尊魏碑唐时风的延续。沈尹默便弃魏崇唐，进而由唐追晋，这在民国无疑是相当新异的书法意识。"二王"与赵孟頫，颜真卿与米芾，这两种书风的流变，都与湖州永远地扯上了。

沈尹默推崇褚遂良，是对书法时流的一个反叛，极具胆识。1930年，沈尹默觉得腕下有力，开始走行草，"从米芾经过智永、虞世南、褚遂良、怀仁等人，上溯二王书"。他对褚遂良用功尤勤："遍临褚遂良全碑，始识得唐代规模。"

1932年，沈尹默因抗议政府开除学生，愤然辞去北平大学校长来到上海，继续习褚书，也临习其他唐人书法，尤其对唐太宗的《温泉铭》用了一番功夫。"因为他们都是二王嫡系，二王墨迹，世无传者，不得不在此等处讨消息。"

在书坛碑学盛行、帖学衰落之际，沈尹默重返经典，明确了书法追摹唐风是一条康庄大道的信号。这样，那些散兵游勇式的帖学书家，如马公愚、潘伯鹰、白蕉、邓散木等人相续会集于他的麾下，成为帖学阵营的核心人物，沈尹默提倡晋唐风韵，是清代以来回归二王书风的第一人。

沈尹默将北碑凝重浑厚风格与帖学妍妙风流之姿互相融合，形成了流畅、遒劲、俊美、儒雅的风格，开启了民国一代的新书风。荷兰汉学家高罗佩主编的《世界美术大辞典》中称沈尹默为"民国第一大书家"。

1939年到重庆后，沈尹默遍临《兰亭序》的各种版本，裱成一卷，请马叙伦篆书引首，马衡、章士钊、朱家济、吴湖帆、启功皆有跋语。据说有幅兰亭临成后，因是"随意挥洒"，扔进废纸篓，恰好于右任到访，捡出一看，叹为极品。

沈尹默受聘故宫博物院古物馆专门委员，得以博鉴历代法书名迹。这使沈尹默能在北碑、唐碑的功底上进而钻研二王及晋唐宋人的尺牍刻帖与墨迹，在用笔方面纠前人之失，其笔底风景颇神。

沈尹默的书学之路，与吴昌硕、康有为、于右任不同。他不是入碑出帖，而是出碑入帖，最终入帖又出帖，打破了碑学的语话霸权，推动帖学走向复兴，终成现代帖学的开派大家。

近现代书家苦苦寻找突破口，如沈曾植、王蘧常、高二适一路的章草书体，谢无量刻求个人风韵的"孩儿体"，弘一法师以其深厚的北碑功底，化成掐头去尾、毫无火气的僧人书，以及于右任晚年融碑帖一炉的草书。直至沈尹默、白蕉、林散之等帖学一路的行草书。

中国书法的正宗是晋唐书风，在碑学一统天下的时候沈尹默孤军奋战，他清醒地看到清代的帖学已走向没落。他对用笔遒劲、结字凝重的魏碑的学习，换得清新的书法风格，带来"民国新异之色"。后来很多人会集在他的麾下，像白蕉，像潘伯鹰，沈尹默成为现代帖派领袖。

沈尹默的"书法人生"，蕴藏在行笔的风神爽朗之中，深蕴中国文化的"绵中藏针"书卷气审美精神，让人玩味再三。沈尹默书法遒劲、俊美、儒雅的风格，开启了民国一代的新风。

民国最后一位才女张充和，在西南联大教散曲，拜师沈尹默，成为当代小楷第一人，她的字每幅各见精神。张大千几幅有名的芍药图是在她家里画的。《天涯晚笛》有个故事，张充和常去沈宅学字，沈尹默很有绅士风度，一次坚持要送允和去坐公交车。他高度近视，张充和担心他找不到回家的路，故意不上车，偷偷跟在他身后，直至沈老平安到家，真师生也。

浙江美院陆维钊评沈体："沈书之境界、趣味、笔法，写到宋代，一般人只能上追清代，写到明代，已为数不多。"沈尹默以丰厚的学问涵养了书法。著名文学家徐平羽评沈尹默书法，"超越元、明、清，直入宋四家而无愧。"全国文物鉴定小组组长谢稚柳认为："数百年来，书家林立，盖无人出其右者"。

沈尹默是个思想者，其次才是个书家。1921年，蒋介石母王太夫人过世，请沈尹默书写墓志，现陈列于台北中正纪念堂。抗战开始，他应监察院院长于右任之邀，去重庆任监察院委员，曾弹劾孔祥熙未遂，官司打到委员长那，后即辞职卜居上海，以鬻字为生。鲁迅的书房只挂沈尹默的字。《中南海收藏书画集》的第一页乃是沈尹默写给毛主席的书法。周恩来家中和办公室都曾挂过沈尹默的字。"文革"中，因不满抄家，将所藏字画扔进苏州河，足见先生之风。

费新我，从来书道在吴兴

章太炎的弟子、著名文史学者朱季海写了一首诗《赠费》："铁门限破苦难应，大字行书万口称。岂但晓楼工写照，从来书道在吴兴。"写这首诗的时候，费新我的书法已经蜚声书坛，以至于像古代寓居在湖州善琏的智永和尚一样，要用铁皮来包裹家中门槛，才能应付络绎不绝的求书之人。"从来书道在吴兴"一句，更揭示了费新我书法的文化渊源和地域气质。诗中的"晓楼"指的是费新我的先祖，清代著名画家费丹旭。

左笔大师费新我一直以"湖笔乡人"自称。他喜用特制的湖笔长毫羊毫，驱笔羊毛长峰，字更劲健，郭沫若赞其"字里行间有山石突兀之志，群山起伏奔腾之势"。把湖笔关天下毫的蓄墨饱满、出墨缓匀、墨色充溢、气韵连贯的优势作了精到概括。提炼了湖笔的品质，尤其是"贮云含雾"四字，笔工们特地精制一款高档湖笔，命名为"贮云含雾"。

费新我，湖州双林人，其祖父、父亲都是账房先生，写得一手漂亮工整的毛笔字。他幼承庭训，小时候多是姐姐教他读书、写字。赵孟頫、文征明、董其昌等江南文化的精英，他们江左流美的书风与费新我深深契合，而赵孟頫则是费新我心追手摹的对象，病臂前的费书具有赵孟頫的娟秀流美。

费新我的左笔书法与右笔书法在用笔、结字、形体、字势诸方面多有不同，左手执笔入书法，从晋唐入手，上溯汉魏，帖碑互练，忘寝废食，三十余年孜孜不倦。在书风上从早期追求的"顺、熟、巧、正"一改为"逆、生、拙、奇"。"巧拙互用，拙茂巧稳，逆中有顺，似奇反正"。那种生峭的艺术效果，令人对其"左笔"的审美联想与创作能力由衷赞叹。

费新我32岁离职学画，56岁那年右手因病而废，次年运笔左手，不到一年，左笔书竟超越右手。左臂生理机能下做书法审美，很难很特别，以左笔作书法者历代有之，而以左笔书法名世者不多见，自宋以来有陆元长、郑元佑、高凤翰诸家。费新我个人左笔书法风格的塑造，展现在人生自强、自信艺途中形成的奇气垄涌、傲岸不群的艺术境界。他用左笔独造书风，既有清人高凤翰左笔书法的生拙劲拗，又多了一份精致雅训，"费体"左笔的奇气明晰而引人注目，张力四溢。

20世纪70年代初，毛泽东曾在一次会议休息期间问郭沫若，谁的书法最好，能否排个名次？郭沫若说："第一名应是林散之，他的狂草当代可数第一，堪称'当代草圣'；第二名应是费新我，他不仅书法好，而且自从右手有残疾，改左手写字，练就一身真功夫，实是难能可贵。"说到这里，毛泽东插话："费新我身残志坚，以左手练书法，能达到炉火纯青的地步，更值得我们好好学习。"

费新我深藏若虚，不偏颇也不逃避，不焦躁也不颓唐，只重视怀抱清旷，清醇淡雅。生前身后备受关注，是左笔书法家在国内外影响最大的一位。

The
biography
of
Huzhou

湖州传

海派湖商，襟怀天下的群落

第七章

湖州的细节里都在展示她的精品意志，所有的场景泄露她的经商情怀，她的欧美式浪漫触手可及。一群商人改变了这方水土的命运并在这里诞生一个新的规则，湖州特有的繁殖能力，成为一方水土的集体记忆。

浅水出大虾的奥秘

1939年，有两本透视中国农村的书，一本是费孝通在英国出版的《中国农民的生活》，写吴江七都的一个叫开弦弓村的农民如何过日子。在他的导师布·马林诺斯基眼里，这部人类学调查的书里"感受中国目前的悲剧"。

另一本笔触的地点在隔壁，书名叫《吴兴农村经济》，由中国经济统计研究所发行，作者刘大钧把着眼点定格在清光绪年间风靡的南浔传奇："四象八牛七十二墩狗"身上，这个民间称颂、仕族仰仗的豪绅家族现象，隔空应对了布·马林诺斯基关注的更大问题："进退维谷的中国，是西方化还是灭亡？"

刘大钧的"象牛狗"之说，影响整个20世纪，湖商因之成为中国商帮之最。

西风东渐第一站

西方文明与东方文明见面的初期是有新鲜感的，南浔便是率先尝鲜的古镇之一。

把欧洲的建筑风格带入南浔，是大胆的创举，是建筑上的革命。

西式建筑中气势宏大、装饰华丽的风格跑到20世纪初的中国乡村古镇，给封闭、凝固、沉闷的中国明清建筑以猛烈的冲击，这陌生的西风居然为南浔这座大度的古镇所容纳，所接受。安顿下来以后，呈现的竟是和谐与亮丽。这种融汇和结合在江南古镇中独树一帜。

南浔开埠很早，同治初，已有"江浙之雄镇"之称，因水运便利，四方商舶并至而会，丝业发达，湖州上达京都，下至杭州，都必借南浔水道外出，中国丝绸是欧美人渴求之物，国际丝价高于白银，外商云集南浔当在情理。

1757年，清政府实行公行制度，外贸被限制在广州一个口岸，广州十三行因此靠政策取胜，珠三角尝到了开放的第一口水。全国的商人涌向广州，这个景象，如邓小平画圈给深圳一样，深圳变为淘宝城，看来邓小平此举，学了清朝。当时全国的商机全给了广州，南浔的商人直接驾船下广州，远距离经营对外贸易。80年后，上海开埠，外贸重心移至上海，湖丝运沪直奔洋行，外销成本骤降，小本生意者花五六元可雇一小船运80至100包生丝抛售上海滩，价格较之前广州时下降近四成，以湖丝为品牌的中国生丝顷刻间占据了欧洲市场。

1846年后，上海出口生丝的量始终占全国在九成左右，湖丝又占其中的近六成。大利所在，趋之若鹜，浔商嗅到了个中的喷香，利用地缘业缘优势，贩丝沪上，崛起于上海洋场。

来看四象之一的顾福昌，在上海和南浔两地开外贸公司，丰盛丝行、寿泰丝栈的名字今天听来仍耳熟，顾福昌是上海滩最早做生丝出口的商人，是南浔四象中最早发达的一家。

赚钱以后干什么，这是中国商人智慧方面的难题，一般来说，回家置田地以耕读传世，或买个官什么的，浔商的高明在于再投资。1862年，旗昌洋行在上海设轮船公司，顾福昌与另一浔商陈煦元就是大股东，接着开设丝厂、保险公司，丝厂不久又与法国人勃鲁纳合资，商业资本转化为产业资本，南浔人挖到第一桶金。

南浔商人抓住中国对外海禁开放，开启商埠的历史机遇，经营湖丝，并从事对外贸易又涉足盐业、典当、房地产和钱庄业等多项产业，将小店铺里的小学徒们往上海滩上赶，日后都成腰缠万贯的富豪。浔商，是继晋商徽商后的又一种历史现象。

1902年,南浔张家独闯巴黎,将国内茶叶、丝绸、漆器、竹器、牙器、玉器、古字画等运到法国,刮起了中国旋风,大胆、豪爽地赚起了法国人的钱。

闭锁的中国最早看重品牌效应的,是南浔梅氏,南浔八牛之一梅鸿吉,开设恒裕丝经行,其子梅履中,开设南浔最早的用机器生产的丝厂。推出的是梅恒裕"辑里丝",它一路向欧洲大陆走去,毫无遮挡,横扫西洋。1910年,在南洋劝业会上,"辑里丝"得头等商勋,次年又获意大利工业品展览一等奖。1915年,在巴拿马万国博览会上,辑里丝与贵州茅台酒同获金奖。1929年,梅恒裕"辑里丝"又获首届西湖博览会特等奖。

20世纪的美国丝织业缝衣、绣花、针织所用丝线及绸缎,每年进口湖州辑里丝约1500担。

刘家大宅之一刘氏悌号,宅内有两座西式建筑,墙体用红砖砌成,人们称之为"红房子",在江南六镇那个年代的建筑里,它是独一无二的西式,旁边又都是纯中式的明清建筑,一中一西两种风格泾渭分明。虽然这些老屋久不居住,已经斑驳晦暗,因为凝结着历史的厚重或注入了西洋流派的灵气,圆拱点线与雕梁格窗对视,确也异趣纷呈。

晚风习习掠过南浔的天空,竟钟情于这里的古朴与开放,沉下来,发现西洋特有的建筑模式融入其中,反差中见和谐,给世人一个超乎寻常的包容。

出洋归来的南浔富商们,把巴黎的生活方式带进了这个尚未觉醒的田园诗般的江南小镇。从吊顶到刻花蓝晶玻璃,从百叶窗、栅栏,到克林斯铁柱头,等等,你会惊叹,看到了20世纪初南浔的一个片段和缩影,听到了历史恢宏的回声。

古今中外第一商

南浔有个叫七里村的世外桃源,地肥水清空气纯,产一种优质丝,纤度拉力色泽解舒均在上乘,湖丝唐时已誉满长安了,唐玄宗钦定为贡品。明代更名扬全国，明相朱国桢说："湖丝用作帽缎，紫光可鉴。"清代自康熙帝后所穿龙袍凤衣，须以湖丝为料。后海运大开，有人献湖丝给英国女王维多利亚，作为生日礼物，女王爱不释手。

唐宋以后，这里被誉为天下粮仓。但这粮仓里蠕动一种奇怪的动物，叫蚕宝宝。吞下叶子，吐出丝，短短七天完成生命的轮回，用它满腹的锦绣，造福人类。18世纪末，湖丝早早地去了欧洲，每年800多石中国丝消化在英国。只过了30多年，生丝出口猛增至10000石，英国对华贸易巨大的逆差无从逆转，法国人也来抢购，价格狂飙。在欧洲人眼里，湖州辑里蚕丝是世上最好的原料。但此时湖丝出口只许在广州13个洋行交割。政府控制外贸，朝廷牟取暴利。

湖商的第一桶金，是英国人给的。英国人无数次来华要求通商，大清帝国傲慢拒之。英属东印度公司组建商用舰队，轰开国门，运作硝烟下的买卖。鸦片战争后，上海开埠，英军脱下军装，就地行商。

市场突然到了家门口，湖商热血奔腾。湖州到上海的路程很短，运费占货物比例微乎其微，不到3‰。比之广州丝价，下降1/3，英国人就近考察了湖州辑里丝，质地为全世界之最，于是销路猛涨。当时英国对华贸易有专门的报告，说中国生丝最大的出口产地就是嘉兴府、湖州府。湖州的生丝产量最大，从上海转运的湖丝比例高达近六成。

湖州一个水乡小村落的民间产品，穿梭于当时国际金融、证券、期货市场，令所有的中国商人怦然心动。南浔四象之首的刘镛，是刘记丝行的老板，率先进上海，直接与外国买办交易。湖州的丝商们纷纷仿效刘镛，杀入上海滩。1876年，上海70家做丝的公司，60家是湖州人开的，湖商掌握辑里丝的货源，他们瞬间暴富，成为上海滩的风云群体。

聚财靠运气，去财靠智慧。湖商有钱以后，怎么花？徽商用于耕读传家建豪宅，湖商则是赈灾助学办文化，自然少不了在上海做地产，以保资产增值。湖商在上海购置房产的规模，远比今天温州炒房团成熟，仅刘家第四房就在上海出租房屋700栋，房租月收入五万银圆以上。

江南的空气很科幻，江南的乡愁文绉绉的，江南水气，凝聚成民间一股傲视庙堂的红顶清流。他们视官场为镜花水月的太虚幻境，他们即便在官场玩不转，亦不怪官场险恶，只怨自己浅薄。

南浔是近代罕见的巨富集聚之地，富豪被拟动物化，在刘大钧的书中"这些富商皆资本雄厚，或自为丝通事，或有近亲为丝通事者"。

事实上，称"象"的刘家财产 2000 万两白银，张家 1200 万两，因而也有称狮的，归入牛类的邢、周、邱、陈、张、梅、蒋等八家的财产总额亦在 6000 万至 8000 万两，清政府每年财政收入 6000 万两左右。

因有京城的万马齐喑，才有民间的自得其乐。京杭大运河磁场吸入各地商帮，徽商晋商控制了苏杭、扬州、淮安的盐、布市场。明政府在苏杭设晋商"商籍"，给晋商子弟异地科考通道。嘉庆时百余家江西商户捐资重修苏州会馆。雍正时有万余福建八府的商帮集聚苏州喧嚣的阊门。宁波商帮在运河沿线的杭州、常熟、苏州、济宁、聊城、临清、天津、北京等地，都有会馆公所。太湖的洞庭商帮，称"钻天洞庭"，在山东临清建商业飞地，今天临清舍利塔内碑文中有修塔时席氏捐资人的姓名。

湖商早早地与国际政治、经济搅在一起，不失为一种文明。南浔四象之首的刘镛，率先与外国买办交易，狂聚财富，湖州的丝商们纷纷杀入上海滩。

暴富以后，徽商用于耕读传家建豪宅，湖商则用于赈灾、助学、办文化，也少不了在上海做地产。1862 年上海的租界加在一起，有一半的地方是湖商陈煦元的，陈煦元实际控制了沪上一半的租界，巡捕房的服务一半围着他转。今天高楼林立的上海，一些精致幽雅的花园洋房，都是湖商的家业。19 世纪的城市连同湖商逝去的背影，成为繁华岁月的城市记忆。

湖州代言着各个时代的经济华表，用经济交往中的意识洁癖，用创新的经营胆识，创造了瑰丽的淘宝迷宫。钻出迷宫的太湖人，都不会因腰缠万贯为历经诡异后怕。

太湖经济凭一种高贵的精神脉络呼应天下，这种精神脉络，来自一个强大气场，这个气场无法从宫廷和文苑产生，只能来自这方浩荡的水域。湖商留下的遗产是任何一个商帮无可比拟的。今天的股份制就是湖商的制度创新。

南浔的商人任取一家，门前都有踏级入水的河埠，坐着小船，从上海滩上捧回白花花的银两，回到自家的河埠。这是一幅极富软性美的水乡归舟图，小桥、流水、桂楫、晚钟，沿途是风情绰约的镇情民风，天际归舟是悠闲中的浔商。

运作市场第一人

太湖经济对规则仰之弥高，有一种超越感观尺度和提前把握事态的能力，有直接投入时代的一面，也有表达一地个性情怀的一面，是小区域与大格局在邂逅后的推搡。

太湖经济，概括了中国财富的一切精华，独自掌握化解中国末路政治窘态的力点与机灵，它比任何地域都更多更远地扩大了中国经济语言的疆界，太湖提炼了一种纯粹的经济人格，可以视为一个高度发达的东方人物。南北地域经济成功的细胞都可以在太湖寻觅到知音。在太湖身上，中国的自然禀赋、中国的经济魂魄、中国不渝的民族性格反映得如此明晰，在以柔克刚的背面具有如此的富贵相。

南浔，叫张宅，园主张静江，又一位深谙治国之道的商人政治家。改革开放初期江南的股份制改造，被视作神奇的制度经济。其实湖州的商人们在民国初期已运作得娴熟，总设计师便是张静江。

张颂贤营丝发家后，又着眼于盐务，为盐业界巨头，还经营了南浔镇周围方圆五十里的酱园，如张恒泰、张恒昌、张元春、张启泰、张义隆等规模都是比较大的酱园。张颂贤购置的庄田、开典当、钱庄，其财富仅次于刘家，占四象之第二位。

张家大宅"尊德堂"，悄然行走于文化江南的精神空间，用自己的财富意义演绎着商业启蒙的传奇，随意间流淌的含意，给传统世道一个措手不及。孙中山"满堂花醉三千客，一剑霜寒四十州"的手迹楹联高悬，主人大概属于"铁肩担道义，棘手著文章"一类人物。翁同龢所题"世上几百年旧家无非积德，天下第一件好事还是读书"对联，是这个书香家族主题。这"积德"和"读书"四字，可以说覆盖了南浔商贾名流的高远心智。

张静江对实业救国的追求仍痴心不改。张静江作为中国近代民族工业草创时期的参与者和历史证人。张静江政治上算不得成功，在政治旋涡里与那些职业革命家交手不了几个回合便败下阵来，留下一串清空澹远。这一位疏于权谋的政治稚童，经商却是奇才，中国的商人中，八面威风又独立寒秋者，只有张静江。

张静江借任浙江省政府主席之便，拉着他的湖商同道，用新的投资模式搞建设：

国民政府要修筑四省三铁路，缺钱，张静江以股份制形式募集资金。杭州至江山的铁路投资千万元，发行浙江省建设公债1000万元，由田赋附加"建设投捐"作抵，属于省营模式。建成后又延伸至玉山，这便是今天的浙赣线。

江南铁路则用民营股份制体制，组建江南铁路公司，募集资金200万元，建芜湖至南京、宣城段。

淮南和江南铁路，是张静江华东大网络枢架思路的一部分。国营性质建淮南铁路，由建设委员会投资兴建。三条铁路，三种迥异的经营体制，在那个环境里办民族实业，其募资理财的思路相当开阔。

今天建设筹资的办法竟是从张静江那里拿来，诸如在营业税项下附加地方建设捐，发行公债，向银行抵押贷款等。张静江和他的湖商们不经意间在迷惘的经济心灵抛入巨石，竟成国力企慕的至境。

历史的巨变常常在一些不太起眼的地方留下难以抹去的印记。社会力量办西湖博览会，是湖商另一个磅礴的眉批。1930年春，张静江仿美国费城博览会，发行奖券300万元，筹得博览会经费，在沿湖各游览点，招标承建大批简易木屋，再出租设摊。博览会期间，游客日以万计。"西湖博览会"，钱赚得十分漂亮，规模之大，超过美国费城，轰动全国。

张家是全国最有实力的大盐商，又是通运公司、通义银行老板和中国银行、浙江兴业银行的大股东，还是上海滩上房地产的实力派。南浔的庞家和刘家二大财主又是张家的姻亲，能得到上海和浙江财团的支持。张静江的雄心壮志是把自己发展为中国的大财团。他主持建设委员会后，就把全国的工矿企业、交通运输业、电气工业，划归自己管辖；又把南京到芜湖的铁路建设改由商办江南铁路公司承办，亲任经理；在南京又设商办江南汽车公司，纳入他的企业范围。他还与李石曾等办起了中国农工银行。直逼四大家族。

湖商们抱团取暖，实业救国，匡扶社稷，他们参与了首都电厂、常州电厂、国际无线电台、长兴、馒头山、淮南、江南铁路建设，作为中国近代民族工业草创时期的参与者和历史证人，这民间范儿俏丽中却不显轻薄。

百鸟栖息第一居

颖园属于"动感地带"，这座颇具灵性的精致园林，人气旺不说，妙在它是百鸟的栖息之处，"高墙锁深宅，古木任莺闹"。

颖园用参天的古木支撑着，有百年以上树龄的广玉兰、香樟及紫藤等。春有茶花、绣球花；夏有广玉兰、白玉兰；秋有丹桂飘香；冬有蜡梅傲霜斗雪。可称绿荫丛中一豪宅。

傍晚，南浔所有的鸟往颖园飞，这是鸟儿们上百年的约定俗成，每根树枝都有鸟儿驻足，园内吵成一片，这景观是南浔一奇。故游南浔，不夜宿颖园是人生一憾。

每当夜晚，数百成千只野八哥飞回来，栖息在两株有百年树龄的广玉兰树上。刹那，晚风和着婉转的鸟鸣，这是一曲多么美妙的自然音乐啊！

清晨，园内轻雾缥缈，万物甦醒，鸟语雀声又起。

颖园主人世居南浔，因其能通译英语，而成为上海最早的丝通事（翻译）之一。他恪守家训"俾尔昌大"，以诚信为本，不仅是大丝商和茶商,还购买轮船,拥有租界中大量的房地产,颇得外商信任。

陈煦元花20余万两白银赈河北、山西、河南、山东、安徽、江苏、广东等灾区,陈还在江浙一带义筑新塘堤,护田,修海堤,修桥。光绪七年,陈为防潮汛,出资修川沙新塘二十余里,翌年夏又筑新塘,保护农田五万余亩。光绪十四年又修江苏塘桥青浦、昆山、新阳、元和诸处,长170余里,桥47座。他集银21万两为10余省赈灾,屡受清廷嘉奖,赐予"存世济物"金匾。

陈煦元去世时,上海川沙数百农民前往拜奠。他在沪逝世时,外商所在国驻沪领事馆曾下半旗志哀。

颖园面临御河,清范锴《浔溪纪事诗》中有一首怀古诗:"钟敲野寺留神马,春到梅林说异蛇,赢得居人长叹息,御马愁照月痕斜。"诗中包含着"野寺神马""梅林异蛇""愁照御河"三个故事,都与金兵犯中原,宋高宗南渡过南浔有关。这些传说给环绕颖园的皇御河增添了传奇色彩,也给颖园蒙上了一层神秘的面纱。

颖园主人的精品意识看来很强,在这略显拥挤的园林,将空间利用得恰到好处,将文化内涵填得满满。

百年紫藤,高临参天,低落碧池,盘穿诸树,不是花季,却藤萝处处,袭一身紫藤之芳香。"赏月楼"在池一侧,风情万种,楼边有一排红木的玻璃长窗,临池扶柱,观吊脚楼和挑出水面的石梁,久看生情。"养心榭",是主人吟诗作画、弈棋扶琴之所。池畔一幢砖木结构的建筑"玉香阁",若登楼雅坐聊天,可饱览园中景色。著名古园林专家陈从周教授评价:"倒影清澈,极紧凑多姿",真可谓是点睛之笔。

颖园还以各种雕刻见长,"养心榭"的门窗上是一幅幅刀法精湛、造型逼真的黄杨木雕,每幅均有名人书法。其中一幅《耕织图》,男耕女织,形象栩栩如生。会客室"清风厅"的落地长窗,尚保存着部分《西厢记》黄杨木雕,该厅两侧还有石雕漏窗嵌镶在砖墙之中。据说陈煦元的儿子陈诗,年少有才,愤世不赴科举,以诗驰骋诗坛,常邀诗友于"清风厅"雅聚,晚年结"江林吟社"，出集五辑，后居上海狂饮赋诗，愤然击世，以骋其不减当年之豪迈。

颖园的假山上的梅石亭耸立着一块石碑，上有一梅石图，为清代著名书法家王礼的晚年力作，石刻刀法苍劲，是石雕艺术之上品。颖园剔透隽永让人一阅而永刻脑际，玲珑之中不可不谓奇，不可不谓以小见大，"进颖园不入桃源"非虚夸之词。

颖园完整如初，有苏州狮子林的风韵。透过颖园，可以透视到那些豪绅大户这样的心境。他们也渴望着隐逸山林不再为俗务蒙怀的闲淡生活，不过，虽往昔的奢华已云烟散去，然斜晖映照下的园林，留下的不尽只是王榭堂前，燕啄晴泥。

小镇巨构，大雅豪庭

宋代至清，南浔镇上大小园林27处，且有五园被行家称为"巨构"。今日看去，依旧折射出古镇昔日的富庶和文明。使人领略"不出城廓，而享山林之美"的幽趣。

南浔在宋元前名不见经传，缺志少献，使当地文人们心惭不已，矢志于编文献兴藏书。当是时，南浔著名的藏书家刘桐已设有藏书眠琴山馆，这个刘桐家资颇丰，专心于藏书，为远近文人推崇。

南浔有深藏不露巧设妙思的中西合璧建筑，这可从南浔辈出之名人身上揣摩出此种非常态的做派。戴表元诗呈现南浔"画屋芦花净，红堤柳树深。鱼艘齐泊岸，橘市尽成林"的江南美景及商业集市兴旺之态。入诗人眼尤其是南浔闹市如林的商贾相而非学究乡儒的书卷气。

嘉业堂，精典大珍藏

嘉业堂藏书楼是一座砖木结构、中西合璧的两层楼房，共52间。楼四周墙基五六尺高，皆用花岗石砌成。平面呈"口"字形，中间正方天井占地约二亩，平铺方砖，不生杂草，为夏季晾晒图书之用。

整座藏书楼寓筑于典型的江南园林之中不失为一大特色，楼的南面为小花园，花草遍地，藤萝密布，花园正中有约四亩大的莲池，周环假山，中垒

南浔藏书楼

石岛、岛上有亭翼然,名"明瑟"。

书楼与花园有外围河道环绕,以一衣带水替代围墙,使书楼建筑、花园景色与四周村野浑然一体。东侧有桥,桥内拱形大铁门,以通出入。刘承干这样描述书楼的环境:"园之四周,环以溪水,平临泱莽,直视无碍。"

南浔的文化气息不仅在于它的外观美,而且在于它深厚的学养内蕴。一泓碧水,杨柳依依的鹧鸪溪,是南浔最清幽的一处地方。尘封已久,青苔茵阶,草色入帘,参天古树,刘承干将名播江南的嘉业堂藏书楼建于此,定得风水之宜。

沧桑将门前墙上石灰剥落个斑驳,门额的字被风雨蚀去,浸泡着历史的浓郁。幽幽的书香味,在这座回廊建筑里飘荡了近百年,此楼寄于读书人的一番苦心,昭然若揭。

南浔藏书成风,清代至民国初,南浔私家藏书楼之多,名满江浙。有钱人视藏书为拥有知识,拥有品位,拥有地位,一般的百姓人家都可以家藏万册图书为荣,当然南浔的藏书楼数刘桐的"眠琴山馆",严之照的"芳草馆",蒋汝藻的"密韵楼",张石铭的"六宜阁",庞元济的"半画阁",周梦坡的"梦坡室"为有名。正是有这些藏书家锐志聚书的经验,给嘉业堂主人为实践丰繁的理想以启迪与观照。

刘家靠丝业成南浔首富。富则有闲钱干脸面之事,最佳即是传统的学而优则仕。中国人光宗耀祖之念根深蒂固,无论士民,光大门楣是整个家族为之奋斗的动力。刘承干的父辈应科举从仕途,抬升门第,已完全脱离了祖辈纯粹的商贾之路,刘家权势俱全,交文墨之友,列名望之族。

楼主刘承干是"四象"之首刘镛的长孙,他生长在这个既拥有千万财产,又充满传统文化气息的家庭中,成就不了功名,又吃穿不愁,于是带一股傻劲钻进了浩瀚的书海,建藏书楼,为收书、刻书不惜重金,独爱藏书。

一介书生没了读书之固定终极目标,却独溺于书别无嗜好,而又家财万贯,必有惊人之举。刘承干转而投身藏书生涯,在南浔鹧鸪溪畔建起了嘉业堂藏书楼,搜集刊物宋椠元刻、地方志书、珍本秘籍,在辛亥革命、北伐战争的烽烟与动荡中,喘息着书香之魂,沉浮着富家子弟独特之志。书楼幽香,诸多学者专家与之神交结缘,王国维手校手批,吴昌硕题签刻本,缪荃孙鉴定编校,书楼渐至扬名。

刘承干从30岁起致力于搜求图籍,几乎把著名藏书家散出的书都广加汇聚。他说:"甬东卢氏之抱经楼、独山莫氏之影山草堂、仁和朱氏之结一庐、丰顺丁氏之持静斋、太仓缪氏之东仓书库,皆积累世之甄录,为精英所钟聚。"可见其搜求之广。刘承干历时20余年,全盛时藏书达1.3万部,18万余册,60万余卷。所藏善本珍籍多来自著名藏书家。如宋刊本前四史被称为镇库之宝。又如宋版《重校鹤山先生大全文集》是"世间只此一本"的海内孤本。其所藏明刊本多为孤本及罕见本,所收明人别集600余种。另有《安龙逸史》等清代禁书多种,尤为珍贵。聚书日增,藏书处已难容纳,于是在家乡兴建中国藏书楼史上最后一座极具规模的藏书楼。

刘承干不仅收集古籍,而且将收集的好书出资请名匠雕版印刷。吴昌硕、王国维、郑孝胥、叶昌炽、张元济、罗振玉等人,也都为刘校勘版刻。刘承干刻书不以赢利为目的,印成书后,嘉惠士林,凡国内学者名流要员来函索讨，他一概奉寄，连邮资都不收。

这是一座园林式的藏书楼。占地20余亩，全楼52间，呈回廊式厅堂建筑，中间有千余平方的方形天井，楼上辟有求恕斋、希古阁、黎光阁，楼下有诗萃室和宋四史斋，分门别类，储存图籍。

楼四周碧水环绕，与外界隔绝，进楼有小石桥一座作为通道。洋式牌楼的头门横额上有砖雕的"藏书楼"三字。

嘉业堂的建筑十分考究，各室都高大敞亮，藏书多置后半室，前半室供读书之用，廊厅的陈设全按照文化来做，置身其中颇有肃穆恬静的感觉。楼下为青砖铺地，砖下垫以专制瓦钵，瓦钵下再铺以细沙，使下有流通空隙以防潮。

在20世纪20年代，惨淡经营如此庞大规模的藏书楼，购得大量珍孤本，使中国历史的许多侧面在世人眼中逐渐清晰。清末民初的动乱中潜心于如此雅事，已远非仅财力而成那般简单，这文化壮举是南浔永远的文化符号。

30年代，鲁迅曾据嘉业堂刊印书目在沪两次登门买书，只因未通报姓名而遭拒绝，鲁迅只好通过熟人买到21种，其中一次就买了18种，可见尚非公开出售。但鲁迅还是不忘数落几句："对于这样的藏书家我是很感激的，因为他传授给我的知识——虽然雅人看来，只是些庸俗不堪的知识，所以他还不是毫无益处的人物。"

倒是郑振铎就事论事，在鉴定完全部的明刊本后甚感满意："佳本缤纷，如在山阴道上，应接不暇，大可取也。"

也许富不过三代，刘承干末年家道中落，寂然无声，然其藏书楼已是南浔永远的文化符号。1951年，刘承干将他毕生的心血全部捐给浙江图书馆，嘉业堂一切归于平静。

懿德堂，绝色大宅门

江南园林的霸气在张氏二堂，懿德堂结构恢宏，工艺精湛，花窗、门廊运用砖雕、木雕以外，更有壁炉、玻璃刻花、克林斯铁柱头等装点，把18

世纪欧洲的生活方式带进了这个尚未觉醒的田园诗般的江南古镇。观者会惊叹，听到了来自另一世纪的声音。

"玉斧十万家，修此众香窟"，百年前的南浔，每一栋高墙背后的人家都是不能小看的，或许那不起眼的门庭正运作着纵横四海的大买卖。

张石铭旧居，又名懿德堂，五落四进，各式楼房244多间。整座建筑被黛瓦青砖石库门的传统式高围墙所封闭，既有晚清儒商巨宅的代表性，又有西欧法国式洋房的开放性。其风格之奇特，结构之恢宏，工艺之精湛，堪称江南民宅一流建筑物。

南浔"四象"之一张颂贤的长孙张石铭，承袭祖业后，产业盛丰。建有中西式楼房150间的"江南第一巨宅"，宅第以木雕、砖雕和石雕闻名，叫"懿德堂"。

张石铭早年也激进，参加康有为的"公车上书"后看破红尘，退回商界不问政治。在江、浙、沪等地开办盐务、典当、酱园，经营码头、房地产和投资银行、钱庄等，是中国早期从事外贸的商人之一。张石铭祖孙三代致力于收藏古籍、金石碑刻和玩赏奇石，鉴定也有相当功力，为南浔清末民初四大藏书家之一，聚书10余万卷。

张石铭被绑票是民国一大悬案，匪徒勒索20万银圆，张家作为浙江兴业银行的大股东，特地付给绑匪全部联号的新钞，以便查究，后果在上海发现有人使用大量此联号新钞，顺藤摸瓜却涉及黄金荣、杜月笙、虞洽卿这些青红帮头子，此案不了了之。

张宅俨然是一处艺术殿堂。砖雕门楼，石刻柱础，木雕梁枋，花窗门廊遍布古朴逼真的古装戏文、山水花木、吉祥文字图案。封火山墙，将古宅深深地呵护，各楼屋顶错落有致，天井中有一形似苍鹰凌空腾飞状的英德石，名曰"鹰石"，形态怪异，乃江南罕见之石中珍品。

这座大宅院，因其各类材料的精美雕刻而著称，穿轿厅，过正厅，绕花厅，品内厅，领略精美绝伦的民间工艺，加之世间绝版的法国玻璃，在高高耸立的风火墙下,观者可以什么也不思、不想,但依然可走回到那个长袍马褂、绫罗绸缎的年代。

庭院深深深几许。张宅第三进风格奇特,两侧的漏明廊窗为木刻芭蕉叶状,玲珑剔透,栩栩如生,称芭蕉厅,庭院曾经沿墙栽种芭蕉。楼窗镶嵌法国进口的菱形刻花蓝晶玻璃,花式为四时花卉果品,晶莹高雅,属当时中西文化结合之贵重工艺装饰品。这些精美的装饰品在20世纪初悄无声息地来到尚在蒙昧的中国,被嵌在这座江南小镇里,折射着南浔历史的正午那缕刺眼而慵懒的阳光。

张石铭故居(中西合璧)

张石铭旧居保存了那么多具有历史文化内涵和底蕴的建筑,亦体现出在业贾致富后,读诗书就儒业的强烈愿望。张石铭之父张宝庆卒年43岁,内外事务由石铭之母桂氏一手治理,有条不紊。她茹素信佛,修桥铺路,人皆倾仰,世称女子多德曰懿,故立懿德堂以崇之。

小莲庄,诗化大观园

石库门庭外,有一条小河名"鹧鸪溪",溪畔两榆树,常年郁郁葱葱。

过石桥,穿古柳,踏一条光洁的青石小径,是旷达的园林。遂放眼,阔大的水面润养着玲珑假山与水榭歌台,润养着柳堤曲径与良辰美景。小莲庄是南浔巨富刘镛父子花60万两白银,用40年时间精心营造的。

小莲庄

"四象"之首刘镛凭着经营生丝、盐业而积累起雄厚的资金，凭着在官场、商场上的那份头面，凭着对中国文化的崇尚，对学问的看重，营造出令人心仪的庄园。仿杜牧《山行》的诗意构造小莲庄，营造文化景点，荷池假山，碧水奇峰，让人品味到"虽由人作，宛自天开"的意境。园内碑刻砖廊，真草隶篆，各有章法，加之百年琼花等名贵花木点缀，飘逸出一种古筝独奏般的淡雅清丽。

这里原是"长生寺"旧址，创于北宋，隔河还有名谓"挂瓢居"的书院。有宋人在此结庐修道，传播学术思想。千年以来，这风水之地一直飘逸着"浔溪悠悠，书香不绝"的余韵。

小莲庄的构图与格调是江南园林异化的一个典范，以巨幅荷花水面为中心，创意颇绝，环池而立的建筑都是这水面的附庸。任何一间屋子，推窗即见荷池全景，春逢鸟语，夏听蛙鸣，秋不见落叶，冬不思料峭。"映日荷花别样红"，暗香袭来，那鹧鸪，那燕雀，那黄莺，跳跃在荷叶或柳枝上，创造着雨天的莲趣。更让人震惊的是园内无处不在，浓郁四溢的文化氛围。带些古朴的人文气息弥漫在角角落落，作为一种信念在弥漫，人们相信那气息不死。

"承先睦族"九龙金匾

  园内每一亭一阁一楼,甚至每个小小的点缀都有说法,都有出处,作为私家花园、那楼台亭阁、曲径回廊、古藤佳木安排得十分妥帖,精巧轻灵而又疏密有致,乃园林中上品。

  "净香诗窟"是小莲庄的内涵,20世纪中国文坛的高耸入云人物如王国维、俞樾、吴昌硕、梁启超、蔡元培等都曾到此咏诗唱和,从"诗屋"推窗远眺,满堂荷花,一览无余。民国初年的那些文化使者,争相在这里放歌吟唱。今天到那儿一坐,更被那镌刻上去可吟可叹的诗句所吸引,心灵顿有诗的漫游。

  刘锦藻建"小莲庄",以"荷池、莲花、水石"为情趣,顺着游踪所及,这里的一草一木,一石一水,一屋一室,都溢着诗意。漫走碑廊,静观驻足,细读慢嚼,品来回味无穷,有碑廊刻石45方,皆历代名家翰墨。可分《紫藤花馆藏帖》和《梅花仙馆藏真》,后者系摹秦琅琊台刻石,这是庄园不可多得的文化注脚。

  小姐楼是一幢中西璧建筑,是中国早期对外贸易的产物,现楼上物是人非,当年不绝于耳的玲珑清脆之声早已飞向遥远,只有一张最初的小莲庄全景图仍悬于墙上,略显孤寂,倒是那块金光四溢的宣统帝的御赐"承先睦族"九龙金匾,把当年刘家的面子攒得足足的。

南浔有"刘家的面子"一说,小莲庄主的面子够大的,园内御赐品还有东升阁下两座高大、肃穆的牌坊,"小姐楼"是刘氏家族女眷们在此观赏莲池美景之楼,在此楼上观小莲庄景色,一览无遗。

夏日仲秋,月满时分,驻足"退修小榭"读池、读荷、读生命,定有另一番解悟。对岸长堤,仿佛由心灵铺出,直奔时间的去处。堤上棕榈、修竹,呵护着生命之路,游人夹道而行,因为这石桥古木和百年苍劲的古藤,让人世间变得情意绵长。独品榭外花影移墙,太湖石峰峦当窗,静中生趣,可遇可求。

小莲庄所有的点式与把玩都不是独立的,她的文化气、精美状,她的旧式的传统礼教与经典园林构造,都是在相融相通中完成,被农业文明与乡土文化紧框的中国,是难寻阳春白雪的。南浔小莲庄,在这节骨眼上站出来,不是仅用"勇气"二字可以概括的。

百间楼,全景大叠排

百间楼是山水诗以外的意境。

驻足百间楼,犹若读一首美妙的诗,人却又在诗中,妙不可言。

远看百间楼,整条街沿河蜿蜒曲折,鳞次栉比,排列重叠,房屋间山墙高耸,高低错落,颇具韵情。白墙黑瓦之下,楼窗花棂,轻盈通透,溢着水乡民居的灵动。

百间楼的创意很个性,它只属于南浔,它不是个人的作品,是历史的杰作。这是典型的沿河成街、成市、成景观,临水的长街、货栈、店铺一溜排过去,既壮观,又具有那种江南绝无仅有的美感。贴在河岸的石驳,点缀于石驳的河埠,安详而有节奏,沿河而立的廊柱和卷门,呈老屋探水状,建筑理念向水中延伸,足见古之构想者的空间意识。

南浔百间楼是江南水乡至今保存最为完整的沿河民宅群之一,始建于明代中叶。相传是明代礼部尚书董份所建。因一河两岸有楼房百间左右,故

南浔百间楼（湖州百间楼）

而得名。民间传董份第五个孙子和南浔白华楼主茅坤结成姻亲，正在准备迎亲，茅家却嫌董家的房子不宽敞，媒人来对董家说，茅家孙女有100个陪嫁婢女，你家住不下的。董家说，不妨，我马上造100间楼房，让每名婢女住一间楼房。主人盖百间房屋给下人居住，这才叫富甲一方。

董份为官一品，工部尚书、礼部尚书兼翰林学士。后遭举劾，被罢官回家，收族人，创义田，筑义仓，办义宅。百间楼在董份退归故里时所建，距今已有400多年历史。镇志记载，董份在南浔通津桥北塊东首有大豪宅，称"大宗泊第"。

百间楼所临的河本是运河，通湖州和苏州。清方熊诗云："参差闻闽压溪流，长板桥连洗粉兜，夹岸珠帘风宕漾，春波泛影百间楼。"相传西施去姑苏，路过南浔镇，投宿百间楼，在长板桥侧的小河边洗了脸，故名"洗粉兜"。

沿百间楼长街散步，穿过山墙下的一道道拱形过街洞门、廊檐、石阶、河埠，与映在河水中的倒影，连同欸乃的桨声，隐约的渔歌，构成一幅水乡诗意的画卷。两岸民居群落临水而筑，隔河相对，房屋一色黑瓦覆盖，檐下的柱廊延伸到河埠，楼与河之间的遮雨廊棚，与楼浑然一体，建筑上称骑楼。这些骑楼，造型别致，各具匠心，有全骑、半骑、不骑，逐间连成一体，既轻巧，又空灵，洋溢着江南水乡独特的沿河民居风味神韵。

百间楼完整的古朴风格令人怦然心动，更让人神往的是生活于斯的现代人在古典环境行走，平民百姓习惯在这回廊尽头，花木深处，呼吸着历史的气息。旧式弄堂也铺居着人间正道，让居者宠辱皆忘，个中奇妙须身临其境方可阐释。

百间楼的石库墙门，小巧的天井，雕花的木窗，别致的砖雕，古朴的厢房，无处不飘溢着江南水乡浓浓的神韵和灵气。石灰剥落的老墙上轻盈地垂下几缕青藤，平添了几分情感、情思和情趣，廊屋顶上摆着几盆花卉、盆景，与晒衣杆上晾着的衣裳，又和谐地消融在氤氲的古色古香的小楼氛围里。

百间楼是南浔人梦紫魂牵的一道人文风景线。这里河廊如诗如画，既充分利用空间又富于想象，尽管没有浮雕，也没有壁画，但从任何一个角度看去，都是一幅精巧绝妙之杰作。河岸上，庭院旁，浓荫大树拔地凌空，衬着一叶剪影般空灵的廊屋，其远近、浓淡、虚实，恰到好处，那是水墨画的韵味。扇门漏处，窗棂子里，花影扶疏，暗香浮动，听不尽喁喁细语。

民谣一曲扬天下

20世纪30年代,南浔流传着"刘家的银子,张家的才子,庞家的面子,顾家的房子",直接道出了光绪"四象"的商事特色和家族文化。

士商,独到的社会基座

湖州人都善警惕自己误入浮华陷阱断送那一丝营生灵气。

湖州商人在上海、苏州、南通、南京、北京等地设庄开行,经营湖丝、绸缎、湖笔等,开设缫丝厂、染织厂,或投资电力、铁路,或经营盐业、房地产业等其他行业,都成为资产有力的"湖商",这其中,没点厚实的文化底蕴寸步难行。

刘镛发迹后,深感列祖以来,缺少文化,有财无禄,不上门第,故极力教子读书,使应试科举。他的四个儿子均及第入仕,刘镛也因此领封通奉大夫,终于达到他所期待的荣宗耀祖的目的。

历来官商相吸,至今偕然。刘镛也不例外,一品大学士徐甫和大官僚蒋锡绅均是其姻亲,之所以有清学部总务司郎蒋汝藻这样的得势女婿,主要出于光耀门庭、播延家族的考虑,这手算盘使刘家在南浔成了当然有钱有势的大户。

士商现象体现在第二代以后。刘镛"少开敏能读,祖若父及诸父咸佐人业丝，乃辍学执学于绵绸业"。弃学经商，至同治初已殖财数十万，成为江苏淮盐巨商，又投资垦牧、轮船、电业、铁路、房地产等。刘锦藻之子刘承干继承刘氏家业后，则成为一代藏书家和刻书家。

列入"四象"的庞云鏳，也是弃学从商，业丝致富，设有"庞怡泰丝行"。太平天国兵下江浙，他结识杭州胡庆余堂国药店老板，人称"红顶商人"的胡光墉，合伙做蚕丝生意，两个人在乱世中找到做军火生意的机会，为当时江浙督抚大员运输和提供各种战时所需物资和器械，为左宗棠、李鸿章等湘淮军向洋商购买军火，并从中牟求巨额利润。

庞云鏳成巨富后也在儿子身上找寄托。次子庞元济于光绪六年考取秀才，得慈禧旨恩赏举人，庞云鏳又为他捐补了个空头的刑部郎中，其本人也受到特赏，邀一品封典，恩赠荣禄大夫、光禄大夫之美衔，因此不在官场却通官场，故被誉为四象中"庞家的面子"之美称。

庞元济除经营庞滋德药店和庆怡泰酱园外，还创办丝厂和纱厂，并兼营房地产，在南浔东栅营建了规模最大、造林胜于其他园林的花园"宜园"。庞元济尤善于绘画和古画鉴赏，为国内外有名的古画鉴赏家和收藏家。中国古代书画只要盖有庞虚斋的鉴定印章，就可认定是真品，连外国收藏家，也愿以重价购买。庞元济是近代最大的书画收藏家兼实业家，一个名副其实的儒商。

顾福昌也是少时弃学业丝，清道光初年，营蚕丝后发家，与洋人往来后，遂成为上海早期的丝通事，成为上海丝界领袖，担任上海丝业会馆董事，又经营了当时上海滩上唯一的外洋轮船码头——金利源码头，并开设顾丰盛丝号，还大做房地产生意，被誉为四象中"顾家的房子"之美称，卒时享"花旗国领事馆命挂半旗"的"外国隆礼"。他的子孙也都是继代儒商，尤其至曾孙顾乾麟，成为"得诸社会、还诸社会"的著名儒商。

顾福昌有三个儿子，都是有名的古物、金石、书画收藏家。顾氏三兄弟继承父业，经营蚕丝，以顾寿减最有声望，曾任上海丝业公所董事长，有名的爱国教育家顾乾翰先生就是顾福昌的曾孙。

到20世纪初，顾家的丝厂在上海成为最大的工厂，依旧扩张，在无锡创办源康丝厂，又参与创办上海华兴面粉公司和造纸厂，近代工业的崛起与近代商业启蒙，浔商一直是擎旗手。

周家第二代周庆云商儒并重，一生创办六厂投资煤矿、电力、铁路等实业，又笔耕不辍，多著述、喜藏书，卒前一月尚手未释卷。

章炳麟在《吴兴周庆云墓志铭》说："吴兴士子好贸丝。"在湖州人眼里，读书与经商同样是人生快事。南浔施国祁与张鉴、杨凤苞同受业于大诗人阮元门下，却也一边"为人经理生业"。清道光时南浔范锴著述颇丰，中年后他"远游四方，磊落好受，寓意盐策，往来楚、蜀间三十年"。湖州的商业史料里，会见到双林陈修来、蔡存信、沈俊、沈青、梁友隆、蔡本谦这些读书人的名字，都是先儒后商者。

中国封建传统价值观表现在重农抑商、尊士轻商，商向来被视作"贱业"。明中叶后，"湖商"从湖州商品经济的发展中颖脱，清代湖州已是"天下之势偏重在商"了。这种"偏重在商"，使"在庠者亦不肯专心力学"，儒士经商也渐为普遍。如双林姚佥事，显然是先做按察使属下的官后经商的。清代文人南浔施国祁、范锴，双林蔡存信等，都是文人经商的例子。乌程县凌、闵二家闻名于世的雕版套色印书业，都是"湖商"典型的士商现象。

中国的经济底座被早早地安顿在江南。文言文结束后，中国的古典文化伤了元气，现代中国人淡漠了与汉字文明的联系，汉字文明的程式格调换了，而中国私营经济因江南底座的坚牢与固态，璀璨依旧。

民本意志下的市镇范

比起京城的万马齐喑，民间却自得其乐。京杭大运河，这南北物资交流的主动脉，沿河城乡在体制外较劲，市场网络被激活，扬州、苏州、杭州、淮安、镇江、无锡、常州等枢纽城市顿时跃向商品经济前台，各地商帮都被吸入京杭运河这巨大的磁场，商业主义给了江南名城走向世界的勇气。

湖州的水，将大地分割成星星点点，将战车与马队拒之域外。湖州在诸如汉末、唐末、两宋之交、南宋末、元末等乱世之际都保全了一方水的静谧和土的安宁，不仅本土和平，还滋发商业，天下士、商大族来此定居，以至郡城湖州成为"四方贩夫去留阗溢，伟哉一都会"，县城与诸市镇也都是"行商座贾之所萃"。如五代十国时期，北方战乱，"江南多故，独吴兴未尝被兵，避乱者多家焉，谚曰：放尔生，放尔命，放尔湖州作百姓"。

中国地域最小的商人集团是紧贴湖州的太湖洞庭山的洞庭商帮，他们南北转毂，随处设肆。洞庭商人撒遍太湖周边，苏、松、嘉、湖等城市和江南星罗棋布的市镇，起初只经营花果和粮食，后来托湖州的福，扩大到丝绸、布匹、刻书印书等，再沿运河北上，在山东运河沿岸最大的商埠临清建商业飞地。

湖州的市镇经济，可以追溯到宋代，这缘于湖州田、蚕并举的地域经济特色，湖州的蚕桑生产在宋代已走向专业化，比如"湖州村落、山乡以蚕桑为岁计，富家育蚕有致数百箔，兼工机织"。谈钥在嘉泰《吴兴志》中所记："湖丝虽遍天下，而湖民身无一缕，可慨！"说明湖丝、湖绸除了贡奉外，其余都投入了买卖。宋人洪迈《夷坚志》中记述："吴兴士子六人入京师（临安）赴省试，共买纱一百匹，一仆负之。"赶考顺便做个商贩，中榜挣个名，落榜挣个利，进退自如。

太湖地区的工商业在明代已相当成熟，以苏杭两城为轴心，联动松、常、嘉、湖雄州及南翔、盛泽、乌青、南浔、双林一批巨镇，此构架为江南商业网络第一层面，由此辐射至市镇、村市、市集一类初级市场。商品流通理念，如巨型时钟轮齿般互相衔接，一动百动，政府靠调节税制拉近与民间的距离。

城镇手工业，一镇一名品，一县一特色，苏绣、锡绣誉饮海内外，茧丝行林立，无锡土丝和湖州辑里丝是太湖出口贸易的主打商品。

明代，太湖一带小镇上作坊到处，雇工超百的上规模的工场各镇并不鲜见。万历时，南浔的油坊用工过百，雇工大多来自异乡，靠出卖劳动力为生，劳资矛盾事件频出，停工、歇业时有发生。

人类与土地的联动，在湖州走得相当有节律。湖州六朝时种麦，唐代产优质稻米，湖州每年上贡黄糙米、糯米，北宋已有两熟制稻麦，宋真宗从福建调占城稻种三万,落户太湖,与本地稻种杂交,商品粮悄然出村,城镇市上米行鳞次栉比。杭州城内外米铺,凭行头作价,从湖州市面运回出售,约定日期付款,湖州米市成为杭州粮米供销枢纽。

太湖六府是明代全国重赋区。洪武二十六年,六府实征米麦 750 万余石,占全国总额 1/4 强。浙江税粮占当时全国近一成,湖州府占全省 1/4 强。湖州的乳柑、木瓜、咸鸭蛋、紫笋茶、白蜜等都列为贡品。

从事长途运销的外地商人叫客商,新丝上市,各地贩丝、绸、绢巨贾蜂拥而至,粤商、金陵商聚南浔、菱湖;山东商人驻乌青镇;徽商则视塘栖为"利之渊薮";金陵商携万金扑德清新市购丝。长期经营者则在当地建丝行、绢行、绸行或各种庄面,就地收购后转贩。

康熙年间,徽商在双林镇建绢业会馆,开设作坊,专制绫绢,远销江宁、徽宁,是为产销结合之策。双林边上的东林小镇"织漩漾……本墟市,纺织之家环聚其中故名",宋元时"东林响铃、普光两桥前后皆市。有绢庄十座"。湖州的丝绸市场更是"商贾辐辏,舟舻鳞集,昼夜不绝"。

清代,政府视副业为邪门,湖州地区依靠民间力量支撑商业天地。民间借贷大量发生,一般富户都用当年王安石的办法,贷钱于蚕农,卖了蚕丝还贷。

道光年间,一种新兴的经济组合体悄然行市,湖州的小镇冒出营生会馆,南浔有宁绍会馆、新安会馆,双林有泾县会馆,新市有四明、古越、金陵、新会会馆。本地商人则于苏杭近处营商,富者则走闽、粤、湘,也有往香港经商的。

湖州人早已过了一门心思去求别开生面的阶段,总是在固本强基上言及光辉。他们凭借自身特有的文化格调,调节市场下的自觉,海派文明笑傲江湖。

大革命,文人与商人的组合

中国在明代构筑的经济高峰经清代的大量耗费,又经不起鸦片战争后的一连串溃败,躲不开最后的崩盘。一棵大树被蛀空了,叶还在根没了,辛亥的风轻轻掠过，大树便倒了。扬州的一家菜馆人头攒动，门外忽传革命党来了，全城哄跑，连衙门官府一并跑空。

孙中山在整个革命运动中的地位非常独特，但无论在文化上抑或是社会上，他都是一个边缘人，离精英和核心都很遥远。孙中山来不及靠耐力供养情操，也因此没有任何包袱，一辈子借人家道走自己的人生，尽情地提他的革命理论。

辛亥革命对新政治的向往一直不用心，制度建构和思想解放上略有收益，革命则造成了财政体系崩溃和军阀混战的恶果却由人民背书，中国政治恢诡的乱局，让绿色大地又泛残红。

辛亥年，那场所谓的革命的鼓点很乱，武汉的一个文学沙龙叫文学社，与另一个叫共进会的偏锋社团，在武昌胭脂巷的一处民宅，聊了一个异想天开、常人听了令脊梁骨冰凉的话题：推翻现行政权。

两社头头的绝妙创意立马付诸实施，26岁的文学社长蒋翊武为革命军总司令，32岁的共进会孙武为参谋长，人马呢？政府军中有太多的进步的文学爱好者，总指挥所呢？设在文学社机关。于是，革命军打响了第一枪，清政权便散了架。中国的文化人，因辛亥年的壮举变得伟大。

辛亥革命在当时的世界，算不上一件大事，戏剧色彩倒是很浓，一系列的交易、谈判，一系列的炒作、斡旋，成为一场醒世者的精神遭遇。

1911年10月9日那天，孙武等人在汉口俄租界的据点试制炸弹，不慎爆炸，据点暴露，全城的新军，大部分没有跟随起义，都站在朝廷一边。起义军根本见不着领导者，士兵们躲着观望。外围却异常热闹，各省响应，武昌起义成败与否不重要了，人心散去的大局已定，历史，已经不给清政府一丁点机会了。

一群政府军的自发暴动，引出一个被后人煮熟了的话题，推翻帝制。其实真正的终结者是东南各省的独立，带头的都是各省刚成立的议会领袖，身份是地方士绅，东南沿海的城市文化令他们一直寄望于立宪。

武昌的军人拔枪后，发现自己人中间找不到一个像样的具备领袖资质的人，仓促中抓了那位旧式官僚黎元洪当统帅。紧接着，人们复制了这种盲目性，拥戴仓促赶回国内的孙中山做临时大总统。

辛亥革命确立了共和国，但是一场道理不够充分的革命，没有规划革命的目标、策略和措施，孙中山的"三民主义"思想只是流行政治哲学的大拼凑，革命成功后的政治、经济、军事、民生均成乱象，只能任军阀轮流做庄设局。这场革命让政治流产变得无凭无据，人们依旧在乱世的长夜中苦盼到晨曦。

比起武昌新军，东南城市的商人独自修炼另外一种政治哲学，诉求表达大为出彩，将武昌革命一个月后的上海行动组织得像模像样，这座海派城市有自己的想法，这行动不叫革命，革命有太多的破坏，领导者多为商人与知识分子，他们思考的是这个苦难的民族如何复兴，应该叫光复行动。

1911年11月3日下午2时，数千起义军冲向上海道署、县衙和江南制造局，上海光复之役的队伍非常纯粹，商团加学生，领导人是湖州人氏陈其美，上海光复后被推举为沪军都督。

光复队伍有三拨人，一拨是陈其美的老乡、同济学生朱家骅率领的五百人的敢死团。一拨是张承栖、刘福标的帮会敢死队三千人。再有宁波大亨虞洽卿的一千余人上海商团，悉数交给陈其美指挥。两个湖州人开唱了上海光复大戏。

陈其美这个人物，属于近代中国的大角色。当年，陈其美在黄陂路德福里开天保客栈，以声色犬马为掩护，策划反清起义，与王金发、应桂馨等帮会势力从事反清事业；与霍元甲创办精武体校，培养军事人才；与宋教仁、谭人凤在上海北四川路的湖州会馆，秘密成立同盟会中部总会。用先进理念统领商人帮会三教九流，将济世欲望引向独特。

一大批实业家、金融家、商人，如沈缦云、朱葆三、王一亭、顾馨一等加入到革命行动中，虞洽卿的信成银行管付革命经费。上海光复，沪军都督府组成新政权，陈其美任都督。

江苏、浙江独立，陈其美组织江浙联军，随即又攻克浙江巡抚衙门，组织苏浙沪联军攻克南京，又组军北伐，并以军饷、枪械弹药等支持各地起义军，上海成为革命中心。光复之役催生了一个巨人，此人日后有三件事载入史册：结束中国军阀混战；30年代经济腾飞；正面战场抗日。这个人物叫蒋中正，陈其美的心腹。

同盟会元老，被蔡元培称为"民国第一豪侠"的陈其美，出身于湖州一个商人家庭，读过七年私塾，在一个当铺做了12年的学徒，在上海做了两年同康泰丝栈的会计。1906年春，他29岁那年才在弟弟等的资助下东渡日本。

1910年，陈其美与宋教仁、谭人凤等人组织中国同盟会中会总部，吸收大批江浙资本家如虞洽卿、王一亭、沈缦云等加入同盟会。二次革命，陈其美被推举为上海讨袁军总司令。后来袁世凯派刺客在日本人山田纯三郎寓所将陈其美暗杀。

辛亥革命的深层驱动，是晚明的阳明之学让个人回到自己的心性，争回个人的自主权。一棵大树在完全蛀空的时候，风吹草动都会倒地。辛亥革命没个头绪，乱象丛生，革命、立宪、共和、复辟诸多势力，或合纵连横，或孤注一掷。革命之后，社会经济元气大伤，梦想破灭后的理想主义者们，只得躲进凉彻透心的一统小楼感月吟风。

兜售"价值观"的商人

湖商一直以来被抹上神秘色彩，人们忌谈湖商，因为那里出了"国民党元老"张静江，出了半个国民党中央，湖商一直不冷不热被扔在一边。

南浔张静江的爷爷张颂贤在道光年间经营湖丝出口发了洋财，成为最早沟通国际资本的买办资产阶级的代表，又成浙盐巨头，拥有价值40万两白银的资产，上海著名园林张园便是张家的产业。

张静江，排行第二，故镇里人都称他为二先生。张静江早年参加孙中山所领导的同盟会，为革命捐款效劳，孙中山先生曾说过："自同盟会成立后，始有向外筹资之举，当时出资最勇而多者张静江也。但其巴黎之店所得六七万元，尽以助饷。"张静江任过国民政府常务委员，当选过国民党中央政治会议主席，出任过浙江省政府主席等职。

与历史上不切实际的文化空想和流于世俗的短期行为不太一样，张静江的父亲花10万银两为他买了个官，称候补道员。由于张颂贤的两个孙子在学术和政界有名望，故被誉为四象中"张家的才子"之美称。

　　首席军机大臣孙宝琦是杭州人，张静江以一等参赞官名随孙宝琦出使巴黎。张静江一到巴黎便办了通运公司，在伦敦和纽约设分公司，做湖丝、绫绢绸缎、茶叶、瓷器和古董生意。这些欧洲市场的俏货让他赚饱了外国人的钱。

　　甲午惨败，思考民族复兴的张静江与吴稚晖、李石曾办起进步刊物《新世纪》，撰文介绍国际"工运"，赞扬巴黎公社。很多年以后，一批一批立志改造中国与世界的年轻人到法国寻求真理。

　　孙中山的革命一直在广东打闹，不成，奔波海外。去法国的邮船上遇一位湖州商人，说可以资助革命，孙中山这才走出广东，与江浙商人合作。海外华人对这位孙大炮心存疑虑，让孙中山深感革命之艰辛。张静江听了孙中山的计划，非常给面子地说："革命如有钱的需求，请来电，以英文字母排列，我便知数额。"孙中山惊为奇谈。张静江见孙中山疑惑，问他下一站去哪儿，孙中山说去纽约，张静江即写一便笺，告知到纽约后找此人即可方便。孙中山在纽约找到的信中人系张静江的妻舅，受到热情款待，并领取活动费三万元。

　　回到广州，孙中山告诉黄兴之海外奇遇，黄兴说可否一试。即拍电报，只一个"C"字给张静江，不多久，三万法郎到账。次年组织广东及云南起义，孙中山又致电张静江A和E，后者如约汇六万法郎，事后孙中山让胡汉民代笔函谢并述开支情况，张静江回信"无报告之必要"。张静江的出现让天下商人不敢轻狂，他既无文人的书卷气，也无商人的铜臭气。

　　孙中山手无兵卒奔走革命，一次次亡命，张静江一次次全力资助，掏空了他的通运公司，使之停业，这时又接到孙中山催汇巨款的电报，他毫不犹豫变卖茶店以筹款项，还没找到卖主，起义已败，之后这家茶店终于卖出，款项却照汇不误。

　　张静江把其兄其舅父都拖入同盟会资助革命，成为推翻皇朝帝制的一员，把南浔的多数富商卷入清末民初这场风声鹤唳的政治旋涡中，甚至有的几乎破产，并用孙中山"革命尚未成功，同志仍须努力"稳定父老乡亲的情绪。

世纪之初的中国外忧内患，按鲁迅的说法：地火运行，岩浆奔突。张静江的通运公司成为同盟会的秘密联络中心，汪精卫、蔡元培、李石曾、吴稚晖、褚民谊、邹鲁、居正常在此集会。辛亥革命，张静江回上海，他疯狂捐资购买军火，与他的湖州老乡陈其美联手攻打江南制造局，杀了袁世凯的第二军军长徐宝山，名声大振。

与陈其美共事的日子里，张静江见到了陈其美麾下能干的"跑堂"蒋介石，并让其加入中华革命党，蒋介石称张静江为"导师"。张静江又让蒋介石加盟恒泰交易所，给了他一个钱袋子，蒋介石在恒泰交易的借据与日俱增，至今仍挂在账上。1916年，陈其美被暗杀，无人敢收尸，蒋介石冒险将尸体运回家中办了后事，张静江从此看好蒋介石。

孙中山在广州就任北伐军元帅，张静江向孙中山力荐蒋介石，又特别包装了蒋介石的军事才能，宽阔仁厚的孙中山让蒋介石去当黄埔军校校长。创建之初的黄埔军校是个苦差事，蒋介石常撂挑子出走。张静江时以指教规劝，蒋介石感佩其能"不出微言，使闻者自愧"。陈炯明叛乱，孙中山避难永丰舰，在上海的蒋介石单刀赴难，去广州陪孙中山渡过难关，行前给张静江去了一信，称自己如有不测，将两个儿子托付于其，蒋介石对张静江确怀"敬惮之心"。

1925年春，孙中山北上与段祺瑞谈南北统一事，但肝癌已至晚期，要张静江兄弟速赴京。张静江日夜守护，对其病情作详细记载。返沪后，元老们在环龙路另立中央，张静江态度坚挺，不赞同有两个国民党。孙中山以后的那段真空里，人心大乱，想坐第一把交椅的不乏其人，汪精卫、胡汉民、廖仲恺、蒋介石均为能者，张静江作用尤显重要，如何对付孙传芳，连大名鼎鼎的李烈钧也致密信给张静江求教。陈果夫与马叙伦不能共事，马叙伦不就国府参议职务，令蔡元培大伤脑筋，请求张静江出面调和矛盾。蒋介石掌握两广军政大权，为应付严峻的政治形势，屡次电促张静江南下臂助，看在整个党国事业上，张静江去了，蒋介石推举张静江当选国民党中央主席。

北伐是中山先生的未竟事业，张静江提名蒋介石为国民革命军总司令，并出面向四明银行借款 100 万元作军费。作为党的领袖，在云谲波诡的交错中，在纵横捭阖的流转中，他绝没想到要改写历史进程，只是追随中山先生 20 年，有责任完成其未竟事业。

一个暴富家族后人，说他投资政治也好，兜售理想也罢，终究是推动历史之举，使民众在脱胎换骨的革命斗争中觉醒，占据民国史举足轻重的地位。柔婉水镇，慨然人物，历来被视为国民党老巢的南浔曾因他而三缄其口，因他而平添政治的凝重而特立独行，欲语还休。

The
biography
of
Huzhou

湖州传

历史尘封，沁着岁月的包浆

第八章

湖州的雨和舟,是人间晚情,壮丽得惊人。闯过天下,踏过码头的过往文人,回到水城湖州,溪水中映照不出少年的影子,依旧能吟青涩的诗。

诗船,那条优雅的远航之舫

水,对于太湖所有的镇落,血液般珍贵。清溪两侧的苍苔、绿树、青藤,配以蚀渍斑斑的石驳岸,水生动,美生动,生命灵动。

坐上小舟,如坐上了江南流韵,撑船人轻篙一点,水响处,小舟窜入芦荡,有些固执,有些浪漫。小船袅袅,谁都知道自己不是在曾经的河上弄船扶桨,虽只是点水之掠,但作为当年的英灵之水,给了所有坐船人心里以敬仰。

张志和,西塞山前白鹭飞

湖州妙西,秀丽的西苕溪南岸,有着在唐代极具人文气息的妙地。

清雍正《浙江通志》卷十二载:"吴兴南门二十余里,下菰青山之间一带远山为西塞山。山明水秀,真是绝境。其谓之西塞者。"这里有皎然终其一生的苍郁繁茂耸峙的妙峰山,山的北麓与西塞山、桃花坞相连续,张志和《渔父词》中西塞山白鹭到处的意境仍依稀可见,东南山岗上至今留有皎然塔,陆羽墓和颜真卿策划而建的三癸亭遗址,皎然诗中"俯砌披水容,逼天扫峰翠"的峥嵘气派依然如故。

到了明代,西塞渔晚作为吴兴八景之一依旧是文人的梦寐之处。

张志和仕官家境,有一手相当不错的诗和画,16岁就及第明经科,是唐人登科的最小年龄。唐玄宗与之对话，一显风华与才干，留在翰林养着。后外擢杭州，候补杭州刺史，第一招拿下地头蛇、恶霸李保。安禄山叛唐，张志和随太子李亨转战灵武一带，擢除朔方招讨使。他与舅李泌时常献计于肃宗，征调回纥兵，谋"三地禁四将计"，败安禄山于河上，得到肃宗的看重，入翰林，封金紫光禄大夫，享正三品待遇。肃宗急于收复京师，答应了回纥苛刻的条件，张志和力谏肃宗收回成命，惹怒皇上，贬至南浦县尉。

这一年，张志的父亲张游朝卒，他回老家"亲丧"。肃宗赠奴、婢各一个，赐白银2400两，以荣葬之资，意欲让张志和守孝三年期满后再回朝廷效力。他醒悟了，因袭父亲道学渊源，做了隐士，为逃避唐肃宗的寻访，带了渔童、樵青漂流水上。徜徉于山峦葱茏、雾溪澄碧、白鹭栖涉的湖州西塞山一带。不上岸，怕俗尘脏了他干净的鞋，即便在湖州上岸与颜真卿、陆羽等一聚，吟诗作画，亦让人抬着。

史书说张志和先祖在长兴，于是偕婢隐居于太湖流域的东西苕溪与霅溪一带，扁舟垂纶，浮三江，泛五湖，渔樵为乐。

隐林泉、隐朝市都不是张志和所要追寻的，他曾做过尝试，哥哥在会稽山为他构筑茅斋居住，门前以流水隔阻，十年无桥，他闭竹门十年不出。直到英雄颜真卿做湖州刺史，张志和受邀来到湖州，颜真卿专门打造了一条精致的小船送他。

张志和受了这条小船，顿然而悟，觉得是隐逸的好去处，于是答谢颜真卿：接受了您的渔船，愿以此为家，泛舟江湖之上，往来于湖州的山水之间，乃我这等小民人生之本也。

在湖州的一次聚会上，陆羽问张志和，近日与谁人往来，张志和的回答令在座人惊骇："太虚为室，明月为炫，同四海诸公共处，未尝少别。"颜真卿对这位江南高隐这样评价：立性孤峻，豪诚淡然，视轩裳如草芥，屏嗜饮如泥沙。

张志和不想采药草于云雾之中，也不愿提乐琴棋于案几之前，更不好寻朋友于村落之间，如遇上某个面如桃花的女孩，斜倚一道柴门留一个笑靥，无所谓让桃花来讥笑多情的春风了。他选一个灵巧的书童，每天驾着他的新舟徜徉于景色清幽的苕霅两溪、西塞山一带，在太湖一带的水域转悠，久久不见行踪。

张志和的哥哥浦江县尉张松龄担心弟弟放浪江湖不归，给了他一信：

乐在风波钓是闲，草堂松径已胜攀。太湖水、洞庭山，狂风浪起且须还。

张志和回信：

西塞山前白鹭飞，桃花流水鳜鱼肥。青箬笠，绿蓑衣，斜风细雨不须归。

一次太平常不过的往返通信，诞生了一篇传世佳作。

以真情实感写出的《渔父词》，成为千古绝唱，和者如林。这首诗后来被日本的遣唐使节带回，呈给平安朝嵯峨天皇，天皇爱极，赋了一首：

寒江春晓片云晴，两岸花飞月更明。鲈鱼脍，莼菜羹，餐罢酣歌带月行。

张志和把苕溪发桃花水时，渔翁雨中捕鱼的情景写得淋漓尽致。嵯峨把寒江春晓的意境描绘得生动逼真，湖州名肴，脍鲈鱼、莼菜汤，令这位日本天皇心馋。

嵯峨天皇共写了五首奉和词，皇女内亲智子也作词奉和。日本政府则将张继的《枫桥夜泊》、张志和的《渔父》列入教科书。山以诗传，西塞山也因而成为湖州胜景。

张志和的白鹭起飞之处，桃花飘香，流水清远，山峦葱茏，雾溪澄碧，鱼翔浅底，既为白鹭栖涉的滩头，又是鱼虾繁育的佳境，是张志和泊宅的佳境。好多湖州人也不太清楚西塞山的准确位置，毕竟时隔久远，沧桑阅尽。

一说道士矶，一说樊阳湖。

吴兴的西塞山走到今天依然是张志和的原包装，依旧是葱山、白鹭、桃花、鳜鱼、箬笠、蓑衣的境况。张志和隐居会稽山茅居，流水环绕，门前无桥，十年不出门。被颜真卿请来湖州后一反孤僻，他豁然开窍：原来隐居的天空可以如此明亮与和谐。从此他活跃起来，当众吟诗作画，起舞弄歌，真是换了人间。

张志和毅然放弃了隐居十年的会稽山，直奔吴兴山水，把自己的心身安置在西塞山。他自号烟波钓徒，追求"菰饭薄羹"之生活，陶醉在"上祀祓禊"之风流的自我形象之中。其《渔父词》得颜真卿、陆羽、徐士衡、李成矩等名士唱和，使人想起更胜于兰亭诗人的绰约风姿和隐逸精神。张志和独钓寒江，"每垂钓不设饵，志不在鱼也"，很有些姜子牙和严子陵的味道，也足以道出西塞山的内涵与精神。张志和留下的作品不多，《渔父词》却流播久远，词传日本，日本天皇面对"葱山、白鹭、桃花、鳜鱼、箬笠、蓑衣"，也萌发隐逸之幽思。其实一部隐居的历史，也就是人性回归的历史。和谐的自然永远是知性者的梦想。

774年冬十二月，张志和与颜真卿东游平望驿莺脰湖，酒醉溺水而逝，时年42岁。《续仙传》的说法有点玄："真卿东游平望驿，志和酒酣，为水戏，铺席于水上独坐，饮酌笑咏。其席来去迟速，如刺舟声。复有云鹤随覆其上。真卿亲宾参佐观者，莫不惊异。寻于水上挥手，以谢真卿，上升而去。"

人在本质上都是世界的匆匆过客，性情的陶冶使张志和对人生领悟的透彻远远超过他同时代的许多名人，不为世俗所羁，带一种永恒的孤独感浪迹江湖。

陆羽，千金买断顾渚春

湖州有一山一门，是陆羽的归宿。这山，杼山；这门，青塘门。

先说青塘门，陆羽之家。

唐初，湖州府城有九个城门，西北的叫迎禧门，也叫青塘门。

颜真卿到任，在湖州看到满目精华，顿起一种打湖州牌的冲动，将域内精英集于麾下。陆羽这位有文才、善思考、勤实践的人物被颜真卿请到，颜真卿和皎然帮他在湖州城青塘门外的苕溪之滨盖了住宅，名曰：青塘别业。

在皎然的诗句中，青塘别业是一座既简朴又雅致的房舍，不豪华，也非简陋。周围环境很优美，有桑田，有翠竹篱菊，远有青山，近有钓溪。这里离城不远，顺了陆羽野居的心愿，比起顾渚山的草席，却是天壤之别，它并行苕溪文华绿竹，山川秀美。

陆羽依旧长年累月往返于崇山峻岭、幽谷悬崖之中，青塘别业常常是门扉紧闭。他"远远上层崖，时宿野人家"，使得朋友们不知他"何处赏春茗，何处寻清泉"，连他的师友皎然也四处寻他不到，"报道山中去，归时每日斜"。

皎然有过一首《寻陆鸿渐不遇》的诗，写了他去湖州陆羽迎禧门外、自绕篱笆的青塘别墅，柴门紧闭，问及邻居说陆羽每天去深山访茶，归来日落，皎然茫然。他期冀《茶经》早日问世，陆羽别到处跑了。

各个朝代终有袭一身仙气之士走在时代前面，早早地换上布衫，唐末有位叫齐己的诗僧，是中晚唐与皎然、贯休齐名的三大诗僧之一。他在游湖州时专门瞻仰顾渚山陆羽草堂遗址和湖州青塘别业老屋，写过《尝茶》一诗，赞赏顾渚茶"味击诗魔乱，香搜睡思轻"。他更关注陆羽的旧屋，"春风雪川上，忆傍绿丛行"。优美的环境：溪边、绿竹、野花、青塘村美景令他忘返。

带着精神的畅游，带着探索的渴求，进顾渚山修炼。陆羽发现扑面而至的是一种平和，一种静气，陆羽的人生里第一次感受到了这方静如处子的近山，于是细细品味起这种静气来。这静谧舒缓的环境给人走向安静创造了无限的可能，倘不身临其境，体味品尝，断难有此感受。

颜真卿出任湖州刺史时，陆羽年近四十，已是朝野慕名，引得大批文人来顾渚山游。颜真卿在顾渚山明月峡题字立碑。颜真卿为陆羽在湖州苕溪之畔的青塘门外的桑地旁盖了别墅，给了他一个安静的创作环境。陆羽在青塘别墅开始了他"闭门著书，不杂非类，名僧高士，谈宴永日"的隐居生活。

在湖州安定的生活，陆羽写成了世界上第一部茶学专著《茶经》，编著了《吴兴记》《顾渚山记》《杼山记》《吴兴历官记》和《湖州刺史记》等地方志书和一些脍炙人口的诗词，留下的还有《茶经》成书之所的青塘别业。

居有定所，让四处漂泊的陆羽有家可归，他可以专心写作。青塘别业的非凡意义，是诞生了《茶经》，也是陆羽终老之所。《茶经》中陆羽对顾渚山的许多小地名都作详尽的记述，如白苎山、悬脚岭、山桑坞、飞云寺、曲水寺、凤亭山、伏翼涧、明月峡谷、青岘岭、啄木岭、园岭、善权寺、石亭山等。陆羽的文章里对顾渚山的地理形势、气候、山水、物产都作过细述。

初唐道宣以后，又一位土生土长的高僧在长兴登场了，他是驻吴兴妙峰山妙喜寺的诗僧皎然，属于特别性情的和尚，佛门中的洒脱之辈。

皎然据说是大诗人谢灵运的后代，但为文豪世家子弟，到他这一代，也已经剩得废田故陂了。皎然20岁走出长兴应举干谒王侯，四处投诗，一路碰鼻。25岁那年干脆在江宁长干寺剃度出家。

皎然与长兴县丞潘述等人聊起过为何离家出走，很简单，诗在"放世与存名"两难中，决定"共逃金闺籍"，出家为僧。

皎然做了三件传之后世的大事，一件是留住了陆羽。陆羽来浙江本是无锡尉皇甫冉介绍他去绍兴投靠尚书郎鲍防的，结果到了长兴遇到皎然这位江南声望颇高的僧人。两人同宿报德寺时，皎然慨叹"世间多暗室，白日为谁悬"。陆羽叩问"上苍何故，如此混沌"，这叹息之问，让两个灵魂走到了一起。刘梦得说皎然琴棋书画样样都会，是个全才。

另一件是皎然最早提出了"茶道"一词，此乃今日长兴人的骄傲。结识皎然，是陆羽人生一大幸事，皎然的独到在于自己虽隐于山林，却常下山与陆羽共研中国茶道。禅宗主张静气养性，提倡坐禅，暮鼓晨钟里诵经念佛，不免人困乏力，而茶可以清心、提神、醒脑，茶便成为佛事的伴侣，由此与茶结下了宿命的缘分。

皎然不把茶当作有机的生理需要，而是一种精神需求、心灵彻悟。来看他的三碗茶诗："一饮涤昏寐"，去了睡意，得了天地空灵之清爽。"再饮清我神"，心神清静通佛心，饮茶清神好坐禅。"三碗便得道"。皎然将禅宗主旨融入中国茶道中，这一贡献是划时代的。

皎然大陆羽13岁，陆羽疏忽了皎然关于茶道的理念。尽管《茶经》涉及了一点茶道思想，但没有出现茶道一词，也没有正面叙述茶道精神，《茶经》中阐述的是煮茶技艺和对茶汤的观赏，重视茶具的实用性和艺术美，没有往"形而上"的道上奔，这是陆羽的局限。

皎然懂茶，他的诗中说他在顾渚山也有自己的茶园，紫笋虽长于低峰，但久日与顾渚山仙雾相伴，养出好茶。诗中讲茶香与茶苦，茶香乃百花之清魂，草木之精髓；郁香中的满腔清苦，令人精警，茶苦乃人间最美的苦，那苦味又致溢溢生津，倒是茶之新概念。

第三件事是资助陆羽付印《茶经》。皎然眼力独到，朝廷的崇茶风气让他看到了茶以外的功效，他找人刻印了《茶经》。《茶经》的完成使当时才32岁的陆羽名声大噪，作为大茶人，陆羽得到了上上下下的一致认可，陆羽真正跻身于高士，他渊博的茶学知识和高超的烹茶技艺，在湖州上层官员和名士僧俗各界赢得了崇高的声望。

颜真卿上杼山妙喜寺，拜会皎然和陆羽，三人合计在此建了"三癸亭"。皎然即作五言绝句一首，对陆羽筑亭、颜真卿题名、皎然和诗，又为三绝。水光山色、清流古刹、沃土松林下的山亭聚会，开创了流芳千古的中国茶文化格局，人杰地灵，集好茶、好水、好景及伟大茶人于一地。

于頔任湖州刺史时，皎然已入垂暮之年，这位刺史赠诗皎然，给了很高的评价：高洁古人操，素怀凤所仰。皎然回赠时赞扬了于頔的治绩。皎然死后有十多卷文集付印，当了宰相的于頔为之作序。唐德宗写诏命集贤院将其文集藏于秘阁。

陆羽与皎然，二人相交长达40余年，据说祖上陆、谢是世交，两人同住于杼山妙喜寺，友谊笃深，陆羽与皎然之间的佛俗情缘达到了生死超然的境界。

皎然圆寂，陆羽悲哀、孤独、痛苦，但他的理智没有被情所左右，不沉沦，不颓废，在宣泄、反省一番后，仍追求着他的人生理想，与书籍、山林、朋友为伴，借笔墨、诗文、著述抒怀，浪迹江湖，孑然一身。他依然品泉问茶，先后到过绍兴、余杭、苏州、宜兴、丹阳、南京、上饶、抚州等地，最后还是回到湖州，回到他的苕溪，他的青塘门。

陆羽在湖州生活了 30 余年，交结了一批名人朋友，如皎然、张志和、皇甫冉、皇甫曾、刘长卿、孟郊、李季兰、灵澈、颜真卿等。唐穆宗时任复州刺史的周愿写过一篇《三感说》，称天下贤士大夫半与陆羽友往。

喧嚣熙攘的人生，愈发显出安静心态的弥足珍贵。人生于热烈，归于平静。在陆羽晚年时，他没有忘记数十年如一日地帮助他的缁素师友皎然。写下诗文："万木萧疏春节深，野服浸寒瑟瑟身。杼山已作冬令意，风雨谁登三癸亭。禅隐初从皎然僧，斋堂时溢助茶馨。十载别离成永诀，归来黄叶蔽师坟。"公元 804 年，他走完了皓首穷茶之路，悄然辞世于湖州青塘别业，终年 72 岁。

生前好友把陆羽葬在妙峰山他的好友皎然墓侧，与皎然骨塔夹谷相望。

陆龟蒙，更感弁峰颜色好

唐代后期湖州长兴的河面上，有两条精美又带诗意的船，漂流到了今天。一条是隐士张志和的，常飘浮在湖州去西塞山的苕溪河上，刺史颜真卿赠送。再一条是诗人陆龟蒙的，往复在苏州至顾渚山的水道，他的船设蓬席，备束书、茶、笔、勺具，是一座清闲的移动小别墅。

鲁迅在《小品文的危机》说到的三位唐代文人皮日休和陆龟蒙、罗隐，都与长兴有关，皮日休和陆龟蒙是一对诗友和茶友，常住顾渚山，世上有皮陆雅称。小品文作家罗隐则在白岘的罗岕隐居了一段时间。

唐时长兴县治所在地的南面，有一个河埠码头，可以远眺弁山，近看村舍。河流两岸葱郁，船家到此可上岸进城。当然，大多数船家则顺道护城河进城。陆龟蒙的富家船太过扎眼，常泊于城外，城里的文人墨客闻讯陆船到，会三五成群会集登船拜访，聊诗品茗。人们将此地叫作陆汇头。

陆龟蒙之父陆宾虞做过御史，有钱有书有地位，儿子科举考试落榜后，替他找个门路做了湖州刺史张博的从事，这是州长官自己选用的幕僚，也就是张博的助手。

陆龟蒙是那种大隐隐于市的闲人,自号江湖散人。他在顾渚山麓买了800亩茶山,种茶20年,学陶渊明,在顾渚山桑坞岕买了茶园,盖了几十间屋,将茶园租给山民,离贡茶院不远,陆龟蒙非常喜欢这幽静的山谷,到了茶季,来住上一阵子,租金不必细算,白吃白住加点薄利便可,清风朗月之下,找几个书呆子吟诗作画,品茗对句算是天上人间的感受了。

苏州刺史从事皮日休,湖北天门人,与陆羽同乡,读过陆龟蒙借物寄讽泄愤、语言冷峻、笔锋犀利、用词险怪、对晚唐时弊多所抨击的诗和小品文,便找到了他,两人常游荡在苏州的街巷,潇洒得很。皮日休偶然读到了陆羽的两篇《顾渚山记》,一记茶,一写景,不俗,便放下手中的活随陆龟蒙上了顾渚山。在这里无法不流连,他认真地领取了一份足以维持一生的自信。

人生偶尔的慢行在顾渚山比较妥当。陆龟蒙与皮日休同来同往,屋前竹林又是两人对啜泣、小品唱和赏茶山的好地方,两人在这里留下了茶诗十多首。顾渚山很多农民和僧人都是他们的朋友,"草堂尽日留僧生,自向前溪摘茗芽。"但陆龟蒙只想留一份心迹,彻底归隐他做不到,本不是职业隐士,且不能自食其力,更无大悲大喜的经历,富家子弟能做到淡隐淡出已是不错,归隐只为不隐,淡泊只为不淡泊,隐迹隐不了心,如此宁静之山只适合那些更为宁静之人。

受陆羽影响,陆龟蒙的《奉和袭美茶具十咏》中茶坞、茶人、茶笋、茶籝、茶舍、茶灶、茶焙、茶鼎、茶瓯、煮茶等补了《茶经》的缺,被收入《全唐诗》。作为农学家,陆龟蒙在植物保护、动物饲养、柑橘害虫生物防治等方面多有建树。

皮日休和陆龟蒙与顾渚茶农生活在一起,常驻足于林间竹下,诗歌唱和,评茶鉴水,两人在顾渚山留下了许多观察入微的作品。皮日休的《茶中杂咏》和陆龟蒙的《茶具十咏》,至今让人眼馋。

有一个故事,唐末,各路藩王割据,唐皇为平定叛乱急需马匹,朝廷以茶与回纥国换马,在边界相会时,回纥国使者提出以千匹良马换一本好书,即陆羽的《茶经》，那时陆羽已逝，《茶经》又未普遍流传，唐皇命使者四处寻查，到浙江湖州又到湖北天门，最后还是大诗人皮日休捧出一个抄本，才换来马匹。

陆龟蒙怀儒家之志，却终身以农为业，如鲁迅所说，他和皮日休一样"并没有忘记天下，正是一塌糊涂的泥塘里的光彩和锋芒"。

他的自传《江湖散人传》中写道："散人者，散诞之人也；心散、意散、形散、神散。既无羁限，为时之怪，民束于礼乐者外之，曰此散人也。"

晚年陆龟蒙还是回到陆汇头村，在此建盖了房子安顿下来，晨雾夕阳、春香秋气伴弁山来去，城里老友来访，赠小诗共乐：

五年重到旧山村，树有交柯犊有孙。
更感弁山颜色好，晚云才散已当门。

今天的陆汇头人，仍然为有陆龟蒙自喜，文化传播的力道，后人领略了。

姜夔，湖面飘忽洞箫声

公元1187年暮春，湖州的湖面飘来一舫，与范成大、杨万里、陆游齐名的南宋诗人萧德藻调官湖州做乌程县令，同船的有他的侄女婿、南宋大词人姜夔。途经杭州时，拜了杨万里这码头，萧德藻自然少不了荐姜夔。杨万里称赞他"为文无所不工"，酷似唐代诗人陆龟蒙，和他结为忘年之交，并写信推荐给做过副宰相、已告老苏州的著名诗人范成大。范成大读了姜夔的诗词，也极为喜欢，认为姜夔高雅脱俗，翰墨人品如魏晋人物。

湖州弁山风景优美，姜夔选择弁山苕溪的一处叫白石洞天的地方居住下来，这里交通便捷，登船即可去苏杭，朋友潘德久称他为"白石道人"。姜夔答以诗云："南山仙人何所食，夜夜山中煮白石，世人唤作白石仙，一生费齿不费钱。"用以自解其清苦。

姜夔为人潇洒不羁，得到杨、范两位大家的揄扬，以陆龟蒙自许，姜夔名声籍甚，名流士大夫都争相与他结交，连大学者朱熹也对他青睐有加，喜欢他的文章，还佩服他深通礼乐。著名词人辛弃疾叹服他的词，曾和他填词互相酬唱。

词至南宋，词家辈出，斑斓缤纷。但词作多依传统词格填制，拗口难唱。姜夔娴通音律，每自创词牌，自作词曲，能吹弹伴和，旧的词调经他手笔，能破格出新，这在当时难能可贵，只有北宋周邦彦能与他比肩。

居住湖州期间，姜夔四处游历，第二次到苏州，谒见范成大，作《雪中访石湖》诗，范成大作诗见答。范成大在南宋，算是一个响亮的人物。老诗人陪姜夔在范家踏雪赏梅，又唤家中歌伎跟随。望着老诗人温和殷切的目光，望着眼前这群歌女期待的神色，姜夔思绪如涌，灵感顿生，一鼓作气，写成两首曲子献给范。这便是流传千古的《暗香》《疏影》。范令其婢、色艺双绝的歌伎小红"肄习之"。音节清婉美妙，范赞赏不已。

除夕了，范成大挽留，姜夔告诉老诗人：闲云野鹤，四处漂泊，这辈子是注定了的。临上船的那一刻，姜夔看见小红默默垂泪，范成大来到小红身边，轻轻地说：跟他去吧，他的曲子，你一辈子也唱不完的。

小舟轻晃，姜夔带着小红在大雪之中乘舟从石湖返回湖州苕溪之家。面对茫茫太湖，蒙蒙山峦，姜夔不能自已，拿出洞箫，幽幽吹起，小红随着悠扬的箫声，婉转低唱，小舟远去。途中作七绝十首。路过吴江名胜垂虹亭时，作诗："自琢新词韵最高，小红低唱我吹箫。曲终过尽松陵路，回道烟波十四桥。"

这是一个凄美的故事，一个漂泊的诗人和一个红尘歌女的故事。他有着绝世才华，却落魄潦倒。她在范府，原本衣食无忧，却甘愿随他浪迹天涯。姜夔《过垂虹》的意境之中，聆听小红甜美悦耳的吟唱，聆听一代词家姜夔悠扬的箫声。那箫声明晰异常，从800年前的那叶小舟上，阵阵传来，在这荒芜的片石山房里回荡，绵绵不绝。

他的代表作《暗香》和《疏影》，借梅花托意，慨叹自己的身世飘零之恨和伤离念远之情。他和合肥琵琶女的那段爱情，缱绻情深，诗词之优美缠绵，堪称是我国古代文人爱情史的佳话。姜夔的情诗情词可比之那些名人名篇，其数量之多、品位之高、用情之专、流传之广，如夏承焘所说，"在唐宋情词中最为突出"。

姜夔，南宋唯一词调曲谱传世的杰出音乐家，吹箫弹琴，精通律吕。有论书法的《续书谱》传世。姜夔作为南宋词家婉约派代表，词风立意幽远，炼字琢句，倚声协律。被认为是词家的正宗。

姜夔年轻时寻访扬州二十四桥，听听杜牧的月夜箫声，是怎样令人迷醉。然而，入城四顾，满目苍凉。昔日繁华的商业都城，被金人两次蹂躏、惨遭兵燹，空荡凄凉。姜夔怆然中写下《扬州慢》，用精辟对比的辞藻度成此曲，颇为嗟赏。

年迈时写的步辛弃疾北固楼的《永遇乐》，写中原人民盼望北伐收复失地的金鼓声，其情其景，也是姜夔词中的豪情健笔。

姜白石在柳永、周邦彦的婉约妙曼和苏东坡、辛弃疾的刚健雄奇之间，开创了一种新的风格，展示宋词晚期新姿。

姜夔一生浪迹江湖，广交诗友，往返羁滞于江淮湖杭之间，当时的著名词家如杨万里、范成大、辛弃疾等都很推崇他，给他经济上不少的帮助。姜夔也常寄居他们家中。

姜夔居湖州白石洞天十多年，词和谱都可以顺手拈来，《白石词》中名篇也多写于湖州，旋律之悠扬、意境之清虚无人能过。

他为湖州下菰城做过一首七绝：

人家多在竹篱中，杨柳疏疏尚带风。
记得下菰城下路，白云依旧两三峰。

姜夔站于船头，随手捞起过眼景色，惬意中轻松化作笔下风韵，拂袖间传世。

姜夔晚年移家杭州，依附世家公子张鉴。张鉴死后，姜夔生活困顿，60来岁还为衣食奔走于金陵、扬州之间的湖面上。

姜夔去世，友朋吴潜等人捐资，葬于杭州钱塘门外的西马塍。史书上说他"家无立锥,而一饭未尝无食客"。

姜夔词清空高洁,这种清空既不同于婉约派的绵丽软媚,不同于豪放派的粗犷叫嚣,也不同于苏轼旷达的那种清空。姜夔词的情感是孤云野飞、去留无迹的意趣,以至《暗香》《疏影》的主题千余年来尚无定论。

姜夔留下一部有"旁谱"的《白石道人歌曲》,成为南宋唯一词调曲谱传世的杰出音乐家,也是流传至今的唯一一部带有曲谱的宋代歌集,被视作"音乐史上的稀世珍宝",杨万里称其有"裁云缝雾之构思,敲金戛云之奇声"。

姜夔是与辛弃疾并峙的词坛领袖,浙西派词人把他奉为宋词中的第一作家,比为词中老杜。白石才子之词,稼轩豪杰之词。姜白石词幽韵冷香,令人挹之无尽。拟诸形容,在乐则琴,在花则梅也。

远方的青山绿水才是他真正的向往,他要用尽一生,携梅吹笛,在那里留下几行轻轻的足迹。他贫穷却不潦倒,始终钟情太湖山水,死后不能殡殓,只求"蓑立寒江过一生",在云鹤沧浪烟雨间寻求寄托。

姜夔原本想要做陆龟蒙的,却成苏轼之后难得的艺术全才。

崇书，隐在人间的低调歌者

承书，中国藏书第一城

湖州，被王国维盛誉为"藏书之乡"，在其1500年的藏书史上，涌现了近百个大大小小的"藏书之家"。

湖州的私人藏书起步于南北朝时期，沈麟士七旬抄书数千卷，一直被视为佳话；而沈约则以两万卷藏书，被公推为"浙江私藏第一人"。湖州私家藏书的第一个高峰出现在南宋时期。先是沈思"千金散尽为收书"，继有叶梦得贮书石林精舍，再是陈振孙结撰私人藏书目录《直斋书录解题》，又有周密"书种""志雅"两堂藏书殿于宋末。后三者藏书的规模足可与皇家藏书相媲美。

明清时期，由于藏书之风的盛行和藏家们对版本的讲求，贩书业应运而生，湖城东郊织里一带的"湖贾"驾起一叶扁舟，罗致旧家藏书，再贩给新藏之家，来往于藏家与刻家之间，这扁舟也就有了"书船"之名。江南的条条水道，在他们的穿梭之下，成为星罗棋布的城镇间的书籍之路。明代著名小说家的名作"二拍"就是这些书商在看了其《初刻拍案惊奇》后，大为欣赏而促成的，其敏锐眼光绝不逊于今日的出版经纪人。

湖州的雕版印刷始于北宋，有北宋《思溪藏》《唐书》《五代史记》等一批书籍。南宋、元、明雕版印刷长盛不衰，嘉靖以后，更与湖州书船业兴旺同步。据《明代版刻综录》统计，100多年间湖州刊刻书籍多达四五百种，为历代之冠，而晟舍凌、闵二氏的套色印刷，是当时印刷技术的顶峰，价值不亚于宋刻精本。清代盛行考据之学，编纂丛书渐趋高潮，湖州刻书印书多为家刻本和书院刻本，持续红火。

湖州的私家藏书得地利之便，数百年间绵延不绝。茅坤、茅元仪、许宗彦、严可均等集万册书而著述等身；刘桐、沈登瀛出秘籍以助友朋治学；徐献忠、董斯张、汪曰桢等则收集湖州地方文献修撰史志；臧懋循、沈节甫、姚觐元等汇刻丛书流惠后人；陈霆、周中孚、丁杰、张鉴等则编撰目录，订正古籍，条别源流。民国初的富商如刘承干、庞元济、张钧衡、蒋汝藻等，广购天下名本，不数年间便聚成数十万卷巨藏。

推究湖州的史学传统，可以追溯到沈约撰著的《宋书》。武康姚察、姚思廉父子的《梁书》《陈书》，也都是断代史的名著。一套"二十四史"，湖州人的著作就占去了其中的三部。地方志中，山谦之《吴兴记》、张玄之《吴兴山墟名》之后，湖州历代方志修纂相沿成习，见诸文字记载的共有72部各类方志，堪称中国4000余部方志中的佼佼者。

沈约《四声谱》之后，又有颜真卿来修《韵海镜源》，考据之学也渐成湖州的一大学术传统。唐有徐坚汇辑类书《初学记》，道宣撰佛典目录《大唐内典录》；宋有赞宁撰《内典集》于前，陈振孙著《直斋书录解题》于后；元赵孟頫作《老子注》《庄子注》；明有董斯张《广博物志》、闵齐伋《订正六书通》。

明清两代，湖州藏书楼遍布市邑乡镇，编纂文学总集的条件得天独厚，臧懋循《元曲选》，收元人杂剧100种；徐倬《全唐诗录》100卷，康熙帝写序；严可均《全上古三代秦汉魏晋六朝文》746卷，收集详备；朱孝臧《疆村丛书》，广收历代词集。

湖州的文化人留下的文字多如江南春雨，而一些藏家把湖州的书卷气做到了极致。山水灵秀的平和心态，让一个个外来鉴赏者不忍转身离去。

传书，一座书楼的百年纠结

藏书的传代之忧，是所有藏书人的一个心理死结，自己辛苦一生，点点滴滴，直到暮年，才构建了一个书房，书房圆满了，自己也行将"圆寂"了，真正放心不下的，便是这满屋藏书。

事实上，浩浩藏书毁于后代的不胜枚举。20世纪初，全国四大藏书楼之一的湖州陆心源的皕宋楼，藏书15万卷以上，主人"志欲尽读天下书"，陆心源异地为官回乡之日，"归装有书百棱，人皆迂而笑之"。皕宋楼最珍贵的藏书是宋元旧版，无论规模和精品已超萧绎了。

陆心源的皕宋楼，是赫赫有名的人文地标。当时，与聊城杨以增的海源阁、常熟瞿镛的铁琴铜剑楼、杭州丁丙的八千卷楼并称"清末四大藏书楼"。其号称有200部宋版藏书，在藏书界独占鳌头。

皕宋楼如今天的城市金名片，一提起皕宋楼，人们就会想到湖州城。1907年皕宋楼内发生了一桩痛心的事，楼内几乎所有的珍贵藏书被卖往日本。皕宋楼成了"伤心之楼"，皕宋楼事件后，人们对私人藏书馆的情况倍加关切。

湖州月河街8号是皕宋楼旧址，砖木结构的一座中式建筑住宅，民国后，改造成西洋风格。

皕宋为楼名，意谓内藏宋刻本有200种，但实际不及此数。陆氏藏书多得自上海郁松年宜稼堂，其中大部分为汪士钟艺芸书舍所收乾嘉时苏州黄丕烈士礼居、周锡瓒水月亭、袁廷梼五砚楼、顾之逵小读书堆等四大家之旧藏，极为珍贵。

皕宋楼的主人陆心源只活了56岁。陆家是富商，父亲希望儿子经商守业，但陆心源志在读书，考中举人后，去广东、福建等地做官，开始其藏书生涯。

1893年，精于金石之学的陆心源著述等身，光绪帝褒奖"著作甚多，学问甚好"。官至福建盐运使，多次剿平土匪。辞官后在归安城东莲花庄旁辟建"潜园"。园中有"四梅精舍""五石草堂"等16景。富收藏，筑"皕宋楼""十万卷楼""守先阁"三楼藏书，藏书达15万多卷。回乡时经天津时染疾，次年卒于湖州。

让历史始料不及的是，在陆心源死后13年，皕宋楼的珍贵藏书大量售与日本静嘉堂文库，使该库成为日本藏汉籍宋元古本最富有的藏书所。此举出自陆心源之子陆树藩之手，据说是他在沪经营湖丝亏空。当时主持上海商务印书馆的张元济先生对陆家藏书十分关心，他曾鼎力抢救过宁波"天一阁"的珍藏古本，此番极想尽数购下，愿出8万元，而陆家要价10万元，张先生为保存祖国文化遗产凑得10万元巨款时，陆氏却已以11.8万元售与日本人。由此造成了中国文化史上一大"惨祸"。不过，陆老先生已到阴间，难料凡尘变故。

1907年6月的一个清晨，湖州城家喻户晓的月河陆家大宅的专用河埠头旁停着几艘大船。陆府的人神色凄然地看着挑夫将一摞摞的古籍从严禁家眷上楼的皕宋楼中搬入船舱。行人纷纷驻足观看。几天后，商务印书馆的张元济带着多方筹措来的6万元订金匆匆赶到湖州，看到空落落的书架和满地的废纸标签。皕宋楼藏书售卖给日本岩崎弥之助财团静嘉堂文库的消息传开，愤懑之声遍及大江南北。

陆心源还是个医学家，著有《诸病源候论校》《外台秘要校》。

陆家三代藏书，以收藏宋版书著称。太平天国战乱之后，陆心源广泛搜集，上海郁松年宜稼堂、严元照芳椒堂、刘桐眠琴山馆、福州陈氏带经堂以及归安韩子蘧、江都范石湖、苏州黄丕烈、仁和劳平甫、归安杨凤苞和丁兆庆等人的藏书都汇流至陆心源家中。

陆心源的藏书尤其以宋、元版本数量之众、价值之高，在海内无与伦比，为世人瞩目。有人据日本静嘉堂文库所藏统计，北宋刊本80册，南宋刊本2611册，元刊本1999册，都是极其名贵的海内孤本。

上海著名藏书家郁松年过世，他的宜稼堂藏书开始散出，陆心源与时任苏松太道的丁日昌争购，陆心源砸重金一次就购得了48000多册。以楼名来说，宋版书就藏有200部，这个数字独步海内，陆心源自己也颇以此为豪。他以皕宋为楼名，是冲着另一位著名藏书家、苏州黄丕烈的"百宋一廛"

的，其自矜自得之态毕露无遗。

皕宋楼藏书在1882年已达15万多卷，远超宁波天一阁，陆心源于1894年去世，总量达25万卷，至1907年出售时的藏书数尚有4000部20万卷。

岁月更替，风物无情，陆心源死后葬于云巢逸山，子陆树藩不能守业。曾名扬海内外的皕宋楼，已是人逝书去，只剩空楼，静静地蜷缩在月河街陆氏故宅中。

静嘉堂文库因"皕宋楼事件"，成为国际汉学重镇。该文库共有18种古籍被列为日本"重要文化财产"，而陆心源之宋元版藏书就占16部之多，属皕宋楼藏书的宋版书占88%左右，元版书占81%左右，可见皕宋楼藏书的文献价值。皕宋楼藏书中的精华——宋元古本部，是静嘉堂文库的灵魂。

静嘉堂文库成立于1892年，属于著名的三菱财团旗下，是日本收藏汉籍宋元古本最丰富的著名图书馆，而皕宋楼藏书的添入是关键。皕宋楼藏书在静嘉堂文库得到了完整保存。由于静嘉堂文库是藏宝之处，又因为它属于日本三菱财团私有产业，所以一直不对外开放。只有极少数专家学者曾被允许进入。

1923年，日本关东大地震，整个东京城大火熊熊，大部分文库均遭火灾波及，大量文献资料化为乌有，唯独位于东京都世田谷区冈的静嘉堂文库免遭火劫，日人因此大呼"此系天数"。

皕宋楼藏书在东渡之后，免遭北伐、抗战、内战及十年浩劫之厄，此系天数或者是凑巧？凑巧的是，当年陆心源聚书时，广征博收，曾得到日本藏书家寺田望南的旧书10余部，寺田望南的藏书印镌文"天下无双"，是非常出名的。后来皕宋楼藏书东渡之事，寺田望南也参与了，作为藏书家的寺田望南，重见自己曾收藏过的旧书，又东渡赴日，一番感慨上心头。

作为世界文明的一部分，皕宋楼藏书东渡保全至今，实属幸事。此书由三菱岩崎氏洽谈出银收购，与侵华日军劫掠典籍的强盗行径，还是要区分开来的。

懂书，慧眼识书三故人

乾隆二十八年除夕，曹雪芹英年早逝，年仅48岁。《石头记》，也就是后来的《红楼梦》尚未写完，书稿却已四处散落。

48年生涯中，曹雪芹"将旧作《石头记》披阅十载，增删五次"。鉴于此，至少曹雪芹在30多岁以前，已经陆续在写着这部百科全书式的大书了，且世上已有《红楼梦》手稿在流传。

《红楼梦》，于曹雪芹离世前大致已完成80回本。曹雪芹在写作过程之中，有的回目被好友拿走，先睹为快，好友再作互传，有的干脆不还。以致有些手稿，被遗落佚失，使前80回，有的缺失，有的是未完稿、改稿，等等，在曹雪芹逝世后，有些成了残稿，无法弥补。

从五四新文化后的红学家，如胡适、顾颉刚、俞平伯等红学研究著作，以及后来的红学著作，如冯其庸的《瓜饭楼丛稿》，周汝昌的《红楼梦新证》，或张爱玲的《红楼梦魇》，等等，经过百年来，对各种脂评本的详考，不断发现原作有许多的脱落与删改，异文与窜改。

一个独立于权势以外的文化空间，与这个空间里的独特声音，才是逐出官场上可遇不可求的精神释放，但这种释放很难找到去处。这个机会，让一位叫戚蓼生的湖州人遇到了。

刑部主事戚蓼生，湖州德清人，乾隆三十四年，39岁的他中进士，一直做京官，52岁离京出守南康，做盐法道等官职。就是说，他与曹雪芹可谓同时代人。他中举居京做官，曹雪芹去世不过五六年，他已买到《石头记》流传的曹雪芹原本。后经其誊抄，戚本是各传世抄本中最工整最精致的红楼梦本子，比程甲本、程乙本刻本原汁原味得多。直到戚蓼生去世那年，程、高两人续改后的全120回《红楼梦》问世。

戚蓼生得曹雪芹原作后，大为赞叹，书写了一篇序文，署名为"德清戚蓼生晓堂氏"。

戚本带有脂砚斋评语，且戚本的回前标题诗多于庚辰本，保留了庚辰本所缺的批语，又有戚蓼生独特而具深刻见解的序。这篇序文虽然很短，只有

467个字，却可见戚蓼生是真正读通《红楼梦》的第一人，也是历史上推动红学的第一人。

现存世的重要的脂评抄本，最早是乾隆甲戌本，存世16回，为胡适收藏。再有己卯本，为董康所藏。乾隆庚辰本，存世78回，藏于北京大学。

虽然，庚辰本78回本，也是《红楼梦》重要版本之一。但庚辰本有些回目原作、标题诗，均据戚本所补，同时缺少戚本一篇深刻完整的序。可以说是戚蓼生，将《石头记》推上了中国古典小说前所未有的巅峰。就是说，他是第一位红学家。

据戴璐在《吴兴诗话》说到戚家，戚蓼生的父亲戚振鹭应是大诗人袁枚的前辈。德清《县志》载：戚振鹭曾任抚州知府，有《晴川诗钞》五卷。其诗格清新，意境远峭。因遇"伪疏传抄案"，有"承审未实"之失，被革职。戚父对戚蓼生文化影响深远。德清戚氏家学渊源，气质独到，戚蓼生才具有迥出时辈的红学眼光和见解。

德清《县志》记载：戚蓼生，福建按察使。为人倜傥，不修威仪，使酒好狎侮人；然强干有吏才，案无留牍。乾隆五十七年冬卒于任上，年60余岁。另记：居京期间，购得曹雪芹《石头记》早期抄本，大为赞叹，书序一篇，后人称为戚本，成为研究《红楼梦》重要版本之一。

戚蓼生所藏之《石头记》抄本及戚序，辗转至狄葆贤之手。清末民初，上海有正书局，将该本照相石印发行，故称"有正本"，即今天的戚本《红楼梦》。

戚蓼生用智慧换取品相，他的生命如彗星划过天空时人人都在沉睡，是那明灯式的文字无人照看，是没人能够抓住的一现之光。

推动红学的第二人应该是湖州的范锴。这位清代著名藏书家、文学家，家住南浔。他在嘉庆年间写过一部红学著作，叫《痴人说梦》，是红学史上继周春《阅红楼梦随笔》之后的第二部红学专著。因记录了一部《石头记》乾隆旧抄本上的异文，使范锴的《痴人说梦》有极高的学术价值。

范锴是一位大盐商，所以有钱收藏。虽常远游四方，无心科举，但他工诗尤善词。中岁以后，他往来于淮扬楚蜀之间达30年之久。范锴为人磊落好交，留心掌故，征引记载，遗闻逸事，靡不毕具。他自己著书立说，故号苕溪渔隐。

范锴有钱有闲，精力充沛，是个多产作家。在四川时，著《蜀产吟》；寓汉上，著《汉口丛谈》；晚年居扬州，另有《吴兴藏书录》《浔溪渔唱》《幽华诗略》等十数卷。他一生酷爱读书，勤于笔耕，有很高的文化修养和很深的文学造诣。

黄裳说："吴兴自古以藏书名，非仅始于近世刘张诸家，嘉道间有范锴者，亦乡人著作繁富，自古代吴兴藏书始，下迄道咸，其撰有《浔溪纪事诗》二卷，于南浔掌故所叙甚详。"

范锴生年接曹雪芹卒年，距《红楼梦》创作年代不远。他本人富有且交游四方，文友广泛，除著述外，还收集辑录了许多前人佚著，并出资主持刊刻了两部颇具见识的随笔。

范锴所著《痴人说梦》，为嘉庆二十二年的红楼刊本，附有其所绘《红楼梦》图四幅，即总图；宁国府、贾府宗祠、会芳园、贾赦宅；大观园、梨香院、薛宅；荣国府。首有仙掌峰樵者序、观闲居士小引、止止道人题词和作者自题。人物谱，共计460人。

《痴人说梦》编制《红楼梦》年谱、《红楼梦》人物谱、贾氏宗族谱牒、版本校勘和绘制贾府及大观园图等，均为红学史上首创，是红学史上第二部专著。

当今红学研究中，似乎只见到胡适、俞平伯、周汝昌、冯其庸、张爱玲、刘心武诸家。而范锴，少有人提及这名字。但在200年前，曹雪芹写完《红楼梦》撒手之际，他却已在做着红学资料收集了。"东风历历红楼下，谁识当年范声山"。

中国红学史上，第三次把红学推进的，当属俞平伯。

俞平伯1916年到北京读书，就与顾颉刚通信，受王国维、蔡元培、胡适等人研究红学的影响，开始红楼梦研究了。诚如周汝昌所说，"红楼梦现象是中国文化的一桩大事。"从这个视角来看，德清人俞平伯无疑是《红楼梦》研究文化史上的一个重要推手。

其实，俞家数代痴爱红学，俞曲园的父亲俞鸿渐，在京任职时，家中已有曹雪芹石头记抄本，俞曲园也读过这个写本。俞曲园曾任翰林院编修，后受咸丰帝赏识，放任河南学政，他所著凡500余卷，称《春在堂全书》。他是国学大师，又是红学推手。到俞曲园曾孙俞平伯，已早具有对红学的知识了。俞平伯的红学著作，可谓无人不知。

曹雪芹的一部红楼，从乾隆到嘉庆，到清末，到民国，近300年来，都与上述这几个关键人物的购藏、传抄、整理、研究有关。一部红学史，从戚蓼生到范锴到俞平伯，"古今无妨一线串"，把一部红楼梦发展史，全串联起来了。这是一部小说的历史现象。

名著经典，无不是作者的血肉之躯与苦难现实碰撞出的电光石火，必有大的悲哀和哲思。红学成为显学，与红楼梦的渊源、研究有关。从这部小说的写作、传抄始，就伴生了上述几位关键人物的加入。

一座红楼，金碧辉煌，虽庄严却不近人情，教人匍匐前行，是封建政治在建筑上的延伸。质朴无华，不烦绳削的江南建筑中，走出几位书生，在优雅中挑战中国政治的封建世构，大智慧也。

一部小说腾升为学问，令中国近三百年来的精神史，精彩纷呈。

殉书，文明的代价

对南浔这样一个可以随意涂抹出传世佳句的文化重镇来说，深不见底的文化积淀是任所有文化人倾心的。南浔作为一处文化宝藏，一个温柔之乡竟然也曾走过血腥的大地，也曾承受过生命的残酷和生命意义上的挣扎，也曾遭受过历史的无情捉弄。清代最大的文字狱"明史案"就发生在这里，此案竟缘于南浔人的文化崇拜，令历史啼笑皆非。

清顺治年间，南浔富豪庄允城的儿子们个个都是读书人，长子庄廷鑨体弱多病，但文弱的儒生渴望成就一番事业，花1000两银子买下了邻居明国相朱国桢的《明史》遗稿，拟编写明史，希望成为功垂千秋的史学家，但不久病故，父亲为了却儿子的遗愿，聘请江浙名人编撰此书，将18位江浙名士作为"参阅"。

《明史》刻成，颇为畅行，然产生于改朝换代的一本书，又出自一群充满抗清复明意识的江南名士之手，其政治烙印自然是十分深刻的。

书中对清室先世直呼其名，而不加尊称，清入关后，仍称南明；努尔哈赤在父、祖被明将李成梁所杀后，为李成梁所豢养等令清廷犯忌的文字。关键是书中流露对明亡的惋惜和同情，祸根由此埋下。

此事被因犯事免职的归安知县吴之荣钻了空子，此人平时就善敲竹杠，是个地道的小人。有记载说吴之荣"日日捏人拷诈，多者数千，少亦累百"，"所诈约数十万之银两。"吴之荣先是携《明史》找到庄家，说书中有诸多犯上之处，有杀头之罪，言下之意很明白，要敲一笔钱，庄家不加理睬。

吴之荣遂进京，告发庄氏"私编明史，毁谤朝廷"，当即引起清廷震怒，庄家大难临头。

朝廷即派大员罗多到湖州处置，主犯庄廷鑨虽病故，剖棺戮尸，锉骨扬灰。庄允城兄弟父子两代人中允采、廷钺、廷铣、廷镖、廷鏊、廷镜及子孙年纪15岁以上全部斩首，妻、女发配边疆给披甲人为奴。为该书作序、参校、刻写、买卖及有关官吏一律处死，陈康旗《郎潜纪闻》载：此案"名士伏者二百二十一人"。

亡明礼部侍郎李令哲为书作序，被列主罪，逮捕时，在李家拜年的亲戚、邻居及围观者七十余就缚。李令哲被凌迟处死，他的四个儿子也一同处斩，一门死者数十人，仅有一幼孙尚在乳养，由乳母携逃生还。

《明史》中列名参加校阅的江南名士，均凌迟处死，内中数人如吴炎、潘柽章压根未参与校阅，也不知有此书出版，其姓名是庄氏私自列上的，但不准许申辩，横罹惨祸。

公元1663年5月26日这一天，对于杭州来说，是血流成河的一天，根据圣旨，凌迟处死70余人，绞死80人，斩首百余人，忙瘫了刽子手们。

南浔富户朱佑明与吴之荣素有积怨，被吴之荣诬告。处斩时，让朱佑明先看五个儿子——被砍，最后轮到自己，这种残酷大概只有朱佑明自己体味了。此案牵连网捕，在杭州关押涉及人犯2000余人，军营贡院都成押所。

全案历时两年，共计72人被杀，发配边疆充军为奴者不下数百人，株连广泛，手段残忍狠毒，整个江南为之震慑。

当时南浔的栅栏桥上辟了官卖场，庄家和朱家的女佣、丫鬟都在此官卖，脖子上拴着绳子，被人牵着，任人挑选，剩下的就在桥下那圆通庵里出家。

作为清代第一大文字血案，庄史案以诈财怨告而起衅，首告人吴之荣备受清廷赏识，目的得逞，不仅复官起用，而且还获得被籍没的朱佑明家产，后官至右佥都御史。由此，清初社会大开告讦之风，恶棍、流氓、政客，有恃无恐，为中饱私欲，寻章摘句，诬告陷害，惨案不断。

文明与野蛮的最根本差异，在于对生命的态度。在这其中，吴江人品学问冠于一时的两大名士吴炎、潘柽章，官兵逮捕他们时，一个方巾大袖，一个儒巾蓝衫，依然故明打扮，从容不迫，伸手让差役捆绑，并大声把全家人都召唤出来，让家人一个不留地被抓，连官差都心软，劝其把最小的孩子藏匿起来，潘柽章答"覆巢之下，安有完卵？"

死得悲壮的还有李令皙的一个小儿子，时值16岁，学业极优，一位好心的官员十分怜惜，悄悄对他说，你在审讯时别说16岁，说15岁，这样可以不定死罪而只流放，可这位文质彬彬的少年慨然而言："父兄已死，我为何要独生？"

为当一个文化人，为南浔浩瀚的书架上添上一本薄书，为实践一个虚幻的信念埋下祸根，又用头颅铺出一条拜儒之路，名有了，命却没了，家产更是落入恶人之手，这代价未免太大了。经历此案的文人却是一次脱胎换骨的大核变。

庄史案到底死了多少人，至今是个谜。据当时任浙江按察使的法若真事后说是被祸的有700家，那么被杀的人至少在千人以上，被发配的就不知其数了。中国的文人实在可悲，任何人都可能因一字之故，一夜间使财产、功名、荣誉乃至整个身家性命荡然无存，而真正的是冤屈那些"株连"者，整个家族或被斩尽杀绝或被世代流放，是整个时代的悲哀。

庄史案牵连者流放到宁古塔一带，孤儿寡妇被押解着仓皇北去，流放到让人毛骨悚然的地方，更是惨烈人生的开始。庄氏庞大的家族，似一地鸡毛，一夜间遁入虚无，悄然湮灭在岁月的风尘之中。这群白如脂膏、弱不禁风的江南女性，在披甲人的魔爪下承受永无尽头的蹂躏和凌辱。

毁灭是在瞬间完成的，庄家平静了，对于南浔，是一场天崩地裂的大悲剧。透过庄家那倾颓的豪宅和错落的深院，透过一户江南人家陨落的轨迹和悠远的残梦，看到了根植于读书人中冥顽不化的文化优越意识和一个王朝的文化悲剧。

小人吴之荣诬告有功，升了官，发了财，朝廷将庄允城和朱佑明的大半家产奖励给了他。

吴之荣似乎很满足了，他的确在这朱宅尽享天年，不过，他去阴间的路走得非常难堪。这个人死在康熙二十八年，因为生前作孽，众叛亲离，孑孓一人。死时正值酷夏，无人问津，忽发恶疾，虫满躯壳，待人发现时，尸骨存于床，肉化于地，颈断颅离，这大概就是民间所说的"报应"。

200年后，刘镛的三儿子刘梯青买下庄家屋址，一反传统造了完全西式的建筑，就是今天的"红楼子"，意在让那段冤屈永远地沉入历史深处。

风雨长亭，晦暗时代人和笔的传奇

李冶，一代才女傲江湖

  唐代的才女齐出是再璀璨耀眼的传统文化也永远无法遮盖的一道风景。天之宝光地之灵气，江南山水引发的反应绝无漠北雄风，塞外马鸣，却是长亭更短亭的婉约情怀。

  有美的身体，以身体悦人；有美的思想，以思想悦人。才女都有这方面的优越感。薛涛、鱼玄机、李冶、刘采春被称为唐代四大才女。全国的才子排着队去成都为的是一睹薛涛的芳容。鱼玄机因为嫁错郎，被李忆的大老婆打出来，一路落泊，杀了侍女。刘采春上了元稹的船，苦难缠身。

  湖州开元寺有个载入史册的聚会，这是一个春愁淡淡的时节，开元寺举行着一场诗会，湖州的文人雅士欢聚一堂，饮茶作诗。李冶作为一个遁入空门的方外之人，一个美貌风流的道姑出场，漫不经心。

  其父母携家南迁后不久病故，李冶在无助中堕入风尘，多方辗转入开元寺做了女道士，世事沧桑已让她在感情上玩世不恭。但她的诗名却大为入流，学士名人和她交往、唱和，诗人刘长卿、诗僧皎然等皆是她的诗友。彼此都留下了一些他们交往的诗篇。

  李冶的性格里很有男性化的一面，喜欢结交狂客猖士，奇情于那些才华横溢之士，她有一批走得很近的诗友，有不少袒露心扉的作品。她的《寄朱放》"相思无晓夕，想望经年月""别后无限情，相逢一时悦"；《送韩揆》"相看折杨柳，别后转悠悠"，《送阎伯钧》"离情遍芳草，无处不凄凄""归来重相访，莫学阮郎迷"都坦率倾诉她的恋情。李冶慕才，与志趣相投者频用真情。

经诗坛名家的辗转揄扬，这位被刘长卿称为女中诗豪的才女，终于被朝廷闻知。天宝年间，爱才好色的唐玄宗，下诏宣她进宫。

湖州能产生这样的封建叛逆诗人，说明了这方山水的个性。李冶满脑子"心远浮云知不还，心云并在有无间"道家的虚无思想。她的另一面是《奉天录》所说的"情志散荡"，唐人高仲武评论的："士有百行，女有四德。季兰则不然，器形既雄，诗亦豪荡。"连其父亲也在她童年时预料她：必为失行妇。

李冶有很多诗友，其中写给阎伯均的诗最多，也颇缠绵，诗中李冶以妾自称，无论阎伯均走到哪里她就梦到哪里。此外，她与其他诗友也有道不明的关系，对孤帆远影的情郎的寂寞旅行无比眷恋。唐书里说李冶"形气即雄诗意亦荡，自鲍昭以下，罕有其伦"，说她是个有才华但不遵三从四德的女子。

李冶这个角色非常可爱，与男子交往毫无禁忌，令男人不敢抬举。皎然与李冶在聚会上相见，李冶也不忘拿皎然和尚开心一番，挑逗一番，皎然有一诗《答李季兰》："天女来相试，将花欲染衣。禅心竟不起，还捧旧花归。"皎然的妙答隐含禅机，但诗中李冶的风流可窥一斑。

她应该属于最早用身体写作的女性作家，高仲武的《中兴间气集》里说了这样一件趣事：李冶做东的一次文艺沙龙上，为活跃气氛，狡黠地援引陶渊明"山气日夕佳"之句，奚落有疝气病的刘长卿，性情中人刘长卿忘了官员身份，居然也顺手引陶渊明的诗"众鸟欣有托"之句反击，举座大笑。

妇女在社交上一扫六朝的铅华脂粉，体现出富丽堂皇、多姿多彩的美。湖州开元寺因李冶的大名而门庭若市，有人为一睹这新女性的风采，不惜高价买诗赠之。

遍览唐人传奇、笔记，闺阁少女或女仙、女鬼"自荐枕席"的事俯拾皆

291

是。唐代公主再嫁的达20多人，唐太宗有六个女儿再嫁，高阳、襄阳、太平、安乐、永嘉诸公主还养有男宠。宫中的女官们时常"出入内外，往来宫掖"，门第显赫的仕宦之家也不忌讳娶再醮之女；当时官宦人家的女子，堕入花街柳巷者不是个别。苏州刺史韦应物的女儿也不免混迹烟柳，加入妓女行列。洪迈曾感叹道："瓜田李下之疑，唐人不饥也。"

李冶性格爽朗，专心翰墨，写下许多酬赠遣怀之作。唐玄宗慕其诗才，特诏命入宫，但未得皇上"御幸"。她在宫中待遇隆重，赏赐丰厚，但仅留居月余便又回故里。

一个重大的变故袭来。大历末年，朝廷再次召李冶进宫为唐德宗吟诗奏曲，为诗会茶宴助乐。但不久发生了泾原兵变，德宗西逃，叛军拥朱泚占领长安，包括李冶在内的众多宫中人员，皆为朱泚所获。也许是出于对德宗强召自己入宫又不及时放归的怨恨，李冶写贺诗赠朱泚，内容有对朝廷及德宗表示不满，泄愤中"言多悖逆"，没想到朱泚兵败逃亡，唐德宗重返京城后，得到举报，十分恼火，召见斥责李冶：你为何不学一学严巨川，你看看他的诗：手持礼器空垂泪，心忆明君不敢言。一怒之下，杀了李冶。可怜一个弱女子就这样成了屈死棒下之鬼。

朱肱，一代医家酿《酒经》

宋元祐三年（1088年），司马光执政三年。这年，来自湖州儒学世家的朱肱中得进士，于是有"一门三进士"之荣耀。但朱肱的人生成就在医学，是写出了《伤寒百问》和《活人书》的医学家。

朱肱只做了四年的官，上疏讲灾异，指摘执政章惇过失，忤旨罢官。他在杭州大隐坊开了个酒坊，退而酿酒，做个陈年的酿酒师，大隐于市，自号大隐翁。

为官不是朱肱的人生向往，做个陈年的酿酒师亦显浅薄，他的爱好在医学。老家湖州因为水乡的缘故，水汽至寒，伤寒疹是民间的常见病。

朱肱潜究张仲景的《伤寒杂病论》，提问析疑，憾于"仲景证多而药少"，以为"仲景药方缺者甚多，至如阴毒伤冷、时行瘟疫、温毒发斑之类、全无方书"，他对伤冷脉法颇有研究，"因名识病，因病识证"和类证分析，从经络辨病位，脉证合参辨病性，方药加减并补《伤寒论》之不足。

朱肱"考古验今二十一年"，写出了《伤寒百问》。时值朝廷重视医学，遍求精于医术之人。他于1114年被征为医学博士。

但朱肱只在朝工作了一年，因不知官场险恶，有事没事常书写苏东坡的诗，尤爱苏轼写湖州的诗，故因直言时事，触犯党禁获罪，被贬于四川达州的一个茶场。同贬者陈弁、余应求、李升、韩均，时称"五君子"。在这里他又完成了专著《活人书》。次年召还京师，封了个坐食俸禄而不管事闲职，称为"祠禄之官"。

朱肱以他两本医学专著扬厉于世，超越了张仲景。清代医学家徐灵胎在《医学源流论》中评曰："宋人之书，能发明《伤寒论》，使人有所执持而易晓，大有功于仲景者，《活人书》为第一。"

真正令朱肱在岁月的荒原找随心之作的，是他在1118年写成《北山酒经》。

那是人生中的随意而为，湖州"双溪夹流，蘩天目而来，汇为湖陂，泓渟皎澈，百尺无泥"。湖州出糯米，湖州的酿酒技术从乌程酒、箬下春传承下来，酒的制曲与酿造应了天时，故在千年的历史长河中名酒辈出，独领风骚，这些都给了朱肱以灵感。于是，藏英气，带醉意，随手拨弄的酒具，借文字做放纵，换来《酒经》，被奉为经典。这一佳作也成为个人史上的意外，连自己也深表敬仰。

何以解忧，唯有杜康。杜康只是中国古代传说中的"酿酒始祖"，汉《说文解字》载："杜康始作秫酒。又名少康，夏朝国君，道家名人。"

一直到北宋，那位湖州医学家朱肱写出《酒经》，酒的传说才以典籍形态亮相民间。朱肱总结几千年制曲、酿酒工艺，在十五种曲中所添加的中草药，记述了历史上黄酒杀菌工艺，为黄酒长期储存开启新起点。还为制曲整理出了一系列操作心得，如："握得聚，扑得散"，"一两日间，不住以手控之"，"须一日两次觑步体当"，"造曲水多则糖心，水脉不匀则心内青黑色"，

"伤热则红心，伤冷则发不透而体重。"将曲分成罨曲、风曲、曝曲三大类，制订出十五种制曲操作工艺。制曲技术在《酒经》问世后定型。

朱肱对酿酒过程中的"合酵""酴米""蒸甜糜""投醹""大泼""随篚泼汤""以汤微洒"到"以一器盖之，候渗尽"等工序进行综合分析，这些工序形成了湖州淋饭工艺的雏形。至今有九百年的历史，早于"明以上未之前闻"，乾嘉年间"海内动行"的绍兴酒。

运笔流真性情才是礼数，用时间和心灵多重过滤，沾上了文人色彩。文化意志下的乐观期待，朱肱体悟得极好。唐代少有留传酿酒技术文献资料，宋代则不少，且上升为理论。如苏轼的《东坡酒经》、朱肱的《酒经》、李保的《续〈北山酒经〉》、何剡的《酒尔雅》、窦苹的《酒谱》、范成大的《桂海酒志》、林洪的《新丰酒经》等。但这些有关酿酒的书，都缺乏《酒经》的科学性。朱肱是医学家，懂得酸浆的重要，它能调节发酵醪的酸度，提供酵母菌的营养料，抑制杂菌生长，有利酵母菌的繁殖。

苏轼的《东坡酒经》仅数百余言，却包含了制曲、用料、用曲、投料、原料出酒率、酿造时间等内容，是描述家庭酿酒的佳作。《东坡酒经》言简意赅，把苏轼所学到的酿酒方法在数百字中体现出来。

《本草纲目》《天工开物》都有制曲培养微生物酿酒的记载。但《酒经》中制曲酿酒部分的内容与之相比，显然更进了一步。《酒经》还记载了加热酒液杀菌保存的新技术。故朱肱的《酒经》是代表作，一直被奉为经典。

湖州历史上盛产最佳的酿酒糯米"金钗糯"，连绍兴名牌黄酒厂在《中华老字号》上做广告的第一句就是"采……太湖糯米"，只有太湖糯米能酿出好黄酒。

喝酒人都怀着诗的胸襟，朱肱在杭州酿酒坊浸淫酒中却无醉意，书卷气的脸上有一丝顽固的忧郁，穿心而来。时刻念着谢幕，人会活得高贵些。朱肱在杭州开办酒坊，湖州制酒得于朱肱的亲传。

汉乌程酒，唐箬下春，宋《名酒记》、宋末元初《武林旧事》中记载了湖州诸多名酒。顺着《酒经》余温，湖州的地气还酿就了"东林八仙酒""吴兴三白酒"和"浔酒"，风行了好几百年。

源于朱肱《酒经》，湖州民间酿酒都有一手。《增广贤文》说，宋代诗人沈思，隐居湖州东林山时用18种草药，18天酿成好酒，酒香氤氲笼罩东林山，一时名传天下，把唐代隐居仙境的全真教吕洞宾都诱惑出来了。吕洞宾品尝后微醉，取桌上石榴皮于沈家墙上题诗曰："西邻已富忧不足，东老虽贫乐有余。白酒酿成缘好客，黄金散尽为收书。"书毕乘风徐徐腾起。"东林八仙酒"，这一故事给湖州酒留下脍炙人口的美好传说。

《酒经》是继湖州乌程酒、箬下春后的又一座新的里程碑，是湖州精湛酿酒技艺的结晶，领军酿酒阵营数百年。

时刻念着谢幕，人会活得高贵些。喝酒人都怀着诗的胸襟，朱肱在杭州酿酒坊浸淫酒中却无醉意，书卷气的脸有一丝顽固的忧郁，穿心而来。

臧懋循，一代戏痴奏《元曲》

臧氏于宋代由今山东诸城南迁至无锡，再迁到长兴，成为此地臧氏族祖，此后繁衍出明清"一门九进士"的长兴第一士族家庭。族人分往板桥头、大墙门、扬名基三处成鼎足之势，这是一座有故事的桥，叫鼎甲桥。是长兴名气最大的桥梁。唐陆龟蒙隐居横玉山时始建桥梁。明初，臧仲和"寻故址鼎新之，易土以砖，易木而石，赫然嘉美，因名鼎嘉桥"。

明嘉靖年间，举人、臧懋循的祖父臧应璧重建鼎嘉桥，古桥拱券有部分武康石，应系明代构件。明万历二十四年"臧氏合捐重修"，因为居住在古桥两侧的臧家至此已经出了臧琼、臧应奎、臧继芳、臧懋循四位进士以及数位举人，还希望后辈继续金榜题名，因而改名为"鼎甲桥"。

古代帅哥臧懋循是明代的梅兰芳，又是冯梦龙那样的出版家。他有放荡不羁的率真个性和宛若天纵的艺术才华，一生痴绝的元曲文化。

中国古代戏曲艺术与希腊悲剧和喜剧、印度梵剧并称为世界三大古老的戏剧文化。元杂剧是戏曲艺术真正走向成熟形态的节点，可惜的是元杂剧在元代并没有文献留存，明代众多仕林名士对元曲做了许多集佚和纂辑工作。

在所有元曲选本中，臧懋循的《元曲选》最为权威。他给关汉卿的《窦

娥冤》编修，将《古名家杂剧》第三折《滚绣球》中的

"地也，你不分好歹难为地，天也，我今日负屈衔怨哀告天"

两句曲文改为

"地也，你不分好歹何为地，天也，你错勘贤愚枉做天！"

可见他的词曲功底。

臧懋循出身于书香门第，在江南文坛少年风流，与汤显祖、沈璟、梅鼎祚等戏曲大家和冯梦祯、吴稼澄、茅维、吴允兆等才情丰茂的江南才子寄情山水，唱和往来，更与一个叫项郎的扮演青衣旦角的"私恋"，引领时尚，颇为叫座。

臧懋循只做了一年湖北宜昌知县，五年的南京国子监教授。他涉猎宽泛，才高隽永，且擅结友人。南京为官时，与汤显祖、王世贞、梅鼎祚、袁中道常游览六朝遗迹，命题赋诗，风流倜傥。因为携带女孩出城游乐，被指沉湎声色，受到弹劾罢官返乡，其时仅36岁。

他回乡编《元曲选》，后归隐顾渚山，建了小小的刻印厂，专注于元曲艺术。一箐幽竹，一潭碧波，相信是顾渚山的一方清明荡涤了臧懋循官宦仕途的污浊与失意，引领他的生命之旅就此返青复绿。

臧懋循博闻强记，寓居乡里时，慕黄山、白岳之胜，策杖往游，赋诗言志。与曹学佺、陈邦瞻等名士结集金陵诗社，相互唱和，并辑有《金陵社集》8卷。其诗作关心时事，清新可取，先后收录于钱谦益《列朝诗集》、朱彝尊《明诗综》、陈田《明诗纪事》中，在明代文坛上颇有声誉。他与湖州友人吴稼澄、吴梦旸、茅维，并称"吴兴四子"。

臧懋循具有独到的鉴赏能力，主张戏曲创作应情词稳称、关目紧凑、音律谐叶，这正是其心目中戏曲理论的内涵。他编选了元人杂剧100种，使珍贵的戏曲遗产得以保存流传。

臧懋循着迷于元代杂剧，曾自述"吾家藏杂剧多秘本"，是明代以收藏和刊刻戏曲杂剧为特色的藏书家。藏书处有"负苞堂""雕虫馆"等，利用与松江徐阶、申时行、王锡爵等人的姻亲、师友关系，广收散佚的元曲。他曾从山东王世贞、湖北刘延伯、福建杨氏及家藏杂剧中，选辑一百个作品。晚年利用送幼孙到河南确山娶亲之机，在河南、湖北等地遍寻各种元曲版本，在湖北麻城刘承禧处，一次借得200来种杂剧抄本。历时30年的搜罗、筛选、改编，终于在万历四十三年刊行《元曲选》100卷、图一卷，成为中华文化传承者。

作为集元曲之大成者，臧懋循的成就还在出版事业上。返乡后，在雉城创办了印刷工场，命名为"雕虫馆"，自选、自编、自刻并亲自主持书籍的发行，成为中国最早一代具有代表性的私人出版商。先后编纂出版《古逸词》《唐诗选》《仙游录》《侠游录》《梦游录》等，总计达300余万字，堪称卷帙浩繁，在雕版印刷的时代殊为不易。

臧懋循题有重修桥记并立石碑，至今能见。清代嘉庆年间，臧氏又加以重建。至此，臧家又出了臧懋中、臧炅如、臧照如、臧眉锡、臧荣青五位进士，可谓不负"鼎甲"之名。

古桥为单孔石拱桥，造型优美。石材以花岗石为主，间杂有部分明代桥梁残存下来的武康石、太湖石，原有扶栏，后缺失。桥额阴刻"鼎嘉桥"。

伯祖臧应奎出任礼部主事后不久，卷入嘉靖帝与众大臣之间的"大礼议事件"，被锦衣卫逮捕后没几天就廷杖而死。

父臧继芳任松江知府、郧阳知府、河南按察司副使等职。政绩斐然，为官清廉，在河南钧州身亡，史载："无一廛一亩之积，梓回之日，行李萧然"；臧继芳的墓志铭由曾任内阁首辅的徐阶（孙徐元旸与臧继芳孙女定亲）题写。

江南人将桥做成装饰，作为风景，做出理念，做向哲学，自然与唯美均显其外，欣赏和被欣赏都在其中。

俞樾，一代经师捕春风

晚清，大厦嘎嘎作响，大清王朝的国运的确已釜底游鱼，来日无多了。紫禁城内的主子们大概已知凭当年白山黑水积蓄的那点底气，已回天无力，大清的病态由内而外，已难找济世良药。古已有言：盛世出华章，濒危剑士生。连曾国藩这位文名武功显赫一时的勋臣，也深感回天乏术。

曾国藩的识人之誉在当时是有口皆碑的，李鸿章、左宗棠、彭玉麟等辈叱咤风云之发轫，都得自于曾国藩的拔识。

道光三十年，全国的文章高手云集紫禁城太和殿，经受进士复试的最后一搏，30岁的浙江德清县举俞樾轻抒狼毫，一反常态，写出"花落春仍在"之句，俞樾的卷子经了曾国藩的法眼，抚案激赏，以为咏落花而无衰飒之意，此生他日成就，未可量也！于是乎，黄榜挂出，俞樾得中殿试第一。

曾国藩常为那一年殿试津津乐道，因为他相中了在中国近代史上极具影响的人物，俞樾和李鸿章，这两位同为进士，一文一武，给自己的脸上狠狠地涂了彩，如同创作了一幅永恒的精神风景。

曾国藩见俞樾锐意著述，经年不辍，日后曾有一谑："李少荃（鸿章）拼命做官，俞荫甫拼命著书，吾皆不为也。"

曾国藩有一刻毒之言："连官也玩不好，只有傻瓜"，俞樾大概属于此类人物。俞樾在河南任上出了道有隐射皇上之意的试题，被人诬告，得到了"永不叙用"的处分，仕途到头。古之以做官为花团锦簇的美事，罢官自然是"落花"无疑了。失意之路本来就是荒凉的，俞樾跳出圈外一看，天地仍旧清新，本不是当官的料，何必去丢人现眼。不过，早他20年辞官离京的龚自珍却是另一番内心独白："进退雍容史上难，忽收古泪出长安。"到底是大诗人，两句诗概括了古往今来沉浮于仕途宦海者的心路历程。龚自珍此句与那个"不拘一格降人才"的形象判若两人。

1858年秋，俞樾落职南归，秋天使人冷静，他寄寓苏州，并不急于打点人生的行装，却杜门潜心著述。其治学宗法高邮王念孙父子，主攻古文经学、诸子学、史学、音韵训诂学，旁及诗词、小说、戏曲，精研书法，可谓博大精深。

从日后的结果来看，超越王氏父子并不是他的本意，后人推崇与否也并不重要，他是在不经意间为浩如烟海的中国文化树了一块碑，在"永不叙用"的仕途里找到张扬自己生命意志力的出口，俞樾超越与成就都是信手拈来。

马医科巷在苏州不过是寻常的街巷，不及灵岩之秀灵、虎丘之壮观、拙政园之多彩，却有金圣叹、俞樾、章太炎三位大学者居住过。他们三人都在中国文人群体有着自己的代表性，正因为如此，才有着中国一部神采飞扬的文学史。

曲园内建筑并不讲究，也缺奇石异常，只是俞樾的讲学著书之地，运作一个通往书山学海之路的生命气场，他倡导弟子们："一心只管线装书，两耳不闻窗外事。"因为清王朝这艘大船在大革命的风浪中行将沉没，他的主张自然不可能得到弟子们的响应，第一个与他"翻脸"的是那位得意门生章太炎，章太炎上门拜见老师，叙叙师生之情，俞樾摆开恩师架势对弟子竟严厉训斥，将他赶出春在堂。章太炎尊敬自己的老师，却不同意这位封建遗老的政治主张，于是在这顿最后的晚餐以后，特写《谢本师》一文，永远地告别了老师，继续革命去了。

官场的挫折让俞樾突然发现，通向天空的路才刚开始。他移居杭州，俞楼位于林木葱郁的孤山西麓，面对西湖，背靠孤山，临近"平湖秋月"，风景优美，环境宁静。"俞楼"作为一处孤傲的精神天地，飘逸着执着而傲然的学院气息。外面的潮流已浩浩荡荡，俞樾仍耐住性子，独钓寒江。有一副楹联引人入胜："千古一诗人，文章有交神有道；五湖三亩宅，青山为屋水为邻。"作为封建帝国的随士，俞樾也许可悲，但就纯教育而言，他创了新路。俞樾讲学不矜门户，一意以躬行实践为宗旨，寒素节俭，布衣蔬食，专心指导后学，前后受业生多达3000余人。有"门秀三千士，名高四百州"之誉，麾下高才子弟云集。

古之曾有七十致仕的规定，致仕即退休，但能自愿致仕的却不多见，俞樾37岁脱下官袍，永不沾边，这是需要勇气的。鉴于他的声望，与他交往的当朝官吏，如彭玉麟等人，一再推荐他出来做官，都被辞绝。

与那些官运亨通的官僚相比，俞樾是幸运的，给了他一个脱离苦海的机会，索性博览经书，杜门撰述去了，在望名山坛坫之中穷愁笔墨，树起经学大师之帜。

著述之余，他先后主讲苏州"紫阳书院"、杭州"诂经精舍"，一身扑在教育上，以讲解经史、栽培桃李为己任，中途还在菱湖"龙湖书院"、长兴"箬溪书院"、德清"清溪书院"、上海"求志书院"任教，难怪海风学者尊称他"身为一代经师"了。

中国封建剧接近尾声的时候，一群文人走上前台，完成了一个绝妙的亮相，后人称他们为乾嘉大师，惠栋、戴震、段玉裁、王念孙、王引之、龚自珍、魏源、阮元，等等，俞樾将大师们的长发细细地梳理了一遍，著作有500多卷，总名《春在堂全书》。在中国文化史的长轴画卷中，这堪称超拔卓绝的建树，俞樾所创的新高，后人无法企及。

今天苏州古城马医科巷内那座算不得豪宅的园林，进门正中高悬的"探花及第"竖匾，显示这是俞樾长孙俞陛云中试探花之宅。当年如何荣耀且不必说，但对忠君大儒俞樾来说至关重要，门庭光耀这四个字，俞家祖上的确得力，日后俞陛云的儿子俞平伯继承祖上的智慧，将俞家声望推向另一个高峰。

俞樾算不得经历大悲大喜的人物，故而不想用繁复的深宅大院和楼台亭榭把自己装点起来。健全的文化人格驱使俞樾走向圣坛，他这样总结人生："仰无愧于天，俯不怍于人，放怀一笑，吾其归欤""穷愁著书，已逾百卷，倘有一字流传，春在也"，颇可玩味。

徐迟，一代诗人归去辞

1990年前后，诗人们有个灵魂出窍的拐点，北大诗人海子在山海关附近卧轨自杀，台湾三毛自杀，顾城在新西兰杀妻后自杀，北大诗人戈麦在圆明园附近投水自杀。1996年12月12日，半夜，徐迟从医院六楼的阳台上翻身跃出。

诗人徐迟，湖州南浔人，报告文学《哥德巴赫猜想》，是他生命中的第二春。1978年的早春二月，中国冰封的土地未见苏醒，徐迟带着他的《哥德巴赫猜想》，令世人走出梦境，被誉为新时期文学繁荣的报春花。徐迟按自己的个性，刻画了主人公善良、坚韧、孤僻、内向的性格特征。这种写法，在当时离经叛道。

徐迟的作品奔放，富于哲理思考，充满浓郁诗情，在报告文学领域独树一帜。固守文学清灯的徐迟是诗人，柏拉图其实也是诗人，哲学家和诗人都以宇宙和人生为思考对象，从来就是息息相通的。但徐迟的死却显得神秘。

徐迟20来岁已活跃在上海诗坛，后流亡香港，与之来往的，自然多是从内地迁港的文化人，有茅盾、夏衍、许地山诸名人，漫画家叶浅予、丁聪，音乐家马思聪，诗人袁水拍，作家冯亦代、黄苗子，等等。而与他交情颇深的戴望舒，当时就已经是名诗人了。

抗战爆发后，他辗转于上海、香港、重庆。这期间，曾与戴望舒、叶君健合编英文版《中国作家》，协助郭沫若编辑《中原》月刊，还创作和翻译了不少作品。译作涉及雪莱、荷马、陀思妥耶夫斯基、托尔斯泰、司汤达、亨利、梭罗等名家。

毛泽东1945年抵重庆谈判，徐迟写一首长诗《毛泽东颂》，刊登在《新华日报》上，诗一般，但在国民党统治区公开发表歌颂毛泽东的诗作有被暗杀的风险。毛泽东在红岩村接见了他和马思聪，徐迟请毛主席题词，一个星期后，毛主席亲笔题写"诗言志"三个字赠给他。

徐迟以他那闪耀着理想的科技之光、熔抒情叙事政论于一炉的瑰丽文字，为报告文学的写作开了一代新风，堪称中国20世纪报告文学写作的一代大师。

徐迟是才子型作家，重返文坛时年过花甲，生活中只有文学、诗和音乐。他开启了报告文学的先河，他两次到朝鲜战场、四次去鞍钢、六次到长江大桥工地。

从1976年以后，徐迟以报告文学的形式反映自然科学领域的生活，写出了《哥德巴赫猜想》《地质之光》《生命之树常绿》《在湍流的涡旋中》等一系列反响强烈的作品。

1978年2月17日的《人民日报》，用整版篇幅刊登了徐迟先生的名著《哥德巴赫猜想》。那时全国思想解放的号角刚刚吹响，《哥德巴赫猜想》就像一颗巨石投进沉寂的湖面，在沉闷的思想界、文艺界和科技界激起惊天的声响和浪花，使沉默了10年之久的文坛焕发了春天的活力。

以诗人气质诗歌化的语言写报告文学，是徐迟的独到之处。报告性与文学性有了诗与美的结合，熔政论、诗和散文于一炉；结构宏大，气势开阔，语言华美而警策，独具风格。徐迟成为中国报告文学的开风气人物。2002年5月，中国报告文学学会和湖州市人民政府联合设立徐迟报告文学奖。

徐迟驰骋当代中国文坛60余年，译著达50多种，煌煌千万字。他是第一个在国统区公开发表诗作颂扬毛泽东的人，又是第一个在"文革"结束后写报告文学讴歌科技界知识分子的人。他一生最大的殊荣是中国诗人中唯一得到毛泽东题词的人。徐迟的敏感、自尊，还有最后的疯狂，无损其一生才华。

科学在欧洲是定理，在中国依然是猜想。这大概就是我们这个时代的文学，报告的消息常常令人生疑的缘故吧。爱因斯坦说：发现一个问题远比解决一个问题更为重要。《哥德巴赫猜想》发表后不久，英国数学家怀尔斯证明了"费马大定理"，而中国数学家陈景润来不及证明"哥德巴赫猜想"就英年早逝。

在崇美的路上，徐迟无意间拎到的奇葩，是他翻译的《瓦尔登湖》，一本寂寞、孤独的书，是一个人的书。徐迟笔下梭罗的《瓦尔登湖》语语惊人，字字闪光，文字美得澄澈见底。

徐迟专门访问过称为"神的一滴"的瓦尔登湖，从西高处看瓦尔登湖，这里像一个圆形剧场，水上可以演出山林舞台剧。"在那种日子里，慵懒是最诱惑人的事情，我是富有的，虽与金钱无关，因为我拥有阳光照耀的时辰以及夏令的日月，我挥霍着它们。从圆心能够画出多少条半径，就有多少种生活方式可让我们选择。"

徐迟的《江南小镇》，用了60多个"水晶晶"来赞美他故乡，南浔古镇，水晶晶的朝云，水晶晶的暮雨，水晶晶的田野，水晶晶的池塘……甚至

南浔古镇

水晶晶的老者,水晶晶的灵魂。从此南浔美丽而古老的倩影幻化成一幅幅图画扎进了我的梦中,不时萦绕。梦见自己在小莲庄的碧波琼楼上邀月对饮,就着清淡的荷风下酒。

他说:每回南浔,遇有古房、古河,我总要去走一走。细细寻找随着岁月逝去的古风遗韵,慢慢品味在此曾发生的吉光片羽;走在百间楼仿佛走进数百年前的历史,人的心绪也会变得如同这些古老楼房般的温存和惆怅。

徐迟笔下的湖州是山水清远的鱼米之乡,是用享全球美誉的蚕丝纺织而成的锦绣天堂。水晶晶、清丽丽、翠生生的湖州,淀积着源远流长而又丰润厚重的人文底蕴,张扬着活脱空灵而又逸响深邃的地域文化特色。他不仅写南浔,还写菱湖、晟舍、织里等湖州的水乡小镇,同时他也写东山、西山、震泽、乌镇等周边同源同俗的太湖村镇。他尽兴地描绘着江南小镇的景色,再现了水乡的旖旎风光,充分展示了农桑文明和传统儒家文化下小镇生活的原生态。

背着诗人的行囊,去了报告文学,回到猜想的世间,才知人间都在寻找答案。

The
biography
of
Huzhou

湖州传

市井馨香，城市的精神庭园

第九章

巷风夹带古镇秘密，历史变得可以触摸。骑士精神令这里的悠闲阶层不沾半点的虚伪和堕落，走出的尽是人文主义先驱！

稍有一点艺术感觉的局外人，到了湖州，可一眼赏尽五门：山、桥、屋的空间格局；白、黑、灰的民居色泽；轻、秀、雅的建筑风姿；情、趣、神的庭院意境；韵、气、律的畅和气场。一个激活了所有细胞的家园。

湖州人的信念，总被一些老建筑纠缠，因为，湖州的建筑如哲理诗，房子老了，老出气质，老出心香，往时光里一放，全是艺术。

名胜，一座城市的文化暗示

名园，时代的精神后院

  湖州的街尾一些老字号家族的兴衰史总有些华丽的沧桑，绵长中尽见深沉的明清色泽，墙面干净的却是久违的民国味道。高墙绣窗，附着柳梢、月色，破落大户的红木气息，不时从门缝里沁出。

  湖州城的东南隅是湖州的一块风水宝地，湖光山色清远，天生丽质。历代在此修造人间胜境。莲花庄占地112亩，在江南诸多名园中算得上是大园。庄内建有松雪斋大雅堂、集芳园、晚清阁、鸥波亭、苕上辋川和题山楼等，观景生情，大幅《吴兴赋》刻石，赵朴初题门额"莲花庄"，沙孟海题"题山楼"，方去疾题"印水山房"，以及吴作人、黄苗子、吴小如、王秋野、冯其庸、郭仲选、钱仲联等撰写的对联，十分恰到好处地装点于各建筑物上。

  莲花庄见证过一段文人佳话：奉化诗人戴表元与湖州名士赵孟頫于元至元二十一年相识于杭州。在杭几日，他们相伴游乐，赵孟頫尊称这位比自己长10岁的文学家为"戴子"，邀请戴表元去湖州看看。戴表元一路用心赏读苕溪两岸的湖州风光，游南浔，在赵孟頫的莲花庄，创作《湖州》《苕溪》《南浔》等诗作。戴表元后来也盛邀赵孟頫去奉化小住，与黄潜、戴表元聚讲于鹿顶山上法华寺朝晖轩中，黄、戴作诗，赵书之，诗书合璧，时人称为

"三绝"。戴表元与赵孟頫相交15年，其间书信往来，诗歌唱和。戴表元还为赵孟頫的书画题了许多跋文和诗作，特别是题画诗，清新雅洁，且引人入胜。凡此种种，可见情谊之深。

莲花庄以水面为主，配以洲屿、曲廊、水榭等建筑，加上亭台楼阁，花草树木点缀其中，活脱脱是江南古名园再生。荷池水面上，建凉亭、跨拱桥、叠洲屿，充满野趣，筑园者深谙造园三昧。

莲花庄的精华在于水上景观，绕水一周，四个季节。春的风格，秋的气息，尽现文化功力。"鸥波亭"读春，长廊漏窗，天竹、名树、栏杆、湖石，随荷花探春。然后访秋，夜坐"苕上辋川"，听月宫里桂子轻轻滴落的声音，会有白居易的境界。一春，一秋，听时间来去的声音，欣赏湖州园林时间的艺术，是文化的涌动，历史的点拨。

湖州园林在唐代已很有主见，由政府先导，府邸引领。湖州刺史府有清风、明月等露十楼，雄居城上，尽现古城繁华。

园林里的一丝垂柳，是乡野中的一座柳林；园林里的片石断溪，乃大自然中的山水境界。历任刺史带一种民本意志建造了亭台楼阁供游，颜真卿在府治后建韵海楼、建三癸亭于杼山，张景遵建太湖馆，杜牧建碧澜堂于驿河，建迎春亭于东门，李琦建白蘋亭，李词建闉门楼于东门。据载：韵海楼，朱甍画栋，宏敞壮丽为郡一大观，闉门楼跨河而建，挟楼三间，水堂为一郡之胜概。

湖州园林寻求精魂，在小的境域内经营出诗意。湖州产太湖石，民间叠石的技巧颇工，置石是园林中的主流题材，开了明清江南宅园的先河。

湖州连官衙建筑也走园林一路，各县仿效。武康县衙整个行政办公区域建有生远楼、潜玉庵、画舫斋、寒秀亭、阳春亭，有池、山、坞、径，池中叠石为鱼矶，编竹为鹤巢，一般刺史府亦不能与之争丽。

湖州到了南宋开了江南的造园风气，天目山下泄的两条大河横贯城郭，苏东坡读城，有山水清远的概括，南宋的贵族云集于此，造园风盛，童寯的《江南园林志》称：南宋以来，园林之盛，首推湖杭苏杨四州，而以湖杭为尤。周密的《吴兴园林记》就记录30多处。城中园林均借两河水系，顺河

莲花庄

建园，成天然水景，水面植荷，岸边柳护，叠太湖石营造奇峭，峰间藤竹苍郁，亭台楼阁，配以藏书，应了周密对吴兴园林的评价：天下山水之美，吴兴特为第一。

湖州营造了自由主义小气候，个人至上构成湖州的主流习气。湖州园林将所有理想化的人拉回现实，是潜意识里的入世而非出世精神。

月河燕居堂为教育家胡瑗的寓所，胡瑗去世后归葬湖州，长眠于道场乡青山坞的幽谷中。著名书法家蔡襄为其撰写墓志，名相欧阳修作墓表，赞曰："吴兴先生富道德，诜诜子弟皆贤才"，王安石吟诗纪念道："先取先生作梁栋，以次收拾桷与榱。"

潜园守先阁是一幢书楼，但并非仅为藏书之用，尊于胡瑗英名，楼主陆心源将其开放，名人过湖州的小憩之所。光绪八年，陆心源禀请归安太守将其潜园中的守先阁所藏悉归公有，供外地及湖郡学子阅览所用，还免费提供膳宿。此举颇为后人称道。

从1909年起，钱恂、钱玄同先后入住园内，当时两位钱先生任教于湖州府中学堂，茅盾和他的同学们就常常出入潜园，一时间陆家花园内高谈阔论、笑声朗朗。戴季陶入赘状元厅，小住一段时间后，举家搬入潜园租住，后来他做了民国政府显官后也常来小憩，并自号"潜园居士"，由此引来一大批民国大人物，张静江、胡汉民、廖仲恺、蒋介石、朱家骅造访潜园。

钱业会馆不是一般的私家花园，是清末湖州金融界办公集会、议事和决策的场所，西侧前后有武圣殿、玄坛宫，北部有财神阁、景行祠，东侧南部为园林，南院又称作可园。按传统构架建造，歇山顶、鸳鸯构，四周围廊，飞檐起翘。前面有水池、假山，山下幽洞相通，与水池连成一体，水榭三面临波，别具一格，水池前绿树成荫。

钱业会馆在建筑和摆设上无不透出富贵堂皇的气派。除水石池沼外，建筑物如厅、堂、轩、亭、廊、榭都是构成园林的主要部分，然江南园林以幽静雅淡为主，故建筑物务求轻巧，方始相称，钱业会馆是城内唯一充满江南园林韵味的建筑群。

名宅，屋檐下躲清高

两宋，湖州私家园林的建造，造园水准与风格，全国一流。北宋，湖州南门张氏私家园林，叫南园。该园原为知州滕宗源以唐代刺史杨汉公的白蘋洲为楷模而筑，位于定安门内马公桥，后转给北宋著名词人张先的父亲、卫尉寺丞张维。

南园临水而建造，湖池对岸，远渚汀洲，村庄茅舍，树木葱茏，群山耸翠，将整个大自然引入。园内主体建筑是一座重檐歇山顶的楼阁，小亭栏杆回环曲折，环境幽雅而气象恢宏。当时的吴兴太守马大卿曾与六位有声望的老人在南园雅集，北宋大教育家胡瑗特地为此写了一篇序言，记叙事情始末，事后刻成石碑，立在南园内。

被欧阳修称谓"张三影"的张先晚年回到南园故里家居，借父亲在南园会中所赋诗"它日定知传好事，丹青宁羡洛中图"启发，创作了传世佳作《十咏图》。记录名人雅士的文化活动。宋代藏书家陈振孙宝藏《十咏图》后曾题跋："遐想盛时生恨晚，恍如身在此园中"，神往无比。

宋词的队伍里，张先也称得上前排人物，早在欧阳修、王安石、苏东坡之前已活跃在文坛，名气远扬与柳永齐名，宋词中的慢词长调是从张先那里开始的。欧阳修和王安石极愿与张先交往，张先去官以后，以泛扁舟垂钓为乐，后人称他的垂钓处为"张公钓鱼湾"。张先善写"影"，诗中玄妙也是宋初一绝，张先心态极佳，年近90岁无疾而终。

南宋，朝廷偏安杭州，文人墨客频繁往来于苕霅之间，当时士大夫的造园审美观，对"野趣"情有独钟，向讲究园林景点修饰转变。湖城内外出现了一批私家花园。

据周密《癸辛杂识》记载，南宋时，湖城内外的私家园林有30余处，其中南沈尚书园、北沈尚书园、章参政嘉林园、赵府北园、丁氏园、莲花庄、王氏园、赵氏苏湾园、倪氏园、叶氏石林、俞氏园的声名享誉江南。

南沈德和尚书的私家花园，在城南小河头、尚书桥西，面积近百余亩，园内有太湖奇石数峰，果树枝繁叶茂，雀鸟成群，在当时十分出名。城北奉胜门外的北沈宾王尚书园，园中凿五池，极有野趣，站在园内高处，可收太湖风光。

占地数十亩的城南章参政嘉林园，相传苏东坡曾多次游览。靠临湖门的赵府北园，有东蒲书院、桃花流水亭、东风第一梅亭等，在城上眺望，可见园内全景。奉胜门内的丁氏园，临水依城，是由万元亨的南园、杨氏水云乡两园合并改建而成。莲花庄，四面环水，荷花百顷。城东叶氏园，叶石林之族孙溥建造，以竹林、湖石为胜。月河附近的王氏园，在苕溪霅水交汇处，规模虽小，园内结构多变化，曲折可喜。临湖门外俞家漾口，有宋屯田郎中俞汝尚初创、其玄孙刑部侍郎俞子清悉心经营的俞氏园，假山造型独特，时称"假山之奇甲于天下"。

南门外靠近碧浪湖的赵氏苏湾园，面前有浮玉山，雄跨亭在山顶，可见太湖内诸山。韩氏园，距南门不到二里，园内有三块太湖巨石。叶氏石林，左丞叶少蕴的故居，在弁山南麓，周围用万石环之，故取名为石林，内有堂、亭、楼、阁。旁邻朱氏怡之庵、涵空桥、玉涧，四周盛产杨梅，盛夏之际，果实累累十里飘香。另外，还有赵氏南园、李氏南园、赵氏清华园、毕氏园、玉湖园、韩氏园、刘氏园、程氏园、钱氏园、孟氏园等。

吴兴这众多雅洁清秀的私家园林，以自然山水景观为主题，或精心布置太湖石，或引清泉，或凿深池，努力营造一种山清水秀，清泠可人的氛围。"咫尺山林"乃中国园林艺术的最高追求和精髓所在。

尚书沈德和在城南所建的园林，占地过100亩，内有藏书楼。水池就有数亩，池中小山取名"蓬莱"，池南竖有三峰太湖石高数丈，秀润奇峭，遐迩闻名。

白雀法华山东侧的赵氏小隐园，尽得自然天成之趣，茂林修竹丛中，引温山坞中虎溪清涧之水，文人墨客畅游弁山时常于此小闲，曲水流觞、颇有兰亭遗风。

南宋时两度出任湖州知州的葛胜仲与著名词人叶梦得游此，葛胜仲赋词为志："小漾洪河分九曲，飞泉环绕粼粼。"现在行游法华山，在崖壁上仍可找到"小虎溪""九曲池""曲水流觞"等五处题刻。

文人、画家、造园家直接参与湖州私家园林的造园活动。"胸中自有丘壑"的俞氏园主人俞子清是一个不错的文人画家，擅长竹石，其友袁说友曾赋诗《俞氏园》，"好景环涉院，名园得故家，楼高春带月，池曲晓催花。"

明清，湖州城及近郊建有私家园林20余处，有宋元遗园，亦有明清新筑。解读湖州，所有的文字今日读来不觉枯燥，更无尘埃落定之感。

中国私家园林建设在南宋处于黄金时期，朝廷南迁，富商巨贾、文人才子云集江南，有钱又有闲的知识分子对自己的居所进行了如诗如画的设计，造园之风盛极一时。湖州没有京城那种拘谨与高贵，民间那种恬适的淡雅气倒是挺浓。

民国时上海银行家卢宠之的卢家祠堂庭院，位于所前街。庭院以水池为中心，沿池置数峰石笋，四季花木常开常新，庭院小巧玲珑，别有趣味。

松荫园建于光绪年间，位于城南碧浪湖畔，是当时湖州屈指可数的风景名胜处。湖州富商李松荫袭文人造园遗风，将松荫园收拾得十分雅致。园中密植桃树，故湖州人称作桃园。园中一楼阁取苏东坡"方丈仙人出渺茫，高情犹爱水云乡"之句而名"水云乡"。

名楼，远逝的风景

湖州的名迹，数韵海楼、墨妙亭、九贤祠，将人文内涵铺陈到最高境界，令湖州的文化不老。

淡泊心志下重拾旧梦不太难，韵海楼最初的创意源自太原，时任太原刺史颜真卿召集当地文人欲编撰一部字典辞书，书名叫作《韵海镜源》，引《法言》《说文》诸字书，"以经史子集中两字以上或句者，广而编之，故曰'韵海'；以其镜照源本，无所不见，故曰'镜源'"。"安史之乱"一起，此书一搁就是十多年。

韵海楼即为修书而建。清初，黄周星有《韵海楼》诗道：眼底无吴越，岿然第一楼。颜真卿带着韵海楼在江湖与庙堂转悠。773年，年过六旬的三朝老臣颜真卿，由抚州刺史迁任湖州。颜真卿治湖以休养民力、着力兴文为本。湖州的山水，是他疏解心中郁闷的良方。主政湖州，对颜真卿而言，是重续翰墨文字旧缘的良机。到任伊始，履践了多年来的一个夙愿。颜真卿以俸钱为纸笔费，江东名士50余人参与编著，他们开笔会，办茶宴，登山泛舟，异常活跃。一部360卷典籍巨著完成后献给了朝廷。

斯人已去，湖州民众依然长怀其风雅，深感其德政，建鲁公祠、修韵海楼以存其风采。如今的韵海楼于1996年移建至飞英公园东北角一处修篁环抱的庭院内。楼背依故城墙基，青砖铺地，硬山造、青瓦粉墙，近代著名学人张宗祥手书的"韵海楼"匾额高挂。

韵海楼藏颜真卿，墨妙亭则留苏东坡。1072年冬，杭州通判苏轼，受江南转运司差遣，帮助湖州知州孙觉勘察堤堰、治理水患。闲暇之余，孙觉带苏轼观摩他创建的墨妙亭，并向苏轼求诗。墨妙亭聚境内古碑三十余通，其中有智永集羲之书作的《圣教序记》、颜真卿书的《石柱记》《射堂记》《干禄字书》《项王碑阴述》、白居易的《白蘋洲五亭记》等。苏轼看过诸碑以后，感慨万千，挥翰作下《墨妙亭记》和《孙莘老求墨妙亭诗》。

墨妙亭是历代贤太守兴教化、施仁政的象征。墨妙亭屡圮屡建。墨妙亭碑石毁于元明之交的兵火。现今的墨妙亭，于1996年重建于飞英公园。飞英塔东侧，沈尹默书"墨妙亭"额，两侧长廊如翼，元、明、清遗刻12方，和新刻苏轼的《墨妙亭记》、曾巩的《墨妙亭诗》嵌于壁间。飞英公园有历代贤太守相关联的亭台楼阁。除了韵海楼和墨妙亭外，尚有柳恽的"西亭"、杜牧的"雪溪馆"、李常的"六客堂"。新建的园林藏胜迹的旧名，又有苏东坡所咏"忽登最高塔，眼界穷大千。下峰照城郭，震泽浮云天"的千年古塔为之点睛，引出东坡先生的湖州故事。

苏轼第一次到湖州，留《墨妙亭记》。第二次是离杭到密州任知州时路过湖州，与湖州知州李常、诗人张先等六人湖州碧澜堂聚宴，张先有《六客词》记叙了这次雅会。第三次莅湖主政，一到任便写《湖州谢上表》袒露心迹："风俗阜安，在东南号为无事；山水清远，本朝廷所以优贤。"做了三个月"父母官"就因"乌台诗案"被逮捕进京。短短三个月，却留下了七十多篇诗文，也让湖州百姓记住了这位祈雨祷晴、悯农又贪嘴爱玩的太守。苏轼钟情湖州山水。来湖州前，就吟咏"余杭自是山水窟，仄闻吴兴更清绝"；到了湖州，更赞扬道场山"我从山水窟中来，犹爱此山看不足"，这是湖州"爱山台"名称的由来。

苏轼第四次来湖州已是17年后，再宴于碧澜堂，又是六客对酒，只是座上之人，除苏东坡外，前六客中的五人俱已仙逝。东坡酒酣思故旧，作《定风波·后六客词》。

城南岘山，因山巅有一天然大石樽而出名。岘山除有道场山等诸多的城南旧寺，更有一天然的酒盅，据说这里是"与神仙同饮"之地。

唐开元年间，太宗李世民的曾孙李适之为湖州别驾，公事之余，常偕幕僚及友人登岘山，把酒注满石樽，围樽饮酒作诗。天宝初，李适之升任左相，后人在此建"窣樽亭"。亭为四角攒尖顶，现仅有石樽及清初李之粹手书"窣樽亭"三字石碑。

从此，岘山成为历代文人墨客雅集之地。岘山顶原有高风堂，祀隐逸诸贤；又有嘉客祠，祀流寓诸贤；还有逸老堂，是赋闲在乡的耆老聚会的地方。

清康熙五年，以"多风力、尚风节、饶风雅"而被称誉为"三风太守"

的知府吴绮，在山上建起了九贤祠，祀晋太守谢安、王羲之，梁太守柳恽，唐刺史颜真卿、杜牧，宋知州事孙觉、苏轼、王十朋，明知府陈幼学。一座小小的岘山占尽了湖州历代名人的风雅。吴伟业为岘山上的九贤祠作记，首句便是"吴兴多贤守"。

碧浪园内置一亭一榭，碧浪碑廊呈曲尺形，廊壁上镶嵌着70多块花岗石碑上镌刻的著名书写历代吟咏湖州的墨迹，有吴昌硕、沈尹默、郭沫若、沈雁冰等前贤的墨宝，有舒同、启功、沙孟海等大家的题词，还有颜真卿《湖州帖》、米芾《蜀素帖》的翻刻，或峻峭挺拔，或凝练奇崛。

山水楼亭见证下的名宦们的风雅德政与历代咏吟湖州的名句交相辉映，是湖州精神史上自由放达、富于智慧、浓于热情的浓浓一笔。

名亭，砖魂护持的花园

千甓亭建于1881年，位于东街、月河街交会处，占地400多平方米，是海内四大藏书家陆心源收藏古墓砖的地方。

千甓亭庭院是典型的书斋式小庭院，原貌保护得相当好，从中可品味清末民初湖州私家园林的韵味。数米的高墙隔断街市，庭院内凿一小水池，池岸叠太湖石，竖几枝石笋，小桥流水、草木葱郁，在闹市区步入如此清幽恬静的地方，恍如到了另一世界。

池旁有"四面厅"，四周窗明几净，门窗装配五色玻璃，地上铺彩色地砖，都是舶来品，厅后有西式两层小楼一幢，整个庭院布局合理，显得小巧玲珑。

中西合璧的千甓亭，在有限的空间中，充分展示自己的才情和趣味。西式小洋楼前北墙上嵌有法书碑刻二十余块，是《穰梨馆历代名人法书帖》的残存部分，楼上嵌有诸多刻石，有苏轼、朱熹、文天祥、赵孟頫等书法刻石21方。

江南大户人家的门楼喜用砖雕，属浅奥的家门艺术。如用石雕则张扬，用木雕不长久，砖雕属低调奢华。

陆氏收藏的古砖，大都出于吴兴、武康等县古墓，砖上花纹别致，字迹奇肆，特别是保留着许多古代纪元、地理、官制、姓氏等资料。

陆氏将这些墓砖砖文、纹饰拓出后，详加考证后辑成《千甓亭砖录》和《图释》30卷。由于古砖上的文字可以"阅古事，证异文"，所以引起许多清代学者的重视。著名书法家杨岘尤重其研究价值，称："古之砖者纪年代，著姓名，皆一时之实迹。循是以证历代之史乘，往往因砖文而得其伪谬。"

陆氏撰著的古砖图释采用摄影缩本古印，版图毕真，考据精当。墓砖先藏于"千闲堂"内，其后筑千甓亭以珍藏之。陆氏后裔将其所剩全部献给省、市博物馆。

史家称陆心源"性喜管、商书，于国朝诸儒，尤服膺亭林"。咸丰己未举人，后以诰授荣禄大夫三品顶戴福建盐法道致仕，中年归里，以藏书之富冠两浙，而且"撰述如林，著作等身"。他撰辑的《潜园总集》总计有940卷，内容涉及史学、文学、金石、考据和版本目录等多个领域，在学术界有很高的声誉。

陆心源由福建署盐法道被参归里，亲手布置构筑潜园。园中亭台楼阁、水榭石舫、假山流水、竹林花圃，乃至九曲桥、刻书房等一应俱全，规制并不亚于宁波天一阁。

郑观应在《盛世危言·藏书》记载："今日则吴兴陆氏之皕宋楼首屈一指。守先阁此举为历代藏书楼所未有之创举。"

月河陆氏老宅，是一座由四条轴线组合成的庞大建筑群，千甓亭，是陆心源集藏汉、晋古砖1000余方的处所，这些古砖大多出于湖州及三县六朝古墓，砖上花纹别致、字迹奇异，特别保留着许多古代纪元、地理、官制、姓氏等资料，现大部分存于省、市博物馆。

陆心源视若珍甓的古砖主要藏于四面厅中，厅、楼在20世纪30年代都被其孙陆熙咸改造成西式，四面厅为歇山中式层顶、嵌西洋花玻璃的门窗、花地砖铺地，一见就是那个年代的时尚。

月河街陆宅，前有门厅、轿厅，第三进为陆宅老屋祖堂，名"恭俭堂"。第四进厅，则因景仰明代大学者顾炎武而被命名为"仪顾堂"，是陆心源与

"苕上七才子"们切磋学问的书斋。仪顾堂与小洋楼后的三间楼屋平行,前檐为晾书之需另搭棚式敞轩,上铺大方砖,沿口置青石板;楼板均加铺成双层,以增加荷载,满足藏书功能。

千甓亭是陆心源的私家花园。前凿有小池,垒石为山,石笋参差,山下有盘旋之洞,水上有曲折之桥,嘉木异卉。梅花亭、桂花亭、竹叶亭,其周围遍植梅花、桂花和小竹林,四季都能赏花观叶。院中有方形小厅,后有楼屋三楹,上为"皕宋楼",原为陆氏藏书之处。在这样一座小面积庭院内,有楼有厅,有桥有亭,有山有水,使之小中见大,平中有奇,其构思和手法高妙,是一座典型的书斋式亭园。

周围的草坪上有五峰太湖石,故鸳鸯厅又称五石草堂。园内有一楼,叫作谷谷楼,登楼能眺望湖州城外众山。假山旁竖有一块陆家引以为豪的石碑,碑文是陆心源亲笔恭录光绪帝嘉奖其捐献给国子监150部古籍之举的圣旨。名人登访、居住后,使得陆家花园的名声大振。

到潜园,花木可不看,假山可不攀,而古莲花庄镇庄之宝——莲花峰须细细品味。陆心源将其矗立于园中,并亲笔篆书"莲花峰"三字。后来,他又修筑潜园,觅得形态各异的四峰太湖石伴立于莲花峰两侧,人称"太湖五老峰",观石见人,倒也贴切。

千甓亭告诉世人,甜蜜休息之前得用力生活,老房子渐渐老去的时候,好好做个老人,能在这里找到避世的意境。

名校,安享绵亘数百年

在湖州,旧时古城的多元风情在学宫,民间视之为不见香火却香火不灭的庙宇,历史上沈驎士、胡瑗、唐枢、俞樾四大教育家是这座古城的人文风水。

湖州人道行深,偶见瞬息灿烂便不能放过,安定书院疲惫的古屋藏了一个不缺水的灵魂。他们将读书视作隐私,炫耀博读,反倒浅了,捧书藏于一帘幽梦,真性情。师之名就这样种植在大地上,历经千年不能遍洒根系,依旧活得滋润，文化供桌堆满香灰。

1072年，胡瑗的弟子、高邮人孙觉出任湖州知州，奏请为先师立祠。神宗谕文"学宗孔孟，教行苏湖，有体有用，斯文楷模"。这就是湖州绵亘八百余年的安定书院之始。所创湖州州学教学法为历代教育界所尊崇，安定书院极盛时有屋470楹。书院大门外立东西两坊"弁山起凤""苕水腾蛟"。中为明善堂，东西厢分别为经义斋、治事斋，后为孝楼，壁间嵌胡瑗画像石碑。

崇文美德，使湖州开了教育先河，湖州最具名望的老师叫胡瑗，是范仲淹请来的，政府赐学田500亩，房120楹，算是中国最早的学堂。

认定学养和诗心是根，老师的造诣离不开胸中的气魄。这位老师不负众望，教学上开创新法，分设"经义"和"治事"两斋，用今天的话说是理论与实际结合，经义斋选择心性疏通。治事斋设治民、讲武、算历等科，探索素质教育之道。范仲淹的次子名相范纯仁，欧阳修的儿子欧阳发，理学大师程颐等都从这所湖州学堂走出，胡瑗可称中国教学改革第一人。

胡瑗墓，平台墓前置石栏杆，墓道长约200米，和墓道相连有一石牌坊，额书"胡安定先生神道"，牌坊前跨溪筑石拱桥。墓侧今重建享堂，厅事三间，陈列安定先生事迹。这里三面环山，松木葱葱，景色幽雅。苏轼诗云："道场山顶何山麓，上彻云峰下幽谷"，何山幽谷即指此处。胡瑗门徒有理学家程颐、名相范纯仁，湖州人陈舜俞、朱临、莫君陈、周之道，武进钱公辅，福建刘彝等；胡瑗的学生中，每年总有四五人在京城殿试中得中进士。

安定书院山长多饱学知名之士，如张羽，明初吴中四杰之一；沈树本，竹墩人，康熙五十一年榜眼；周学浚，道光二十四年榜眼；俞樾、朱祖谋等也曾遥领山长之职。

湖州坊间，常能寻见老一点的文字，细品，是宋代人的心井和墨痕，这样的风月，当是遥远的绝响。胡瑗之后，湖州官办州县学，颇成规模。湖州城内，除了安定书院盛名不衰外，明、清时陆续诞生的唐一庵书院、爱山书院也以经世致用、育才累累而声名卓著。郡邑周边，则有竹墩长春书院、长兴东湖书院、讲德书院、箬溪书院，德清织帘书院、水南书院、清溪书院，武康前溪书院，安吉磐山书院等有较大规模与名气的书院。

书院的庭院少不了太湖石点缀，玲珑亭立、细腻有致、天竹呵护，惹来天井瞬息的销魂。19世纪中叶，工商业崛起，商绅集资兴办书院形成特色。菱湖龙湖、双林蓉湖、南浔浔溪、陈楼五湖等书院，不少饱学之士居乡设帐授徒或课子侄读书，形成世代书香的家族，如竹墩沈氏康熙末同时有诗人30多名；德清徐氏五代翰林，蔡氏叔侄状元，还有花林茅氏、南浔董氏等，多不胜举。

今天的少年宫一带，在数百年里一直被湖州人称为唐家书院。这里曾有过的一片书声琅琅，一如而今的琴声悠扬。唐枢的一庵书院就坐落于此，江南乃至中原的学子纷至沓来，他的格言"良知一拈万到，本末具举，今日只欠躬行"竟合了佛教精髓。唐枢成为几与王阳明、湛若水齐肩的湖州本土心学领袖。

明末清初大思想家黄宗羲的学术巨著《宋元学案》首篇便是专述胡瑗的《安定学案》，足见胡瑗在思想史开宗立派的地位得到古今学人的公认。不过，人们更愿意津津乐道于中国美术史上开宗立派的湖州人，而且书画宗师绝非一二位。

南街在后机纺巷口有唐衙巷通小河头，明代唐枢晚年曾在此居住，故称唐衙。唐枢曾授刑部主事，后因弹劾李福达，被贬为平民，回湖州，在承天寺讲学，知府张邦彦为其建造"唐一庵书院"，人称"一庵先生"，以教育垂世。傍溪水而起的衣裳街、小西街等传统街区还完整地保有这座古城最深的记忆。

书院走出的学子的背脊如他们跫然的足音，常近在咫尺，穿过田野，脚底留一些原野的芬芳，他们相聚于寒窗下话旧，一声笑，不带繁华；一影泪，不俱伤痛；一声叹息，亦无宿命的无奈。

湖州小镇上的"学院派"偶尔从极端上风靡世人，这里不属意念，而属事态，一踏上这片水上的土地，充满安顿人生的缥缈结局若揭。江南连冬天也难觉萧条，刺人的寒风只撩人表面，不往骨子里去，风雪中遇路人，照例寒暄。

街口，日复一日的奇迹

衣裳街，人间长调，悠然黄昏

　　湖州衣裳街，颜真卿、杜牧在这住过几年，给了心井与墨痕，街面的文化路途便透着历史的光泽。建筑透着智慧的远瞩，瞬间凝成永恒，在这里是真的。

　　如电影初创时的黑白片岁月，石板路上行人讲究礼数，人性干净。深巷的静态很独特，石砌的高楼泻下烛光也泻下琴声，是制造不朽的一种方法。

　　小船贴近驳岸，构成亲吻老街的一次次动情，构成平凡中的非凡。古风夹着水气吹在脸上，每一滴水就有了韧度，是老街长于思索的原因。

　　著名诗人北岛的外婆家也住这里。

　　衣裳街形成于唐代，盛于清末，共有三处文保单位，即吴兴电话公司旧地、周宅、王宅，另有历史建筑35处，河埠、码头18处，传统街弄13条，是苕雪两溪入城的交汇处。建筑主要是清末民初建筑，夹有一批中西合璧建筑，是湖城仅存的两处带有历史文脉的古建筑群之一。

　　宋嘉泰《吴兴志》载，衣裳街宋代称州治大街，明代称府前街，是湖州府治通向驿馆的必经之路，又是湖城的主要商业街坊。据《吴兴志》载，在这条状如弯弓的窄街两旁，曾有过数百家布料店，"因市成通衢，因衣而成街，故得名衣裳街"。

湖州衣裳街老图

　　街两旁估衣店林立，街不宽，显拥挤。清末民初有汪记、九如等十多家估衣店，福泰和、万泰和、新泰和等十余家嫁妆店，及陈信源银楼、森益源中药店等。短短的小街市有钦古巷、馆驿巷、小弄、积善巷、当弄、竹安巷、包家弄、平安巷等十多条弄巷直通馆驿河头。

　　衣裳街区的历史文化遗存沉积在衣裳街、馆驿河头和红门馆。历代官宦往来湖州，泊舟住宿首选馆驿河头，因南朝吴兴太守萧琛建的白蘋馆而得名，唐刺史颜真卿改名雪溪馆，刺史杜牧又建碧澜堂，为历代驿馆所在。刺史太守们在此铺开其仕途生涯最风雅怡情的时光，苏东坡就是在这里优雅地登岸，又凄冤地被解上囚船，在此演绎他一生的转折。

　　这里有保存完好的馆驿河头，有庭深景幽的赵景贤故居，也有狭长九弯的九曲弄，每一块砖瓦、每一方天井，都向世人诉说着湖商悠远的记忆。

　　雪溪馆原有五进五开间，第一进官厅，第二进的砖雕门楼上刻有"有容乃大"四字。明工部尚书蒋瑶在旧址上建有石牌坊。旧时湖州的船只大多停泊在馆驿河头，沿河建有当铺、馆舍、茶楼，如昌大当铺、老公泰旅馆、吴兴客栈。馆驿河头最气派的建筑要数民国湖州巨富王安申的住宅，有七进三开间连厢房，宅院深深。

与馆驿河头相望的是红门馆前、大摆渡口，东起旧归安县河的仓桥，西至右文馆前。因处于原弘文馆前而得名，明宣德年间建弘文馆作为科举试场。清康熙时湖州知府陈永命重建，是明清时期湖郡七县应试童生的考场。辛亥革命时期又是湖州临时军政分府所在地。

衣裳街是一条历史老街。衣裳街最早遗迹可追溯至东晋，今馆驿河有东晋谢安故居旧址。衣裳街历来店铺林立，名店、老字号数十家，而以九曲弄为核心的各类当铺、钱庄比肩组成了湖州当时最主要的金融区。

所有这些，现在都在衣裳街"复活"了。这是湖州这座城市的集体记忆，一幢建筑、一块青石板，或许都会告诉访客一段故事。王安申旧宅，现辟为民国湖州展览馆，成为湖州历史中重要的一页。

新修建的天主堂钟楼。这个钟楼历史上应该是存在的，《浙江民居》一书中，有一张红门馆前民宅的老照片，民宅上露出钟楼的一角，也是这般模样，所以这个新修的钟楼应有所依据。红门馆前，门牌倒挺精致的。这是街区里剩下来为数不多的老楼。

旭日高升，酣睡一晚的湖城醒来，衣裳街依然还是那么安静。

旧时的湖州城，陆路交通并不发达，寻亲访友、商旅买卖、官宦往来，大多通过星罗棋布的河流。东西苕溪和霅溪在衣裳街汇合，成为当年人们泊舟住宿的上岸处，在当时也是湖州城通往江南乃至全国各地的起点之一。

红门馆前，是一群粉墙黛瓦的院落，清末民初的建筑风格，仿佛在告诉每一个过往行人，这里曾经演绎过无数湖城士人的豪情与悲欢。每到一年一度的童生试，馆驿河中舟楫鱼贯、士子来往，各邑考生坐船经馆驿河在大摆渡口上岸后，先在周家宅院歇脚。据说周家的先祖曾在清同光年间朝中做官，后来在大摆渡口置地建宅。而考官们照例在宗宅，就是今天红门馆前团结巷7号议事，商讨如何出题、评分标准和如何防范作弊之类的事。辛亥革命时期的理想主义者沈谱琴、钱恂等人起义前也曾在此议事。

红门馆还有建于20世纪20年代的褚氏宅院，褚宅主人长期在外经商，眼界当然比一般人要开阔，地面部分用水泥印花，风格已趋西样化。红门馆

82号是建于清同治年间的沈希曾宅，后来，沈希曾与岳父潘遵岳发生冲突，经归安县派员勘察后做出判决，地产为沈氏所有。

三仙观是红门馆处最大的清代道观，清同治初毁后重建，为全真教龙门派道场。衣裳街给人以喧哗，小西街是一种宁静。明崇祯《乌程县志》载："仪凤桥南塊直西过旱渎桥为小西街，有油车巷、高巷、石鸾巷、北齐巷、朝阳巷。"狭窄的街弄却因毗邻南街，而成为历来名门望族聚居之地。

如今的衣裳街，古桥河埠和建筑群落都被原汁原味地保留下来，成为历史文化街区。创意工坊、主题酒店、琳琅商铺混搭百年古宅，市民又多了一个摸得着历史的好去处。走进街区，既能触摸历史痕迹，又可享受现代气息。市井商业的繁华与喧闹，江南水乡的清雅与闲适，古文化与新时尚协调地出现在老街上。

小西街，换了维度的巷口

小西街沿河而行，面街石门、临河楼阁、傍水河埠、黛瓦粉墙，一片典型的江南水乡民居街区。清源门引水也引财富城涌入，一部厚实的湖商致富之书的秘诀全写在了小西街上。

小西街的沿河建筑，显现着江南人家贵度。沿河而入，顺河埠而上，河埠台阶的级数，是主人家的身份。小西街74号，一幢气派非凡的建筑，两山墙突向河岸，墙内做成夹弄，独家八字河埠台阶比一般人家要高，坚固整齐的花岗石驳岸中嵌有八卦刻石，以用于镇邪趋吉，主人应该是湖州历史上显赫的富商，人们只知道它的祖先姓杨，是用朝廷的银子在光绪年间建造起来的。

小西街有近代实业家沈联芳的私宅，五进深的大宅，沈联芳曾任上海总商会副会长，这是江南少见的临河宅院。与沈宅相隔一小弄，是湖州士绅许玉农的"宝树堂"大院，前街后河，据说许玉农曾任县令，是艺术大师吴昌硕的好友，许家在小西街还建有"宝恒堂""宝魏堂"。

莫氏私宅排在小西街190号，莫宅在独家河埠上做足文章，后檐有柱延伸至河埠石级，五进深的大宅与水面融为一体，雄风犹在，莫宅外侧饰以斜格纹花窗，是水乡建筑典范。

永安桥，一座三孔石梁桥，一桥连着两祠堂，桥河头6号是建于民国初沈田莘的祠堂，原有匾额"晓荫山庄"。桥北花园弄东侧的钮家祠，叫"理德堂"，因湖州最后的状元钮福保而得名"状元厅"。湖州前后出过九位状元公，而状元府第仅存此一处。

小西街，是湖州历来名门望族、富商官宦聚居之地。状元厅是小西街上体量最大、规格最高的古代民居。

钮氏大族出了钮福保，这位道光十八年的状元，历任翰林院修撰、乡试主考官、广西学政等职。他弃官还乡买下徽商汪家大宅，略加修整、添加仪门等建筑，按钮氏支乘之序取名"理德堂"。

不愧为状元府第，理德堂整个院落分三条轴线，中轴线上有夹弄、照壁、天井、正厅、小厅、后花园。沿河岸砌的围墙与壁间加单坡顶成夹弄；正厅内采用七架梁，为城内现有民居之最；后连歇山顶小厅，出石雕门楼，是通向后花园的建筑；堂两侧设耳房。东轴线为居室，二进天井、楼厅及备弄。西轴线原为私塾，沿河东侧设河埠，河岸建八字照壁，前进楼厅明间有砖雕台门，后天井原有花坛，其后还有三开间楼厅，东设备弄。

理德堂天井砖雕仪门与西楼贯通，额书"礼节乐和"，两侧雕仪仗和执笏官员。有俞曲园手书的"凤池翔步"残匾及"文魁"等金匾。

从空中俯瞰衣裳街区那片旧时建筑，似一笔水墨添在小市河旁，有浓有淡。历史的河流在湖州拐了个弯，细细洗刷着这个城市的风貌。仪凤桥南堍直西过旱渎桥为安静的小西街。小西街区和状元街区隔河相望，古与今并立在湖城中央。

钮氏状元厅现存有门厅、仪门、照壁、家塾、东楼等，状元厅内厅堂、石桥、老树、河水、埠头有机融为一体，弥漫成江南温润的味道。堂中廊柱上有一副对联：芝草无根，醴泉无源，人贵自立；户枢不蠹，流水不腐，民生在勤。这是钮氏激励后裔自强不息、奋发向上的家训。

钮氏先祖世居练市花林，魏晋时已有"吴兴望族"之名。钮福保中状元

湖州老街

后,没有在湖州大兴土木,建造状元府第,只是把理德堂旧宅稍加整修,在原来的基础上添置了照壁、八字台门、仪门等,主要改变的是内部陈设。但这一改变使带有宗族文化内涵的"理德堂"变成科举文化的载体——状元厅。

钮福保除了是一位持身清正、做事勤勉的官员外,还是一位深谙医术,擅长诗文和丹青的多面手。曾国藩在《松泉公像赞》一文中称钮福保"画宗董(浩)巨(然),术阐岐黄"。今天我们还能在中国艺术品拍卖品档案中见到钮福保的书画作品。咸、同、光三朝,钮氏家族人才辈出,考中举人、进士就达20余人。

钮氏在医学、地理学、星象学、易学、算术、书法、绘画、篆刻、花卉、园艺、文学艺术等领域,都是有成就者。如民国著名实业家钮介臣,当年就在小西街办达昌绸厂起家,曾率领中国丝绸代表团访问法国,由书香门第之后一蜕而为工商巨子。至今巴黎博物馆仍珍藏他厂里生产的丝绸。

大家闺秀钮有恒也可谓不让须眉,早年受女校教育,与寄寓湖州潜园养疴的戴季陶心心相印,在状元厅内招赘成婚。后加入同盟会,为孙中山联络革命工作和处理政事。还有当代美国著名的航天航空专家钮因迈，世界卫生组织专家顾问委员会委员、曾获国家级科技成果奖的医学专家钮因珏等，钮家人才不胜枚举。

老街，是城市变化的缩影，是所有人的集体记忆。一幢建筑、一块青石板，都承载着湖城昔日的繁华。往日的故事融在老街深深的巷弄中，化入缓缓流过的小溪里。

东鱼坊，新屋檐下话旧风月

今天的长兴东鱼巷古街口，古时候是神武门，桥为神武门桥，清时知县齐之鸾改为望春桥。乾隆年间，知县谭肇基重建，改作石拱桥，第二年，谭知县又筹建地处城南的嘉会门桥，这座石环洞桥跨城南濠，旧系石墩桥。这一年，他又重建了五里桥，单孔石拱桥，两侧石栏，顶部卧四只小狮子，守望南来之水。

地基久远的街区，原有许多宅院老墙门和四通八达的小弄堂。古之，这里是性情挥洒之地，妓院、酒楼、当铺、客栈、茶馆、小吃，自古繁华。附近有一些老墙门，住几十家房客，周边几多幽巷，几多颓垣，早晨的嘈杂，黄昏的幽静，都可以让人嗅出当年市井的气息。上了年岁的井圈，青苔含露，一堵白墙，一扇黑漆门，不见金碧辉煌，难觅豪门贵气，唯那砖雕门楼，挑出不同寻常处。

东鱼巷有一种商业落泊的风度，有一厢情愿的信念之火，有自我疗养的纯净岁月，有探究文脉的灿烂去向。跌落一片碎瓦，那是岁月的诉说，老街仿佛提醒路人，别跟流行辰光较劲，它陪人们一起老。

文化建筑的基本形态，取决于人的精神需求以及上帝对神祇世界的解读能力。去残垣新绿重新实践栖居，正当地苟活，须得模仿大自然的豪华与严肃。东鱼坊的一门楣一窗棂，一墙角一青砖，一构件一小品，带山居剪烛的线装幽趣和炉边冥想的烫金智慧，显优雅亦显苍劲，显深邃亦显浅白，显沉静亦显贵气。

一河之隔的仓前街，自明代以来，历朝在此建仓储存粮食，故名仓前街。原为耿炳文元帅操练兵马的教场，1442 年，巡抚侍郎周忱建仓廒 76 间，供给仓三间。1605 年，也就是万历三十三年，知县熊明遇在粮仓四周增筑石墙。

雉城人图个快活，轻松打理生活，即使物资匮乏的年代，依旧人情盈满。

东鱼坊似乎已经成了老底子长兴人的精神后院，懂点怀旧或不谙旧味的人们几乎都围绕着它，在它身畔隐居，人们在闲暇之余优游其间不致倦怠。

东鱼巷周边布满小街长弄，弄堂里有不少的青石板路，精品深藏于小巷，弄内偶尔的门楼是一个古镇的猜想，墙门"吱呀"一声，说不定走出不把世界放眼里的愤世金钗，用自以为是的潮流引领古镇时尚。

街巷古雅闲寂，洁亮的石条从巷口铺向深处，两墙的表皮盖着青青绿苔，太阳正挂，巷道才因此而蒸腾出迷蒙的薄雾。已没有了红杏出墙，紫荆盖瓦、芭蕉蹿叶成为常态。

对面是旧时的皇家湾，有不少通河的短弄和弯弯的长巷，常有一些断垣残壁让人驻足，古镇的沧桑岁月全堆在这破壁上，留着岁月的积淀。这断垣虽不是什么古典气派，在谁也不想抱守残缺的今天，让人直面潜藏的威胁，心态在虚妄中沉寂下来，进入真实的境地，依然是大境界。

旧时长兴城边的皇家湾连着龙潭湾、钮店湾，是风水佳境，特俱神韵，站在神武门上看三湾，意境悠远，属归宿地意义的销魂之境。

钮店湾是明代著名文人徐中行的归宿地。徐中行官德不错，文章更棒，其诗格高而调逸。他在明代嘉、隆年间全国文学成就最高，属一流作家，平生喜欢结交朋友，与时下的文坛领袖王世贞有深交，两人多有诗歌互赠。

东鱼坊，作为一种精神独语，骇世眼神，用怀古独造迷茫时代的信仰、艰难时代的安慰、浮躁时代的素洁，提炼出另一种语境与生命记忆。

《烟雨江南》（湖州百间楼）

弄堂，让追求不致虚无

引水入城，因水成市，街道顺水而沿，"泽浸环市，逶迤街巷"，水、桥、街、巷、宅巧妙地融为一体。这座城市原先由坊巷组成，湖州的路名称坊唤巷是从南宋开始的，明万历时有48坊168巷。宋代诗人居简有诗：舟从城里过，人在水中合；闭门防惊鹭，开窗便钓鱼。

城南部月河漾一带多水泊，先后被文人官宦借山引水构筑成许多的园林别业。手工业、商业、民居集中分布在市河香溪两岸的街坊深巷之间。都是心中的风水，虽别具珠相，但温情人生。

湖州人不屑于祖上荫德的依偎，族群祠堂不作为前行原动力。积善巷，巷西侧有建于晚清的王安申住宅，共有七进，130多间。1917年，王安申以二万银币购得府治公地近百亩，建成志成、同岑两条马路及马路两旁的商住楼，使湖州城中面貌焕然一新。王安申是湖州房地产开发商鼻祖。

湖州城现在的闹市马路无不承续着昔日的繁华，彩凤坊至黄沙路，观风巷至南街，府前直街至衣裳街，是亘古至今湖州城内最重要的商业街和交通要道。

馆驿巷是馆驿河头至衣裳街的通道之一,巷内旧时有昌大当铺等商号。空巷燕语,依稀昨昔,里面是园,外面是巷,两旁的围墙透着深远,砖头苔藓刻印着旧世纪的紫霞,古今巷里,漫道有无数人过。

宋词里"把旧家风景写成闲话",常拿炊烟做心情。钦古巷旧时是一条热闹的马路,马路两侧商店林立,徽商开设的程源泰麻油店采用科学的注水比重法,使上溢的麻油清亮透明,香浓味肥,是湖州当时有名的特产。

太和坊古巷,南起骆驼桥,北至玉皇殿直街,就是今天的苕溪路。太和坊是老湖州仅次于彩凤坊的一条热闹的传统商业街区,运粮河在东侧并行。填埋后为人民路,太和坊老建筑仅余背靠子城高墩台一段。

仪凤桥北堍为观风巷,巷西侧的沈久咏堂是旧时城内最大的私宅,沈氏先祖奉旨作赋,得梁武帝赏识,钦赐久咏堂额。清代沈芸阁卸任后回湖州将老家沈久咏堂扩建,东傍观风巷,西靠乔梓巷,南临总镇前,明清时期是戍镇衙门,民国时为吴兴县警察局,宅深楼高,可谓"侯门深似海"。

南街在后机纺巷口有唐衙巷通小河头,明代刑部主事唐枢晚年曾在此居住,故称唐衙。唐枢遭贬回湖州,在承天寺讲学,以教育家垂世。湖州知府张邦彦敬其书德,专门建造"唐一庵书院"。

徐迟与好友戴望舒游湖州,遇上裹一身丝绸旗袍的湖州美女,走过这已经少有行人而狭长的小巷,正是这种空寂,偶尔出现的足音才会传得格外悠远。

老屋疲惫了,窗棂变得力不从心,檐楣失去教诲的分量,独话凄凉的木门紧闭,封存了童年的记忆,化作家族守护神的意象。

镇落，尽带水汽的经典华表

墨绿色的老藤爬满那些旧宅的古墙，清河坊的人文古迹如点点朱红的玛瑙散落在历史街区，那些青油油的紫藤、爬山虎悄然无声地布满了庭院的墙，浓绿将苍老掩盖，如时间的帷幕，构成古城眼神里动人的一瞬。太多的往事，藏于周遭的山水中、树丛间、道路旁，活跃在这片乐土上的，连坟墓也带灵气，游人踏过，没有蕙草飘零，佳人迟暮的感伤。

隔墙的书声从穴缝中伸过头来，抚摸着古旧的建筑，这样的地方，人和时间共同凝固在建筑上。城内所有荒冷的后院种花，稍经呵护，来年便满园春色。

南浔，诗书之乡

南浔以其"簪缨世第，蓬荜名儒，相尚藏书，辉炳邑谋"风采雄称"天下第一镇"。这座霸气十足的浩浩古镇，靠一批书生撑起大旗。明代有"九里三阁老，十里两尚书"之谚，宋、明、清三代，南浔出进士41名、京官56名、州县官57名。就文化领域观之，有撰修辽宋金三史的著名史家庞朴，董说的《西游补》，朱国桢的《涌幢小品》，陈忱的《后水浒》，更使这个灵秀的古镇抹上了一层浓郁的人文色彩。

南浔的内涵除了碧水环绕、小桥石驳、古风古韵之外，这里的巨宅名园也富甲天下。宋代至清，镇上大小园林达27处，且有五园被行家称为"巨构"。今日看去，依旧折射出古镇昔日的富庶和文明。使人领略"不出城廓，而享山林之美"的幽趣。如此制作精良的古镇，在整个江南不易读到。

南浔一为丝，一为书，世人称之"诗（丝）书之乡"。浔丝作为上乘的湖丝，唐时已誉满长安，君临天下。唐玄宗特选为贡品，"湖丝用作帽缎，紫光可鉴"。从康熙起，清帝所穿龙袍凤衣，须以湖丝为料，海运开禁后，英国女皇维多利亚得到的生日礼物是湖丝，爱不释手。

南浔五园园主，无一不是经营蚕丝发家的，这个蚕丝王国，织出了锦缎般的富有和锦缎般的园林。南浔没有萧条过，这个从不肯安宁片刻的古镇走到近代，已是旌旗猎猎，万把人口的小镇孕育出了成群富商，于是有一个湖州不抵半个南浔之说。

南浔的诗书气缘于一种历史积淀，一种文化崇拜。清代300年中，南浔出学者450人，著作1200种，实乃壮观。这种积淀、周庄、同里、西塘、乌镇都不具备，江南古镇是一部历史，南浔的许多巨富大宅就是读古镇的一条条注释。

在嘉业堂里藏有不少南浔人自己的诗集。南浔出诗人数以百计，明末清初更有一批江南诗人云集南浔，共抒故国情怀。南浔诗风一直延续到了当代，在徐迟那里画上句号。在南浔幽深的小巷里，偶尔照面的衣袂飘飘者，也许就是某位学富五车的智者。江南古镇是一部历史，南浔的许多巨富大宅就是读古镇的一条条注释。由于岁月的侵蚀，名宅、故居已不能一一道来。

嘉业堂藏书楼寓肃穆于幽静的园林之中，书楼二层回廊式建筑，藏巧于拙，玄虚莫测。楼内藏书60万卷，刊刻古籍，不少是海内孤本。这些古籍，均有题跋，刻法精湛，所用纸张绵薄坚韧。

南浔园林中，倘若论其构思精巧，还是宜园。主人属于书画鉴赏家和收藏家一类，故宜园为近代大词人况周颐赞赏"不经师匠，一树一石，自绕画越"。直冲文化而来，在内涵上拼个高低。宜园虽只剩下半塘残荷，却风韵犹存。不过，陈从周以为陈氏颖园极见建筑个性："环池筑一阁一楼，倒影清澈，极紧凑多姿。"颖园完整如初，颇具苏州狮子林的风韵。其实江南园

嘉业堂藏书楼

林缺少霸气。张氏二堂补了这空缺，懿德堂结构恢宏，工艺精湛，花窗、门廊运用砖雕、木雕以外，更有壁炉、玻璃刻花、克林斯铁柱头等装点，把18世纪欧洲的生活方式带进了这个尚未觉醒的田园诗般的江南古镇。观者会惊叹，听到了来自另一世纪的声音。

一个小镇，人文蔚然，自成风尚，户习弦诵之音，家设文献之贵，拥有嘉业堂、密韵楼、六宜阁三大藏书楼。这些文化构造，是由一些经营丝业的暴发户来完成，不能不说是个奇迹。当然世德堂、寿俊堂、眠琴山馆、求恕里的读书种子之安身立命之举，更整合了这些名宅、旧居、园林、书楼、古桥的那份本真，将时光浓缩，由此勃发出古镇郁积千年的精气。

从宋代朱楠的《厚德遗言》始，历元、明、清诸代，数点南浔文人的著述，莘莘然一支绵延不绝的文化大军从历史的深处透迤而来，那数以万卷的作品琳琅满目，俨然已汇成思想和文化的洪流。江南大宅门，庭院深深处，在过程中培育了幽深的文化森林。

南浔藏豪宅、藏娇气、藏群雄、藏财富，更藏书，书香溢城是南浔的主题，出了许多藏书楼。"小莲庄"，费银50万两，相当于一亿元人民币。刘承干安安静静地在水中央买书、读书、写书、校书、藏书，这就是四水环绕的嘉业堂藏书楼。小莲庄里，老树青葱，紫藤曼舞，荷花满池，牌坊肃穆，仿佛讲述着一个个丝路蚕花的美丽往事；嘉业藏书楼上，诸子百家，高深莫测，经史子集，浩如烟海，用不屈的姿态告诉人们什么是中华文化、什么叫博大精深；梦里水乡百间楼，不知是楼在水中，还是水在楼中，那鳞次栉比的另一本"线装书"里，记载着无数古老的智慧。

蒋汝藻发家后建"密韵楼"，海宁王国维专门替他编过一部藏书志。王国维说这个蒋汝藻抄书成癖，"首尾百万余言，无一笔苟，绵历二年"。柳亚子常跑南浔，一为交诗友，二为找赞助，刘承干等一批诗友常为柳亚子解囊中羞涩之忧。

刘锦藻、张弁群、庞云锚、徐一冰等热心地方教育，先后办起浔溪书院、明理学社、浔溪公学、正蒙学社、浔溪女校、中国体操学堂等各类学校。今天香港的南浔籍人士顾乾麟、美国的刘函桓等先生创办了叔苹奖学金、刘湖涵奖学金等十余种奖学金。

人们依然愿意触摸藏书楼散发至今的人文气，也希望解读不同寻常的民国史迹。富家后代，他们一者步入政坛救助革命，一者潜入书楼挽救文化，就某种程度竟是殊途同归而载入史册，更有意思的是，张氏系推翻帝制实行民主革命，而刘氏留恋清朝皇室有心结交遗老。恰如旧宅门仪上刻的"有容乃大"，南浔确有超乎寻常的包容。

19世纪80年代，河南、江苏、江西、浙江水灾频频，刘镛集巨资，亲自押送放赈，10年累计施米千万余石。刘家和陈家都曾赈灾10余个省，受惠灾民达百万之众，这是南浔书写历史的另一种手笔。

回到那不起眼的幽静的水乡古镇，小巷拐角，簇拥的蔷薇潺潺流出姜白石的小令，古镇如二胡声笼罩。家家的院落大中见小、粉墙黛丽的房子反而让葱郁的朵花老树，遮得若隐若现，古镇的格调是让人们不愤怒、不骄躁，尽心地过日子，夕阳斜射下老人的脸上的皱纹找不到一丝孤傲的痕迹，这里遍布慈祥。

新市，用凝视做回望

大运河出杭州，铺进江南原野，第一个古镇是湖州德清的新市，千百年来居民临河而建，傍桥而市，形成典型的江南风情，新市是浙北地区大运河侧的重要商埠，自古繁华。

新市始建于公元308年，商贸文化历史悠久，在两晋就已形成市井。街道间有弄堂贯穿，市河上小桥横卧。小镇上，街、坊、巷密集，四门八坊数十巷都挤在这被河巷分割的弹丸之地。新市是江南七大古镇之一。

随大运河而发展而成形的新市河埠群属全国重点文物保护单位，是当时运河上重要的商品集散地，现存古建筑风格、样式受运河文化影响深远，明显体现商贸特征。店坊、民居临街而建、傍水而居，驳岸商铺林立，封火墙、骑楼、廊棚紧密连接，建筑多融砖雕、木雕、石雕艺术于一体。

新市古镇的布局体现中国风水学大智慧，河流将镇区分割成18块，36条弄堂贯穿于街市之间，店坊、民居临街而建、傍水而居，驳岸商铺林立。72座石桥将老镇连成一片，构成典型的"小桥、流水、人家"的诗意画卷。成双成倍的数字叠加，千年吉祥。

古建筑是新市另一盛景，成片古民居主要集中在觉海寺、西河口、南栅三个区块。街与街之间有弄堂相连，宅弄深远，曲径通幽，弄里建有宅第、作坊，现存有直街、南昌街、南汇街、朱家弄、觉海寺路、寺前弄、胭脂弄、甘河弄等数十条街弄。

新市人文荟萃，南朝著名道学家陆修静筑楼读书于此。南宋词人吴潜，升为左丞相，《辞海》中称吴潜对南宋朝廷的苟且偷安深感忧虑，主张备战以抗御元兵。吴潜一生两次为相，任职繁多，忠正睿智，政绩卓然，奸臣贾似道暗使武人刘宗申毒害致死。

清代有影响日本一代画风的画家沈铨，应日本天皇之聘，偕弟子郑培、高钧等东渡日本，从习画者颇多，日本江户时代长崎画派即在其影响下形成，尤以圆山应举最为著名。

现代有著名神学家赵紫宸和他的翻译家女儿赵萝蕤，中国古桥古船专家

古镇风光——新市

朱惠勇。近代少年爱情小说家王嘉仑留下众多的人文胜迹，若流连其间，无不能领略此地的清纯与从容。

  大运河新市河埠群，粉墙黛瓦时时撩起拜物宗教远古的轻愁。新市文物古迹众多，河埠群及南圣堂、刘王庙戏台题记、觉海寺、永宁寺经幢、梅林遗址等泰山堂药店、杨元新酱园、宋氏祠堂等共57处，其中位于镇区27处。古镇现存传统街巷20余条，近百幢厅堂，代表性古建筑有曹宅、尤宅、童厅、徐宅、张宅等。另有12座古桥梁，3座寺庙，明清驳岸1500米，保留较完整的古河埠码头130个。古运河与传统街弄、古桥梁、古民居，以及古刹、驳岸等共同构成了古色古香的江南水乡古镇。

  老街清一色的旧石板，高墙隔出店铺和民房，残缺的雕花和斑驳的乌漆让人深感时光的魅力。横骑在老街上的拱门，是大户人家的墙界标志，店铺上着陈旧的刻着排列序号的木门板，时光下，历史不过是昨夜吊起的一桶井水，随意地冲洗着这些老式门板。早期自由经济的影子无处不在。

  新市镇区最多时有完整的古桥11座。太平桥，为单孔石桥，横跨小西河。始建于宋代，明清时期得到重建。两侧栏杆至今仍保留石狮数个，桥石基座上刻有楹联。

寻找新市的过往，在这里会发现那些默然无语的曾经，流传在人世间千百种的说法，零星地散落在旧苑荒台上。江南古镇连阳光细雨微风薄雾都在营造古典情调。她的细节，在屋檐雨滴，在拖鞋蒲扇，在风过门隙，在关门打烊声中都可以觅得。中国城乡唯在江南有神合的痕迹。

觉海寺旁长长的钟楼弄，寺、桥、古槐遗迹成串，优美典雅、古色古香，弄的一头是波光粼粼的市河和造型优雅的迎圣桥，古刹、小桥、流水、深巷四景合一，构成一幅古朴的图画。黄庭坚《题觉海寺》写道"夕阳原在竹荫西"。

新市连同德清东部水乡，保留着完好的江南影像，"春水碧于天，画船听雨眠。垆边人似月，皓腕凝霜雪"。当观者走近、细细品味，所有对于江南的想象，所有儿时念过的关于江南的诗词，在这里，都可以找到出处。西河口的老式河埠、骑楼、长廊、古桥都进了电影《林家铺子》的镜头。在陈家潭大宅院与三仙桥一带是电影《蚕花姑娘》拍摄地。连通北街与寺前弄胭脂弄，明代时就已出名。这条一米来宽的小巷，旧时多为娼妓所居，因弄内胭脂味扑鼻而得此名。残庐钱币馆，藏在历代文人墨客为之吟咏的数不胜数的诗篇书画和在那名目繁多、从遥远一路走到今天的各类风物民俗里。

老街人家大多是家境平实，街景随意，不可预知，外来的生客每踏一步，会有新天新地新视觉的体验。世俗的、人情的能够给人意外之喜悦的，都在老街相遇。老街的空间精神大于物质性，空间是市井化的空间，它的俗态的、平民化的，与时政无关。

江南民居是一首首古典诗，用黑白灰三色，给了江南建筑质朴外衣，作为人类居住的主色调，镶于青山绿水的自然中，更显淡雅朴实，另类的田野风光。江南山水如诗如画，水墨灵妙，再高远一点，天地之色，阴阳两界，世界地域建筑史上独一无二。江南是诗人还乡的地方。

江南的时间里留着古朴，古镇都有些唐宋气味。街边，存失传的味道。

荻港，苕溪渔隐地

原汁原味的古村，四面环水，青堂瓦舍，临河而建的荻港有文学家舒乙"这是最好的江南小镇"的赞誉。

荻港因河港如织、水中芦苇丛生而得名。京杭大运河支流穿村而过，河港如织，古桥众多，仅荻港一古镇就有桥23座。门前屋后，绿桑成荫，鱼塘连片，小桥、流水及逶迤的街面廊屋，处处古韵，有着"苕溪渔隐"的美称。

时尚界，黑与白是永恒的基调。江南所有的镇落，存这两种色调，人们自如地生活着，让人自如，本是个难题。荻港有弥漫在村子空气里的那缕缕崇文重教、"渔读"相传的淡淡墨香。

在荻港，藤蔓走力量型路数，雄浑的内力不显山露水，只是动作意味深长。民间说法老房子是祖先回望的地方，农桑渔业的发达带动了市镇商业、手工业的兴旺，形成了成片的古民居群落。荻港的古巷、古桥、古道、老街等，处于原生状态。荻港的朱、钟、章姓大户从事工商金融业，在故乡建起了一批以"章氏十八堂"为代表的深宅大院。他们相信百年老屋会显灵，那是守护神。

荻港古村，这个早先"无桥路不通、无船难成行"的穷乡僻壤，走出了两名状元，50多名进士，200多名太学生、贡生、举人等。有着深厚的书香底蕴，有章、朱、吴三大名门望族。近现代更诞生了近百位著名的地质家、外交家、教育家、科学家、实业家等。"湖州百位民国人物"榜上，有五位出生于荻港。

追着荻港人的跫音，踏着清冷而悠长的石板，古镇沿水而街应水而居的深处，可以读到文化的奔袭。荻港状元陆润庠，是清末宣统皇帝溥仪的先生，由于皇帝年幼，南浔嘉业堂藏书楼的九龙金匾"钦若嘉业"四字由他执笔代题；民国要人陈果夫的岳父朱五楼，上海首任钱业公会会长，荻港渔庄的品牌菜肴陈家菜正是陈果夫的私房菜肴；民国司法总长章宗祥，中国法学奠基人沈家本去世，就是他致悼词的，据说他根本没在"二十一条"上签字；中国地质事业的创始人章鸿钊，是中国地质部部长李四光的老师，武汉地质大学都有他的半身铜像，三瑞堂是他的故居；华中师大校长，中国社科界辞去"院士待遇"第一人章开沅。亭台楼阁榭堂坊轩一应俱全的背面，又暗含人文胜迹，个中匠心需要悉心体会的。

对荻港的"土著"们来说，最宝贵的只是一个"鱼"字。是鱼，养育了这一方宝地。水乡人都说

九龙金匾"钦若嘉业"

"吃鱼的人聪明"，荻港人则说，村上的那些个"能人"全是吃鱼吃出来的。

这里是湖州有名的"低地"，"湖荡棋布，河港纵横，墩岛众多"，典型的水乡泽国。数千年间，历代荻港先民在这里浚河道、筑堤坝、造土闸，遂成"塘浦圩田"格局，创造了赖以生存的基本条件。

渔业是荻港人的经济命脉。这个6.3平方公里的行政村，水塘却有4000余亩。精明的荻港人把对自然资源的运用发挥到了极致。低洼地被改造成一个个池塘，塘里养鱼、水面种菱。池里的鱼有多个品种：素食鱼、肉食鱼，浅水鱼、深水鱼。池塘养殖空间无形中得到了倍增，而食螺青鱼的排泄物又成了鲢鱼的美食。

荻港，传承了千百年来的鱼文化，荻港的"鱼文化节"已连续举办了九届。联合国粮农组织命名的桑基鱼塘，成功入选中国重要农业文化遗产。

荻港留下江南最为纯正水巷、小桥、驳岸、踏渡、码头、石板路、水墙门、过街楼之类的建筑小品，单一色彩反倒让精神丰满。章家三瑞堂、吴家

古镇风光——荻港

礼耕堂、朱家鸿志堂等 50 座堂，名居之萃；庙前桥、秀水桥、隆兴桥、馀庆桥等记载的 31 座古石桥，桥桥有别；还有那平铺着的石板路，纵横交错。

荻港蕴含着典雅大气的古村气质，南苕胜境有嘉庆御赐"玉清赞化"御碑亭，赞化者，赞天地之化，即以赞也。德以成人开万物祖，诚能立极作百世师，即以化也。

耕读文化的代表名噪一时的积川私塾；残照烟柳的千年古刹演教寺；门前宋代石狮、百年梧桐的总管堂。

紧依京杭大运河之西线官河，沿河而建廊下街南北走向，各类店铺、商行皆聚于此。有彩云楼，今夜月、泰源堂、百乐堂、正泰店、丝行、鱼行、米行等和轮船码头。随着水运客轮衰退，公路交通发展，外巷埭商业街，旧房、廊屋见证古镇商业繁荣历史。

依市河而建的小巷弄隐居原有章、朱、吴望族，鸿远堂、礼耕堂等名宅，一河四桥，东安桥、积善桥、秀水桥、中市桥，两边商店林立，有茶店、服装店、点心店、日用商店，是古村小桥流水人家风貌展示。殿堂楼阁错落有致，水池津梁、奇石清流，甚是恬静清雅。

这里农耕文明发达，人们大都是殷实耕读之家，创下的生产积累，精心构建家园。人间正道不只是沧桑，小弄、庭园、墙门都有自己的命。偶尔的吴侬软语透过木格窗棂随风飘着平民百姓浓郁的生活韵味。淘米浣纱后依然晃荡的河埠，街坊搭讪后依旧缭绕的余音，晨曦里晚风中远远近近的犬声，编织了古镇动人的最为日常的情节。缕缕袅袅的炊烟，丝丝轻荡的涟漪，檐间滴落的雨、窗前的一声喟叹，都让古镇的韵律多了烟火人气的感动。

The biography of Huzhou

湖州传

山清水远,传之后世启迪

第十章

湖州神奇与独到的山水格局，孕育了一种别具心裁的文化创造，创造了清新无比的文化启蒙。其实是大自然的心理蕴藏。

山水做证，人文与岁月的无限延伸

老子很会借水喻人，他这样解密上善若水：水善利万物而不争。

湖州的山水，这里的每一条山谷，每一泓清澈，每一片竹海，以及连绵的青山，似乎都在竭力接近艺术，让中国历史上那些令人高山仰止的名家们稍作停留，今天我们进入湖州的山，依旧感觉得到精美又肃然的贵族气无处不在，连散发的气息都在充塞那个伟大的新梦。

茶文化，传奏吴兴紫笋来

苏东坡说湖州山水清远，道出了湖州滋养好茶的地气秘籍。是养茶的天境。茶在湖州，似乎腾升为一种文明，她在历史上的诸多场景至今值得回味：

场景一：贡茶。湖州弁山在汉代已产贡茶，弁南乡出土东汉"茶瓮"，是世界上迄今发现最早的茶器具。

陈寿《三国志》说，吴国末帝孙皓，"密赐茶，以当酒"。这茶无疑属于贡品。南朝史学家山谦之在《吴兴记》中说："乌程县西二十里，有温山，出御荈。"表明湖州弁山在汉代已产贡茶。乌程是湖州的古称，温山为弁山一峰，迄今为止，弁山已有1700多年的产茶史。温山御荈是浙江最早有文字记载的贡茶。

有资料显示：公元 620 年，也就是唐高祖武德三年，湖州长兴、湖北蕲春、河南信阳、江西鄱阳向唐皇贡茶。民间称为土贡。那么，第一位享用湖州茶的皇帝大概是李世民的父亲、唐高祖李渊。150 年后，即 770 年，才有顾渚茶的正式列贡。

唐初，藏王三杰之首的松赞干布统一西藏，李世民将宗室养女文成公主远嫁给松赞干布，文成公主进藏，带了各地土贡之茶，自然有顾渚茶，开了藏人饮茶之风。《唐国史补》记了一件事：唐德宗年间，陇右节度使张镒与吐蕃尚结赞会盟清水，吐蕃首领反以顾渚茶待大唐的官员。

陆羽在湖州顾渚山访到好茶，给宰相杨绾写信，就是那篇很有味道的《与杨祭酒书》，信中说：顾渚山中紫笋茶两片，此物但恨帝未得尝，实所叹息！一片上太夫人，一片充昆弟同啜。话说得很绝，当今皇上喝不得这等好茶，实不应该。见了信和紫笋茶，深受代宗信任的杨绾将紫笋香茗送到皇上的嘴边。

唐大历五年，两斤紫笋茶，与顾渚山金沙泉一起进宫，皇帝享用后香气心脾，一身舒展，有一种无法言传的香，天子大喜，当即下诏：命长兴均贡。

皇帝诏命很明确：清明节这天，紫笋茶必须到京，皇帝用来祭祀和宴请王公大臣。一个王朝，还有什么比清明祭祀更重大的事，这是天子的限日，谁也不敢含糊，湖、常两州的市长们深感压力重大。

旧历清明，一般在公历 4 月 4 日，去掉从长兴到长安 10 天送茶的行程，贡茶须在清明前 10 日制好，于是，新茶一出，龙袱裹茶，银瓶盛水，由驿役飞马递送 4000 里外的京都长安，以赶上宫廷清明宴，其情其景实在壮观。急程茶在驿骑的鞭声中，一站接一站往京城去，马跑得像闪电，为的是 10 天之内，将紫笋茶送到京城，以便清明这天为皇帝举办茶宴使用。杜牧这样描述：拜章期沃日，轻骑疾奔雷。

场景二：督茶。

皇帝的圣旨。每年立春开始，湖、常两州的刺史亲自到顾渚山来督茶，雅称修贡，立春后 15 日入山，要到谷雨后方能出山。中唐以后，湖州每年政府工作的一个重心是"修贡"。

史载，有28位唐刺史在顾渚山修贡，贡茶院的厅堂上留着他们的题名。

将众多的湖州刺史赶进深山的过程很简单，陆羽推荐紫笋茶，于大历初与阳羡茶列为同贡，始进万两。五年后，与邻县的宜兴分山造茶，每年由朝廷下达贡额，并颁发一系列禁令，周边各乡的茶芽不得外卖，都要集中到顾渚焙贡。由湖、常两州刺史主持，浙江观察使抓总。构筑了严密的省、市、县、乡四级培、督贡茶体制。

唐皇在清明祭天祀祖、大摆茶宴招待群臣，皆用紫笋贡茶。公元789年，朝廷规定紫笋贡茶分五等：第一等贡茶必须在清明节前运抵长安，名曰急程茶。其余的可适当延缓数日，但这五批须在四月底全部到京，宫廷用此茶办诸事。

千年以前的顾渚山，山川秀美，山间流出的长长溪水直奔水口草市入湖，湖州的刺史们进山修贡，一般都走水路。从湖州下船经城西官塘到小梅口入太湖，沿湖进沉渎港到水口镇。也有的沿太湖入夹浦环沉港至水口，上岸后坐轿或骑马十八里到顾渚贡茶院，入住清风楼。

奉旨修贡的刺史顺着山道，悠悠地漫步，旷远的呼应，心境便虚晃浮泛起来。那种空旷与寂寞，正是现代人要刻意寻找的。

紫笋茶千年的作贡，将中国茶文化的氛围打造出无限风光。陆羽《茶经》中提到的方坞岕和四坞岕，仍是今天顾渚山野生茶的精品产区。大片大片的野生茶园，此处高崖屏挡，群峰锁户，一处纯粹的山野僻地，藏匿山精水魅。山间每一条小路都是不能小看的，或许那一粒不起眼的鹅卵石曾经记录过颜真卿、杜牧、苏东坡的脚印。

顾渚山直铺太湖而去，自酿一个神奇的大气场，山水形势筑起茶的天境。漫山旌旗望长安，一个遥远年代里壮阔场面的缩影。

场景三：造茶。

让我们一睹茶季盛况：顾渚山张旗立幕，三万山民上山采茶，千余工匠日夜制作。水口小镇画舫遍布，州县官吏携伎而行，丝竹歌舞飘逸空谷。漫

贡茶院

山旌旗将顾渚山导入一个盛大的场景，这个场景一直延续了几百年。山头茶季盛况打破了顾渚山的宁静。紫笋茶名声远扬，自唐至明作贡 800 多年，顾渚山也因茶变得斯文起来，茶区始建有清风楼、木瓜堂、息躬亭、忘归亭，更增加了茶人的雅趣。"穷春秋，演河图，不如载茗一车"，有了贡茶一车，便可依势做官。

顾渚茶令陆羽振奋，故与皎然、朱放论全国诸茶时，断定全国诸茶"顾渚第一"，遇上一个嗜茶如命的天子，该是顾渚山的造化。

唐代的贡茶制度，除了选择优质茶区每年定额上贡外，就是由官方设立专门的御用焙茶作坊，朝廷派京官管理，地方州官直接负监督之责，即顾渚贡茶院的模式。

贡茶院规模宏大，人员众多，管理严密，贡茶院的雇匠是政府控制的一批专业户，每年春到，州县官吏进山，便把他们集合起来，祭山群泉，在贡茶院前，作开贡动员，不过雇匠的工资水平不薄。

千年来，贡茶院位置一直未变。又东廊三十间为贡茶院，一条鹅卵石路通向吉祥寺大殿，路边是三十间的加工工厂区，西过小山坡，是清风楼，两

采茶

行置茶碓又焙百余所,遗址上发现有宋砖等遗物,证明贡茶院在宋代也进行过重修。元代,贡茶院仍保留,但在水口另建涵晖阁,置磨茶所,在此加工末茶。

贡茶院周边环境很不错,史料说:绝壁峭立,大涧中流,乱石飞走,曰明月峡,茶生其间,尤为绝品。张文规诗说:清风楼下草初苗,明月峡中茶始生。

与贡茶院配套呼应的清风楼、木瓜堂、枕流、息躬、金沙、忘归诸亭,均顺山势而过,点缀在隐隐约约的竹林和茶园间,俨然一座颇具气势的大山庄。

茶是高贵饮料,这在唐代皇帝中达成了共识,他们以茶示恩宠便成为惯例。李适规定:晦日、上已、重阳等节日,每节皆赐翰林学士酒脯、茶果。《文苑英华》这样记载:汴州刺史田神玉,曾获1500串紫笋茶赐。看来这位刺史任上屡建功勋。

场景四:吟茶。

因长兴和宜兴两地合贡,两州刺史商定在交界的山顶建境会亭,协调修

贡茶院全景

贡事宜和鉴评贡茶品质。每年春到顾渚山，州县的官员将修贡当作一年一度的茶文化节来办，游人纷至沓来，歌舞不分昼夜，诗人们纷纷吟诵着这里的春色与茶香，诗化了那些采茶的故事。顾渚山空前的盛况，在唐代一直延续了80多年。

刘禹锡在采茶时节进顾渚山，为这"何处人间似仙境"所陶醉，见到那些官员"青山携妓采茶时"，忍不住感叹了一番，假如他目睹紫笋茶进宫时得到的隆遇，则会更有好诗以待。

来看湖州刺史张文规完成贡额后所写的描写紫笋茶进宫时的情景：

凤辇寻春半醉回，仙娥进水御帘开。牡丹花笑金钿动，传奏吴兴紫笋来。

看来谁都知道当今皇上青睐顾渚山茶，宫廷上下视紫笋茶到如春风吹奏，紫笋茶一旦进宫，顾不上还在寻春半醉的皇帝是否会动怒，也要即刻禀报：紫笋茶到。

紫笋茶初贡五百串，包装后用龙袱包裹，火漆封印，刺史写好表章文书，由驿骑飞送长安，紫笋茶造好了，尽快让皇帝，喝到新茶，于是如李郢所说：十日王程路四千，到时须及清明宴。

天子喜好名茶，王公大臣、名人雅士纷纷效法，全国的茶人品必名茶，饮必名泉，紫笋茶、金沙泉身价百倍，能享用此名茶名泉者，必达官贵人。

唐太宗的驸马薛万彻因不善煎茶，被同僚笑为乡下人。唐太宗曾对身边人说：薛驸马有村气。公主为之羞愧，不与同席数月。唐太宗闻而大笑，摆了一小招式，让驸马学习烹茶。

紫笋，合了唐代崇紫的文化成因，紫气、紫金、紫薇星座、紫光阁、紫阳山、紫云茶等，高官大臣着紫色衣裳或佩紫金鱼袋等。笋，形容芽茶的茁壮饱满，喻为竹的再生更新，加上紫笋茶芽边缘有一种紫红色的晕。

难怪宋徽宗要说：茶有真香，虽龙脑、麝香亦不能比。

湖州构筑了中国茶文化源头的高峰，更赋予今天湖州茶斑斓的色泽：

长兴紫，安吉白，莫干黄。

竹文化，安宁与吉祥的认知

居有竹，一种精神性起源，一种隔绝俗尘的生活禅，一种适得其所的力量。

树竹交荫、云雾缭绕的湖州安吉，在这里，竹山的内涵，怎样描述都是不准确的，"川源五百里，修竹半期间"。森林覆盖率达71%；于是要品，山乡的风云，一定要凭外来人群的际会，世界才因个性化的热络而人气充涨。

小气候不凭风骨光耀世界，靠花草摇曳让路人倍感空虚，山坡听风，有天边的声音。竹产业之都，竹制品开发利用涉及板材、竹纤维、竹编、竹工艺品等七大系列3000多个品种。竹产业占农民收入六成。上帝总算赋予了山里人"靠山吃山"的权利。

安吉坐拥百万亩竹林，像怀抱着一个巨大的绿色宝藏，大竹海为轴心向四面辐射的景区。

安吉三大件，有两个世上难得一见景观，一个是竹博园，另一个是大竹海。

竹博园的经典在于，处处成觉，用小风骨亮素洁，用小乾坤弄翠烟，用小经典筛风月，空远得带点永生。

在竹博园赏了竹，所有的植物不宜细品。竹林有幽兰般的安静，寂寞得有些鬼魅，近乎未知她的存在。骨骼纤细，触须敏感的妙物。既峻峭清洁到令人敬重，又脆弱恍惚得惹人怜惜。

安吉县还有一座世界上散生、混生竹种最为齐全的竹博园，堪称全国之最。这"竹类大观园"以全县每年提供1200万根商品竹做强大的背景。

竹子属于不情愿的现代主义者，因为它有大地意志，才将生命扶成正果。园内的中国竹子博物馆收录了人类五六千年的竹文化史；清风摇曳，竹影婆娑，占地1200亩的园内，遍植各类竹子389余种。置身其间，仿佛走进竹的海洋，它们有的伟岸凌空，有的低矮匍匐；或细如棒针，有的叶大如帛；有的色彩斑斓，有的古怪扭曲。竹元素编织了另类的网格，供人留言。

公元265年，晋代戴凯之著《竹谱》，曾记述70多种竹的形态，元代《竹谱详录》中详细描绘了我国300多种竹，今天的安吉竹种园则是一部生机勃勃的活竹谱。

一踏进竹园大门，仿佛到了竹子的海洋。一条条石板小道曲径通幽。小道两旁，枝竿摇曳，喷绿吐翠，直至竹林深处无穷尽，使人不禁想起郑板桥"新竹高于旧竹枝，全凭老干为扶持，明年若有新生者，十丈龙孙绕凤池"的诗句来。

竹用肢体编织另类的网格，供人留言，供人类勾勒出神秘无隙的不可方物，称幻物，用此刷屏，激活脑路，思想不致受潮。每一叶装点宏业，每一节都归于气节。"闻之不若见之"，园内观竹赏竹，有高达十余米的毛竹，也有高不盈尺的菲白竹；有叶大如帛的箬竹，也有叶面细长如柳的大明竹；有竹节呈龟背状的龟甲竹，节间膨大如佛肚状的佛肚竹，也有竹竿生就方形的方竹；有通竿紫褐色的紫竹，竿上斑斑黑晕的斑竹，也有竹竿黄绿条纹相间的花毛竹。

竹博园坐落于园内的竹子博物馆内，全馆以丰富的展品和翔实的史料向

安吉风光（何永春 摄）

人们展示"竹文化国度"中国丰富的竹资源，悠久灿烂的竹文化，与安吉竹种园相映成趣。国际林业科学组织联盟主席里斯教授来安吉竹种园考察如此感慨："我到过81个产竹国，还没有看到过有这么多稀有的竹子集中在一块土地上，到安吉竹种园参观谁都不会感到失望。"

青山之谷，掩衬农家山庄，为生态人文锦上添花。一批国内外知名度假品牌企业落户，借力工商资本激活乡村旅游一池春水，传播竹文化。"竹乡山水"，把安吉打造成一个富乡野、乡趣、乡情的休闲之地。

竹是"梅兰竹菊"四君子之一，挺拔、修长、四季青翠、凌霜傲雨。安吉用散淡委身于岁月，翠竹栖居于群山。竹子的身后秩序是一种精神自赏，竹园幻想如牧童吹田园之曲，文化失调在竹间石路，用旧式美人的行走方式，可以寻找。

艺人在此过大竹海小山岗，亦能灵感生发，亦为补白。这里是一幅层层叠叠的竹画长卷，是最大的竹工艺品原材料供应地，也是亚非拉17国大毛竹科研基地。

在这里，访者也成了一棵青翠的竹子，挺立在不染尘埃的竹林中，观竹王，望竹海，嬉竹泉，赏竹艺，玩竹戏，看竹业，购竹品，食竹宴，住竹居，可以尽情享受回归大自然的无穷乐趣。漫不经心间，轻轻地挥一挥手，

莫干山茶园晨曦图（沈永水 摄）

就长出了绿色的诗篇。

再就是川原无垠翠无边的大竹海。

安吉大毛竹示范基地，是中国东南部最大的竹文化生态区，竹凭节操了却了人类供奉的心思，试着救赎。进入大竹海，会感到山风清凉，郁郁青竹里，竹涛阵阵，竹叶轻颤，流泉潺潺而歌，枝上啁啾鸟鸣。这大自然的天籁，让人恍若置身绿色梦幻之境。

茶园竹海不分家，登临园内的观竹楼，便见山山岭岭，绿竹成片，碧波茫茫，翠浪接天，形如绿色的海洋。清代王显承的《竹枝词》写道："遥怜十景试春游，东岭迢迢一径幽。记得碧门村口去，篮舆轻度到杭州。"

安吉乡村大道，犹如穿行一条如诗如歌的竹画长廊。山连山，竹连竹，满目苍翠，微风送来一阵阵竹海茶香。

安吉将全县营造成一个在现实里更活脱的画境，在这块绿色版图上，"竹海浮玉·天荒地老""天目慢谷·幸福上墅""浪漫山川·云尚生活"，活色生香，明快含蓄、朗朗上口，引人生发遐想。天地间只有花月，没有肝火，到此一游的来客，即便带着尘埃气，心性里依旧透雅，护竹的信念不折不挠。

莽莽竹海之下是一块块水田，晚归的农人牵着水牛，一派怡然自乐之景。慢慢品啜着野茶，看看竹海晚景，再来一顿真正的竹海养生餐。安吉的民宿如印象派乡村度假酒店，带山的土地为它完成精神自传，地气人气是营生的底气，她用作品为乡土尽了孝，一砖一瓦、一枝一叶都可留恋。

这里有中国第一个生态影视基地，是获奥斯卡最佳外语片奖的《卧虎藏龙》中竹林大战的拍摄地。影片中章子怡与周润发在竹林里打斗的惊心动魄镜头，就是在大竹海拍摄的一个场景。

宋代大文豪苏东坡曾说："食者竹笋、庇者竹瓦、载者竹筏、炊者竹薪、衣者竹皮、书者竹纸、履者竹鞋，真可谓不可一日无此君也。"置身安吉竹海，听远山倥偬，听人间长调，去悠然黄昏，宜翻书不读。

竹子是防止土壤沙化和防止水土流失的理想植物。竹子与其他植物相比能多释放35%的氧气。这对净化空气、稳定地球大气成分起到了重要的作用。

大竹海风光无限，风情万种，"青山涤目，流水悦耳，竹影撩情，鸟语养心"，成为现代人返璞归真的一方诗意栖居之地，回乡梦里的世外桃源。今天，有诸多景区藏于其中：天池景区、浪漫山川景区、余村"两山"景区、藏龙百瀑景区、大竹海景区、乡野大里景区、高家堂景区，展示最美丽的大竹海风情。

与竹海风韵相呼应的，是天帷地载黄浦江源头的大峡谷。

竹海云海呵护下的大峡谷，百丈飞瀑，万眼涌泉，千亩野生杜鹃林，千米高山沼泽地，山竹相连，绿成一片，又有云雾飘动其间，如梦如幻。

缓步崎岖的石阶山道，任诗意的想象如飘动的风筝在天空肆意飞舞。山间漂流同样吸引人，清澈见底的溪水里，巨石相垒，石态各异，清晰可见火山遗迹。途经20多处滩、30多道湾，56条滑道，穿石、绕壁、急流、险滩，一路峰回路转，惊险刺激中漂完全程，有惊无险，深为游客喜欢。

鱼文化，湖州鱼宴天下鲜

湖州作为太湖温情一角，是雨水的最爱，常年光顾。蛛网般的河流，星罗棋布的湖沼,将江南大地养出无数碎珠,人们临水而筑、依水而居,借船为舟,以楫为马,这里是世界上最早将智慧运用于舟船的地方。

来自天目山的太湖源头,非常原始,是临安深山的一处峡谷地形,野猴频繁出没,又叫猢狲沟,峡谷内绝壁夹峙,植被覆盖率为98%,植物种类丰富,生活着云豹、黑麂、猕猴等多种动物。

作为一个巨大的生态湿地系统,上天给了太湖独特的造化:它没有选择沧海的磅礴,江河的奇险,只选择平铺在大地上,选择河港纵横,湖泊棋布,选择对人的亲近,看不见湖水的冲刷,只享受水的漫漫长路。

太湖湖身略呈半圆形,水域辽阔,历来多用36000顷来称太湖之广阔,400公里湖岸线,多湖湾与岬角。河流和湖沼将江南大地肢解成无数碎片。人们的心理在婉约出自信下淌过了似水流年,时光规定了它们贯通古今的精神跨度。归纳至文明层面,这里属良渚文化区域。

江南有一种会思想的懂得家园意识的鱼,每年入冬入海生殖,从太湖河流出发,经吴淞江、苏州河、黄浦江,出长江口入海产卵。清明前幼鱼再由海按原路洄游至太湖一带水域生长、肥育,跃上江南餐桌,叫松江鲈。

松江鲈的蛋白质高于牛肉、鸭肉、黄鳝。《本草纲目》说:松江鲈,补五脏,益筋骨,利肠胃,治水气,多食宜人,作丝尤良,曝干,甚香美;益肝肾,安胎补中,作鲊尤佳。

苏州人张翰借一条性情的鱼,演绎弥漫魏晋风度的千古佳话。

吴国灭亡后,晋室笼络人心,将江南贵族子弟召至京师,授予官。江南望族子弟纷纷赴洛阳。才华横溢的张翰,公元299年,被好友顾荣举荐于齐王做幕僚。

张翰看到隐伏着政变的危机,司马氏重用外戚,齐王独揽朝政,长沙王、成都王、河间王虎视眈眈。设计着回江南避乱。中秋,洛阳秋风瑟瑟,黄叶飘零。张翰对齐王说:"王爷,你看梧桐叶子落了,秋风起了,是我东吴家乡菰菜莼羹鲈鱼脍最有味道的节令,我想回家尝尝时令菜,也捎些莼菜和松江鲈,献给王爷下下酒?"齐王听到有江南名菜,爽快应诺。张翰东归。

张翰返里后,贾后废太子,赵王杀贾后称帝,齐王杀赵王,长沙王又杀了齐王，晋廷乱了套。

张翰辞官后在周庄的南湖寄情游钓，在家尽情地照顾老母，饮莼羹，食鲈脍，蹲守沧浪之水，人生撤退的心路在生存环境上展开，纵情适于天地，摆脱了爵禄的羁縻和王命的累赘。

后人往往淡化了张翰秋思莼鲈的原意，着眼它的饮食属性，倒使松江鲈大加风光，千年之下，不减秀色。清代康熙帝南巡，两次到松江品尝。乾隆帝南巡又到松江尝鱼，誉为"江南第一名菜"。

其实，这条名鱼，这道名菜在湖州，也叫鳜鱼。唐代诗人张志和毕生的向往是湖州西塞山"桃花流水鳜鱼肥"的生活，日夕驾着颜刺史惠赠的舴艋小舟"浮家泛宅，往来于苕霅之间"。张志和隐于湖州的苕霅之水间，唐宪宗派人拿着画像到处寻访。西塞山鳜鱼名噪汉文化圈。

唐宋时，湖人用盐和酒糟腌制的"鱼鲊"，因为肉质鲜嫩被征作贡品；切成的细如丝、薄如翼的"鱼脍"，光刀法就有五六种，并出了许多操刀的著名脍匠。难怪苏东坡还未到湖州、耳闻"吴儿脍缕薄欲飞"。

骆驼桥西塊彩凤坊口，过去的渔船常常停泊在此，久而久之形成了一个鱼市场，湖州人称此地为鱼巷口。是湖州的闹市区。喝完早茶的人们悠悠地在鱼巷口闲逛，也可以径直上渔船挑拣，如五大家鱼白鲢、花鲢、螺蛳青、草鱼和鲤鱼，著名的当数太湖的三宝：白鱼、银鱼和白虾。湖虾一入锅即曲身弯腰，湖州话中有"弯簪"这个形象的名字，意味十足。

船舱里还有少见的鲚鲅，鲚鲅是一种寸许小鱼，据说颜真卿当年任湖州刺史的时候，与张志和曾尝到过长达五六寸的鲚鲅，极为稀罕。

作为"鱼米之乡"，捕鱼和吃鱼一直是湖州人生活的一个中心，因而留下了许多与鱼有关的风俗。旧时"做鱼秧"时，要"请财神"；夏末秋初时鱼病多发，要"祭塘"；到中秋还要行"拜塘"的仪式；到了收获季节，一叶扁舟、一汪清溪、一曲渔歌唱出了渔民对生活的希冀。

司马光就曾对湖州的鱼赞不绝口："江外饶佳郡，吴兴天下稀。莼羹紫丝滑，鲈鳜雪花肥。"到了清代诗人厉鹗的笔下，鱼又岂是一个吃字了得："惯柔浪寸鳞，来问春后。任年年阻风中酒，几分纤软，堪人断肠，忆鲈能否?"

比起鱼巷口的热闹,茶馆就显得悠闲多了。捕鱼人家任凭小船泊在鱼巷口,而自己则上岸进入茶馆。至于临河人家就方便得多了,只需从楼上吊下一只竹篮,喊一声"白鱼一条"就行了。

传说乾隆帝下江南驻足南浔时钦点叫烂糊鳝丝的荻港名菜。乾隆帝盼了两个时辰,见一叶轻舟徐徐靠拢龙船。一厨师手捧十寸青瓷大盆,盆中鳝丝如黛山环绕,中间一"凹潭"放着蒜泥,熟油尚在沸腾,而鳝丝上有虾仁、火腿丝、鸡脯丝、蛋皮丝、红青椒丝等五色佐料点缀,恰似山花烂漫。

桑基鱼塘传统鱼文化、蚕桑文化、丝绸文化、美食文化、古村文化、耕读文化、婚俗文化等,以其悠久的历史渊源、独特的农业产品、丰富的文化资源让游客领略几千年来桑茂、蚕盛、鱼旺的桑基鱼塘水乡美景及生态景观。

湖地鱼虾,以家鱼为主,也有湖泊之鳊鱼、螃蟹、泥鳅、黄鳝、鳜鱼等野生鱼类。吃鱼在湖州是一种文化。食鱼讲究时令,什么季节吃什么鱼。民谚云:"正月螃,二月鯽,卖田卖地尝一尝","鲫鱼头,四两油"。民间流传有《十二月吃鱼歌》,可见四季鱼不同:

  正月鲤鱼,二月银鱼,三月鲈鲫鱼,四月白鲢,五月黄鱼,六月黄鳝,七月黑鱼,八月鳑鲏,九月鳗与河蟹,十月鳊、鲶鱼,十一月河蚌,十二月泥鳅、虾。

湖州人吃鱼特别考究,庖厨以乌程善酿之美酒,以湖州鲜活鱼类水产为原料烹调出的各种鱼菜独具风韵,鲜嫩润滑,有蒸、炒、溜、滑、煎、炸等手法,有鱼圆、鱼柳、鱼丝、鱼片、鱼卷、鱼丁、鱼块等花样。在湖州,河港兜浜里的鳝、鳖、鳅、蚌被誉为"四大河鲜",春天河蚌菜花笃咸肉,初夏豆腐活鳅赛人参,秋冬甲鱼肥壮滋阴补气,而一年四季源源上市的鳝鱼,能烹制出许多美味菜肴。

民间有个传说:一日,皇帝召四位新科进士,问鱼儿哪个部位最好吃,四人各说是头、尾、背、肚，争执不下。皇帝忙传一名湖州籍的官员来问，官员答道，"春天暖洋洋、鱼儿肥头；夏天热火火、鱼儿肥尾；秋天鱼儿爱号、肉肥背脊嫩；冬天鱼沉底、鱼儿肥肚皮"，于是有"春吃鱼头夏吃尾，秋吃背脊冬肚皮"的说法。

今天湖州有十大名菜被列入《中国名菜谱》，如三丝肚档，葱油核桃鱼卷、藏心鱼圆、虾仁鲈鱼卷、老法虾仁等，其中鱼菜占半。有闻名全国的集河鲜、湖鲜之大全、精心烹饪而成的百鱼宴，还有"苕溪风情宴""绿水青山宴""湖州丝绸宴"。成席之后，五彩斑斓、香气扑鼻，令人垂涎欲滴。

湖州厨师能用一条淡水鱼，烹饪出鱼片、鱼丝、鱼丁、鱼米、肚档、炒鱼、豁水、头尾、鱼卷、腊鱼头、笔管鱼、鱼茸、鱼圆、花饼等50多种菜肴。人们熟悉的湖州百鱼宴开创于1979年，其中500多道菜，光鱼宴宴席菜单就有30套之多，每套餐单的鱼菜天天不重复，若在湖州吃上一个月的百鱼宴，吃到的菜天天是新菜，日日见新招。百鱼宴因此而获得全国烹饪大赛的团体金奖。

湖州的苕溪雪水是一条诗意激扬的大河。赵孟頫、管道昇夫妇久居大都，乡愁只有苕雪水、鲈鱼烩才能慰藉。管道昇有诗："南望吴兴路四千，几时回去雪溪边？名与利，付之天，笑把渔竿上画船。"家乡吴兴是他们永远的挂牵，烟云富贵，哪里如雪溪渔竿实在呢？那些倦怠宦途的处士们亦把这清溪寒水当作自我心中的桃花源。

宋代文学家胡仔说出了他们的心声："泛宅浮家，何处好，苕溪清境"。胡仔卜居于此一住就是20余年，写下了《苕溪渔隐丛话》这部百卷诗话巨著。

酒文化，醉是一城湖山

湖州出三部经书：王羲之的《笔经》、陆羽的《茶经》、朱肱的《酒经》。笔、茶、酒，占尽文化人的精神天地。因为产酒，湖州成了唐宋文人的理想国。

湖州最早的名酒叫乌程酒，明代梅清诗曰"乌程作县酒为名"，公元前248年楚国春申君建菰城。公元前222年秦灭楚，秦始皇为表彰乌巾、程林能酿出战国酒中巨擘"乌程酒"，即将"菰城"敕封为"乌程"，历史上以酒命名的县仅此"乌程"。乌程酒受敕封后，成为历史上第一款贡酒，湖州即第一个贡酒之乡，故有联曰："嬴政赐乌程始有贡酒行世。"

西汉，司马相如作《乌乡酒赋》，赋中曰"凝醳醇酎，千日一醒"，称乌程酒集天下佳酿之长，一醉千日方醒。西晋文学家张景阳在《七命》诗中曰："乃有荆南乌程，……倾罍一朝，可以流湎千日。"尝过乌程酒的醇厚，回味千日不能忘怀。南北朝谢惠连在梁王邀友赏雪时作《雪赋》："湘吴之醇酎，御狐貉之兼衣。"喝了乌程酒有狐貉双重皮衣的御寒功效。

李白抵挡不住乌程酒的诱惑，不远千里来湖州，只求一品乌程酒。在官驿河头与湖州司马迦叶氏喝酒留诗，今湖州馆驿河头的"青莲桥"便是李白的印记。

湖州酒传到京城，文人犹爱。刘禹锡在洛阳送友人来湖州时即兴吟唱道："骆驼桥上苹风起，鹦鹉杯中箬下春。"李贺钟情乌程酒，在《拂舞歌辞》中曰："樽有乌程酒，劝酒万千寿"，酒诗尽显宫廷觥筹交错，酣歌宴舞的快乐生活。

湖州刺史张文规"待醉乌程酒，思斟平望羹"，罗隐"一瓶犹是乌程酒，须对霜风度泫然"，羊士谔"金罍几许乌程酒，鹤放闲吟把蟹螯"等。他们各人的处境不一感受不同，有斟乌程酒，观鹤舞，剔蟹钳，任尔吟唱的闲情逸致；有畅饮乌程酒可拨开万千思绪，笔下生辉的激情；有15年寄人篱下的幕僚生活像一杯醇厚的乌程酒郁积在心中，只能在秋风里独怆然而悌下。

白居易茶酒兼好，他有诗2800首，涉及酒的900首，涉及茶的有60多首。《唐才子传》说他"茶铛酒杓不相离"。白居易为湖州写过不少诗篇，在《古诗吟湖州》中收录了他为湖州写的六首诗，其中三首写到了湖州的三种酒。

白居易在九江时向同年进士湖州刺史崔元亮要酒，在他的求酒诗中："劳将箸下忘忧物，寄与江城爱酒翁。"将"忘忧物"作酒的雅称。

之后听说湖州更有爽酒，白居易又有一首《早饮湖州酒寄崔使君》诗："一榼扶头酒，泓澄泻玉壶。不知崔太守，更有寄来无。"说的是湖州的扶头酒，扶头酒杀瘾，贪杯即扶头而醉，故称"扶头酒"。

后来崔元亮请他来顾渚山境会亭参加茶宴，此时的白居易骑马摔跌损了腰，正在用蒲黄酒调养，写了一首贺诗：自叹花时北窗下，蒲黄酒对病眠人。

蒲黄酒是一种药酒，在黄酒中添加了蒲黄、槐子等，白居易对疾病缠身而未能赴会甚感遗憾。

唐大历三年，湖州刺史卢幼平离任返京，陆羽、皎然等五人为其送行，陆羽有诗云"去郡独携程氏酒"，说只要带上乌程酒就永远缅怀湖州。

欧阳修在向胡学士介绍湖州时，赞美一番乌程酒。在《送胡学士知湖州》中写道："吴兴水精宫，楼阁在寒鉴。桔柚秋苞繁，乌程春瓮醹。"喻湖州碧水宫殿，楼阁倒映在明镜一样的水面。春天酿就的乌程酒到秋天还散发着诱人的醇香。

湖州城南有四大溪流，水网交错，泊荡星布，誉之为"水云乡"。

苏东坡在湖州知州任上，逢荷花盛开。岘山下碧浪湖一带，莲叶田田，芙蕖吐艳，累次泛舟，赞叹"环城三十里，处处皆佳绝，蒲莲浩如海，时见舟一叶"。于是游碧浪湖，尝试一种特奇的饮酒方式，仿照唐段成式《酉阳杂俎》中"取大莲叶置砚格上，盛酒二升，以簪刺叶，令与柄通，屈茎上轮菌如象鼻，传吸之，名为碧筒杯"。品尝了微带荷叶苦的酒味。苏东坡饮后作诗："碧筒时作象鼻弯，白酒微带荷心苦。"蟹紫鲈鱼贱，吸酒碧浪园。是苏东坡碧浪湖饮酒的独创。

后来，苏轼要去看望一位多年未见的老朋友，在《次韵答参寥》里告诉朋友"今日扁舟去，白酒载乌程"。说明乌程酒在宋代仍为名酒。

到了元代，朱晞颜"试买乌程酒，微馨透客醺"，王逢"座酌乌程酒，篇连贾董文"，张宪"急管繁弦莫若催，珍珠剩买乌程酒"，倪瓒"若为剩载乌程酒，直到云林叩野斋"。四位文人犹在交谈：我凑足钱买了一坛乌程酒，还未打开馨香微透已让人感到醉醺醺；酌一杯乌程酒，坐下来一定会诗兴大发佳作连篇；不要频频催我，我要把所带的珠宝都换成乌程酒；我要把剩下来的乌程酒，带到云林深处推开柴扉慢慢享受。这四联组成了一首反复吟诵乌程酒的诗篇。

宋时湖州的碧兰堂、雪溪、六客堂被收录于宋代的《酒名记》《武林旧事》。

明清，沈梦麟"客怀暂醉乌程酒，人事空悲墨翟丝"，王世贞"玉山偏软乌程酒，银露徐欺白宁苎"，吴伟业"扁舟百斛乌程酒，散发江湖只醉眠"，朱彝尊"醉杀乌程酒，天寒不放船"。李应徵、郭绍仪、梅清等大家也为乌程酒泼墨点赞。

乌程酒传承千年后，到唐代后衍生出箬下春、蒲黄酒、扶头酒。明以后又有吴兴三白酒、浔酒等。明代谢肇淛的《五杂俎》中，对不少酒给予了"色味殊劣""其性凶憯"的批评，唯独对湖州酒情有独钟，"吴兴碧浪湖、半月泉、黄龙洞诸泉皆甘冽异常，富民之家，多至慧山载泉以酿，故自奇胜"。

《南浔镇志》说三白酒"取浔溪河水酿之，更香韵不俗，因提浔酒之名"。

明万历探花顾起元在《客座赘语》中说评判了当时进入金陵的40多种全国名酒，说："湖州南浔所酿，当为吴、越第一。"曾任浙江观察副使的清初杰出文人刘廷玑，在《在园杂志》中说：浔酒才算得上在京师能拿得出手的珍贵佳酿。

美食家袁枚在《随园食单》里有"浔酒之冽，岂在绍兴酒下哉！"的感慨，他对浔酒情有独钟，说"湖州南浔酒，以过三年者为佳"。

在湖州坊间，白居易两句诗，道尽茶酒人生。喝茶"胸中消尽是非心"，喝酒"世间尽不关吾事"。

品酒技法得巧，可以让胸中密封的古舟荡漾出来。

留住乡愁，时代之交的家园

水乡古桥，连接彼岸的守河神

湖州自古"水道密如网，桥多胜路长"，因水而妩媚，因桥而多情。古桥因水相不同而呈纷繁之象，或石拱，或平铺，或威严，或巧趣。

湖州在明代出过一位与李冰、郭守敬齐名的水利专家，叫潘季驯，被称为"千古治黄第一人"，他数次被贬，四度主持治理黄河。这个名字与湖州苕霅两溪汇流处的一座三孔石拱桥连在一起。明万历十二年，潘季驯受张居正案牵连免官，年逾古稀的老臣离职行前，对神宗皇帝留下"去国之臣，心犹在河"的铿锵之言。

回乡后，潘季驯见苕霅两溪汇流处水势湍急，民渡艰难，遂捐银2500两，发起建桥，亲自参与设计与建造，历时五年。据说潘公开始造的是五孔石木梁桥。为增加泄水量，清代改建为三孔石拱桥，拱券石采用纵联分节并列砌置法，上下踏步各有50级。

这座长57米、宽6.6米、高9.5米的高大石桥是湖城之最，它的卧波姿势很美，凭张力显露幽静的水面上，做一个虔诚的守河人。陈年的桥上，走过了无数过客，人们不愿向今人诉说往昔，因为桥一开始就没有荣耀，石桥没有脂气，石桥习惯淡定的日子。人们感谢潘季驯，取名潘公桥，以留给历史做纪念。

古镇风光——双林

清代湖州有桥近900座，民国时湖州城中还有桥87座，古桥走入历史，没来得及留下身影。残存于城市的石桥饱经沧桑，连接着过去与未来。

桥成为这座城市生活的一部分。著名的莫过于建于唐高宗仪凤年间"一路无情水，禽兽二座桥"的仪凤桥，此桥以年号命名，横跨漕渎，宋明清多有重建，居湖城闹市，造得非常讲究，桥栏上雕有"丹凤朝阳"的图案。仪凤桥边最繁华，桥两堍四隅的巷口开着四家茶馆，钱庄、货栈俱备，商贾缙绅、三教九流、各色人等南来北往。仪凤桥还是古代湖州的铸镜中心，石家镜、薛家镜店铺就在桥南堍，曾出土铜镜铭文载有"在湖州仪凤桥南酒楼相对"字样。旧时逛湖城，仪凤桥必定要走走。

湖州双林三桥，依水静卧中装点江山，是建筑艺术关注的对象，有某种深度的精神文化含义。三桥造型壮观挺拔，并列鼎峙，气势雄伟，近视依依相望，远眺层层相叠，有姐妹之称，又有凤凰尾之说。

据《东西林汇考》记载，双林历史上有桥125座，沧桑变迁，大多已废圮湮没，镇区尚有21座之多。《中华文物古迹旅游·古代桥梁》说：至今仍不失为"江南古桥留存集中区"。

双林三桥古有凤尾之喻，镇东虹桥与镇西大通桥相对成为凤翼，凤首就镇南的古阳道桥。塘河东有织漩漾，西有风光漾，"三桥凤舞，双漾龙吟"。浙江双林三桥在江南乃至全国颇具知名度。茅以升在《中国古代桥技术》中，配以图文说明。三桥结构巧妙，工艺精湛。桥上构件实用而美观，尽显艺术美学和文化内涵。

来看湖州境内凤毛麟角的城北大通桥，这座"规制高广，壮丽胜前"的五孔石拱桥，跨在溪上，形似玉带，长虹卧波。大通桥桥联："苕霅合流，直抵太湖三百里外；阴阳分脉，发源天目十二潭中"，"两水关阑，利益桑田八百万顷；中流砥柱，晖映开岫七十二峰"，苕霅水的母亲河格调，气场大得惊人。

横跨霅溪两岸的乌程县和归安县的界桥叫骆驼桥，始建于公元685年。颜真卿刺湖州，书写了"骆驼桥"三字。苏轼一句"今日骆驼桥下泊，恣看修网出银刀"诗，民间便有"繁华仪凤桥，诗意骆驼桥"一说。据宋嘉泰《吴兴志》载，桥名的由来是因为桥拱高耸、像骆驼背的缘故。

清代郑元庆在《湖录》中考证其名取自"骆驼知水脉"之意，给这座原本普通的桥赋予了灵性。唐时骆驼桥为九孔，木石混用，拱石为桥，"覆以飞宇，约以雕栏"，与仪凤桥相望。因多次重修，到清代，颜真卿所书的"骆驼桥"三字已失传。骆驼桥、仪凤桥和甘棠桥并称苕霅三巨桥。

骆驼桥上赏月实在是一种享受。诗僧皎然陪着颜真卿、袁高在这里尽情"玩"月："山中常见月，不及共游时。水上恐将缺，林端爱落迟。"刘禹锡在洛阳送友人到湖州，吟诗："骆驼桥上苹风起，鹦鹉杯中箸下春。"石林居士叶梦得在《定风波》中提及，中秋时令，赵倅置酒，与鲁卿同泛舟，登上骆驼桥待月："千步长虹跨碧流，两山浮影转螭头。……袅袅凉风吹汗漫。平岸。遥空新卷绛河收。却怪嫦娥真好事。"意境清旷悠远。

香水南来，经此汇归江渚；月河西畔，向传墩号浮霞。这是苕霅三巨桥之一的甘棠桥的桥联。甘棠，木本植物，即棠梨，语见《诗经·召南》篇："甘棠，美召伯也。"宋代大儒朱熹注释道：召伯受周文王之命，循行南方，为不扰民甚至栖息于甘棠树下，百姓思缅其德行，而爱人及树，后人常常用

"甘棠"来称颂地方官吏之有政于民者。

东西苕溪在南门外汇合后即穿城而入，入城后第一座桥即为潮音桥。此处北宋时建有皇祐桥，南宋时桥废设渡口，名潮音渡，系明嘉靖年间湖州知府魏济在渡口建桥，桥以渡名。15年后知府陈幼学重建，为三孔石拱桥，西拱跨临溪小街，便于桥下行人通行。涨水时，南来众水汇合后势大流急，至渡口时浪涛之声如潮音，故名。在一个内陆水城，以"潮音"来夸喻溪流之急，幽默中透出些许豪情。民间称潮音桥为"桥里桥"，与"塔里塔"飞英塔、"庙里庙"府庙并称为"湖州三绝"。

飞英塔（塔中塔）

西来之水如太湖，有诸多古桥，足见桥之百态。夹浦近宜兴，入湖三孔大乌石拱桥上刻有两副楹联：邻阳羡而通渠灵长永镇，对洞庭而作锁利涉有功；水咽鳌峰回抱夹呈明镜，口联鸟翼飞填齐落彩虹。一句句隽永妙语与桥相生相伴，成为古桥的点睛之笔。

夹浦镇太平桥的浣东桥："楚水吴江凭利济，浙轮苏马庆安排。""容纲龙泉流冀北，安排雁齿在浣东。"楚水吴江、浙轮苏马，桥小格局大。

湖城还有许多颇具特色的桥，如小骆驼桥（飞英塔东北）、西湖桥（飞英塔前）、浮星桥、望舟桥，等等。

湖面上的风极有章法，这个风有节奏、有章法，不疾不徐，不紧不慢。

人对桥怀一种敬畏，常有老人有事没事漫无目的地到桥上去穿越其中的行程，作为浮动在古镇人心头的石桥，看到连接对岸缩短路程的桥，心便宽敞，它是介于两道光影之间的在永恒之间停留的一个地方，用石头衔接的彼岸，它提供了我们无法猜测的尺寸，古桥上有魂灵。

海派山乡，细节指证的乡村胎记

顾渚山的位置，属吴根越角的浙北，苏、浙、皖三省交界地带，天目山余脉从西南延伸过来，缓缓渐入太湖，顾渚山就是这将入未入水中的天目山余脉的最尾端。而西北方向，则树起了一座由啄木岭、黄龙头、悬脚岭构成的天然屏障，海拔虽然只有500多米，在杭嘉湖平原上那就是拔地而起的高山了。这一组山峰向东南方向缓缓地伸展过来，一直抵达滨湖平原。

中国茶区，从长江上游的四川巴山开始，沿江东下，经过武汉、九江，就到了下游的太湖流域。这里的气候、雨量和土质，都是最适合茶叶生长的。历史上曾做过湖州刺史的张文规在提到顾渚山之水金沙溪时曾说：大涧中流，乱石飞滚，茶生其间，尤为绝品。

然而，史书记载顾渚山的最初被人青睐，却非象征和平的茶，乃是因为君王的霸业和春秋的混战。2000年前吴王夫差的弟弟夫概，为了防备越国的侵略而踏勘边关地形，上了顾渚山。登高远眺，自然心胸开阔，见那浩渺太湖，尽收眼底，那太湖流域的水中岛渚，星罗棋布，脱口而出：顾其渚次，隰原平衍，可为都邑之所。顾渚山，作为这座山的名字就这样产生了。

陆羽以茶的形象出现在顾渚山，是顾渚的山神山魂，身为湖北天门人的陆羽，或许是闻着从顾渚山飘来的茶香，一路寻寻觅觅。顾渚山没有辜负这位旷世茶圣，紫笋茶成为当时中国最佳的贡茶。

闻香识唐朝，初唐，公元620年，也就是唐高祖武德三年，顾渚茶、蕲春茶、信阳茶、鄱阳茶进贡，民间称之土贡。李世民的父亲李渊喝到顾渚茶，说是有觉醒味。

这个一千多年前中国历史上最著名的朝代的味道，是茶香。

2007年，上海人民出版社出了一本书，叫《旷世风雅——顾渚山传》，

顾渚山

书中政治、经济、宗教、地理风貌、物产,乃至人物命运、诗文逸事,无处不渗透着茶的馨香了。顾渚山成为一座文化上的不可重复的高山。为一座山作传,把这一千多年以来的茶香山魂以美以科学以智慧的方式叙述下来,借顾渚山地域、地气、风情、风物,给了城里人一个"登山运动"导向。

于是,每年超过200万人次的上海游客来"顾渚问茶",《人民日报》有过一篇题为"这里有个上海村"的报道。于是,"上海有个长兴岛,长兴有个上海村"的说法传开。人们优雅地闲逛在"山涧外滩",山道上"侬"声余音不断,偶遇纯情女孩的笑靥与溪边的小黄花一样柔曼。

唐代,顾渚山古之有72个庙宇,大小各异,香火不绝于道。高僧净端法师住寿圣寺讲经,法宴盛大,名流云集。宋哲宗时的宰相章子厚知湖州时为之作记,元代又增建气势宏伟的佛阁,为江南著名佛地。

长兴十大古道中,有飞云古道、回龙山古道和贡茶古道通达顾渚山,登山虽辛苦,春光明媚中,仍有穿林渡水、分花拂柳之惬意。

明代御史游士任择一个春茶吐绿时节,游了顾渚山,写了一篇极其现场感的游记《登顾渚山记》,他坐船到水口镇,再换乘筏逆水而上,沿途所见迤逦曲折,适逢春水时节,泉流几溅其面。到了顾渚,观景色旖旎,目不暇接:尧市山、斫射山、贡茶院,又辗转有枕流、息躬、金沙、忘归亭,已废其二。金沙泉窦大如盆，喷涌飞泻；忘归亭在顾渚山腰上，徙倚其上，可望太湖；大、小官山，顶可手摩。明月峡、尧市、顾渚两峰对峙，茶生其中，香味若兰。

20世纪60年代，北京开七千人大会，间隙，周恩来总理对浙江的官员说，每年开春，你们不用老送西湖龙井给驻外大使，你们还有顾渚茶。做过长兴县委书记的王耀亭每每来长兴，常念叨此事。

王旭烽写《茶人三部曲》的第一部《南方有嘉木》快完工时，要到顾渚山住几天，找感觉。于是成为第一个夜宿顾渚民居的客人，于是有了今天的蜂拥而至。

顾渚民宿街区见不到鲁迅笔下那一类花五文钱就在柜台外喝酒的长短工，也少见陆文夫境界里的临窗独品者。

这里的游荡者很绅士，着松软的现时服装，踏无虑的散淡漫步，操纯粹的海派口音，三三两两的连同鸡狗鹅鸭悠闲逛来，显着浓浓文苑味道的农家，酒馆摆开八仙桌，招待十六方，冲淡了那些粉墙小院内养鸟种草、玩棋赏桂、品茗谈艺的情趣。

银杏古廊，逍遥林下无限的人

长兴小浦古银杏树延绵十里，是一种妙造，植物社会的文明遗韵，留在了银杏叶上。春芽，夏叶，秋果，冬枝，银杏四季销魂！

春芽，芽纯美。现实的惺忪境界，已难有刹那芳华，月冷竹寒，人间云影的世故，恍若不对，十里银杏正发力长叶，向风试探，给它的秋黄增色。

夏叶，叶婉约。韩国人说，雌雄银杏远远看一眼，便相爱授粉，该是风媒叶助。每一片土地，都有属于它的象征，江南对银杏该有隔阂，但对长兴却无顾忌。大自然不轻易给大地添一次色泽，是因为上帝在夜晚闻到了这方地香。

销魂银杏，有大地上的佛光之称，长兴有纵横两条银杏带，一是东西向，八都芥长廊，特别写实；另一条南北走向，凤停山过合溪水库入大干芥的飞云寺，顺古道北去经江排白果寺，再向北在顾渚山寿圣寺收官，一路点状呈现，且茁壮于寺院，顺应古人银杏接地气懂佛性之说。

秋果，果凝练。秋风起，银杏总舍不得冷落了树下的依偎，用叶铺给大地温暖，叶黄了，亦不做等闲的枯草。

秋天了，在绵长的午梦中清醒，捡拾一片银杏叶做书签，给了心气，也给造化，写本好书配书签。银杏树下阅读，可以守住自己的年代本分，才说不出丧志的话。

冬枝，枝幽愁。第一缕曙光洒在的山谷，第几拨秋风吹乱了树梢，冬枝里的银杏树最凄美，叶没了，把金黄给了大地，靠根的元气葬了缥缈的叶。银杏作为精神意志的守望者，被作为神留下来祭拜。

世情移居八都民宿，为一个个旅人找归宿，周边银杏古树作为精神意志的守望者，换一种方式冲击心神，将人心空地填了。山里的人家，总是气色浓烈，逍遥林下的目光，一切皆是味道。

这里的民宿，挂着一串串好名字，与银杏树一起，做精神意志的守望者，成为一家家有品位乡村酒家，银杏故里、邻居、云栖舍、望雅千怡、林中阁、橘子红了、泊心千寻。民宿提供了一种徒然的憾怀，步出平实的人文素养，与清风明月似乎不配，更无迷雅的情节，却构成一个贵族村落的情分遗产。

一群学生捡拾金黄的银杏叶做书签，于是，村民将银杏叶压模制成书签，于是，树被赋予思想。对书签有感知的人不多了，因为网络占了迷人的去路。写书人只得把自己做祭品，幸有书签压了局促。用心做的书签无法模仿，为一本书制签，量书定签，将书签做成艺术，雅得心醉。奢华得有些过分，却把忧郁修炼成智力，弥补了情分的定力不足。

整条山谷用纯粹指点江山，没有街市、店铺，用弯弯曲曲的林荫小道，串起零零落落的山里人家，山人们的情绪冷暖萦怀挂心的许多尘缘，常是卑微质朴的俗家凡子，整路整齐的没有高贵功名、事业风云，一辈子来回于碌碌生涯之中，窗上绿荫与壁上风月就是人生的企慕至境。

乡居充满故事，在银杏故里门口的小竹椅上坐一坐，歇歇脚，向门洞里张望一下，阳光和阴影或许会讲述一段鲜活的历史。无须说话，只需聆听。

银杏公园，地形开阔，坡度平缓，山体空间自然多变，开合有序。山脚下、溪涧边、树林里的芥里农家，零距离亲近自然，品味悠然闲适的漫步生活。林下和慢生活与修竹一起摇曳生姿。诗的老屋，与天地和风声有关，与来世无关。

东方梅园，一个遥远的山庄

我国著名古木收藏家、东方梅园主人吴晓红倾毕生之心血，穷神州之山水，足迹踏遍青藏高原、喀喇昆仑、西南林区、西北边陲、中亚沙漠和泰缅边境，将这世界自然遗产瑰宝汇聚于江南一室，谱写了一部森林之歌。千余件古木珍品，用森林作主题，创"森林之魂、之花、之殇、之韵"系列，颂扬自然美、古老美、奇拙美和生命美。

古森林博物馆在湖州有两处浅藏，一处隐在黄金湖岸的月亮湾，常年静听湖水拍岸。造型古朴典雅，环境绿映成趣，亭廊能差通透，荷塘清泉流淌。更有周边奇松迎客、古梅伴行，竹径通幽，藤牵蔓绕，犹如一座天然盆景。

另一处藏于长兴至顾渚山路边一个叫夹山的小山岱里，周边连绵的杨梅山包裹着一个遥远的真核，进得酷似石垒的山门后，盘山入内，将人们导入世外。那浓缩了名山大川的千年古木，重生的味道极浓。

两馆落处特有讲究，一处依山一处傍水。古木作为替人留痕最世俗的材料，藏在山水之间，才可让人们享尽巨大的时光积淀，千年万年风雨霜雪，销蚀了生命当初的火气，锐笔磨损为钝笔，却依旧映照出过往的生活，成为久远的回应，它们承担了人们文明的部分史料，在漫漫行程里让大自然供奉着。

古木博物馆属全球首家，一件件藏品不雕、不琢、不上色，保持原生态色泽纹理与奇特的自然形态，去其冗繁，存其精粹；取其妙姿，显其气势，

茶园

古朴典雅，独具神韵。这些用时间制作的"稀世瑰宝"，保持着原先的姿态，用风化的纹理，述说着无声的故事传说。

硅化木珍品形成在古生代石炭纪至中生代白垩纪之间，属千百年来在自然力作用下天公造物的古木奇葩。如夏洛蒂《简·爱》中的一段文字：过去就好比一页文字，其中满是天国一般的甜蜜与极度的悲伤，读上一行便能够令我勇气顿消，全身都垮下来。未来又是一页让人恐怖的空白，活像是大洪水横扫过世界之后的景象。

这些硅化木、阴沉木和神木原为森林中的参天大树，历经地质年代火的洗礼、土的尘封，饱受岁月沧桑风的侵蚀、水的冲刷，得以重现今日艺术奇观。走近古木，穿越时空，仿佛再现远古山川的历史光影，体验苍莽林海的生命意境，让人们再一次感悟"道法自然"的真谛。

人与自然是个永恒的话题。枯木过于简单的生命过程，默默而坚定地展示着它的苍凉。吴晓红的人生里两大手笔，一笔在古木，寻找生命的原先。另一笔气魄在梅花，创造生命的美丽。

吴晓红一直在寻梅，他在茶园套种红梅、紫薇，打造500亩的红梅紫薇园，在春夏两季既可形成连绵起伏的梅花及紫薇景观，又可提升茶叶品质，使茶带梅香。从"寒露未散"的新鲜梅花中提取的天然香味精华，研制成了全球首创梅香产品"中国香"系列。

他的林城万亩的梅花基地，有60余类梅花品种，是全国最大的梅花堂主，凭"浙江青梅之乡"这个品牌构成全新的观赏梅产业。红梅曼妙身姿、清幽芳香已蔓延至杭州、上海、南京等全国20多个城市的公园。

梅的情结，令吴晓红与之对视30年，打通了人与梅各自的生命气场，这才启动刀锯，在各种桩上嫁接红梅白梅绿梅黄梅，在他眼里这还不算所谓的"关键技术"，他嫁接的隋梅唐梅才具玄妙，深谙了古梅的内涵，才有信心将历史捏在手心，放弃平庸，会发现那遥远年代赏梅人的高雅，用梅花朵朵搭建一个色泽天堂，生活在梅园的人们，如花之和美，枝之洁美，桩之慈美。

吴晓红关于生命再生艺术的研究沉雄博大，获国家科技进步二等奖。对于"三种特色木本花卉新品种培育与产业升级关键技术"的拥有，科技走进植物的内心，极神秘，也极土法；极简洁，也极玄乎。

梅花似乎带着信仰，开得一点也不犹豫，于空谷中独酿贴近人本主义的济世良方，用道义上的冰清玉洁，代表一方哲学。让人在闲逛中敬慕远古气场中瞬息的柔曼，激活一方水土的悟性。

北京领奖，央视联播，游人如织，吴晓红依旧一脸的默然与木然，茫然与惶然。因为，在古树下老根边，满世界落红，乾坤清爽。

一山一水、一石一木都藏着梦。人的一生会走过很多地方，会渴望踏遍名山大川，就像人的头顶会飘过很多云朵，吴晓红摘到了倾心的那一朵，不需要多少的言语，有时候就像一场雨中的那一滴雨水，正好沾湿了自己的灵魂，这就是心灵的契合，心灵与这片山水之地的完美契合，于是就会在内心这个小小的梦想之地长出一棵奇异的树，这棵树上就要长出你想要孕育的梦想的种子，成为人间至美的珍果。

细问东方梅园，人生不致迷路。

欣赏嬗递，另一种宗教形态

湖州溇港，俯瞰岁月的沧海桑田

进入 21 世纪，湖州的两项农业壮举被作为遗产级品牌，留下来作贡，令世界瞩目。一是列入世界灌溉工程遗产的太湖溇港文化。二是入选全球重要农业文化遗产的桑基鱼塘。

太湖的水与湖州人文相融合后，诞生了著名的溇港文化。

太湖溇港的圩田系统自春秋战国时就萌生了雏形，历经多年发展，逐步形成了由运河、太湖防堤，70 多条溇港，数条横塘以及万顷圩田组成的成熟水利系统，其规模宏大，设计科学，被誉为"古代太湖人民变涂泥为沃土的一项独特创造"。

沿着太湖滨湖大道一路向东，左边是烟波浩渺的太湖，右边是因溇港而兴起的几十个村落。那里溇港纵横，圩田连片，阡陌交织，溇港的圩田一直是湖州人生活的根基，她将东西苕溪来水泄入太湖，使溇港沿岸成为水旱不虞的风水宝地。她将太湖周边大片土地垦围成稳定、高产的良田，使湖州成为名副其实的"天下粮仓"，她衍生、孕育的桑基鱼塘，是使湖州成为"苏湖熟天下足"的物质基础，她构架了发达的运河水网体系，使湖州成为全国内河航运最发达的地区之一。

郑肇经在《太湖水利技术史》说，传承千年太湖溇港是"则诸水入湖门户，设插板以启闭，旱则引湖水内注，潦则导溪水外泄，是溇港之利，于疏浚彰明矣"。大大小小的横塘、溇港，在湖州东部平原形成了"十里一横塘、七里一纵溇"的格局，使湖州成为太湖流域溇港及塘浦圩田系统发端最早和唯一完整留存的地区，使湖州农业技术一直处在农耕时代的最高端，成就了鱼米加丝绸的美丽湖州。

在民间，老妇人信奉王母娘娘、观世音、张天师，不指望奇迹出现，时不时叙说些遥远的、老掉牙的动人美妙的故事，享受眼下安稳的人生。于是，顺着上辈人的心事，精心呵护脚下这方沃土，人们不去追究哪一代古人创造了"塘浦圩田、桑基鱼塘"系统，让湖州成为"丝绸之府""鱼米之乡"，但会美滋滋地欣赏太湖溇港这个天人合一的文化遗产。

溇港，为古代湖州水利建设重要工程，疏浚、建桥、修闸等活动始于东晋和南朝，至迟在南宋时形成太湖溇港体系，史志记载："淳熙十六年，浙江提举詹体仁开湖署门，为旱涝之备，数年之间，滨湖郡邑岁称丰稔。"

太湖流域是典型的水乡泽国，这种地理环境不利于植桑养蚕，但这片土地却神奇地孕育出中国最发达的蚕桑经济和品质最好的丝绸。

溇港是先民在认识和改造自然的过程中创造的适应太湖沿岸地势低洼、河网密布等水土资源特点的水利工程体系，它包括匠心独运的湿地排水技术、横塘纵溇的独特结构和设计简洁巧妙的水利工程建筑群。

"一万里束水成溇，两千年绣田成圩。"打开湖州地图，可看见一条条南北向的河道伸向太湖，叫作"溇"；一条条东西向的河道横贯其间，叫作"塘"，横塘纵溇之间的岛状田园叫作"圩田"，如梳齿般繁密的溇塘河道与星罗棋布的岛状圩田构成了棋盘式的溇港圩田系统。

湖州所在的苕溪冲积平原，本为天目山与太湖之间的狭小平原，溇港系统充分运用东西苕溪中下游地区众多湖漾进行逐级调蓄，"急流缓受"，以消杀水势。通过人工开凿的东西向河道，如荻塘、北横塘、南横塘等使"上源下委递相容泄"，使东、西苕溪和平原洪水经溇港分散流入太湖。而以自然圩为主体修筑"溇塘小圩"，发挥河网水系的调蓄、行洪和自我修复功能。

细节中蕴藏着非同寻常的机巧和智慧的是溇，在每一条溇港水道汇入太湖的尾闾处均设有水闸，用闸让各方水域相对独立，各自涵养生态。

溇港上游区域遭遇洪涝时，水闸开启，泄涝入太湖而不使为患；太湖遇涝水涨，水闸关闭，防止湖水内侵害田；旱季，溇港水位降低，水闸开启，引太湖水流入溇港，供圩田上的居民生产生活之用，实现了范仲淹所说的"旱涝不及，为农美利"。

从空中俯瞰太湖南岸，可见湖州诸溇港入湖河道均整齐地折向东北方。每年冬季，太湖湖区盛行西北风，风携水、水裹沙，直扑南岸。溇港入湖口朝向东北，溇港所泄的水流就可以从侧面将南下泥沙重新冲入湖中，防止泥沙长驱直入、停淤河道，实现了自动的防淤功能。

溇港下游河道两岸也暗藏玄机。这里的桥梁往往跨度窄小，将入湖的溇港河道突然收窄，形成了溇港"上游宽、尾闾窄"的独特河形。河水入狭窄的尾闾之时，流速增加，疾速冲向太湖，使水中泥沙激荡尽净，降低了溇港的疏浚成本。

太湖溇港是我国古代水利工程的光辉典范，给后人以极大的启示和教益。

两千多年来，环太湖地区滩涂开发形成独特的灌溉排水工程形式，湖州溇港是唯一完整保存的地区，遗产体系由堤防、溇港漾塘、溇港圩田体系和古桥、古庙、祭祀活动等其他遗产体系组成，成为天人合一的文化遗产。

中国是世界第一灌溉大国和灌溉古国，拥有类型丰富、数量众多、仍在发挥灌溉功能的水利工程。2016年11月，在泰国清迈举行的第二届世界灌溉论坛上，湖州太湖溇港成功入选世界灌溉工程遗产名单。

湖州义皋古村落是太湖溇港市集村落"夹河为市沿河聚镇"聚落形态的典型。义皋村是千百年来沿太湖72溇港古代水利工程的重要节点，也是溇港文化的典型载体和展现，被誉为"溇港文化带里的明珠"。

溇港文化是人类变滩涂为耕地的再一个伟大创举，"鱼米香、水成网、两岸青青万株桑"，其所催生的鱼文化、稻作文化、丝绸文化等文化景观，构成了太湖南岸风华无尽的溇港文化风情带。义皋村的古溇、古桥、古屋及圩田系统，大钱村的古街、古桥、古树、古牌坊，长兴小沉渎的太湖古堤，

桑基鱼塘

诸溇口门附近的古闸,都是保存完好的溇港历史遗存。

因溇而生,因港而兴。溇港文化沉淀了千年后,渐渐地被世人所瞩目。而溇港文化最具典型的古村落义皋,也迎来了她的黄金发展期。

桑基鱼塘,养在水里的文明遗产

春秋筑"圩",战国立"塘"。太湖沿岸留有堪与"都江堰""郑国渠"相媲美的"塘浦圩田"水利工程。孙吴立国,发展民屯和军屯。《吴都赋》用"膏腴兼倍"四字写出了屯田垦殖的巨大成果。从三国到五代,大规模地治水营田,泥涂沼泽改造成沃壤良田,建成完善的塘浦圩田体系,此地成为全国知名的粮桑产地、衣食之源。

唐宋时期,太湖流域兴修圩田,筑堤护岸,堤外分区造田,隔以圩岸,以圩为排灌单位,外以隔水。野外为浜、泾、塘、浦,圩圩环水,水水相通，高低相承，排灌得宜，兼得运输之便。

自春秋战国时起步，至唐、五代已初具雏形，太湖岸边的纵溇横塘之间，就开始密布着棋盘式的水网农田。先民们植桑养蚕，蓄鱼种稻，逐渐将太湖流域经营成了膏腴之地、国之仓庾。

宋室南渡后，湖州成为漕粮的主要产地。明代《西湖枝乘》所赞特别到位："尺寸之堤，必树之桑，环堵之隙，必课以蔬，富者田连阡陌，桑麻万顷，而别墅山庄求竹木之胜无有也。"纵横交错、蓄泄自如的"塘浦圩田"水利系统，又延伸到"桑基鱼塘"。

直到20世纪90年代，这里仍保留着"三三制"的农业格局：鱼塘、桑地、粮田各占1/3。先民们的智慧，在这片肥沃的土地上显露无遗，崇尚自然的天道思想落实在农业耕作上，暗合了当下生态循环的理念。

八百里太湖采撷了天下水土之精华，被周围180多个小湖簇拥，在36000多平方公里的流域范围内，构成了广阔的湿地系统。大运河的支流穿过和孚漾，河港两岸芦苇丛生，有个叫荻港的古村落，有"苕溪渔隐"之称。古村口外，跨过运河桥，是河港纵横的蚬壳湾，一个从精细到高效的田野景观。

有百来户人家的蚬壳湾，装下了1000多亩桑地和鱼塘，是湖州桑基鱼塘系统的核心保护区。这里满眼的鱼塘和塘边的桑树，千百年繁盛时的辉煌依旧在，只是更加精致。每户农家守着蚬壳湾的几亩桑地和鱼塘，每年养上蚕，靠着鱼桑过日子。

那些坚持留下打理"桑基鱼塘"的村民，延续着植桑养蚕蓄鱼的规律：正月、二月理桑树，放鱼苗；三、四月施树肥；五月养蚕，六月卖茧，蚕蛹喂鱼；七、八月鱼塘清淤，塘泥固基；年底除草喂鱼。"桑基鱼塘"这套传承千年的古老生态农业模式，令农桑环境成为体系，缔造丝绸王国，当在情理。

"桑基鱼塘"之道，源于春秋战国，成型于明清。复合人工生态结构的实践，是种桑、养蚕、养鱼的综合种养殖模式，是中国精耕细作的农业典范，蕴含着千年智慧。明代归安县沈氏所著的《沈氏农书》记载："池蓄鱼，其肥土可上竹地，余可雍桑，鱼，岁终可以易米，蓄羊五六头，以为树桑之本。"可取得"两利俱全，十倍禾稼"的效益。

"桑基鱼塘"孕育了鱼文化、蚕桑丝绸文化、桥文化、船文化、古村落文化、耕读文化等丰厚的民俗民风和人文底蕴，文明史上的诸多节点，在这一带都会找到。大片桑基与鱼塘中间，常有一些新景象：鱼塘周边，种植的除了桑树，还有果树甚至油菜。于是，向果基鱼塘、油基鱼塘、菜基鱼塘延伸。湖州至今还保存着与丝绸遗址有关的"织里"等地名。

明代，湖州太湖沿岸形成了73溇。同治版《长兴县志》记载："弘治七年令开溇泾，泄诸山之山水入太湖。"溇港用闸让各方水域相对独立，各自涵养生态，构筑桑田。河湖的烟水芳草，沿湖堤岸的迤逦气韵，傍水青山的松风幽径，构成湖州山水的倾情之美，构成这温柔富贵之乡、大雅与大俗共融之地。

江南水乡的地气农业就是这等的丰富多彩。湖丝在英国伦敦世博会夺奖后，在巴拿马、比利时列日、意大利都灵、美国圣路易斯等世博会上频频摘取大奖的原因就在此。

2018年4月19日，联合国粮农组织（FAO）在罗马，正式授予湖州桑基鱼塘系统"全球重要农业文化遗产（GIAHS）"奖牌。

"湖州桑基鱼塘系统"起源于2500年以前，是湖州先民留下的宝贵财富，是太湖南部的低洼湿地生态系统，是湖州先民顺应自然、治水兴农的智慧结晶，将地势低下、常年积水的洼地挖改成鱼塘，清出的塘泥则堆放在水塘的四周作为塘基，其"塘基上种桑、桑叶喂蚕、蚕沙养鱼、鱼粪肥塘、塘泥壅桑"的生态循环模式，形成生态环境无污染的农耕生态循环系统。今天，湖州桑基鱼塘系统仍然保留有4000公顷桑地和10000公顷鱼塘。

历经数千年的嬗变，积淀丰厚的蚕桑丝鱼文化，蚕农们世代与桑为伴、同蚕相依、以渔为歌、依丝而生，通过祭奠蚕花娘娘、唱渔家乐、唱蚕歌等一系列祈求、感恩丰收。湖州桑基鱼塘，有四大家鱼的层层协作，桑叶的世世轮回，蚕宝宝的一生一世，蚬壳路堆积的千年光阴。

弁山风光

湖畔湿地，沁出大自然的体香

  有山水之利、流域面积4500多平方公里的东西苕溪，以母亲河的胸襟，在东部平原散作千港万湖，形成密集的河网湖群，上游青山翠峰而山秀拔，下游清深秀丽而水逶迤，一汪汪湖水星罗，一片片湿地棋布，当仁不让地充当了"山水清远"这种自然信念的承载者。

  太湖是随着长江三角洲的发育而成的湖泊，湖州顺着太湖展开，外围安顿了无数的湿地，如下渚湖、长田漾、图影等湿地，用自我生态调节一方气候。

  下渚湖旁防是古代防风文化的故里，是浙江省第五大内陆湖。清代戏剧家洪昇在游览防风古国时，曾留下一首脍炙人口的五言律诗："地裂防风国，天开下渚湖。三山浮水树，千巷划菰芦。埏埴居人业，渔樵隐士图。烟波横小艇，一片月明孤。"勾勒了防风古国及下渚湖山水风光、人文历史、自然地理与民俗风情。

  太湖边的图湿地，影湖水抱着村落，街绿水曲，行桥处处，一朵睡莲浮漾于蓝天碧水之间。房舍依水而筑，照影清浅浮动，如呼如吸。

令初到者着迷的是她的荡漾，无数的苇草点缀在绿水之中，似水边的森林，微风轻拂，苇丛回声激荡，处处有水阻苇隔，出门动橹，抬脚下湖，船是这里不可缺少的交通工具。扁舟逶迤，苇茏绵延，犹如置身于曲折、幽深的迷宫。

长田漾只是太湖南岸湿地中的一小块，"袅袅陌上桑，荫陌复垂塘。长条映白日，细叶隐鹂黄"。桑基鱼塘边桃花艳艳，翠柳岸堤上黄鹂鸣，油菜花里白鹭飞。种桑，养蚕，织布，湖州的丝产业一脉相承，丝绸文化就像一颗闪亮的明珠闪耀在湖城的天空，不断向外人展现城市的内涵和深厚的文化底蕴。

长田漾悄无声息，如宁静的远古港湾，恒久地停靠着一艘古船舶，樱花散落中，有人在等，将一场浪漫而永恒的约定运往部落，那是古风翩然的境地。

尾声：藏在湖州的江南

现代中国城市的精气，湖州出人意料。所有的江南气象，在湖州都有出处。

湖州有上百条支河分两路走，一部分流入大运河，另一部分汇入太湖。湖泊、沼泽、川流、湿地共同构成了一个奇怪的水域迷宫。

湖州的市区与县城，多有山，城中读峰峦，风水无与伦比，聚天地精华，调教出气质山水下的学养城市。河过城，是沿途山、水、城、园联袂亲吻大地的一次次动情，在湖州，人与自然间的相互报恩如同泉涌。

江南的雨夜，细雨纷纷，远近灯火阑珊，森森然，故江南人敬天畏地，做事讲个分寸。一泓滔滔无涯的大湖泊，滋润一个深邃莫测的城镇群。

湖州城不大，却处处流着古韵，透着书卷气。南宋的贵族们择湖州为终老之地，建风轩水榭、曲径芳林。才士雅人、帮闲食客追逐这里的安逸与散淡，落拓与缓慢。毕生的理想都如后来的戴表元所说：人生只合住湖州。道出了天下雅士崇尚天人合一、自由随性的心声。于是"湖州"二字，在韵调上，在历史意义上，都使人魂销而安宁。

逶迤天目山脉孕育东苕溪，东去杭嘉湖平原，借山水之利养文化，是承载文化信念的浙江的母亲河。她在平原散作千港万湖，形成密集的河网湖群，广袤的平原有无数的小型水面，风光旖旎，令湖道曲径通幽，几分变换，几分迷离。青山翠峰在岸相映，构成这一地区特有的秀丽胜景。苏东坡从"水透迤而清深，山连属而秀拔"中，炼出"山水清远"传世之句，是湖州命脉中源远流长的血液，历代隐士流连的身影不绝，他们像候鸟回归般投入湖州山水，藏古修学，安身立命，把这"清远"两字写成一部水一样的历史，隐居的历史。

湖州水镇苍灰如古的古宅院，大热天也透着阴寒，这样的境况里读书，终身冷静。很不起眼的水巷拐角，簇拥的蔷薇潺潺流出姜白石的小令。家家院落大中见小、粉墙黛丽的房子反而让葱郁的朵花老树，遮得若隐若现。是让人们不愤怒、不骄躁、尽心地过日子、风翻哪页看哪页的随意老书，夕阳斜射下老人的脸上的皱纹找不到一丝孤愤，这里遍布慈祥。

湖州的历史长衫一直未曾脱下，唐宋元明清的格调在湖州是固定的脚本，风雅而魅惑的色泽显坦然，散淡而潇洒的气度显胸怀。故湖州人将读书视作隐私，炫耀博读，反倒浅了，捧书藏于一帘幽梦。

中国的一些文化古城，疲倦、困顿，唯独湖州例外。这个城市的人群坐拥山水，非常写意，所有的心灵都有美丽的着落，人人都有闲吟咏啸傲，所有到此的人都说不出丧气的话，用大自然去影响自己，湖州做到了。

盛世的界定，是江山胜处。太湖溇港及溇港配置下的桑基鱼塘，是两项世界级文化遗产，湖州以稻谷与蚕桑，涛声与流水为精气，练就了桃源般原生态场景，让人猝不及防：水乡袅袅的炊烟，能闻到自家的饭香；弯弯河道上的小船荻水面的一片叮咛，属于乡愁文学的一笔写意。

图书在版编目（CIP）数据

湖州传：湖光山韵丝书远 / 张加强著. -- 北京：新星出版社，2019.9
（丝路百城传）
ISBN 978-7-5133-3666-6
Ⅰ.①湖… Ⅱ.①张… Ⅲ.①文化史-研究-湖州 Ⅳ.①K295.53
中国版本图书馆CIP数据核字（2019）第168527号

出版指导：陆彩荣
出版策划：彭明哲　简以宁

湖州传：湖光山韵丝书远

张加强　著

责任编辑：简以宁
特约编辑：曹　煜
责任校对：刘　义
责任印制：李珊珊
装帧设计：冷暖儿

出版发行：新星出版社
出 版 人：马汝军
社　　址：北京市西城区车公庄大街丙3号楼　　100044
网　　址：www.newstarpress.com
电　　话：010-88310888
传　　真：010-65270449
法律顾问：北京市岳成律师事务所

读者服务：010-88310811　　service@newstarpress.com
邮购地址：北京市西城区车公庄大街丙3号楼　　100044

印　　刷：天津图文方嘉印刷有限公司
开　　本：660mm×970mm　1/16
印　　张：24.5
字　　数：282千字
版　　次：2019年9月第一版　2019年9月第一次印刷
书　　号：ISBN 978-7-5133-3666-6
定　　价：89.00元

版权专有，侵权必究；如有质量问题，请与印刷厂联系调换。